Mitte des 16. Jahrhunderts feiert die Kirche den «Missionsfrühling» in der Neuen Welt, in Wahrheit ist es die völkermörderische Eroberung der Indianerreiche im späteren Lateinamerika. In Europa liegen fast alle christlichen Mächte miteinander im Krieg. Dazu flammen neue Konflikte mit den islamischen Osmanen auf. Die Hexenverfolgungen erreichen in den folgenden Jahrzehnten ihren Höhepunkt, zu Tausenden lodern die Scheiterhaufen.

Breiten Raum nimmt das von religiösem Hass befeuerte Gemetzel des Dreißigjährigen Krieges (1618–1648) in den Herzlanden der europäischen Christenheit ein.

Die Macht des Katholizismus festigt sich wieder im Ringen mit der zweiten Generation der Reformatoren, mit Zwingli in Zürich und Calvin in Genf, dessen Schreckensregiment schlimmer wütet als die Inquisition. Ignatius von Loyola und der Jesuitenorden werden Hauptakteure der Gegenreformation; zeitweise scheint ganz Europa «nur von Jesuiten beherrscht» (Giulio Cesare Cordara SJ).

Dem Dreißigjährigen Krieg folgt schon 1667 eine zweite, ebenfalls dreißigjährige Kriegsperiode. Gänzlich frei von Kriegen war im gesamten 17. Jahrhundert nur ein einziges Jahr. Die Epoche des Absolutismus kulminiert im kulturell glanzvollen, konfessionell jedoch barbarischen Repressionsregime des allerchristlichsten «Sonnenkönigs» (1638–1715).

Mit dem vorliegenden Band 9 bekommt Deschners verheerende Bilanz nach zweitausend Jahren «Liebesreligion» in aller Welt eine immer klarer erkennbare moderne Kontur.

Karlheinz Deschner, geboren 1924 in Bamberg, im Krieg Soldat, studierte Jura, Theologie, Philosophie, Literaturwissenschaft und Geschichte. Seit 1958 veröffentlicht er seine entlarvenden und provozierenden Geschichtswerke zur Religions- und Kirchenethik. Ausführlichere Angaben zum Autor finden sich im Anhang.

Neben der «Kriminalgeschichte des Christentums» sind folgende Bücher von Karlheinz Deschner bei Rowohlt lieferbar: «Die Politik der Päpste im 20. Jahrhundert» (1991), «Oben ohne» (1997), «Memento» (1999).

KARLHEINZ DESCHNER

Kriminalgeschichte des Christentums

BAND 9

MITTE DES 16. BIS ANFANG DES 18. JAHRHUNDERTS

Vom Völkermord in der Neuen Welt bis zum Beginn der Aufklärung

ROWOHLT TASCHENBUCH VERLAG

3. Auflage April 2025
Veröffentlicht im Rowohlt Taschenbuch Verlag,
Rowohlt Verlag GmbH, Kirchenallee 19, 20099 Hamburg
Zuerst veröffentlicht im Rowohlt Taschenbuch Verlag,
Reinbek bei Hamburg, April 2010

Umschlaggestaltung ZERO Werbeagentur, München,
nach einem Entwurf von any.way, Hamburg
Abbildung: Die Greueltaten der Spanier,
Illustrationen von Theodor de Bry
zur lateinischen Übersetzung der Brevissima relación
von Las Casas, Frankfurt, 1598, bpk
Satz Sabon PostScript (InDesign)
bei Pinkuin Satz und Datentechnik, Berlin
Printed in Germany
ISBN 978-3-499-62443-8

Kontaktadresse nach EU-Produktsicherheitsverordnung:
produktsicherheit@rowohlt.de

Gewidmet besonders meinen Freunden Alfred Schwarz und Herbert Steffen sowie allen, deren selbstlosen Beistand ich, nach dem steten meiner Eltern, dankbar erfuhr:

Joachim Ackva
Wilhelm Adler
Prof. Dr. Hans Albert
Lore Albert
Klaus Antes
Else Arnold
Josef Becker
Karl Beerscht
Dr. Wolfgang Beutin
Dr. Otto Bickel
Prof. Dr. Dieter Birnbacher
Dr. Eleonore Kottje-Birnbacher
Kurt Birr
Dr. Otmar Einwag
Dr. Sylvia Engelfried
Dieter Feldmann
Dr. Karl Finke
Franz Fischer
Kläre Fischer-Vogel
Dr. Ing. Johannes Gärtner
Henry Gelhausen
Dr. Helmut Häußler
Prof. Dr. Dr. Norbert Hoerster
Prof. Dr. Walter Hofmann
Dr. Stefan Kager und Frau Lena
Hans Kalveram
Karl Kaminski und Frau
Dr. Hedwig Katzenberger
Dr. Klaus Katzenberger
Hilde und Lothar Kayser
Prof. Dr. Christof Kellmann
Prof. Dr. Hartmut Kliemt
Dr. Fritz Köble
Hans Koch
Hans Kreil
Ine und Ernst Kreuder
Eduard Küsters
Robert Mächler
Jürgen Mack
Volker Mack
Dr. Jörg Mager
Prof. Dr. H. M.
Nelly Moia
Fritz Moser
Theo Müller
Regine Paulus
Jean-Marc Pochon
Arthur und Gisela Reeg
Hildegunde Rehle
M. Renard
Gabriele Röwer
German Rüdel
Dr. K. Rügheimer u. Frau Johanna
Heinz Ruppel und Frau Renate
Martha Sachse
Hedwig und Willy Schaaf
Friedrich Scheibe
Else und Sepp Schmidt
Dr. Werner Schmitz
Norbert Schneider
Alfred Schwarz
Dr. Gustav Seehuber
Dr. Dr. Gunter F. Seibt
Dr. Michael Stahl-Baumeister

Herbert Steffen
Prof. Dr. Dr. Dr. h.c.
Wolfgang Stegmüller
Almut und Walter Stumpf
Assunta Tammelleo
Artur Uecker
Dr. Bernd Umlauf
Helmut Weiland
Klaus Wessely
Richard Wild
Lothar Willius
Dr. Elsbeth Wolffheim
Prof. Dr. Hans Wolffheim
Franz Zitzlsperger
Dr. Ludwig Zollitsch

INHALT

1. KAPITEL

AMERIKANISCHER HOLOCAUST ODER «MISSIONSFRÜHLING ZU BEGINN DER NEUZEIT»

«In Europa mußte die katholische Kirche die Trennung von mehreren Millionen Gläubigen und den Verlust der Glaubenseinheit als Tatsache hinnehmen. Zur gleichen Zeit aber weiteten sich die Horizonte; immer neue Länder und Völker traten in den Blickpunkt. Auf den Missionsfeldern begann ein neues Blühen und Fruchttragen.»
August Schuchert/Heinz Schütte (mit kirchlicher Druckerlaubnis)[1]

«The cruel policy initiated by Columbus and pursued by his successors resulted in complete genocide.»
Samuel Eliot Morison[2]

«The destruction of the Indians of the Americas was, far and away, the most massive act of genocide in the history of the world», «... the total extermination of many American Indian peoples and the near-extermination of others, in numbers that eventually totaled close to 100 000 000.»
David E. Stannard[3]

«Vor allem die Neue Welt erlebte eine so grauenhafte Versklavung und Vernichtung des Menschen, daß einem das Blut erstarren könnte.»
Kardinal Joseph Höffner, Erzbischof von Köln[4]

Päpste und Portugiesen greifen Afrika an

Von entscheidender Bedeutung für die Entstehung der neuzeitlichen Welt war das Ausgreifen des Abendlandes im 15. und 16. Jahrhundert auf die Ozeane, auf zahlreiche überseeische Länder, nicht nur auf beide Amerika, sondern, davor und danach, auch auf Asien und Afrika. Riesige Reichtümer flossen nach Europa, der Welthandel begann, die Epoche der kapitalistischen Wirtschaft, die Europäisierung des Planeten, erste Tendenzen zur «Globalisierung».

Dafür gab es viele ursächliche Voraussetzungen – von einer intensiven Aristotelesrezeption bis zur Ausweitung des Geldgeschäfts oder des Fernhandels, der transkontinentalen Weltwirtschaft, der Ergänzung der Küstenschiffahrt durch die Hochseenavigation. Es gab wissenschaftliche, zumal astronomische, oft auf antikem, teils durch Araber vermitteltem Wissensgut beruhende Erkenntnisse. Es gab größere individuelle Initiativen, Unternehmungslust, gab erweiterte nautische Fertigkeiten vermöge verbesserter hochseetüchtiger Schiffe (Karavellen), verbesserter Seefahrts-, verbesserter Segeltechnik, verbesserter Meßinstrumente und -methoden, verbesserter Kartographie; der aus China kommende Kompaß war im Westen schon seit dem Hochmittelalter bekannt.

Entdeckungsfahrten wurden nun genauer geplant, rationaler organisiert, wurden immer ausgedehnter, angetrieben vor allem von ökonomischen Bedürfnissen, von Gewinnsucht, der Suche nach Gewürzen, nach Edelmetallen, doch auch, besonders anfangs, von sogenannten missionarischen Zielen, Impulsen, kollektivem christlichem Sendungswahn, alten Kreuzzugsideen – ja keineswegs bloß

Vorwand, bloß ideologische Verbrämung für die grassierende Blut- und Goldgier, «sondern beides hing zusammen wie die zwei Seiten eines Blatts Papier» (Beutin). Nicht selten erschienen mit den Schlächtern gleich die Missionare, schwerbewaffnet die einen, kreuzeschwingend die andern, wenn auch offen bleibt, inwieweit dabei das sogenannte Spirituelle, der Bekehrungseifer, die kommerzielle Motivation, die nackte Gewinn-, die Machtsucht, Handel und Herrschaft nur kaschiert. Vielleicht sah das ja Michel de Montaigne schon im 16. Jahrhundert ganz richtig, wenn er in seinen bis heute fortwirkenden «Essais» ungeschminkt schrieb: «Wer hat jemals den Nutzen der Kaufmannschaft und des Handels so hoch gesetzt, des Perlen- und Pfefferhandels wegen so viele Städte zu schleifen, so viele Nationen auszurotten, so viele Millionen Menschen niederzumachen, und den reichsten und schönsten Teil der Welt zu verwüsten! Niederträchtige Siege!»

Die Päpste jedenfalls gaben in den großen Teilungsverträgen des 15. Jahrhunderts (Medina del Campo, Alcaçovas, Tordesillas) die den Vertragspartnern zugewiesenen Gebiete als Kirchenlehen aus. Schon Nikolaus V. gestattete in seiner Bulle «Romanus Pontifex» 1454 den Portugiesen, sämtliche Reiche der Sarazenen, Heiden sowie «anderer Feinde Christi» zu erbeuten und diese Menschen ewiger Sklaverei zu unterwerfen. Und nicht von ungefähr gingen die Raubzüge in Übersee von der Iberischen Halbinsel aus, wo man in der Reconquista nach jahrhundertelangen Kämpfen, dieser «Schule für Halsabschneider» (Winius), mit der Eroberung Granadas durch Kastilien und Aragon (später Spanien genannt) 1492 gerade den letzten arabischen Staat auf europäischen Boden endgültig niedergerungen (VII 107 ff.); wo die Mauren nach Marokko fliehen, die Juden, verjagt, nach Portugal, auf den Balkan, schließlich in die Niederlande. Freilich rivalisieren auch die christlichen Nationen miteinander, Portugal und Kastilien, Westeuropas stärkste Seemächte, die Küstenfahrt zur Meerfahrt weitend, streiten sie um Schiffahrts-, Handels-, Fischerei- und territoriale Rechte.[5]

Bis zum Ende des Mittelalters waren der christlichen Welt nur drei Kontinente bekannt, Europa, Asien, Afrika, und sie symbolisierten, wie könnte es anders sein, die göttliche Trinität. Doch schon bald ging diese Rechnung, gleich freilich so mancher christlichen Rechnung, nicht mehr ganz auf.

Als erste griffen, von Wagemut gepackt, von Entdeckerfreude, Profiterwartung, von Macht- und Raublust, die Portugiesen aus.

Noch vor den Spaniern schufen sie seit dem frühen 15. Jahrhundert eine bedeutende Flotte zur Umsetzung ihrer von Papst Johann XXIII. geförderten Expansionssucht. Zumal unter dem zielstrebigen Infanten Heinrich dem Seefahrer – selbst übrigens keineswegs Seefahrer, auch nicht, wie immer wieder behauptet, Begründer der ersten «Seefahrtschule» der Welt, einer nautischen «Akademie» in Sagres, wohl aber Großmeister auch des Christusordens und damit Nutzer der Finanzmittel der einstigen Templer (VII 457 ff.) – unter ihm also insistierten die Portugiesen auf ihren maritimen Interessen, erkundeten und plünderten sie systematisch Richtung Süden die westafrikanische Küste.

1415 nehmen sie handstreichartig unter starker Beteiligung des Königshauses das mohammedanische Ceuta im nördlichen Marokko. Im reichsten und schönsten Ort des Landes schlachten sie Tausende von Menschen, auch unbewaffnete Frauen, Kinder, und stimmen dann in der schnell «katholisch» gemachten Moschee das Tedeum an. Quellen sprechen vom Glaubenskampf, doch offenbar ging es ebenso um ökonomische Aspekte, war Ceuta ja Endpunkt transsaharischer Karawanenwege, ein Umschlagplatz für Gold, schwarze Sklaven u.a.

Seit 1416 untersteht die Stadt dem Prinzen Heinrich. 1418 errichtet Papst Martin V. das Bistum Ceuta.

1419 entdecken die Seefahrer Madeira, wo sie in der Jahrhundertmitte den Zuckerrohranbau mit maurischen servi betreiben, das Modell der transatlantischen Sklaverei Amerikas. Die Portugiesen stoßen stets weiter vor, nicht zuletzt um den Seeweg nach Indien zu finden. 1431 erreichen sie die Azoren, die hundert Jahre später einen eigenen Bischof bekommen. 1441 gelingt ihnen der erste Fang schwarzafrikanischer Sklaven, Auftakt der Verknechtung von Nichtmuslimen im großen Stil. 1443 bestätigt ihnen der Papst ein Exklusivprivileg für Fahrten südlich von Kap Bojador. Und als sie 1445 erstmals Kap Verde umsegeln, den westlichsten Punkt Afrikas (heute Senegal), und die Azoren zu besiedeln beginnen, machen sie die Insel Arguin (heute Mauretanien) zur ersten portugiesischen Faktorei (feitoria) an der Westküste, zu einem befestigten Umschlagplatz besonders für Unfreie, für Gold, Elfenbein, Schildkröten u. a.; im 17. Jahrhundert nacheinander von den christlichen Brudervölkern der Holländer, Briten, Franzosen erobert. «Offenbar hatten die Europäer – im Unterschied zu den Arabern –, nicht vor, die Schätze und Produkte zu bezahlen bzw. einzutauschen, sondern man wollte diese ‹an sich nehmen›» (Der Große Ploetz).[6]

Papst Nikolaus V., dessen «einziges politisches Ziel», so Katholik Kühner, «der Frieden» ist, berechtigt 1452 in der Bulle «Dum diversas» Portugal, die Muslime zu bekriegen, zu berauben, zu versklaven; ermächtigt nur wenige Jahre darauf das Land zum Kreuzzug gegen sie und erteilt ihm das Monopol auf Handel wie Eroberungen zwischen Kap Bojador und Indien – «ein grundlegender Freibrief für die Expansion Portugals in Übersee» (Geiss). Ein Freibrief, den schon im nächsten Jahr Papst Calixt III. dem Großmeister des Christusordens auch für die geistlich-kirchliche Leitung aller gegenwärtigen und künftigen portugiesischen Okkupationen innerhalb der genannten Koordinaten gewährt, für die Missionierung somit sämtlicher Gebiete vom Kap Bojador über Guinea «usque ad Indos». Das Afrikageschäft wurde «mittels päpstlicher Bullen international abgesichert» (Reinhard)[7]. Kurz vor 1460, dem Todesjahr Heinrich des Seefahrers, entdecken die Portugiesen die Kapverdischen Inseln. Sie werden, 600 Kilometer vor der westafrikanischen Küste, ein Hauptumschlagplatz für Sklaven praktisch bis 1870 und erst 1975 völlig unabhängig. 1471 erreichen die Portugiesen die Goldküste (Guineaküste) im nunmehrigen Ghana, 1482 die Kongo-Mündung. Im selben Jahr gründen sie nach dem Fund einer bedeutenden Goldmine zu deren Sicherung am Atlantik Stadt und Festung El Mina (wo auch Kolumbus bereits erscheint), das erste und lange Zeit stärkste Fort der Küste, Ausfuhrhafen zunächst für Gold, später, als auch Franzosen, Niederländer, Schweden, Dänen kommen, vor allem ein Handelsplatz für Sklaven.

1487/1488 umsegelt Bartolomeu Diaz als erster Europäer die Südspitze Afrikas, das Kap der Stürme (dann, in Erwartung, bald

Indien zu erreichen, in Kap der Guten Hoffnung umbenannt) und errichtet portugiesische Stützpunkte in Südafrika. 1498 findet Vasco da Gama über Moçambique (wo die portugiesische Kolonialherrschaft bis 1975 dauert) und Malindi (im heutigen Kenia) den Seeweg nach Indien und erreicht den Gewürzhafen Calicut. Als man da einen seiner Männer nach ihrem Vorhaben fragt, antwortet er, laut Bordbuch-Eintrag Vasco da Gamas: «Wir kommen, Christen und Gewürze zu suchen.» Seit 1500 segeln die Portugiesen Jahr um Jahr nach Indien, um dort, so die Quellen ausdrücklich, mit systematischem «Terror» den moslemischen Handel zu vernichten. Auch Italiener sowie Welser und Fugger waren hier von früh an beteiligt.

Unter Alexander VI. förderte Rom die portugiesischen Unternehmen in Afrika «geradezu als Kreuzzüge zur Verbreitung des Glaubens» (von Pastor). Dabei ließ es auch der kastilische Franziskaner Kardinal Francisco Jiminez (Ximenes) de Cisneros (gest. 1517), zeitweise Beichtvater der Königin und Berater des Herrscherpaares, nicht an kirchenfürstlicher Brutalität fehlen. Energisch betrieb er Spaniens Aggressionen in Nordafrika, finanzierte sie gelegentlich, focht einmal sogar selbst in vorderster Front. Eifrig forcierte er auch die Zwangschristianisierung religiöser Minderheiten auf der Pyrenäenhalbinsel und stand selbstverständlich hinter dem königlichen Dekret vom 11. Februar 1502, das den Mauren ganz Kastiliens Exil oder Bekehrung aufzwang. Ja, er verbrannte als Großinquisitor 2500 Menschen, nach Hoensbroech über 3000 – «eine der grossen nationalen Persönlichkeiten Spaniens, die sein ‹goldenes Jahrhundert› heraufführten» (Lexikon für Theologie und Kirche); ein Massenmörder, in manchen Gegenden des Landes als Heiliger verehrt.[8]

Alexander VI. verschenkt einen Kontinent

Während die Portugiesen in Afrika, in Asien ein ausgedehntes Kolonialreich raubten, expandierten die Spanier in Mittel- und Südamerika und hatten, trotz etwas späteren Beginns, die Portugiesen bald überflügelt, nicht auf dem Südkurs bekanntlich, sondern auf dem Weg nach Westen. Sie benutzten dabei die ihnen nahe liegenden, auf diversen Cruzadas unterjochten, bald hispanisierten und missionierten, zugleich unterworfenen und christianisierten Kanarischen Inseln, besonders Gran Canaria, wo durch sie die Guanchen ausstarben, noch bevor sie als ihre Zwangsarbeiter umkommen konnten.

Von den Kanaren aus suchten die Spanier, die nun bis zur Mitte des 17. Jahrhunderts Europa dominierten, Asien zu erreichen, Indien, China mit den märchenhaften Schätzen an Gold und Gewürzen, an exotischen Luxuswaren, gelangten aber in einen bisher ihnen unbekannten Erdteil, dann nach dem Vornamen von Americo Vespucci Amerika benannt.

Der Florentiner Agent der Medici in Sevilla hatte im ausgehenden 15. Jahrhundert in spanischem Auftrag Erkundungsfahrten in die neuen Länder unternommen und sich in einem Reisebericht als Entdecker des Kontinents («mundus novus») bezeichnet. Zu seiner Zeit hochangesehen, einflußreich, vielübersetzt und -aufgelegt, galt Americo Vespucci in humanistischen Kreisen als bester Ethnograph der Neuen Welt. Als deren Entdecker rühmten ihn auch die beiden deutschen Humanisten und Kosmographen Martin Waldseemüller und Matthias Ringmann in ihrer «Cosmographiae universalis introductio» von 1507. Ringmann sah keinerlei Grund dafür, ernsthaft zu bestreiten, «diesen Erdteil nach seinem Entdecker Americus, einem Mann von scharfsinnigem Verstand, ‹Amerige›, gleichsam Land des Americus, oder ‹America› zu benennen ...» Beide Autoren setzten das Wort in eine entsprechende Karte ihres Werkes ein, und Mitte des 16. Jahrhunderts wurde der Name Amerika für den südamerikanischen, danach auch für den nordamerikanischen Erdteil üblich.[9]

Wer immer aber seinen Fuß zuerst auf das amerikanische Festland gesetzt haben mag, Vespucci hat als Erster den Irrtum des Kolumbus erkannt und die «Neue Welt» als eigenen Kontinent benannt – und die iberischen Eindringlinge eröffneten jetzt einen Völkermord ohnegleichen, eröffneten ihn nicht nur als Christen, sondern auch im Namen des Christentums. Ja, die Europäer gerieten über den lockenden Reichtum selbst in Streit. Schon drohte zwischen ihnen ein blutiger Konflikt, da betätigte sich der Heilige Stuhl als Friedensstifter.

Bereits 1493 – die spanische Reconquista, der Krieg gegen den Islam, war gerade mit dem Fall des wirtschaftlich blühenden Emirates Granada beendet worden – begann die Conquista in Übersee, der Krieg gegen das Heidentum, der iberische Großraub mit «Kreuzzugsanstrich» vor allem in den atlantischen Küstengebieten Afrikas und Amerikas, begann der Aufstieg Spaniens zur Weltmacht. Wie in der Alten Welt, kollaborierten nun auch in der Neuen geistliche und profane Gewalt, katholische Kirche und kolonialer Staat, besonders in den überseeischen Territorien Portugals und mehr noch Spaniens, alles basierend auch hier auf dem Prinzip des do ut des. – Lebten um 1650 in ganz Spanisch-Amerika noch etwa 4 Millionen Indianer, waren es um 1492, so die Schätzungen, 7 bis 100 Millionen, wobei 35 Millionen als plausibel gelten.

Damals teilte der Aragonese Alexander VI. in der Bulle «Inter cetera» die Neue Welt in zwei Interessensphären, legte er die Grenze zwischen den spanischen und portugiesischen Okkupationen fest, übertrug er, der Spanier, dies alles diensteifrig den Königen Ferdinand und Isabella, «damit Ihr die Völker der genannten Inseln und Länder zur Annahme der christlichen Religion veranlaßt, wie es Euer Wunsch und Eure Pflicht ist, und Euch durch keine Gefahren und Mühen jemals abschrecken laßt, in der festen Hoffnung und Zuversicht, daß der allmächtige Gott Euer Beginnen glücklich vollenden wird.» (Später freilich erbat Kolumbus für die Indianermission vergeblich Priester.)

Der Römer aber widmete in kurzer Aufeinanderfolge den Annexionen fünf Edikte, gelegentlich auch als «westindische Lehnsedikte Alexander VI.» bezeichnet, womit er die Voraussetzung für zwei europäische Weltreiche schuf.

Der Papst verschenkt, was ihm gar nicht gehört, weshalb ihn denn auch der (1533 ermordete) Inkafürst Atahualpa wahnsinnig nennt. Doch gab der Borgia einfach sämtliche von keinem «rechtgläubigen» Fürsten beanspruchten Gebiete (in Anlehnung an das auf römisches Recht zurückgehende Finderecht) als «terra nullius», als «res nullius», die Sache somit für rechtens aus, jedoch nur «unter der Bedingung der Ausbreitung des christlichen Glaubens» sowie der Finanzierung des kooperierenden Kirchenapparats, der Unterhaltspflicht für Klerus, Kirchen, Diözesen. Denn eine Hand wäscht die andere, wenn auch diese päpstliche «Legitimation» natürlich nicht einmal von den andren christlichen Mächten Europas anerkannt worden ist, schon gar nicht von Portugal, wo überdies immer wieder Rivalitäten gegenüber Spanien aufflammten.

So wird bereits im Jahr darauf, 1494, die Neue Welt im Vertrag von Tordesillas, der altkastilischen Stadt, etwas anders vergeben, wird die generöse «donatio Alexandrina» auf Betreiben Portugals, aber wieder nach dem Schiedsspruch des Borgia, modifiziert und korrigiert und die anstehende Landnahme durch eine nun 370 Seemeilen westlich der Azoren verlaufende Nordsüdlinie geteilt; Spanien erhält das Monopol für Eroberungen, Seefahrt und Handel im Westen, Portugal im Osten; wobei sich erst im nachhinein herausstellt, daß so große Teile Südamerikas, u.a. Brasilien, 1500 von dem Portugiesen Cabral infolge von Navigationsfehlern entdeckt, an Lissabon fallen. (Mitte des 16. Jahrhunderts lebten etwa 3000 bis 4000 Europäer in Portugiesisch Amerika, Ende des Jahrhunderts 30000.)[10]

Ludwig von Pastor, Panegyriker der Stellvertreter, rühmt Alexander VI. für diese «Verbreitung des Evangeliums unter den Heiden», behauptet aber: «Von einer Verschenkung (!) dessen, was dem Papst nicht gehörte, von der Vernichtung der Freiheit der Amerikaner durch Alexander VI. kann keine Rede sein.» Und schreibt schon auf der nächsten Seite: «Die ganze Schenkung (!) der neuentdeckten Länder wurde vom Papst ausdrücklich an die Bedingung geknüpft, daß die spanischen Majestäten für die Ausbreitung des Christentums daselbst Sorge tragen würden.»[11]

Moderne Beschöniger der «Heilsgeschichte» suchen den kirchlichen Anteil dieser «Erkundungsreisen» und «Kolonisationsbewegungen» gern herunterzuspielen, den christlichen «Missionswillen» zu minimalisieren oder zu idealisieren, bezeichnen etwa, was vor allem gewaltsame Aneignung, Unterwerfung, Ausbeutung der Arbeitskraft, was Versklavung, blanker Mord, Massenmord war, als maritime Entdeckungszüge, handelspolitische Erschließung, wirtschaftliche Nutzung, Erweiterung eigener Ressourcen, Ausdehnung der Märkte, Beseitigung des Defizits an Münzmetall, koloniale Durchdringung, zivilisatorischen Austausch oder, was auch nicht schlecht klingt, doch der Sache schon näher kommt, als strategische Bedürfnisse. Selbst der Kleine Ploetz beurteilt, stichwortartig zusammengestellt, die «Folgen der Entdeckungen» auf Haiti, in Brasilien, Guatemala, Mexiko, Peru bis hin nach China und Japan alles in allem erstaunlich positiv: «Ausbreitung der europäischen Kultur. Bereicherung der Wissenschaften, besonders der Geographie und Naturkunde. Umwälzung auf dem Gebiet des Welthandels. Das Mittelmeer und die italienischen Handelsstädte verlieren an Bedeutung. Der Welthandel kommt in die Hände der Spanier und Portugiesen, später der Niederländer und Engländer. Die Seemächte werden reich durch die Ausbeutung der überseeischen Kolonien (Edelmetalle) und gründen darauf ihre weltpolitische Machtstellung. Beginn der Auswanderung nach Amerika (Abenteurer, Kapitalisten, Händler; Negersklaven).» Etwa zwei Millionen afrikanische Sklaven verfrachtete man schon im 16. Jahrhundert ins bald so hochgelobte Land der Freiheit, ungefähr 20 Prozent starben bereits während der Überfahrt.[12]

«... AND COLUMBUS DAY IS A CELEBRATION»

In Wirklichkeit ging es auch hier zunächst in alter Kreuzzugstradition, nach Art bekannter Missionierungsoffensiven mit Gott und allen Heiligen weiter. Interessierte sich doch seit Alexander VI. das Papsttum «unentwegt für die Missionen in Übersee» (Lutz), zumal man bald durch die Reformen in Europa so viel an Boden verlor. Und auch zu den Leitgedanken der spanischen Könige der «Entdekkerzeit» gehörte die Bekehrung der Eingeborenen und hohe Einnahmen für die Krone, wie immer also: Gott und Geld. – Daß der in der Literatur gewöhnlich gebrauchte Begriff «Entdeckung» für das Auffinden längst besiedelter, somit längst «entdeckter» Gegenden der Welt nicht nur falsch, sondern auch diskriminierend (für die «Entdeckten») ist, haben einige mehr indianisch geprägte Lateinamerika-Staaten unlängst mit Recht moniert.[13]

Ferdinand II. der Katholische, Herr Siziliens und Aragons, heiratete 1469 seine Cousine Isabella I. die Katholische, Königin von Kastilien-León, und schuf durch den Zusammenschluß beider Staaten die Basis für die spanische Monarchie und deren riesige Raubausgriffe in Übersee. Isabella, eitel und gottesfürchtig, führte 1478/1481 in Kastilien die Inquisition ein. Einige Jahre später auch auf Aragon ausgedehnt, bildete das Netz der Inquisitionsgerichte «die einzige das Land überwölbende Institution» (Vogler). Man verfolgte vor allem die «Neuchristen» (Conversos), die zum Christentum konvertierten Juden, unterstellte ihnen, insgeheim am Judentum festzuhalten und brachte bis 1490 in Kastilien 2000 Conversos um. Etwa 15 000 bestrafte man, beschlagnahmte ihren Besitz und finanzierte damit den Krieg gegen die Mauren in Granada. Kaum hatten diese am 2. Januar 1492 gegen die Versicherung der Christen kapituliert, ihre Religion, ihr Recht, ihr Eigentum zu respektieren (woran man sich nicht hielt, vielmehr Zwangsbekehrung und Vertreibung folgen ließ), vertrieb man noch im selben Jahr die Juden aus Spanien und erlaubte ebenfalls noch seinerzeit Christoph Kolumbus überraschenderweise die Fahrt, die zur Entdeckung Amerikas führte, nachdem ihn bereits Genua, England, ja in langjährigen Verhandlungen zunächst auch der ihm wohlgesinnte portugiesische Hof abgewiesen hatten, dieser wohl weniger wegen auffallender Selbstgefälligkeit, als wegen mangelnder wissenschaftlicher Seriosität; er hatte Japan dort vermutet, wo die noch unentdeckte Neue Welt lag.

Der sonst so verschlafene Hafen Palos in Andalusien, wo Kolumbus startete, wimmelte von Schiffen, mit denen man eben damals, im Hochsommer 1492, die enteigneten Juden (insgesamt zwei Drittel des Landes, rund 60 Prozent aller Juden Europas) aus Spanien deportierte, erbärmliche Elendshaufen, oft verzehrt von Hunger. «Halbtote Mütter hielten ihre sterbenden Kinder im Arm», klagt ein Zeitgenosse. «Ich kann kaum sagen, wie gierig und grausam man sie behandelt hat ...»

Zwei Jahre später verlieh Papst Alexander VI. dem spanischen

Herrscherpaar den Ehrentitel «Los Reyes Católicos» (Katholische Könige).

Der neue Erdteil, wo die Spanier dann auch «Neu-Christen» (Juden) verbrannten, war dem Mittelalter unbekannt, falls ihn nicht schon, immer noch nicht ganz sicher erwiesen, um das Jahr 1000 über Island und Grönland skandinavische Seefahrer erreichten, um 986 der Isländer Bjarni Herjólfsson, um 1001 Leif Eriksson.

Kolumbus hatte Befehl, auf dem Seeweg nach Indien alles aufgefundene Land, Inseln und Festländer, «Islas y tierras firmes del mar océano», für die beiden katholischen Herrscher in Beschlag zu nehmen – um, so stand in einem Schutzbrief, «des Dienstes an Gott und der Verbreitung des rechten Glaubens willen sowie auch zu Unserem Vorteil und Nutzen.»[14]

Letzteres, versteht sich, vor allem.

Dafür gestand man dem Seefahrer stupende Privilegien zu, die Reisefinanzierung, Gewinnanteile am Handel, sogar das Monopol für künftige Aktivitäten merkantiler Art; er wurde Admiral des Ozeanischen Meeres, wurde Gouverneur und Vizekönig der noch zu tätigenden «Entdeckungen», wobei man selbst seine Erben einbezog, die auch nobilitiert werden sollten gleich ihm. Allerdings hat die spanische Krone früher oder später die meisten dieser «Capitulaciones von Santa Fé» (17. April 1492) gebrochen. Von religiösem Wirken, missionarischer Verpflichtung war in den Artikeln nirgends die Rede, nur von «Waren», «Gütern», «Kaufleuten», «Handel», «Geschäft».

Kolumbus (it. Colombo, span. Colón), der Genuese, vertrat zunächst Handelshäuser Genuas in Lissabon, trat dann in spanische Dienste und plante einen westlichen Weg über den Atlantik nach Indien. («Buscar el levante por el poniente». Den Osten über den Westen suchen.) Als Seemann war Kolumbus von ungewöhnlicher navigatorischer sowie entdeckerischer Effektivität, ein fast vergleichsloser Meister kühnster Küsten- und Hochseeschiffahrt, religiös aber ein durchaus mittelalterlicher Mensch, stark vom Klerus abhängig, nicht nur fest vom Eintritt des Weltendes in 150 Jahren überzeugt, sondern auch vom Beistand des Allerhöchsten auf seinen Fahrten – «Der wunderbare göttliche Beweis dafür sind die vielen

Wunder, die Er während der Reise bewirkt hat, wie man aus meinem Bericht ersieht», bekennt er am 15. März 1493 im Bordbuch.

Mit seiner Kirchlichkeit, seinem frömmlerischen Mystizismus einerseits, seiner Sucht nach Gold, Perlen, Edelsteinen, seinen Menschenjäger-, seinen Sklavenhändlerusancen andrerseits verkörperte er nur die banale ubiquitäre Mixtur aus Christentum und Besitzgier. Zeitweise trug er eine Mönchskutte, war vielleicht Laienmitglied der Franziskaner, jedenfalls jahrelang dem Orden verbunden, der ihm den entscheidenden Kontakt mit Königin Isabella ermöglichte, doch förderte ihn auch der Dominikaner Diego de Deza. Und theologisch wie geographisch beeinflußte ihn der einst maßgeblich an Jan Husens Martyrium mitschuldige Kardinal Pierre d'Ailly durch seinen «Tractatus de imagine mundi», wozu Kolumbus fast 900 Randbemerkungen machte, hielt er ihn ja für den göttlichen Weg zur Wahrheit – wie sich selbst von Jahr zu Jahr mehr für den «Verkünder des neuen Himmels und der neuen Erde», den Mann der Vorsehung, den Pionier abendländischen Christentums, der auch bereits mit dem Verbrennen indianischer Häuptlinge begann.

Dabei hatte er den spanischen Majestäten brieflich den Charme, die Friedfertigkeit, die Lenkbarkeit der Eingeborenen gepriesen, geschworen, es gebe «kein besseres Volk auf Erden», obwohl es wahr sei, «daß sie nackt sind»! Er selbst und seine Mannschaft hingegen galten ihnen als Götter, als «Wesen vom Himmel». Eine freilich nur kurze Verkennung dieser Mission, nahm Kolumbus doch etliche gleich bei der ersten Gelegenheit gefangen und dann immer mehr, während er von Insel zu Insel segelte, jeder einen Namen gab, jede zum Besitz der spanischen Regenten erklärte und durch einen Schreiber beglaubigen ließ, daß ihm niemand widersprochen.

Von seinen Gefangenen erzwang Kolumbus Auskünfte über das ökonomische Potential, über Edelmetalle, Luxusgüter, all die Menschen, die man entweder wie rechtloses Vieh für sich kaputt schuften oder zu einem Dauerexportartikel machen, nach Spanien verschleppen und dort wie exotische Tiere verhökern konnte «im Namen der Heiligen Dreifaltigkeit». Bereits auf seiner zweiten Reise führte er regelmäßigen Sklavenhandel ein, hetzte die Indianer mit Bluthunden, und als er 1495 auf einer großen Sklavenjagd 1500

Arawak fing, Männer, Frauen, Kinder, und davon 500 der Besten nach Spanien schickte, starben 200 schon unterwegs.

Vom Stamm Arawak, bei seiner «Entdeckung» 1492 auf mindestens 60000, aber auch auf drei bis vier Millionen Menschen geschätzt, lebte 1535 fast niemand mehr. Wer durch die Christen nicht unmittelbar umkam, im Kampf fiel, als Gefangener gehängt oder verbrannt wurde, starb oft durch Zwangsarbeit, durch mangelnde Resistenz gegen europäische Krankheiten oder durch Massensuizide, wobei man auch Kinder tötete, damit sie nicht in die Hände der geilen Spanier gerieten. Und dabei sollte doch die Masse der Indianer «die beste und gesündeste Christenheit» der ganzen Welt werden. Selbst das Handbuch der Kirchengeschichte gibt zu, «die Millionenbevölkerung der Antillen» sank nach knapp 20 Jahren «Kolonisation» zunächst «auf 14000 und schließlich auf einige Hundert».

Noch mehr als Sklaven interessierten Kolumbus Gold und Spezereien, und er überlegte sich genau, wie all die Herrlichkeit zu sammeln, zu transportieren, nach welchem Schlüssel sie zu verteilen sei. Er hatte dem spanischen Hof phantastische, aber uneinlösbare Versprechungen gemacht, und der Hunger nach Gold blieb ein von ihm offen eingestandenes «Hauptmotiv» all seiner Reisen. Schon im «Tractatus de imagine mundi» hatte er das Kapitel über Asiens Gold, Silber, Edelsteine mit Marginalien gespickt. Und auf seiner ersten Fahrt nach Hispaniola (Haiti), der zweitgrößten, bald rücksichtslos geschröpften Insel der Großen Antillen, meldete er nach Spanien: «Auf dieser Insel gibt es viele Gewürze und große Minen mit Gold und anderen Metallen.»

So zwang Kolumbus die Indianer zu harter Fronarbeit und regelmäßigen Tributen. In der Provinz Cicao auf Haiti, wo er Goldfelder vermutete, ließ er allen über Vierzehnjährigen, die ihre Bringschuld an Gold nicht erfüllten, die Hände abhacken, die Opfer verbluten. Ehrsucht (das, was die Spanier «el afán de honra» nennen) und Gewinnsucht waren maßgebliche Gründe für seinen Griff in die Ferne. Schließlich dachte sich schon Herodot «die äußersten Ränder der Erde reich mit Schätzen gesegnet». Und das Fahnden nach dem sagenhaften Goldland El Dorado (im Innern des nördlichen Südamerika) oder nach der angeblich schon von Salomon heimgesuchten Goldinsel Ophir (in Arabien, Ostindien, Ceylon, Südafrika) führte zu scharfer Konkurrenz.

Kolumbus war ebenso ehrsüchtig wie raffgierig und gelegentlich «von Goldgier förmlich übermannt» (Bitterli). Eine lebenslange jährliche Pension (10000 Maravedis), die von der Königin bekommen sollte, wer als erster Land sah – es war der Matrose Rodrigo de Triana, der am 12. Oktober 1492 um zwei Uhr morgens vom Bug der «Pinta» aus eine der (weit über 700) Bahama-Inseln erblickte –, diesen Preis bekam nicht der Matrose, sondern Kolumbus, da er schon am Abend zuvor ein Licht bemerkt haben wollte.

Ob den berühmten Entdecker Gott auch so bewegte wie Geld und Gold? Immerhin, schon die Bordbuchnotiz vom 12. November 1492 hält seine Absicht fest, Eingeborene in Spanien im christlichen Glauben unterweisen und diesen dann in ihrem Mutterland verbreiten zu lassen. Derart werde man, schrieb er, «nach kurzer Zeit eine Vielzahl von Völkern vollends zu unserem heiligen Glauben bekehrt haben und zugleich auch große Gebiete und Reichtümer und alle diese Völker für Spanien gewinnen, denn zweifellos gibt es in diesen Gebieten riesige Mengen Gold.»

Gott und Gold also wieder. Und natürlich Sklaven. Denn die bisherigen Bewohner, die Besitzer des Landes, falls sie nicht an eingeschleppten Krankheiten zugrunde gingen (wie angeblich die halbe Bevölkerung Haitis an einer 1443 eingeschleppten Grippe), wurden verknechtet und verschleppt, und ihre Inseln waren danach wie ausgestorben, menschenleer, bis die Briten sie im 17. Jahrhundert mit Schwarzen bevölkerten, landwirtschaftlich ausnutzten und zu einem der schlimmsten Umschlagplätze des Sklavenhandels zwischen Afrika und Amerika machten – erst im späteren 20. Jahrhundert gaben sie den Bahamas die Selbstverwaltung und ihre Unabhängigkeit.

Vor allem aber gehörte zu der beginnenden europäischen Expansion der Krieg, insgesamt der verlustreichste der Geschichte. Schon seinerzeit baute der Admiral des Ozeans ein Fort – übrigens aus dem Holz seines an Weihnachten um Mitternacht gestrandeten Flaggschiffes «Santa Maria» – «the first European military base in the

Western Hemisphere» (Zinn). Und im Februar darauf schickte er zwar zwölf Schiffe mit eher schlechten Gewürzen, einem Schock Papageien, mit unglücklichen indianischen Sklaven und Gold im Wert von 30000 Dukaten nach Europa. Doch sensationelle Goldfunde machte man erst später ohne ihn auf dem Festland.[15]

Kolumbus segelte viermal nach Amerika, das er bis zu seinem Tod fest für einen Teil Asiens, für Indien hielt.

Der erste Aufbruch erfolgte am 3. August 1492 mit drei Schiffen, darunter die «Santa Maria», deren schlechte Beschaffenheit er gelegentlich monierte. Man hatte nur notdürftig genügend Freiwillige bekommen, auch einige freigelassene Sträflinge, hatte zusammen gebeichtet, kommuniziert und erreichte nach vierwöchigem Aufenthalt auf den Kanaren schließlich in zügig ungestörter Fahrt nach 36 Tagen am 12. Oktober 1492 eine der Bahamas, die Insel Guanahani (die er auf den Namen des Erlösers «San Salvador» taufte); darauf Kuba (von den Spaniern vier Jahrhunderte besetzt, dann von den USA bis 1934 kontrolliert); und Haiti, Land, das er aber für Japan (durch portugiesische Seefahrer erstmals 1543 erreicht) oder andere Asien vorgelagerte Eilande ansah, die «Westindischen Inseln». Er wurde derart von dieser Zwangsvorstellung beherrscht, daß er eines Tages die Besatzung seiner Flottille an Deck rief und beeiden ließ, Kuba sei keine Insel, sondern ein Teil des asiatischen Festlands.

Das zweite Mal reiste Kolumbus am 25. September 1493 mit siebzehn Karavellen, 1500 Mann, darunter jetzt auch Soldaten, Lanzenreiter, Priester und Mönche – der Übergang von der Entdeckung zur Unterwerfung, der eigentliche Beginn der spanischen Conquista.

Auf seiner dritten Fahrt 1498–1500 mit sechs Schiffen, mühsam zusammengebrachten Seeleuten, Kolonisten und diesmal sogar drei Dutzend Frauen gelangte er erstmals zum südamerikanischen Festland nahe der Orinoco-Mündung und nach Trinidad. Auf Haiti aber wurde er nach einem Kolonistenputsch (u.a. wegen geringer Goldfunde) verhaftet und Anfang Oktober 1500 nebst seinen beiden Brüdern Bartolomé und Diego von einem hohen Hofbeamten in Ketten nach Spanien zurückgeholt, zwar rehabilitiert, jedoch seiner Ämter als Gouverneur und Vizekönig enthoben.

Kolumbus beklagte sich tief über seine Fürsten, denen er doch «mit so viel aufrichtiger Liebe ..., mit einer Treue gedient, wie sie bisher nicht ihresgleichen hatte». Und immerhin bestätigten die Hoheiten ihm und seinen Brüdern Titel und Privilegien, gestatteten ihm sogar eine weitere Fahrt, allerdings mit so dürftig ausgerüsteten vier Seelenverkäufern, daß man vermutete, die Majestäten hätten ihn loswerden wollen. Von dieser vierten Expedition 1502–1504 an die Ostküste Zentralamerikas, dieser nautisch gefährlichsten, für ihn wichtigsten und von ihm «alto viaje» genannten Reise kehrte Kolumbus dreiundfünfzigjährig krank nach Spanien zurück. Er folgte noch mühsam auf einem Maultier dem Hof, um Geld einzuklagen, seinem Sohn Ämter zu sichern und starb, fast vergessen, selbst ohne Eintrag im Kirchenbuch, am 20. Mai 1506 in Valladolid, vielleicht an der Pest.[16]

Seine Erben prozessierten dreißig Jahre mit der Krone, behielten die Herzogswürde und die eine oder andere Grundherrschaft in der Neuen Welt, verloren jedoch alle übrigen Rechtstitel. Kolumbus selbst bekam von König Ferdinand ein prächtiges Denkmal in Sevilla, wo man ihn zunächst im Kartäuserkloster bestattet hatte, wurde von der Nachwelt immer mehr glorifiziert, was im späteren 19. Jahrhundert bis zu der Bemühung um seine Heiligsprechung führte, woran sich u.a. fast der gesamte französische Episkopat beteiligte. Und Howard Zinn, der in dem bewegenden Nachwort seines Buches «A People's History of the United States» eine neue Art der Geschichtsbetrachtung fordert – «different from what I had learned in college and in graduate school and from what I saw in the history texts given to students all over the country» –, schreibt 1999 von den Geschichtsbüchern der Kinder in den USA, «alles beginnt mit heroischen Geschehnissen – «there is no bloodshed – and Columbus Day is a celebration.»[17]

Der grösste Völkermord der Geschichte beginnt

Mit den Reisen des Kolumbus in die Karibik hatte die Conquista, der größte Völkermord der Geschichte, begonnen. Schon 1548 waren von der Millionenbevölkerung Haitis nur noch 500 Indianer am Leben; dies überliefert jedenfalls der Historiker Oviedo und setzt hinzu, Gott habe das ihrer Sünden wegen so gewollt. 1496 gründete Kolumbus Santo Domingo, den ältesten von Europäern besiedelten Ort Amerikas, dessen Erzbischöfe ein Jahrhundert später den Titel Primas von Amerika führen. Von diesem Zentrum der spanischen Macht aus griffen die Massaker in den folgenden Jahrzehnten nicht nur auf die Nachbarinseln über – Puerto Rico und Jamaika wurden 1509 erobert, Kuba 1511 –, sondern auch auf den Festlandsaum Süd-, Mittel- und Nordamerikas. «Im karibischen Raum fiel binnen 30 Jahren fast die gesamte Urbevölkerung der Conquista zum Opfer» (Lexikon für Theologie und Kirche).[18]

Wir haben für all das exorbitant Scheußliche dieser christkatholischen Raubzüge einen recht unverdächtigen zeitgenössischen Zeugen, selbst Priester, Mönch, schließlich Bischof, gefördert am spanischen Hof von zwei Inquisitoren, dem Großinquisitor Kardinal Francisco Jiménez de Cisneros und dem Kardinal Adrian Florensz von Utrecht, Inquisitor für Aragón, Navarra, Kastilien, León, auch Lehrer Karls V., dann Papst Hadrian VI. (1522–1523).

Überdies war unser Gewährsmann, der aus französischem Adel in Sevilla geborene Dominikaner Bartolomé de Las Casas (1474–1566), schon bald und jahrzehntelang auf Haiti, Kuba, in Nicaragua, Guatemala, Peru und Mexiko. Ja, Las Casas hatte zunächst als «Siedler» und selbst als Priester noch Indianersklaven zur Bewirtschaftung seiner Landgüter auf Haiti und Kuba, das er auch miteroberte. Doch erschüttert durch die Ausbeutung, die Greuel, die Massaker vollzog sich in dem Vierzigjährigen ein vollständiger Sinneswandel, machte er den Schutz der Indios, den Kampf gegen die Conquista, zu seiner Lebensaufgabe und erreichte seit 1518 kraft seiner Reformpläne, Denkschriften, Debatten, mittels Bemühungen, die sich am stärksten in den «Neuen Gesetzen» (Leyes Nuevas) der spanischen Krone von 1542 spiegeln, eine stufenweise Abschaffung der Indianer-Versklavung in den Kolonien, ein Verbot der Zwangsarbeit, der brutalen Behandlung. Siebenmal überquerte Las Casas deshalb den Ozean und forderte endlich bei Fortdauer der Barbarei gegen Freiheit und Leben der Indios den Rückzug der Spanier aus Amerika.

Ein frommer Wunsch. Auch alle Verbote standen nur auf dem Papier. In Peru verlor der Vizekönig Vasco Nilitez de Vela, der sie durchsetzen wollte, dabei sein Leben. Kurz, in der Neuen Welt wurden die Gesetze weder von den kolonialen noch kirchlichen Instanzen beachtet, vielmehr infolge ihrer Proteststürme gerade in zentralen Bestimmungen rückgängig gemacht. Der Kaiser gab nach. Die regelmäßigen Silbertransporte zur Finanzierung seiner Kriege in Europa waren ihm wichtiger. Und in den portugiesischen Kolonien verhielt es sich ähnlich. «Im 16. Jahrhundert fand sich in Brasilien kein Missionar, der die Ansichten eines Las Casas über die Indianer geteilt hätte» (Thomas). Doch wirkten sie noch in jüngerer Zeit auf die sogenannte lateinamerikanische Befreiungstheologie.[19]

Las Casas, der beteuert, die von ihm beschriebenen Greuel und «noch unzählige andere» mit «eigenen Augen gesehen» zu haben, nennt es «eine allgemeine Regel» unter den Spaniern, «grausam zu sein; nicht nur grausam, sondern außerordentlich grausam». Ergötze es sie doch gerade, «alle Arten ausgefallener Grausamkeiten zu erfinden, je grausamer, desto besser.»

Der Dominikaner, vielleicht der prominenteste außereuropäische Kirchenmann bis heute, aber auch bis heute bei seinen Landsleuten in schlechter Erinnerung, berichtet das «Metzeln und Würgen» von Greisen und Schwangeren, von Neugeborenen, die diese Christen von den Brüsten ihrer Mütter rissen, hohntriefend gegen Felsen schleuderten, ins Wasser warfen. Sie töteten wie zum Spaß oder aus Sport und begruben viele lebendig. Auch ließen sie Mutter und Kind zugleich über die Klinge springen, schnitten Zweijährigen die Kehle durch, fütterten ihre Bluthunde mit lebend zerstückten Indianerbabys vor den Augen derer, die sie zur Welt gebracht. Sie trennten Frauen den Leib auf, bevorzugt Schwangeren – eine «frühe Spezialität» schon der Kreuzzugsmörder, «ebenso wie das Umbringen kleiner Kinder auf möglichst gräßliche Weise» (von Paczensky). Sie stachen die Beraubten, Übertölpelten mit Lanzen nieder, spalteten ihnen mit einem Schlag den Kopf, den ganzen Körper, wobei sie Wetten abschlossen, sich gegenseitig übertrumpften. Kurz, sie hieben diese Menschen in Stücke «nicht anders, als überfielen sie eine Herde Schafe ...»

Das vielbändige Handbuch der Kirchengeschichte, ein katholisches Standardwerk, überschreibt noch 1985 all dies und weit mehr: «Missionsfrühling zu Beginn der Neuzeit».[20]

Gern fabrizierten die Frohbotschafter breite Galgen und «hingen zu Ehren und zur Verherrlichung des Erlösers und der zwölf Apostel je dreizehn und dreizehn Indianer an jedem derselben, legten dann Holz und Feuer darunter und verbrannten sie alle lebendig». Gelegentlich lockten sie die Vornehmsten der Insel in eine Scheune und verbrannten auch «sie alle lebendig». Gewöhnlich jedoch liquidierten sie «Große und Edle» auf dem Rost bei schwachem Feuer schmorend, «bis sie nach und nach ein jämmerliches Geschrei erhoben und unter unsäglichen Schmerzen den Geist aufgaben ...»

Wie begreiflich, daß die Elenden die Christen, die sie erst wie Götter begrüßt, bald wie Teufel mieden. Doch da nun alles, was fliehen konnte, berichtet Las Casas, «sich in den Gebirgen versteckte und auf die steilsten Felsen klimmte, um diesen grausamen, gefühllosen, den Raubtieren ähnlichen Menschen zu entrinnen, so richteten diese Würger, diese Todfeinde des Menschengeschlechtes, ihre grimmigen Jagdhunde dergestalt ab, daß sie jeden Indianer, dessen sie nur ansichtig wurden, in kürzerer Zeit, als zu einem ‹Vater Unser› erforderlich ist, in Stücke zerrissen; die von grösserem Schlage fingen die Indianer wie wilde Schweine und fraßen sie auf.»[21]

Mehr als drei Millionen Menschen brachten nach Las Casas die Christen zwischen 1494 und 1508 auf Haiti um, durch Krieg, Sklaverei, Selbstmordepidemien, Zwangsarbeit in den Minen. Wer wird das künftig glauben, fragt er sich, wenn er, der Augenzeuge, es selbst kaum glauben könne. Heutige Forscher schätzen Haitis Bevölkerung bei der Landung der Spanier 1492 auf zwei bis vier Millionen, gelegentlich sogar auf vielleicht acht Millionen. 1510 aber hatte Haiti noch 46000 Einwohner, 1517 noch 1000. Und seit diesem

Jahr schleppte man dorthin systematisch Negersklaven, deren Einfuhr aus Afrika schon 1501 gestattet worden war.

Im 20. Jahrhundert zeitweise unter dem Protektorat der Vereinigten Staaten von Amerika, ja noch im 21. Jahrhundert deren Druck ausgesetzt, ist Haiti nun wieder eines der ärmsten Länder der Welt und wird bis ins Frühjahr 2004, da ich dies niederschreibe, blutig beherrscht durch Aristide, einen katholischen Priester.[22]

Als aber 1979 Johannes Paul II. (Wojtyla) Haiti besuchte, verlor er über das ungeheure Blutopfer der einst dort Überfallenen kein Wort. Im Gegenteil. Der Heilige Vater sah da zu Beginn der Neuzeit durch die Spanier und ihre Priester, die Conquista espiritual, «so vieles und Schönes», sah durch Gott selbst «die Zeit des Heiles», «das gute Werk begonnen», sah hier «die Früchte der Evangelisierung» reifen, «das erste internationale Recht» eingeleitet, «die Würde der Eingeborenen» verteidigt und «ihre unantastbaren Rechte». Kurz, für Karol Wojtyla war die «Kirche auf dieser Insel die erste Instanz, die sich für Gerechtigkeit einsetzte und die Rechte der Menschen ...» «... und wir können dieses Werk heute nur mit Bewunderung und Dankbarkeit betrachten», sagte der Papst. Mindestens 15 000 Missionare hat die spanische Krone zwischen 1493 und 1822 nach Amerika geschickt.[23]

War jedoch das Wirken des Kolumbus schon bemerkenswert rabiat, übertraf es noch die nächste Phase der Conquista, die Bezwingung des Aztekenreiches in Mexiko, ein «Missionsfrühling» ohnegleichen.

Hernán Cortés, Missionar und Menschenbestie

Der spanische Conquistador aus dem Niederadel der Hidalgos gelangte, nach bald abgebrochenem Latein- und Rechtsstudium, 1504 neunzehnjährig nach Haiti, nahm 1511 an der Einnahme Kubas teil, der größten Insel im Karibischen Meer, von deren Ureinwohnern eine Generation später nur noch wenige lebten. Cortés wurde

Sekretär und Schatzmeister des Gouverneurs Diego de Velásquez und kam durch indianische Zwangsarbeiter, durch die Ausbeutung lokaler Goldvorkommen und ein Richteramt zu Vermögen. Als ihn Diego de Velásquez mit einer Truppe an die mexikanische Küste schickte, machten ihn Rüstungen verdächtig. Er wurde abgesetzt, verließ im Februar 1519 fluchtartig Kuba, suchte Kontakte mit den Maya (in seinem Auftrag 1524 durch Pedro de Alvarado unterworfen) und entschloß sich befehlswidrig und nach Ausschaltung einer gegen ihn geschickten, zahlenmäßig stark überlegenen Strafexpedition, zur Eroberung des Aztekenreiches (1519–1521). Mit 11 Schiffen, zunächst rund 500, dann 2000 Spaniern, 13 Gewehren, 14 Geschützen und 16 besonders einschüchternd wirkenden Pferden landete er am Karfreitag in der Nähe des heutigen Veracruz, der ersten spanischen Stadt Mexikos, und unterwarf, nicht zuletzt dank einer Pockenepidemie 1522, ein 20-bis-30-Millionen-Volk, dessen unumschränkter Herrscher Montezuma II., verblendet durch Orakel, Mythen, Untergangs- und Endzeitängste, den Verbrecher friedlich, ja als Abgesandten einer Gottheit aufnahm.[24]

Hernán Cortés, einer der großen Schlächter der Menschheitsgeschichte, wurde nicht zufällig von Hitler als Kolonisator gewürdigt, auch von nicht wenigen Historikern bewundert, darunter William Prescott, dem eigentlichen Begründer der nordamerikanischen Geschichtsschreibung. Cortés wird als «überragende Persönlichkeit» gewertet, seine Vernichtung Mexikos zu den «Großtaten der Kolonialgeschichte» gezählt (Winzer). Selbst das Lexikon des Mittelalters lobt ihn ob seiner «staatsmännischen Talente»; erst recht rühmt ihn natürlich das katholische Herder-Lexikon als «kühn und edel», «hochgebildet und um die Ausbreitung des Christentums verdient.»

Durch und durch katholisch, ein beflissener Marienverehrer, hörte Cortés täglich die Messe und betete jeden Morgen im Brevier. Er führte stets Feldpfaffen mit, die predigten, und er, «Diener und Mehrer der Macht Christi» (Cortés über Cortés), predigte auch selbst, nannte die «Ausbreitung des katholischen Glaubens» seine Hauptaufgabe und ließ Kinder der von ihm hingemetzelten indianischen Elite zu christlichen Missionaren umerziehen. Und während er, der große Staatsmann, der Diplomat, hinterrücks freundlich mit verfeindeten Stämmen umging, während er bald mit den einen, bald mit den andern ausgesucht höflich, gewinnend liebenswürdig verhandelte, hetzte er Volk gegen Volk, Indianer gegen Indianer («psychologische Kriegsführung»).

Cortés ruinierte umfassend eine hochstehende Zivilisation und beglückte zugleich Mexiko mit abendländischer Kultur, mit Feuerwaffen, Bluthunden, Marienbildern, Kruzifixen. Überall richtete er den Gekreuzigten auf. Ein Kreuz zierte auch seine Standarte. Und so, mit dem Kreuz, mit fortgesetzten Heiligen Messen, mit Unserer Lieben Frau und allen Heiligen, insbesondere mit dem Schlachtruf: «Hie Sankt Jakob!» ermordeten die Horden des edlen Ritters alles, was ihnen in die Quere kam, erstachen, erwürgten, ersäuften sie mit fast beispielloser Unbarmherzigkeit, verbrannten sie Könige, Häuptlinge, Hexen, verbrannten die gesamte altmexikanische Führungsschicht, verbrannten Tempel zu Hunderten bis auf den Grund, zerstörten Zigtausende von Götterstatuen und Kunstwerken, daß keine Spur davon blieb, schändeten sie Gräber, um die Macht ihres Gottes zu demonstrieren, vernichteten ungezählte Objekte der Magie, Idole, faszinierende Masken, getöpfert und aus Holz geschnitzt, eine Zivilisation, eine hohe, blühende Kultur, von deren Art, Schönheit, Reichtum sich die Invasoren nichts hatten träumen lassen, Schöpfungen, deren Reste 1520 in Brüssel am Hof Karls V. selbst einen Dürer hell entzückten, hatte das Genie doch «all mein Lebtag nichts gesehen, das mein Herz also erfreuet hat …»[25]

Aber jenseits des großen Meeres machte der gefeierte Kolonisator, «edel» und «hochgebildet», spektakulär tabula rasa, Schluß mit den Menschen, ihren wunderbaren Städten, nicht zuletzt mit ihrem «Götzendienst» samt «Götzendienern», obwohl der goldgierige Bandit natürlich nicht in kriegerischer Absicht kam, sondern als «Botschafter des Friedens», der überdies, wie er seinem Kaiser ganz evangelisch schrieb, «nicht Böses mit Bösem vergelten» wollte.

Das zeigte sich bei der «Befriedung» seiner Feinde, wobei Cortés mit eiskalter Brutalität zuschlagen konnte, weder Frauen noch Kinder schonend. Es zeigte sich exemplarisch beim Massaker von Cholula, auch Bartholomäusnacht der Überseegeschichte genannt. Angeblich um einem Überfall der Einwohner zuvorzukommen, überfiel er sie selbst. Erst lockte man ihre wichtigsten Würdenträger nebst Gefolge heraus und drang dann samt Verbündeten in Cholula ein. Man raubte es aus, zerstörte die Heiligtümer, brannte ganze Stadtviertel nieder und schlachtete in wenigen Stunden mehr als dreitausend Menschen. «Durch hinterlistigen Verrat», übermittelt der Franziskanermönch Bernardino de Sahagún die indianische Überlieferung, «die Krieger waren ohne Waffen. Ohne Schwerter und ohne Schilde standen sie vor den Spaniern.»[26]

Die Grausamkeit des Cortés zeigt auch das Ende von Tenochtitlán, der Metropole des Aztekenreiches, bei deren Betrachtung er und die Seinen doch aus dem Staunen nie herausgekommen waren, die sie als «schönste Stadt der Welt» erklärt, damals vielleicht auch die größte, die zudem sie, die Fremden, freundlich empfangen, die sie kurze Zeit, man erinnert sich an Kolumbus, für Götter gehalten. Tenochtitlán, die Kapitale, anmutsvoll in einem großen See gelegen, mit prächtigen Palästen, Türmen, Höfen, mit ausgedehnten wohlproportionierten Plätzen, Märkten, Schattenpromenaden, mit Brükken und Wasserstraßen, herrlichen zoologischen und botanischen Gärten, dieses Weltwunder schlossen die Haudegen des Cortés und ihre Kombattanten Ende Mai 1521 ein, hungerten es in achtzigtägiger Belagerung aus, eroberten es, wobei schätzungsweise zweihunderttausend Azteken umgekommen sind, plünderten es – «Wie hungrige Schweine waren sie gierig nach Gold» – und errichteten auf den Ruinen das spanische Mexiko. Doch gab es auch in den Provinzen noch eine Fülle volkreicher Städte mit nie geschauten Sehenswürdigkeiten, «so viele und so wundervolle», wie Cortés selber sagt, «daß es fast unglaublich scheint.»

Aber Kultur, Kultstätten, Kunst, auch die größten, schönsten Tempel respektierten sie so wenig wie nur irgendein fremdes Menschenleben. «Sie achteten und schonten sie weit weniger», klagt Las Casas, «– und ich sage die Wahrheit, denn ich habe es die ganze Zeit über mit angesehen – nicht etwa bloß als ihr Vieh – wollte Gott, sie hätten sie nicht grausamer als ihr Vieh behandelt! –, sondern sie achteten sie nicht höher, ja noch weit geringer als den Kot auf den Straßen.»[27]

Sie griffen, schrieb man, auf Torturen des klassischen Altertums zurück, nun den Bedingungen der Wildnis angepaßt und, möchte man hinzufügen, den stimulierenden Inspirationen ihres heiligen Glaubens. So zerrissen sie Gefangene zwischen zwei Kanus oder zwei Pferden, sie knüpften sie an Galgen «zur Verherrlichung des Erlösers», schnitten ihnen hundertweise Hände, Nasen, Lippen, Brüste ab «mit Hilfe Gottes, der Heiligen Jungfrau und des Apostels Santiago». Sie pulverisierten die «Wilden» auch vor Kanonenmündungen. Und gelegentlich meldete der fromme Feldherr durch die «cartas de relación» (bisweilen mit Caesars Bellum Gallicum verglichen) seine Erfolge, «lustig Stücklein», detailliert Karl V., dem Mächtigen, in dessen Reich die Sonne nicht unterging – ohne daß sich die beiden Herren freilich sagten, wie Lichtenberg, daß nicht dies zähle, sondern das, was die Sonne «während ihres Laufes in diesen Staaten zu sehen bekommt.»

Und da bot Cortés, von dessen «brillanten Leistungen als Truppenführer» nicht nur das Lexikon des Mittelalters noch heute schwärmt, von dessen «glänzenden Waffentaten» nicht nur der Zürcher Historiker Urs Bitterli noch 1999 beeindruckt ist, da bot der hochgerühmte Militär und Metzelmeister der Sonne und der Kriminalgeschichte so allerlei: – ungezählte Dörfer und Städte, im Feuer stehend und verascht, ungezählte Menschen niedergeritten, verbrannt, ertränkt. Einmal meldet er der fernen katholischen Majestät, der er seine Monsterverbrechen als «bellum iustum» ausgibt, «mehr denn 100 Mann» abgestochen, einmal «mehr denn 500», einmal färbt sich «unter Anruf des heiligen Jakob» ein Fluß «rot vom Blut der Erschlagenen», einmal wirft man «Feuer in mehr denn 300 Häuser», ein andres Mal werden «über 800 Temixtitaner erschlagen und gefangengenommen», werden binnen zweier Stunden «3000 Bürger erlegt», einmal ersäuft man «mehr als 6000 Männer, Weiber und Kinder». An einem Tag murkst man «12000 Temixtitaner» ab oder nimmt sie gefangen, an einem anderen Tag «über 40000».

All dies «fröhlich», wie es bei Cortés heißt, «lustig» und natürlich mit dem notorisch guten Gewissen des gläubigen Katholiken, gemordet mit dem Gekreuzigten, mit der Madonna, mit «Hie Sankt

Jakob!» etc. etc. Denn, wie Cortés predigte, «wir sind Christen und glauben nur an einen wahren Gott, an Jesus Christus, der für uns gelitten …» «Wir glauben an ihn allein, und darum verehren wir auch nur ihn allein.» «An die Stelle eurer Götzen werde ich jetzt unsere glorreiche und heilige Frau setzen, die Mutter Jesu Christi, welcher der Sohn Gottes ist …»[28]

Immer: Mit Gott, durch zwei Jahrtausende über Leichen, Berge von Leichen, und: Mit Gott.

Ein aztekischer Text schildert das Wirken der spanischen Besatzung, diesmal während eines Festes von tausend Indianern. Just bei dessen Höhepunkt stürmten die Ritter Christi schwerbewaffnet unter die arglos Tanzenden, Singenden, griffen sich zuerst einen Paukenschläger, einen Mann, «der trommelte, und schlugen ihm die Arme ab. Dann schlugen sie ihm den Kopf ab, und er rollte weithin über den Boden. Dann griffen sie die Tanzenden an, erstachen sie, spießten sie auf, erschlugen sie mit ihren Schwertern. Einige durchbohrten sie von hinten, die fielen mit heraushängenden Eingeweiden zu Boden. Andere enthaupteten sie; erst spalteten sie ihnen den Kopf und schlugen ihn dann in kleine Stücke. Andere trafen sie an den Schultern, in klaffenden Wunden öffneten sich ihre Rücken. Einigen rissen sie die Arme vom Körper. Einige stachen sie in die Schenkel und in die Waden. Anderen schlitzten sie den Bauch auf, und die Eingeweide flossen auf den Boden. Manche versuchten vergeblich, noch wegzurennen, doch ihre Gedärme schleiften vor ihnen, und mit ihren eigenen Füßen verfingen sie sich darin. Auf welche Weise sie sich auch zu retten suchten, sie konnten nicht entkommen. Einige versuchten, sich einen Weg nach draußen zu erzwingen, aber die Spanier ermordeten sie an den Toren. Andere kletterten an den Wänden hoch, aber die Spanier spießten sie auf … Das Blut der Häuptlinge floß wie Wasser und sammelte sich in Pfützen. Die Pfützen flossen zusammen und machten den ganzen Tempelhof zu einer großen schlüpfrigen Fläche. Der Gestank des Blutes und der Gedärme füllte die Luft. Und die Spanier rannten nun in die Privathäuser und töteten alle, die sich dort noch verbargen.»[29]

Dies ein Massaker der Schlächter jenes Mannes, der als «neuer Moses» der mexikanischen Indios gepriesen wurde, habe er doch «mit der Eroberung Mexikos die Kirche für den Verlust halb Europas an den Protestantismus entschädigt» (Lexikon für Theologie und Kirche).

Innerhalb noch nicht einmal eines Jahrhunderts kam es zu einem katastrophalen Menschenschwund, sank die Bevölkerung Zentralmexikos von annähernd 25 Millionen auf unter zwei Millionen! Dafür aber gab es immer mehr Mönche, Franziskaner, Dominikaner, Augustiner, später, 1572, kamen noch Jesuiten, dann Karmeliten und Mercedarier. Um 1600 hatte Mexiko, Neuspanien, rund 400 Klöster. Das Land war katholisch, «das Stadium der unmittelbaren Missionsarbeit» – «der Missionsfrühling» – «war abgeschlossen» (Handbuch der Kirchengeschichte).

Und eine lange spanische Kolonialknechtschaft folgte bis zur Unabhängigkeitserklärung Mexikos 1821.

Wie Kolumbus wurde auch Cortés angeklagt, wie jener allerdings auch er vergebens. Vielmehr stieg er in Spanien zum Markgrafen (marqués) auf, zum «Adelantado (Statthalter) de la Mar del Sur». In den dreißiger Jahren wieder in Mexiko, organisierte er Fahrten nach Kalifornien, den Molukken, den Philippinen. 1541 beteiligte er sich am gescheiterten Kriegszug Karls V. nach Algier (VIII 446), wo ein Orkan an die 150 kaiserliche Schiffe samt den Mannschaften verschlang. Seitdem blieb Cortés in Spanien und starb 1547 in Castilleja de la Cuesta bei Sevilla unter Hinterlassung von elf Sprößlingen, legitimen und illegitimen, wie sie einem leidenschaftlichen Marienverehrer allemal zustehen.[30]

Sei nur noch erwähnt, daß in Südamerika, seit 1535 und 1542 in die Vizekönigreiche Neu-Spanien und Peru (heute Bolivien) gegliedert, unter den Spaniern selbst immer wieder Machtkämpfe ausbrachen. Daß allein 1524 vier rivalisierende Konquistadoren um die Herrschaft über Honduras rangen, wobei zwei Unterführer des Cortés einen dritten, Cristóbal de Olid, heimtückisch töteten. (Und noch im 20. Jahrhundert suchten die USA Honduras durch eine Reihe von militärischen Interventionen heim.) Auch in Mexiko-Stadt kam es zu blutigen Auseinandersetzungen zwischen hohen spanischen Beamten. Und später in Peru, dem «Goldland», zu regelrechten Bürgerkriegen.[31]

Pizarro und die Vernichtung des Inkareiches

Von Mexiko aus wurde zunächst Mittelamerika, dann das südliche Nordamerika erobert.

1531 überfiel Francisco Pizarro, ein Soldatensohn, mütterlicherseits mit Cortés verwandt und auch ähnlich wie dieser schon früh in der Neuen Welt rasch zu Vermögen gekommen, das Inkareich. Es erstreckte sich längs der Westküste Südamerikas vom Norden des heutigen Ecuador über Peru, Bolivien bis ins mittlere Chile. Es war eines der größten und reichsten Länder, wenn auch bereits durch interne Rivalitäten geschwächt, durch einen erbitterten Bruderkrieg der zwei Söhne des letzten, 1527 einer Epidemie erlegenen Herrschers Huayna Capac. Dabei wurde der älteste Sohn Huascar, der designierte Nachfolger, in der Gefangenschaft von den Kriegern seines Bruders Atahualpa ermordet, den freilich bald dasselbe Schicksal ereilte. Läßt Pizarro doch Atahualpa, dem er als «Freund und Bruder» zu begegnen versprach, in einen Hinterhalt locken, gefangennehmen und, trotz Auslieferung eines Lösegelds von 24 Tonnen Gold und Silber, auch ungeachtet seiner Taufe, hinrichten. Zuvor bat Atahualpa noch den «Gobernador» – seine letzten Worte – sich seiner kleinen Kinder anzunehmen, dann beteten die Spanier für sein Seelenheil, ersparten ihm gar christlich den Scheiterhaufentod und ließen ihn, wie einen bereuenden «Ketzer», gnadenweise erst erdrosseln, dann verbrennen.

Sogar der Gouverneur von Panama, Gaspar de Espinosa, fand dieses Verfahren suspekt und bedauerte in einem Brief an Karl V., daß man «einen solchen Schuldspruch fällt und einen Menschen umbringt, der so viel Gutes getan und so reiche Schätze verschenkt oder uns auf solche hingewiesen hat, ohne daß bis zum heutigen Tage einem Spanier oder einer anderen Person das geringste Leid geschehen ist.»[32]

Natürlich spielte die Goldgier der Spanier auch hier eine besondere Rolle. Und um möglichst viel aus ihren Opfern herauszupressen, hatten sie sogar eine spezielle Tortur erfunden, eine «ingeniöse europäische Technik» (Stannard). Man grub die indianischen Führer bis zur Körpermitte ein und peitschte sie. Verrieten sie danach keine Schatzverstecke, weil sie keine Schätze mehr hatten, häufte man abermals Erde auf sie und peitschte weiter und so fort: neue Erde, neues Peitschen, neue Erde, begrub bis zu den Schultern, peitschte, begrub bis zum Mund ...

Im übrigen war Pizarro, der nicht lesen, nicht den eigenen Namen schreiben konnte, vom Kaiser aber geadelt wurde, eher grausamer noch als Cortés, und seine Horden verfuhren mit den Besitzern des Landes nicht anders als die Invasoren in der Karibik, in Mexiko. Bände ließen sich mit den Greueltaten dieser Christen füllen, mit Berichten, die von ihnen selber stammen. Sie geißelten, erhängten, ertränkten, vierteilten, köpften, sie hetzten die Indios mit Bluthunden, warfen sie diesen als Fressen vor oder steckten sie in die Silberminen, die sie wie der «Schlund der Hölle» schluckten.[33]

Auch die Eroberung des riesigen Inkareiches bestimmten dieselben Motive, dieselben Strategien, derselbe «Überdruck». Auch diese «Reisen», «Entdeckungsfahrten», «Inlanderkundungen» waren im Grunde bloß Banditentouren, Raubzüge oft rohester Art, machtpolitische Unternehmen, vor allem der Bereicherung dienend und der Gewaltausdehnung um jeden Preis. Auch diese Landnahme bestand aus unentwegten Überfällen, Gemetzeln, Gefechten, manchmal förmlichen Feldschlachten auf den Hochebenen der Anden, aus Blutbädern mit Artillerie- und Kavallerieattacken, wobei Tausende von Indianern starben, wie bei dem Massaker von Cajamarca, das der Dominikaner Vicente de Valverde mit dem Kruzifix in der Hand befahl: «Kommt heraus, Christen! Tretet diesen feindseligen Hunden entgegen, welche die göttlichen Dinge zurückweisen!»

Tatsächlich ging es weniger um göttliche als um menschliche, allzumenschliche, unmenschliche Dinge, um geile Gewinngier und sonst nichts. «Ihre einzige Sorge», gesteht ausnahmsweise mal ein Priester, der junge Christóbal de Molina, «galt dem Einsammeln von Gold und Silber, um reich zu werden ...» Deshalb plünderten sie Tempel, Opfergaben, Ahnengräber, deshalb rissen sie die Gold-, die Silberverkleidungen von Wänden, Statuen, ja zerfetzten noch die goldnen Masken vor den erstarrten Gesichtern Einbalsamierter.

Man nahm Geiseln, schlug ihnen die Köpfe ab, warf sie den Stammesgenossen zu. Man folterte, verfeuerte lebendig, fütterte Hunde mit Menschenfleisch. Man unternahm Sklavenjagden. Man zwang Eingeborene wie Vieh zur Fronarbeit. Man trieb zuweilen alle Frauen und Kinder eines schätzelosen Ortes zusammen und stach sie ab. Der Historiker Oviedo zitiert einen Häuptling: «Dann seid ihr Christen gekommen und habt uns aus Freien zu Sklaven, aus Herren zu Dienern gemacht ... anstatt uns gut und gerecht zu behandeln, habt ihr unsere Frauen und Töchter zu Konkubinen genommen. Um uns unseres Eigentums zu berauben, habt ihr uns verbrannt, mit Hunden gehetzt und mit bösen Worten geschmäht.»

Und wie bei der Unterwerfung Mittelamerikas rivalisierten auch hier die Christen, bekämpften sie die Rebellen in den eigenen Reihen, strebten die Führer einander durch Taktik oder Gewalt auszuschalten, wobei jede Seite auch ihre Hilfsvölker mit bluten ließ.

Ein mehr als jahrzehntelanger Krieg entbrannte zwischen Pizarristen und Almagristen, zwischen dem Pizarro-Clan, der alle Macht auf den Familienkreis zu häufen suchte, und dem Konquistador Diego de Almagro (dem Älteren). Dieser wurde 1538 durch ein Heer unter Hernando Pizarro, einem der Halbbrüder Franciscos, besiegt, gefangengenommen und, ungeachtet seines hohen Alters, mit der Garrotte erwürgt. Drei Jahre später erlag Francisco Pizarro selbst einem Mordanschlag in seiner Residenzstadt Lima. Und als ihn der gleichnamige Sohn des getöteten Diego de Almagro als Herrn von Peru ablöst, schaltet ihn ein Gesandter des Kaisers aus, Cristóbal Vaca de Castro. Dessen Nachfolger freilich, der erste Vizekönig Blasco Núñez de Vela, wird in offener Feldschlacht von Francisco Pizarros jüngstem Halbbruder, von Gonzalo Pizarro geschlagen, bis diesen selbst 1548 wieder ein Legat Karls V. niederzwingt und liquidiert. Christen unter sich. Natürlich fanden die frommen Spanier bei alldem noch Zeit, den sehr jungen Sohn des verstorbenen Inkaherrschers Huayna Capac, den tapferen Manco Inca, zu meucheln, von ungezählten weiteren Schandtaten zu schweigen.[34]

Wie in Mexiko, waren auch in Mittel- und Südamerika die Menschenverluste der Indios ungeheuer. Denn wo immer die Christen erkundeten, entdeckten, eroberten, so sagt einer von ihnen selbst, Pedro de Ciéza de León, da schien es, «als habe ein Feuer alles verzehrt». Zwischen 1530 und 1570 nimmt man einen Rückgang der einheimischen Bevölkerung von rund 55 auf etwa 9 Millionen an. Doch florierte die Heilsgeschichte danach bekanntlich fort. Und, schreibt das Lexikon für Theologie und Kirche 1994, «im Inneren Amazoniens dauern die Massaker an der Urbevölkerung bis in die Gegenwart an.»

Bemerkenswert auch, wie das Handbuch der Kirchengeschichte einräumt, daß Indios, Mestizen und Mulatten praktisch bis ins 17. Jahrhundert hinein keine Geistlichen werden konnten. Doch wie man Sklaven noch in der Neuzeit jahrhundertelang das Priesteramt verweigerte, so schon in der alten Kirche – als ob, ereiferte sich seinerzeit Leo I., «der Große», Papst und Kirchenlehrer, «als ob ein schäbiger Sklave (servilis vilitas) einer solchen Ehre würdig wäre» (III 522).[35]

Selbstverständlich ertrugen viele Staaten Europas nicht die Dominanz der Iberer auf den Meeren und in den überseeischen Gebieten. Jetzt wollten auch sie teilhaben am «mare clausum», wollten sie – die neue völkerrechtliche Theorie – ein «mare liberum», Anteil an der Beute, der «Landnahme» – der uns schon aus dem Alten Testament bekannte blutrünstige Akt, der, bei allen Unterschieden, im alten Israel wie im Neuen Amerika auf anhaltende Ausrottung der bisherigen Bewohner hinauslief (vgl. I 73 ff.). Und zugleich bekämpften die Europäer selber einander, attackierten die Protestanten auch in Übersee das katholische Missionsmonopol, brachen der Egoismus der Niederländer sich Bahn, der Machthunger der Franzosen und, mit besonderem Nachdruck und Erfolg, die Herrschsucht der Briten. Dabei benutzte man die Indianer als Hilfstruppen in Kriegen, die dem «religiösen Fanatismus der Jesuiten auf der einen und dem der puritanischen Geistlichkeit und ihrer Anhänger auf der anderen Seite» entsprangen (Friederici).[36]

Wie Nordamerika christlich wurde oder: «To kill and scalp all, big and little»

Es begann mit Einzelaktionen, mit einem stetig zunehmenden Kleinkrieg im Laufe des 16. Jahrhunderts und kulminierte im Invasionsversuch der spanischen Flotte. Sie startete 1588 zur Eroberung Englands, unterstützt durch eine Million Dukaten des Papstes an Philipp II., und versank im Ärmelkanal (160 Schiffe, 200 Millionen Dukaten wert) durch einen Artillerie-Fernkampf (statt des bisher üblichen Enter-Nahkampfs) unter Admiral John Hawkins, dem Begründer der britischen Seemacht. Er wurde dafür geadelt, hatte er sich doch auch sonst um Großbritannien verdient gemacht, zum Beispiel durch Eröffnung des englischen Sklavenhandels von Westafrika zu den Westindischen Inseln (1568), natürlich mit «Gottes Hilfe» und einem Schiff mit dem schönen Namen «Jesus». (Im 20. Jahrhundert tauften die US-Amerikaner ein Atomunterseeboot «Corpus Christi». Denn immer noch macht sich Gottvertrauen bezahlt.)[37]

Nachdem England die «Freiheit der Meere» zumindest für sich erstritten, drang es überall mit großen Handelskompanien vor, mit der Moskowitischen, der Levante-, der Ostindien-, der Afrika-Kompanie, zuletzt im kanadischen Raum mit der Hudsonbai-Kompanie. Es schuf sich Stützpunkte, nahm den Spaniern 1612 die Bermudas weg, 1627 Barbados, die östlichste Insel der Kleinen Antillen, von der die Katholiken die Indianer als Sklaven verschleppt hatten. Die Briten importierten deshalb zur Bewirtschaftung ihrer Zuckerrohrplantagen bald 80000 Schwarze aus Westafrika. (Erst 1966 wurde Barbados unabhängig.) Ähnlich entwickelten sich die Verhältnisse auf Jamaika, wo die Spanier die Indianer durch Zwangsarbeit und Seuchen weitgehend ausgerottet, die Briten nach Eroberung der Insel 1655 zum Betreiben ihrer Zuckerrohrfelder wieder westafrikanische Sklaven eingeführt hatten, so daß Jamaika zum größten Sklavenmarkt der Karibik wurde. (Erst 1962 erhielt es seine völlige Unabhängigkeit.)[38]

Großbritannien schuf sich Stützpunkte in Indien, ja weltweit, insbesondere auch Kolonien, Siedlungskolonien an der Ostküste Nordamerikas. Erste entsprechende Versuche des englischen Seefahrers Walter Raleigh 1579 uns 1584 waren zwar wenig erfolgreich, doch gründete er immerhin Virginia, die erste jener 13 Kolonien, die dann zur Keimzelle von «God's own country», den USA geworden sind. Jakob I. aber, der protestantische Sohn Maria Stuarts, der Raleigh 1616 aus dem Tower geholt (wo er in dreizehnjähriger Haft u.a. «The History of the World» geschrieben hatte), ließ ihn 1618 hinrichten. Doch allmählich brachte die von der Londoner Regierung etablierte Virginia Company, speziell zum Transport europäischer Siedler nach Amerika bestimmt, immer neue Scharen von «Kolonisten» hinüber. 1631 nahmen sie Connecticut in Besitz, 1636 Rhode Island, 1638 New Hampshire, 1640 Maine.

Viele kamen aus eigenem Antrieb, das heißt hinausgeekelt aus England, aus dem übrigen Europa, durch sein Wohnungselend fortgetrieben, seine Folter-, Fron- und Schröpfmethoden, seinen Feudalismus, seinen Kriegsdienst. Doch schon indem sie der Misere zu entkommen suchten, der politischen Instabilität, den gesellschaftlichen Querelen, dem konfessionellen Hader, setzten sie sich neuem Jammer aus, einem risikoreichen Transfer über fünftausend Kilometer mit ungezählten Schiffsuntergängen.

Auch jenseits des Meeres freilich schlugen Seuchen, Hunger zu, blieben viele, zumal zunächst, weiter arm, abhängig und mußten als Vertragssklaven, als indentured servants, die Reise nachträglich bezahlen mit (meist vier bis sieben) Jahren der Knechtschaft. Durch Christen kam so die abendländische Leibeigenschaft nach Nordamerika, und Christen waren dort die ersten Sklaven von Christen. Dann traten Rothäute an ihre Stelle, auch missionierte, dann Schwarze, Schindluderexistenzen ohnegleichen. Zeitweilig hatte Großbritannien für die Ausfuhr schwarzer Sklaven in die spanischen Kolonien sogar ein Monopol und verschiffte von ihnen allein zwischen 1680 und 1786 2,13 Millionen in die Neue Welt.[39]

Anders als in Spanien, Portugal, Frankreich, wo der Staat die Auswanderung veranlaßt oder doch begünstigt hat, entsprang sie in England zunächst der Privatinitiative. Geschäftstüchtige Händler versprachen das Blaue vom Himmel, so mancher Kapitän trieb offenen Menschenraub. Schließlich erkannte auch der Staat seinen Vorteil in Übersee und suchte alles mögliche mißliebige Volk abzuschieben, Hasardeure, Habenichtse, Katholiken, Kriminelle. Mit letzteren sollte besonders die Justiz die Kerker auch der Neuen Welt füllen. Aber auch als Zwangsarbeiter waren sie tauglich. So schickte man allein zwischen 1718 und 1775 immerhin 50000 Sträflinge auf die Tabakplantagen von Virginia und Maryland. Und bald sprang dem absolutistischen Staat die absolutistische Ekklesia bei, rief sie auf, das Eingeborenenland zum «geheiligten Land» zu machen, «die Grenzen des Königreiches, ja, die Grenzen des Himmels (zu) erweitern.»

Da die Anglikanische Kirche, die Staatskirche, die Verfolgungspraxis der Papisten fortsetzte, flohen viele auch aus religiösen Gründen. Alle «Dissenters», Presbyterianer also, Baptisten, Methodisten, Deisten, Quäker, erwarteten im Neuen Erdteil politische wie religiöse Freiheit, erhofften etwas wie ein neues Kanaan, das Gelobte Land. Vor allem viele Puritaner, Calvinisten strengster Art, wurden durch den staatlichen Absolutismus, durch Königin Elisabeth I. sowie die Stuarts Jakob I. und Karl. I. (auf Betreiben Cromwells 1649 geköpft) besonders bedrückt und flohen ab 1620 nach Amerika, darunter auch die nachmals berühmt gewordene Gruppe der «Pilgrims».

Mit ihnen, die jetzt ein «Neues Jerusalem» kreieren wollten, lassen die USA ihre Vorgeschichte beginnen, die Gründung der englischen Kolonien, obwohl dazu schon Sir Walter Raleigh den Grund in Virginia gelegt hatte und obwohl dort 1607, immer noch eine halbe Generation vor den «Pilgrim Fathers», ein gewisser Kapitän John Smith im Auftrag einer Handelskompanie aufgekreuzt war und Jamestown, die älteste britische Dauersiedlung in Amerika, gegründet hatte, wo zwölf Jahre später die Sklaverei auf dem Boden der künftigen USA anfängt.[40]

Doch diese Entwicklung schien dann allzu profan, viel zu irdisch, zeitlich bedingt, ein Aktionismus kleiner Handelsvertreter, Spekulanten, Glücksritter, deren einer auch noch im Tower geköpft worden war. Nein, dies durfte ihre Geschichte nicht eröffnen. Man brauchte einen andren, einen seriösen Auftakt, etwas Höheres als Profit, der freilich stets das Höchste für sie war und blieb. Man brauchte eine Aura, wie sie die Pilgerväter umgab, brauchte den Ruch des Erhabenen, Weihevollen, Numinosen. Und nannten sich die Pilgrims nicht schlicht, in echt christlicher Demut, selbst «Heilige»?

Also ließ man die Historie Neu-Englands, «the first permanent English settlement in America», nicht in Virginia, nicht mit dem Enthaupteten, nicht mit Käpt'n Smith noch mit andren Pionieren, Schrittmachern des allzu schnöden Ökonomischen beginnen, sondern mit jenen Sektierern aus Plymouth, die zwar von der Anglikanischen Staatskirche getrennt, die Nonkonformisten, Separatisten, Calvinisten, «Ketzer» waren, aber doch herausgehoben, gottgesegnet, ja vom Auserwähltseinglauben besessen, von messianischen Visionen, eifernder Bigotterie; einer Welt entstammend, so moralisch, daß sie, zum Beispiel, später eine Bibliothek nach männlichen und weiblichen Autoren getrennt anordnen, die sogar Hundegenitalien verhängen konnte oder die Füße eines Klaviers, weil sie an Damenbeine erinnerten.

Fast der ganze Pilgrims-Kult erscheint wie eine Parallelaktion zum christlichen Wunder- und Reliquienglauben. Fast alles ist da aufgebauscht, unwahr, angefangen von dem berühmten Felsen von New-Plymouth, bei dem die «Mayflower», das Pilgerväterschiff, bekannter als Kolumbus' «Santa Maria», im November 1620 vor Anker gegangen sein soll; ein vielbestauntes Kultobjekt, beinah ein Nationaldenkmal, obwohl der Stein mehrmals abgebrochen, verlagert, vergraben, zersägt worden ist; ganz beiseite, daß man den Felsen erstmals 136 Jahre später überhaupt erwähnt, daß man die «Pilgrims» erst gegen Mitte des 19. Jahrhunderts so nennt.[41]

Die Puritaner nun, die in der ersten Hälfte des 17. Säkulums besonders im Nordosten der späteren USA eindrangen, in die Neuenglandstaaten Maine, Vermont, New Hampshire, Massachusetts, Rhode Island und Connecticut, etablierten zumal im eigentlichen Mutterstaat Neuenglands, in Massachusetts, ein «Bibel-Commonwealth», eine Theokratie reinsten Wassers, garniert mit schönen Sprüchen, vor allem natürlich biblischen.

Dabei hatten sie keine Hemmung, das von Indianerstämmen besiedelte Gebiet, das sie raubten, gesetzlich als ein «vacuum» zu bezeichnen, nämlich als ein Land, das die Vorbevölkerung nicht kraft des «Zivilrechts», sondern nur kraft eines «Naturrechts» und somit illegal bewohne! Sie hatten weder Skrupel, im Grundgesetz («Body of Liberties») für Massachusetts Siedlern offiziell das Recht auf Sklavenhaltung zu geben, noch hatten sie Skrupel, eine Handelskompanie um neun Zehntel ihres Kapitals zu bringen, noch in ihrer Stadtgründung Neu-Plymouth ihre «Burg Zion» mit Kanonen zu bestücken oder später, im Jahrhundert der Aufklärung, für jeden Indianerskalp erst 12, dann 100 Pfund zu zahlen. Und brachten als zelotische Sektierer die Prüderie zur schönsten Blüte. Spielen, Tanzen, Trinken war verpönt, an Feiertagen streng verboten, Unverheiratete, die zusammen schliefen, wurden mit glühendem Eisen gebrandmarkt oder gepeitscht.[42]

Dabei florierte die Heuchelei, und je länger, desto mehr, besonders in den höheren Rängen. Im 18. Jahrhundert schärft Gouverneur Moses Norton seinen Männern ständig Tugend, Moralität, Kasteiung ein, sucht auch strikt ihren Verkehr mit Indianerinnen zu verhüten, hält sich aber selbst ein halbes Dutzend der schönsten Mädchen und hat stets, berichtet der unter ihm dienende Samuel Hearne, der Klassiker der amerikanischen Ethnologie, «eine Schachtel Gift bei sich, um denen, die ihm ihre Weiber und Töchter verweigerten, eine Dosis verabreichen zu können»; ja, er vergiftet selbst zwei seiner Frauen in der Meinung, sie hätten «mehr Neigung zu anderen, jüngeren Mannspersonen».[43]

Und selbstverständlich kam die ganze Intoleranz des christlichen Europa und nicht zuletzt Englands, wo gegen Mitte des 17. Jahrhunderts ein zehnjähriger Bürgerkrieg tobt, mit in die Neue Welt. Ja, gerade die Kirche erhob «strikteste Intoleranz zum Prinzip» (Reinhard). Die Puritaner waren eifernd und rachsüchtig wie Rom oder der Erzbischof von Canterbury, William Laud, der als einer der engsten Berater des Königs mit wachsender Schärfe Abweichler verfolgte, auch in den «Kriegen der Bischöfe» 1639/1640 auf Seite Karls I. stand, 1645 aber geköpft worden ist wie vier Jahre später der König selbst.

Die Puritaner Neuenglands ahndeten noch die absurdesten Äußerungen, befehdeten jede Art Häresie, zumal die liberalen, duldsamen, den Kriegsdienst verwerfenden Quäker, die sie scharf geißelten, dabei ihr Fleisch gelegentlich «in Gallerte» verwandelnd, deren Männer man mit Abschneiden der Ohren bedrohte, deren Frauen mit Durchbohren der Zunge mittels glühendem Metall, deren Kinder man zuweilen als Sklaven verkaufte. Und manchmal brachte man Quäker, männliche wie weibliche, auch an den Galgen. Seit 1641 sah man für Atheismus die Todesstrafe vor. Man war kaum von irgendwelchen päpstlichen Greueln frei, auch nicht vom Antisemitismus, schon gar nicht vom Höllenteufel- und Hexenwahn, den man möglichst zu verbreiten strebte.

Die ersten Hexen knüpfte man in Connecticut auf, in Hartford, in Windsor. Bei den Hexenprozessen von Salem Village, nahe Kap Ann, brachte man 19 Männer und Frauen an den Galgen. Auch Greisinnen und kleine Kinder liquidierte man so oder legte sie – sicherheitshalber – im Kerker an die Kette, lauter Teufelsbräute, die meisten in Neu-England. Man leistete sich 1655 sogar eine kleine Feldschlacht, schrie da «Heilige Maria», dort «Gott ist unsere Kraft». Kurz, alles wie im frommen Abendland.[44]

Besonders brutal gingen diese Christen natürlich gegen die Indianer vor, ohne die sie anfangs, durch Krankheit und Hunger verheerend geschwächt, wohl samt und sonders umgekommen wären.

Die Indianer waren viel sozialer eingestellt, waren viel verläßlicher, hilfsbereiter als die Invasoren, sie kannten die gesellschaftlichen Unterschiede der Christen nicht. Sie retteten die Eindringlinge aus Seenot, durch Lebensmittellieferungen. «Die Indianer lebten unter uns wie Schafe. Sie taten für uns alles Menschenmögliche und gaben uns zu essen, wenn uns die Vorräte ausgingen …» Viele Zeugen schildern die Eingeborenen durchaus wohlwollend, preisen immer wieder ihre Friedfertigkeit, wie etwa John Lawson, der acht Jahre lang die Neue Welt bereiste, bis ausgerechnet er am Marterpfahl starb. «Sie streiten sich nie untereinander», schreibt Lawson in «A New Voyage to Carolina», «es sei denn, sie hätten getrunken, und man kann nie hören, daß sie sich zanken. Sie sagen, die Europäer seien immer gehässig und unzufrieden, und sie wunderten sich, daß sie eine Welt nicht verließen, in der sie sich so unwohl fühlten.»[45]

Die Methoden der Christen bei ihrem Vorgehen reichten vom Betrug über den Raub bis zur gänzlichen Ausrottung.

Man übertölpelte die fremden Menschen schamlos. Man machte sie berauscht, «kaufte» Land für Tand, Flitter, einen bloßen Bettel und bereicherte sich ungeheuer. Als der Niederländer Willem Krieft, Direktor von Manhattan (Neu-Amsterdam) – 1626 von dem ersten Gouverneur, dem Geistlichen Peter Minuit, für ein paar Wolldecken und allerlei Krimskrams im Wert von 60 Gulden (24 Dollar) erworben – als Krieft auf der Heimreise, bereits vor den Klippen von Wales, Schiffbruch erlitt, ging er mit einer in seiner Amtszeit verdienten Habe im Wert von 400000 Gulden unter.

Selbst der honorige William Penn (1644–1718), Philanthrop und Quäker, liberal und tolerant, Streiter für Gewissensfreiheit, für die Gleichberechtigung von Nonkonformisten, auch von Katholiken, verstand als Sohn eines reichen Admirals mit Geld umzugehn. Der Propagandist eines «heiligen Experiments» verkaufte die 1681 für 16000 Pfund Sterling von der englischen Krone am Delaware erstandene, dann nach ihm benannte Kolonie Pennsylvania («Wälder des Penn») 1712 eben wieder an diese Krone für 280000 Pfund Sterling. Und die zunächst extrem egalitär konzipierte Verfassung wurde im Sinn einer oligarchischen Plutokratie revidiert.

Was man nicht kaufte, erschwindelte, das raubte man einfach – und es war das weitaus meiste –, sozusagen legalisiert durch irgendeinen Annexionsakt, Freibrief, das Privileg eines Herrn der Alten Welt, eine königliche Urkunde – man war «das gesetzloseste Volk der Erde», so US-Historiker Henry Steele Commager; «man nahm, was zu nehmen war», so US-Historiker Joe Frantz; man praktizierte «eine einzige Vergewaltigung nach dem Grundsatz: Alles ist erlaubt», so US-Historiker David Brian Davis; kurz, die Landnahme wurde «eine Katastrophe in Weltformat», so US-Historiker Donald Worster.

Nicht jeder amerikanische Geschichtsforscher, gewiß, sieht das heute so, schon gar nicht der größte Teil des amerikanischen Volkes, denn wie könnte man Nachfahre von Räubern und Mördern sein! Und nun gar die einstigen Heroen, die «pioneers», die «settlers», dies besitzgeile idealisierte Gesindel, die Gotteskinder. Für sie war alles rechtmäßig, war ihre Landnahme so vom Himmel gesegnet wie einst die der Isrealiten in der Bibel. Oder die im 20. Jahrhundert.[46]

Alles in allem: Nach einer relativ ruhigen Frühphase, in der man schlicht noch zu schwach war, es mit den Einwohnern aufzunehmen, kam allmählich mehr Nachschub an Menschen und Material, wurde man anspruchsvoller, anmaßender, rücksichtsloser, gingen die Okkupanten immer häufiger und schließlich ganz kontinuierlich mit nackter Gewalt vor – das heißt: man befriedete die «savages», die «wilden Tiere», die «roten Teufel», man zivilisierte, christianisierte sie. Man hängte sich ein moralisches Mäntelchen um, handelte in gutem Glauben, mit dem besten Gewissen, führte alles auf Gottes wundervolle Vorsehung zurück und beanspruchte als sein Volk die gleichen Rechte wie Abraham, der die Seinen inmitten der Sodomiten angesiedelt. Bibelfest verwiesen sie auf «Davids Krieg», stand doch «geschrieben, daß die Kinder mit ihren Eltern umkommen sollen». Ja, sie hatten wohl alle (wie jene Christen aus Massachusetts bei der Massakrierung von fünfhundert oder sechshundert Indianern) «für unser Tun die Erleuchtung des lebendigen Gotteswortes».

Und so erleuchtet und das Evangelium verkündend metzelten sie weiter. «Grundsätzlich und planmäßig knallten sie jeden ihnen vor die Flinte kommenden Indianer beiderlei Geschlechts und jeden Alters mit Kugel oder Schrot wie ebenso viele Böcke und Ricken nieder» (Friederici). Die rechtmäßigen Besitzer des Landes wurden systematisch ausgerottet, und zwar, betont der einstige Zürcher Theologe Fritz Blanke, «unter religiösem Vorzeichen». Ja, es waren gerade Geistliche, führende Pfaffen (die einander zuletzt selbst bekämpften) wie Cotton Mather, wie William Hubbard, die gegen die «barbarischen, ungläubigen Indianer», die «Ungeheuer ohne Glauben», diesen «Unrat und Bodensatz», den «Auswurf der Menschheit» hetzten und den Blutdurst der Briten als den Schrecken Gottes ausgaben: «The terror of God was upon them round about» (Mather).

Es waren die «Pilgerväter», diese «Heiligen», die 1637 im «Pequot-Krieg» mit anderen Schlächtern aus Massachusetts und Connecticut die in einer Sommernacht in ihren Wigwams schmausenden

Indianer heimtückisch überfielen, sie samt Frauen und Kindern zu Hunderten niederstachen und Tote wie Sterbende in ihren Hütten verbrannten; die schwärmten, «wie die Indianer im Feuer schmorten, wie schließlich Ströme von Blut die Flammen auslöschten» und wie Gott ihnen «so wunderbar beigestanden». «It was the LORD's Doings, and it is marvellous in our Eyes!» Und Dr. Cotton Mather meldet mit stolzgeschwellter Pfaffenbrust, «that no less than 600 Pequot souls were brought down to hell that day.»[47]

Nicht die schmutzigsten Tricks wurden verschmäht, auf jede nur vorstellbare Weise die allmählich immer hilfloseren Rothäute beraubt, begaunert, um ihre Felle geprellt, durch minderwertige Waren betrogen, durch Wucher-, durch Schleuderpreise, der Grund und Boden künftiger Großstädte für einen Pappenstiel errafft, einmal von Peter Jefferson, dem Vater des Präsidenten, 162 Hektar Land für eine Schale Punsch!

Die Opfer der Christen wurden bestochen, bestohlen, sogar ihre Gräber regelmäßig geplündert, sie wurden im Schlaf überfallen, erwürgt, in der Gefangenschaft gemeuchelt, bei Friedensgesprächen zur Entwaffnung überredet und liquidiert. Man folterte und vierteilte, man entmannte, spaltete Schädel, hackte Köpfe ab und stellte sie aufgespießt zur Schau. Man vergewaltigte Frauen, selbst die jüngsten, verstümmelte auch ihre Genitalien, führte diese gar als Tophäen mit, skalpierte Kinder «zur Belustigung». Das Skalpieren war zwar indianischer Herkunft, wurde jedoch «von den Weißen übernommen und gefördert» (Reinhard).

Man ruinierte Wälder und Jagdreviere, äscherte Dörfer und Ernten ein. Man setzte die Elenden dem Hunger-, dem Kältetod aus, der verheerenden Wirkung des Alkohols, ganze Stämme gingen so zugrunde, bis um 1700 allein sieben der Delawaren. Man scheute sich nicht, sie durch tödliche Seuchen zu beseitigen, durch Blattern, durch Tuberkulose. Man führte Bakterienkriege gegen sie, mordete durch wohltätige Spenden, durch pockenverseuchte Kleider, durch Bettdecken – «Unsre Leute nahmen sie», überliefern die Tuscarora, «und sie starben, starben und starben ...»

Kurz, man brachte den roten Untermenschen die Zivilisation, die Frohe Botschaft und dankte Gott, weil seine Hand derart die Welt säuberte, weil er so «Platz für sein Volk schuf», weil er es ihm ersparte, «die Indianer durch Schwert und Feuer zu vernichten», was indes noch oft genug geschah. Führte man doch auch regelrechte Kriege gegen sie, gegen die Tuscarora, die Seneca, hetzte aber auch die Occaneechees wider die Susquehanocks, die Irokesen wider die Huronen, die Cherokesen wider die Yamasee ... und zog gelegentlich mit einem Stamm gegen den andren «zu wüsten Sklavenjagden» (Bitterli). Es war ein, so Howard Zinn, «total war».[48]

Natürlich bekriegten sich schon bald auch die christlichen Bruderschaften selbst.

Nach 1630 wurde das von den schwedischen Einwanderern besetzte Mündungsgebiet des Delaware River von den Holländern erobert und dann britischer Besitz. 1664 nahm der Herzog, der spätere König Jakob II., den Holländern im Nordosten der heutigen USA ihre Kolonie Neuniederlande weg, nahm auch Neu-Amsterdam ein und taufte seinen Raub New Jersey und New York. Im Süden suchten die Briten den spanischen, im Westen den wachsenden französischen Einfluß östlich des Mississippi zurückzudrängen. Jahrzehntelange Konflikte an den Grenzen beider Mächte folgten, Streifzüge, Überfälle, Einverleibungen, Verwüstungen, Aufhetzung von Indianervölkern. Frankreich war zuletzt der Hauptrivale im Kampf um Nordamerika, zu schweigen davon, daß auch die Franzosen wieder in Katholiken und Hugenotten gespalten waren. Schon 1713, im Frieden von Utrecht, der den zwölfjährigen Spanischen Erbfolgekrieg beendete, verlor Frankreich Neufundland, Neuschottland und das Gebiet an der Hudsonbai an England. Und nachdem dies schon 1690 und 1711 das bereits vordem wiederholt besetzte Québec (1608 von den Franzosen gegründet) hatte an sich reißen wollen, führte sein Krieg schließlich doch 1759 zum Fall der Stadt, im nächsten Jahr auch zur Einnahme Montreals, Ausgangsbasis der französischen Machtpolitik in Nordamerika, und somit zum Ende der französischen Kolonialherrschaft dort.

1763 gewann Großbritannien im Frieden von Paris ganz Kanada, wo der Katholizismus seit acht Jahrzehnten die einzig erlaubte Staatsreligion war, es gewann das wirtschaftlich prosperierende Louisiana östlich des Mississippi sowie Florida von Spanien. Neu-

Frankreich war nunmehr englisch. Und 1776 rebellierten die 13 nordamerikanischen Kolonien, die sich künftig Staaten nannten, auch gegen ihr eigenes Mutterland. Sie verweigerten die Untertanenpflicht gegenüber der britischen Krone, lehnten jedes politische Zusammengehen rundheraus ab – und wurden jetzt insgeheim von Frankreich unterstützt.[49]

An den Indianern aber beging man einen 350jährigen Völkermord, wütete gegen die «teuflischen Männer», wie es hieß, «die niemandem als dem Teufel dienen», gegen die «wilden Tiere», wie sie «Indianerfreund» Jefferson nannte, der dritte Präsident der USA. Wehrten sich jedoch die Überfallenen, die immer weiter Zurückgedrängten, immer mehr Geschwächten, und sie wehrten sich verzweifelt, dann schrie man «rebellion», «massacre», sprach von ungeheuren Greueln, während man selbst nur «Verteidigungskriege» führte (wie ja heute noch!), aber Stamm für Stamm vertilgte, stets nach der Devise: «To kill and scalp all, big and little.» Skalpprämien werden stets beliebter. Haufenweise kommen Köpfe Ermordeter «zur Freude der puritanischen Obrigkeit und der leitenden Geistlichkeit» – «Kopfjäger» nennt denn auch der deutsche Amerikanist Georg Friederici Pilgerväter und Puritaner. Noch mitten im Jahrhundert der Aufklärung – und darüber hinaus – skalpiert die gesamte christliche Grenzbevölkerung einschließlich der Grenztruppen, ihrer Offiziere und Kapläne. Ja, Skalpe zieren als Opfergabe noch die Kirche von Santa Fe.

Nicht einmal die katholischen Spanier und Portugiesen, die in Südamerika oft schon in kurzer Zeit Millionen um Millionen Indianer töteten, vernichteten die Eingeborenen so nahezu vollständig, wie die nicht zufällig besonders verhaßten, weil extrem verschlagenen protestantischen Briten. Und alles in Gottes Namen, alles im Namen der Religion, der Nächsten- und der Feindesliebe, alles zur Verteidigung der Zivilisation und Humanität. «Nehmt scharfe Rache», hetzt man, «tut ihnen, was sie tun wollten (!)». Geradezu geflügelt sind Sprüche wie: «Die Knochen der Indianer müssen den Boden düngen, ehe der Pflug der Weissen ihn öffnen kann.» Oder: «Only a dead Indian is a good Indian.»

Volk um Volk ging zugrunde. Schon wenige Jahrzehnte nach

Ankunft der Christen lebten ganze Stämme nicht mehr, von vielen sind selbst die Namen verschollen. Sogar in Gegenden, in denen es keine Kriege gab, starben die Indianer fast innerhalb eines Jahrhunderts nahezu aus. So lebten 1642 bei der Landung der Engländer auf Martha's Vineyard vielleicht 3000 Wampanoags, 1764 nur noch 313. Ähnlich gab es auf Block Island im Jahr 1662 etwa 1200 bis 1500 Indianer, um 1774 nur noch 51.[50]

Wir sind weit vorausgeeilt. Kehren wir zurück ins 16. Jahrhundert und nach Europa, zurück zu dem Kaiser, in dessen Reich die Sonne nicht unterging.

2. KAPITEL

DIE REFORMATION ERFASST DIE SCHWEIZ ZWINGLI UND CALVIN

Es ist auch die mächtige Hoffnung auf eine Renaissance Christi und des Evangeliums erwacht, da viele gute und gelehrte Männer mit Rudern und Segeln, wie man sagt, auf das Ziel loszusteuern begonnen haben, die Saat zur reifen Frucht zu bringen ... Das alles führe ich aus, um, wie man sagt, den anzutreiben, der ja zwar schon im Lauf ist und eilends das Ziel verfolgt, für Christus möglichst viele Soldaten zu werben, die dann einmal tapfer für ihn kämpfen sollen; ermanne sie je länger, je mehr, daß sie, je grausamer die Verfolgung sie trifft, um so weniger schmählich Reißaus nehmen. Denn auch das will ich Dir offen sagen: ich glaube, wie die Kirche durch Blut zum Leben kam, so kann sie auch bloß durch Blut erneuert werden, nicht anders. Lehre Du drum den Deinen immer Christum ...»

Huldrych Zwingli in einem Brief vom 24. Juli 1520 an seinen Freund Oswald Myconius (eigentlich Geisshüsler), Lehrer und Schulgründer in Luzern[1]

«Von größter Bedeutung ist Kalvins Überzeugung von der absoluten Bindung an jedes Wort der Heiligen Schrift dadurch geworden, daß sie ihn zu einer völligen Gleichstellung des Alten und Neuen Testamentes führte. Was Gott jemals in seinem Wort geboten oder als vorbildlich aufgestellt hat, muß das für immer bleiben. Ja, das Alte Testament bekommt dadurch einen besonderen Wert, weil es mehr Anhaltspunkte für die äußere Ordnung des Kirchenwesens bietet. Vor allem aber entnimmt er dem Alten Testament seine Auffassung vom Kampfe für den Glauben. Der alttestamentliche Haß gegen die Feinde Jahwes ist heilige Pflicht, auch für den wahren Christen gegenüber denen, die das Wort Gottes fälschen, das heißt also den Bekennern des alten Glaubens. In aller Offenheit und Schärfe lehrt Kalvin das. Ausdrücklich macht er sich in diesem Kampfe sogar die letzten Worte des 137. Psalmes zu eigen: ‹Tochter Babel, du Verwüsterin, Heil dem, der dir vergilt, was du an uns verübt hast. Heil dem, der Deine Kinder packt und sie zerschmettert am Felsen›»

Wilhelm Neuss[2]

«Nichts ist diesem großen Zeloten zeitlebens fremder gewesen als Konzilianz. Calvin kennt keinen Mittelweg; bloß den einen, den seinen. Für ihn gibt es nur das Ganze oder das Nichts, die volle Autorität oder den völligen Verzicht. Nie wird er ein Kompromiß abschließen, denn ... einzig diese seine steinerne Unerschütterlichkeit, diese eisige und unmenschliche Starre erklärt das Geheimnis seines politischen Sieges. Denn nur eine solche Selbstbesessenheit, eine solche großartig bornierte Selbstüberzeugtheit macht in der Weltgeschichte einen Mann zum Führer. Nie hat die immer dem Suggestiven erliegende Menschheit sich den Geduldigen und Gerechten unterworfen, sondern immer nur den großen Monomanen, die den Mut aufbrachten, ihre Wahrheit als die einzig mögliche, ihren Willen als die Grundformel des Weltgesetzes zu verkünden.»

Stefan Zweig[3]

Wie für einen Herrscher üblich, führte Karl V., der Kaiser der Reformationszeit, einen Krieg nach dem andern. Und wie ebenfalls üblich, führte er diese Kriege vor allem gegen christliche Fürsten, und natürlich zum Heil der ganzen Christenheit und zum Ruhm Gottes, wie ihm sein Großkanzler, der Piemontese Mercurino Gattinara, nach der Kaiserwahl in einer Denkschrift nahelegte, die mit den Sätzen beginnt: «Sire, da Euch Gott diese ungeheuere Gnade verliehen hat, Euch über alle Könige und Fürsten der Christenheit zu erhöhen und zu einer Macht, die bisher nur Euer Vorgänger Karl der Große besessen hat, so seid Ihr auf dem Wege zur Weltmonarchie, zur Sammlung der Christenheit unter einem Hirten.»[4]

Nun kamen auf dem Weg zur Weltmonarchie zu den blutigen Auseinandersetzungen mit katholischen und protestantischen Gegnern noch die Konflikte mit dem Osmanischen Reich, Expeditionen 1535 gegen Tunis, 1541, mit hohen Verlusten, gegen Algier, weiter die Vorstöße in Übersee, die Eroberung von Mexiko (1521) und Peru (1533). Dies alles aber kostete Geld, viel Geld. Und hatte Karl schon zur Gewinnung der Krone 1519 für die deutschen Kurfürsten riesige, nur mit Hilfe der Fugger aufzubringende Bestechungsmittel gebraucht (VIII 433), – immer wieder zwang ihn eine meist prekäre Finanzsituation zu neuen Kapitalbeschaffungen, neuen Anleihen und selbstverständlich immer wieder auch zu neuen Schröpfungen der Untertanen diesseits wie jenseits des großen Meeres.

So hatte er, in dessen Reich die Sonne nicht unterging, in Mexiko und Peru 1535 bzw. 1543 Vizekönigreiche etablieren und ausbeuten lassen, vor allem den scheinbar unerschöpflichen Silberbergbau, zumal, besonders seit den 1530er Jahren, zur Finanzierung seiner Kriege in Europa. Verschlangen sie ja bei stets steigenden Verschuldungen und enormen Kreditoperationen bis zum Staatsbankrott 1557 (der Kaiser lebte zuletzt buchstäblich von seinen Schulden) «außerordentlich hohe Finanzmittel» (Lutz). (Allein der Schutz der niederländischen Grenzgebiete im Ersten Krieg gegen Franz I. kostete monatlich mehr als 200000 Gulden.)

Natürlich mußte auch der Hauptrivale tief in fremde Taschen greifen. Beider Soldaten, meist Söldner, kämpften aber auch in Italien, diesem Dauerstreitobjekt zwischen dem Habsburger und Frankreich. Und kein anderer als Karls Großkanzler Gattinara, Verfechter eines scharfen antifranzösischen Kurses und besonders beredter Propagandist der «Monarchia universalis», geißelte angesichts Italiens als Folgen der Politik seines eigenen Hofes: «endloses Beutemachen, tägliche Räuberei, Erpressung und Vergewaltigung, Schande an Frauen und Mädchen, Brandstiftung und alles andere Abscheuliche und Verderbliche zur Verwüstung des schönsten Landes.»

Ja, der Kaiser selbst bekannte, daß Italien «in acht Kriegsjahren von meinen Heeren unbeschreiblich gelitten hat». Und woanders war es nicht viel besser. Als Karl V. 1544 in Frankreich einfiel, mit einem «jämmerlichem Heer», da ruft der Augenzeuge Bernardino Navagero, venezianischer Botschafter am Kaiserhof: «Überall, wohin das Auge reicht, nichts als Feuer und Flammen. Wie nie zuvor bekam Frankreich in dieser Zeit die bittersten Früchte des Krieges zu schmecken!»[5]

Der Kaiser, «wahrer Beschützer und Verteidiger des hl. Glaubens und der christlichen Religion», wie er sich selbst rühmt, auch advocatus ecclesiae, «Anwalt und ältester Sohn unserer Mutter, der hl. Kirche», operierte im Zeichen der «Plus oultre»- bzw. «Plus ultra»-Devise (also: «weit hinaus» über das Übliche) auf dem Sprung zum «Dominium mundi» immer wieder besonders in Oberitalien, im niederländisch-französischen und spanisch-französischen Grenzgebiet, während seine Konquistadoren in Mittel- und Südamerika das weiträumige spanische Kolonialreich begründeten.

Schon der junge Fürst hatte, überliefert der gut unterrichtete venezianische Gesandte Gasparo Contarini, «eine große Vorliebe für das Militärische und hegt den großen Wunsch, eines Tages Krieg zu führen. Auch möchte er gern einen Feldzug gegen die Ungläubigen unternehmen und nach Italien ziehen – im Glauben daran, daß von seinem Kommen seine Größe abhängt». Auf Feldzügen kam er dann, wie er wieder selbst bekennt, «neunmal nach Deutschland, sechsmal nach Spanien, siebenmal nach Italien, viermal nach Frankreich, zweimal nach England und zweimal nach Afrika».

Dabei bedrängte der weltliche Hirte der ganzen Christenheit, der gelegentlich in Geheimdeklarationen Katholiken wie Protestanten auch Konzessionen machte, die einander ausschlossen, mit Lutheranern sogar den Papst. Veranstaltete seine Soldateska 1527 doch den blutrünstigen, die abendländische Welt ungeheuer erschreckenden Sacco di Roma, wodurch der Heilige Vater samt dreizehn Kardinälen in der Engelsburg sieben Monate zum Gefangenen deutscher Landsknechte wurde – «queste bestie di Tedeschi», wie der Papst sie nannte, oder auch «quella canaglia heretica» (VIII 437ff.). Aus Rom fragte damals Bartolomeo Gattinara, der Bruder des Großkanzlers: «Wir erwarten die schleunigen Anordnungen Ew. Majestät über die Regierung Roms, ob nämlich in dieser Stadt irgendeine Art von Apostolischem Stuhl bleiben solle oder nicht.»

Karl V. bekriegte aber auch gemeinsam mit dem Stellvertreter Christi Katholiken, so 1529/1530 die Republik Florenz, oder Protestanten, wie im Schmalkaldischen Konflikt, in dem Paul III. die eignen Truppen unter heuchlerischen Gratulationen für den Sieger abberief, als dieser zu stark zu werden drohte, ja den Höhepunkt seiner Macht in Europa erklomm. Und als im Herbst 1547 der Sohn des Papstes, Herzog Pier Luigi Farnese, ermordet wird, bezichtigt der hl. Vater den Kaiser der Bluttat.

Im Schmalkaldischen Krieg (1546/1547) kämpft aber auch der lutherische Herzog Moritz von Sachsen, gelockt durch die Zusicherung der Kurwürde, auf der Seite des Habsburgers wider seine Glaubensgenossen und seinen Vetter, den sächsischen Kurfürsten Johann Friedrich I. Und als Moritz der «Überläufer» (in der protestantischen Geschichtsschreibung seitdem als «Judas von Meißen» figurierend) an Stelle des Vetters 1547 durch den Kaiser Kurfürst geworden war, setzte er sich 1551 an die Spitze der Fürstenkonspiration gegen Karl, koaliert in einem Geheimbund mit Heinrich II. von Frankreich, tritt diesem eigenmächtig die Städte Toul, Metz,

Verdun und Cambrai ab und bekämpft den Kaiser, zwingt ihn zur Flucht aus Innsbruck, aus seiner Residenz.[6]

Beide Monarchen aber, Lieblingsspiel derer, die Geschichte machen oder machen möchten, waren auf Machterweiterung aus, auf Niederringung und Zerstörung des gegnerischen Imperiums und Durchsetzung der eigenen Hegemonie, wobei die Fronten oft sehr durcheinander liefen und nicht selten so rasch wechselten wie die militärischen Erfolge.

So kontaktierte der «allerkatholischste König» Franz I. spätestens seit Ende der zwanziger Jahre mit den «Ungläubigen» und unterzeichnete 1536 einen lang vorbereiteten Handelsvertrag mit Konstantinopel, der – in Wirklichkeit ein Offensivbündnis gegen den Kaiser – Frankreichs Seehäfen zu türkischen Stützpunkten machte; eine «unheilige Allianz», die der Kaiser, der weltliche Hirt der ganzen Christenheit, diplomatisch zu sprengen suchte, was freilich der «allerkatholischste König» nun «mit allen Höllenkünsten einer bedenkenlosen Gegenpolitik» (Kretschmayr) durchkreuzte und zu einigen Waffengängen im Mittelmeerraum während des Dritten Krieges (1536–1538) zwischen dem französischen König und dem Habsburger führte.

Auch deutsche Protestanten schlossen sich 1551/1552 in der Fürstenverschwörung gegen die «viehische spanische Servitut» zusammen und koalierten nach Verhandlungen mit dem Bischof von Bayonne Jean du Fresse im Vertrag von Chambord mit dem jetzt als «Rächer deutscher Freiheit» in Lothringen einfallenden, seit 1547 seinem Vater Franz I. nachgefolgten Heinrich II. von Frankreich, reichsrechtlich geurteilt glatter Landesverrat, ganz beiseite, daß Heinrich II. als strenger Katholik im eigenen Land die Hugenotten bekriegte.[7]

Zu dem kaum endenden Hegemoniekampf zwischen Frankreich und Habsburg sowie zu anderen größeren Streitfällen in der Außen-, der Innenpolitik, etwa der ständig gefürchteten Türkengefahr, dem wölfischen Walten der Inquisition, kamen erhebliche, allmählich wachsende ständische und städtische Dauerkonflikte, kamen von Klassengegensätzen, sozialrevolutionären Tendenzen geprägte Unruhen in Spanien wie im Reich, vom Kaiser einmal «dieses stärkste und kriegerischste Land ... der Christenheit» genannt. Da wie dort ging es um die innere Gewaltbalance, Stillung des Machthungers, die Frage, wie Karls Schwester Maria von Ungarn, politisch und militärisch hochversiert und seit 1531 Statthalterin in den Niederlanden, 1538 dem Bruder schrieb, «ob Eure Majestät Herr oder Diener sein wird.»

Es kam zu ausgedehnten Verfolgungen, Folterungen scheußlichster Art, zu Kanonaden, blutigen Feldschlachten. Kam beispielsweise zum Aufstand der «Communidades de Castilla» in Kastilien (1520/1521) mit umfangreichen Güterkonfiskationen und Bedrohungen der maurischen Zwangsarbeiter auf den Besitzungen des Adels, 1525 zu ihrer Zwangstaufe oder Vertreibung. Kam zu einer Reihe von Revolten in niederländischen Städten, etwa 1539 zum Aufstand in Flandern, wo der Kaiser in Gent, das den Krieg gegen Frankreich nicht mitfinanzieren wollte, ein ganzes Stadtviertel samt Kirchen niederreißen, das öffentliche Eigentum konfiszieren, den Bürgern alle Rechte und Privilegien nehmen ließ; gewisse Freiheiten wurden weiter eingegrenzt, die Städte noch schärfer kontrolliert, und die Köpfe der Anführer rollten.

Da Karls V. oft bewußt unbestimmte, gar verschlagene Ausgleichsversuche gegenüber seinen Gegnern scheiterten, wurde er, seiner Mentalität nach ohnedies mehr Melancholiker, allmählich verbitterter, wobei seine häufige Trostsuche im Alten Testament und bei König David insbesondere (vgl. I 85 ff.) ihn kaum milder stimmen konnte. So bürdete er seinem Sohn in seinem letzten Brief an diesen Anfang September 1558 auf, «mit aller Inständigkeit und Dringlichkeit und wie ich es nur kann und wie es meine Pflicht ist: ich befehle es ihm als sein liebender Vater und um des Gehorsams willen, den er mir schuldig ist, als Wichtigstes und Hauptsächlichstes, daß die Ketzer vernichtet und bestraft werden mit allem nur möglichen Nachdruck der Gewalt, ohne Ausnahme und ohne Barmherzigkeit (...), und zu meiner größten Entlastung und Beruhigung.»[8]

Die «Ketzer» freilich waren, wie üblich, bald selbst gespalten, gründeten diverse Konfessionen, zerfielen in Gruppen, wobei zunächst der Schweizer Reformator Huldrych Zwingli, ein zeitweiliger Militärgeistlicher, größere Bedeutung erlangte.

Zwingli kann die Kirche «bloss durch Blut» erneuern

Während Karl V. seinen Weltmachtambitionen nachhing, seine Kriege führte, breitete sich die Reformation aus. Schon 1518 durch Zwingli auf die Schweiz übergreifend, kam sie 1541 mit Calvin nach Genf. In der Zwischenzeit hatte sie bereits Skandinavien erfaßt, 1529 durch König Christian III. Dänemark und Norwegen, durch Gustav I. Wasa Schweden, 1534 durch Heinrich VIII. auch England. Im Osten endlich, in Polen, gewann sie unter Sigismund II. Augustus (1548–1572) so stark an Boden, daß 1563 die Protestanten die gleichen Rechte wie die Katholiken erhielten.

Mit seiner Ausbreitung festigte sich der neue Glaube zwar, aber zersplitterte auch, so gleich durch seine maßgebenden Vertreter in der Schweiz, auch wenn beide entscheidende Impulse aus Deutschland empfingen, was Calvin nie geleugnet hat, während Zwingli 1527 betonte: «Ich will keinen andern Namen tragen als den meines Hauptmanns Jesu Christi, des Streiter ich bin.»[9]

Ulrich Zwingli (später in der von ihm selbst verfeinerten Form auch Huldrych oder Huldreich genannt) wurde 1484 in Wildhaus, einem hochgelegenen Ort bei Sankt Gallen, als Sohn eines größeren Bergbauern und Landammanns geboren und zunächst von einem Onkel, einem Priester, erzogen. Zwischen 1498 und 1506 besuchte er die ihn stark humanistisch prägenden Universitäten in Wien und Basel und trat nach einem kaum recht begonnenen Theologiestudium in Glarus und Einsiedeln in den Pfarrdienst ein. Zweimal begleitete er als Feldpfaffe die päpstlich-schweizerischen Truppen in die Lombardei und in die Schlachten von Novara (1513) und Marignano (1515), 1517 machte er noch eine Wallfahrt nach Aachen und erstrebte auch im folgenden Jahr erfolgreich einen Ehrentitel vom Papst, dessen Kriegspolitik er zunächst entschieden bejaht hatte, wobei ihm die Schweizer Soldateska geradezu als Werkzeug der göttlichen Strafe wider die Feinde des Römischen Stuhls erschien. Bezog er ja auch seit 1515 eine jährliche Pension von Rom, obschon «sein sittlicher Ruf stark befleckt war»; doch je unsittlicher er selbst lebte, «desto mehr donnerte er über die Sittenlosigkeit des Clerus» (Kardinal Hergenröther), eine ja bewährte zölibatäre Praxis.

Seit 1519 Leutpriester am Großmünster, der Hauptkirche in Zürich, wurde er dort bald Chorherr, der führende Kleriker, und brachte die reformatorische Lehre durch seinen geschickten Umgang mit dem Rat zwischen 1522 und 1525 zur Alleinherrschaft.

Gestützt auf Paulus, Augustin und nicht unbeeinflußt von einer Pesterkrankung, doch ohne besondere Seelennöte, begann er im Zentrum Europas, in der wirtschaftlich bedeutenden Stadt, dem Vorfeld der seit 1499 faktisch vom Reich gelösten Eidgenossenschaft, die Bibel reformatorisch zu interpretieren. Er bekämpfte die Heiligenverehrung, die Werkgerechtigkeit, das Fasten, das Fegfeuer, die Beichte, den Ablaß, den päpstlichen Primat, das Zölibat, die Prozessionen, die Liturgie, kurz, all die «römische Büberei und Verführung», nicht zuletzt die katholischen Institute, deren Vermögen man natürlich einzog.

Zwinglis erster reformatorischer Vorstoß war ein Wurstessen in der Fastenzeit. Man unterschätze es nicht. Zielte die deftige Aktion doch, wie der Band «Die Kirchen in der deutschen Geschichte» betont, «im Tieferen auf die ‹Freiheit eines Christenmenschen›». Die Züricher Christenmenschen waren nämlich so frei, um nicht zu sagen revolutionär, trotz des entgegenstehenden Kirchengebots Wurst zu essen; beiläufig: bei dem Buchdrucker Froschauer. Und so erschien auch bald die erste umwälzende Pioniertat des Schweizer Neugläubigen gedruckt: der Fressalien-Traktat «Von Erkiesen und Freiheit der Speisen» (1522).

Und bald folgten dem Wurstessen weitere fromme Befreiungsschläge.

Zwingli und der Große Rat der Stadt ließen in den Kirchen Altäre, Reliquien, Kruzifixe, Orgeln zertrümmern, dann aber die Bilderstürmer bestrafen. Der Reformator nahm die Witwe Anna Reinhardt zur Gattin, mit der er «schon Jahre lang unzüchtig gelebt» (Kardinal Hergenröther), seit 1522 in geheimer, seit 1524 in öffentlicher Ehe, und etablierte schrittweise und nicht ohne zögernde Vorsicht: die Abendmahlsfeier, die Almosenordnung, die Krankenfürsorge, die Abschaffung des Kleiderprunkes, das Ehe- und Sittengericht, vor allem aber, wie die anderen reformatorischen Theologen, die Bibel, «die Diktatur des Wortes Gottes» (Uta Ranke-Heinemann), als einzige Glaubensgrundlage – «sola scriptura», «solus Christus», «der einig weg zur säligkeit». «Die hl. Schrift muß Führerin und Lehrerin sein; wer sie richtig gebraucht, muß straflos ausgehen, auch wenn dies jenen gelehrten Herrlein sehr wenig gefällt. Im anderen Falle wird's uns schlimm ergehen; denn die Kenntnis der hl. Schrift ist heute kein Vorrecht der Priester mehr, sondern sie ist Allgemeingut geworden ...»[10]

Auf die Messe dagegen konnte, mußte man verzichten. Die Priester wollten nicht mehr «Gottesmetzger» sein und schafften im April 1525 die hochheilige Handlung, für Zwingli bloß eine schauderhafte Beleidigung Christi, mit der knappen Mehrheit des Stadtrats ab. «Denn wenn Christus jeden Tag neu geopfert werden muß, so folgt daraus, daß das Opfer, das er einmal am Kreuz dargebracht hat, nicht für alle Ewigkeit ausreicht. Gibt es eine größere Schmähung als diese?»

Mit der Beseitigung der Abgötterei sowie dem Verbot, auswärtige katholische Messen zu besuchen, hatte sich die Reformation in Zürich durchgesetzt, war anstelle der Kirchengemeinde die Bürgergemeinde, anstelle des Kirchenregiments die staatliche Gewalt getreten, hatte also, gemäß Zwingli, jetzt an Bischofs Statt die weltliche Obrigkeit die Kirchenhoheit und damit Gottes Willen zu vollziehen.

Huldrych Zwingli, der Weltkleriker und Humanist, der trotz eines verschiedenen Bildungsganges, einer anderen Mentalität, auch eines anderen theologischen Ansatzes doch eine zumindest ähnliche Theologie wie der gleichaltrige deutsche Mönch vertrat, bestand darauf, selbständig zum Evangelium gekommen und nicht lutherisch zu sein. «Also wil ich nit, das mich die Bäpstler luterisch nennind; denn ich die leer Christi nit vom Luter gelernt hab, sunder uhs dem selbswort gottes.» Gleichwohl ist Zwingli von Luther, mehr freilich von Erasmus von Rotterdam beeinflußt, auch wenn seine Theologie eigene Züge hat.[11]

Noch in den Anfängen der Zwinglianer aber kam es zu einer Spaltung.

Immer mehr ihrer Anhänger erstrebten die Autonomie, bestritten energisch die Zuständigkeit des Züricher Rates in geistlichen Belangen, mochten sich die Auseinandersetzungen 1523 bezeichnenderweise auch an der Zehntleistung entzünden. Zwingli hatte sie zunächst selbst attackiert – manches erinnert da an Luthers Umgang mit den Bauern (vgl. VIII 390f.) –, konnte aber die Kirche nicht um ihre materielle Basis bringen.

Enttäuscht durch diese Haltung, enttäuscht auch durch seine sonstige Halbherzigkeit, sein Zurückweichen vor der Staatsmacht, gründeten schließlich die Unzufriedenen, Radikalen, die auch die Erwachsenentaufe propagierten, verfolgt durch den Rat, die erste Täuferkommune. Es geschah 1525 in Zollikon, vor den Toren der Stadt, von wo aus sich das Täufertum, seinerseits wieder spaltend in eine wehrlose und eine wehrhafte Richtung, rasch über die Schweiz verbreitete; während weitere Täuferzentren sehr schnell in Mitteldeutschland, 1526 in Thüringen und Franken, sowie 1530 in den Niederlanden entstanden.

In fünfhundert Städten und Dörfern gab es jetzt bereits Täufergemeinden. Allerdings gab es längst auch die ersten Märtyrer. Denn Zwingli hatte zwar zunächst gelehrt, «das Christus nit wil, mit gwalt ieman zu dem glouben bezwungen werden», daß das «reine Evangelium» nicht «menschlicher Stützen» bedürfe, vielmehr eigene «Stoßkraft» bekunde. Aber mit Hilfe des weltlichen Arms stieß es sich doch besser. Und so kooperierte der Reformator, der inzwischen, 1520, die päpstliche Pension mit einem eigenen Handschreiben abgeschlagen, 1522 auch sein Priesteramt niedergelegt hatte, mit dem Züricher Rat, der weltlichen Obrigkeit – «Sy mögend allein mit recht tödten ...» – und setzte seit 1526 auf die Erwachsenentaufe die Todesstrafe.

Natürlich störte Zwingli weniger die Glaubenspraktik, die Taufe, als die Gefährdung seiner Bürgerreformation, als deren soziale Grundlagen. Gestand er doch selber frei heraus: «Es geht nicht um die Taufe, sondern um Aufruhr, Zwietracht, Ketzerei!» Er fürchtete den gesellschaftlichen Radikalismus der Täufer, den Umsturz. «Jene», wütete er, «die so wohl beschlagen sind, daß sie wissen, daß alle Dinge allen gemeinsam gehören sollen, sollten als Beispiel für uns alle am Galgen aufgeknüpft werden.» Christ Zwingli schätzte zwar die Toleranz, aber nur, wenn sie seine Gegner übten und ihm selben Spielraum gaben für das Gegenteil, die bedingungslose Unterdrückung aller anderen Konfessionen unter seine Gewalt, mochten es Sektierer oder Katholiken sein. «Warum soll der christliche Stadtrat nicht Statuen zerstören und die Messe abschaffen? ... Das heißt nicht, daß er den Priestern die Gurgel durchschneiden muß, wenn es möglich ist, eine solche grausame Handlung zu vermeiden. Aber wenn es nicht möglich ist, würden wir nicht zögern, auch den härtesten Beispielen nachzueifern.»

Wie ähneln sich doch alle Christenhäuptlinge im Entscheidenden.

Wie sich Luther, der «homo religiosus», hinter den Fürstenstand stellte, so Zwingli, der «homo theologicus et politicus», hinter den politisch und wirtschaftlich mächtigen Kanton, die autonome Stadtrepublik mit ihrem beträchtlichen Territorium. Er gestand ihr aber nicht nur die Regelung der weltlichen, sondern, anders als Luther, auch der geistlichen, der spezifisch kirchlichen Angelegenheiten mit weitreichender Sozialdisziplinierung zu. Eine christliche Stadt war für Zwingli nun «nichts anderes als eine christliche Kirche, ein Christenmensch nichts anderes als ein treuer und guter Bürger.» Ein säkulares Pfaffenregiment bahnte sich an, die «Züricher Staatskirche», eine Art erste «evangelische Landeskirche», Beginn der konfessionellen Spaltung der Eidgenossenschaft.

Es kam zu Geißelungen. Der Täufer Felix Manz, Sohn eines Chorherrn am Großmünster, wurde im Januar 1527 in der Limmat ersäuft. Und dabei blieb es nicht. «Wir wollen sie alle», beschloß der Rat mit Zustimmung Zwinglis, «ohne Gnade ... lassen ertränken ... und darin niemanden verschonen.» Der Täufer Ludwig Hetzer, erst katholischer Priester, dann hitziger Zwinglianer, der angeblich zwölf Weiber genommen, wurde als Ehebrecher sowie Verteidiger des Ehebruchs 1529 in Konstanz öffentlich enthauptet. Und die Prozesse gegen die Täufer setzten sich in Bayern, Hessen, Thüringen bis in die vierziger Jahre fort. Haben doch Katholiken auch in der Schweiz Wiedertäufer, im katholischen Luzern etwa den Züricher Schuster Hottinger, der das erste Kruzifix niedergerissen, geköpft.[12]

Andererseits gingen die Zwinglianer auch gewalttätig gegen die Katholiken, «die unnützen Pfaffen und Bischöfe» vor, besonders in Bern, in Basel, wo der Henker in einer Prozession zum großen Münster allen Bildern des Herrn und der Heiligen die Häupter abschlug und dann auf neun Haufen verbrannte. Man stieß Katholiken aus dem Rat aus, verbreitete Schmähschriften, zerstörte Altäre, Statuen, das Ewige Licht, schaffte die Messe ab, hob Klöster auf, die auch in der Schweiz nicht selten in katastrophaler Verfassung waren. Man stürmte sie mitunter, wie das Kloster St. Gallen, dessen Abt und Mönche man vertrieb, oder ließ sie auch mal in Flammen aufgehn, wie die Ittinger Kartause. Bischof Paul von Chur entwich nach Tirol, das Basler Domkapitel nach Neuenburg und Freiburg im Breisgau. Und während man in Zürich und anderwärts die Lästerer der Reformation liquidierte, in Graubünden etwa den Abt Theodul Schlegel von St. Luzi (Chur) nach grauenvollen Folterungen, richtete man in den katholisch gebliebenen Regionen, in Luzern, Schwyz, Baden, Kirchenstürmer und -schänder ebenfalls und teilweise grausam hin.[13]

Unterstützt mehr von den Handwerkerzünften als von der Oberschicht, von Großgrundbesitzern und Großkaufleuten, konnte Zwingli die Reformation auch weit über Zürich hinaus verbreiten, zumal 1528/1529 in den Stadtkantonen Bern, Basel, auch in Schaffhausen, in Teilen Süddeutschlands. Der darauf verstärkte Widerstand der Katholiken heizte den christlichen Bruderkampf natürlich immer mehr an, besonders mit den Innerschweizern. 1528 kam es zum Landfriedensbruch der Altgläubigen im Berner Oberland. Im nächsten Jahr wurde der Bürgerkrieg, der sogenannte Erste Kappelerkrieg, durch den Ersten Kappeler Landfrieden gerade noch verhindert, allerdings auch die konfessionelle Trennung der Eidgenossen verewigt.

Und es gab neue Konflikte, eine Lebensmittelsperre gegen die katholischen Orte, deren verbissenen Boykott aller Vermittlungsbemühungen Zwingli zu brechen suchte. Gerade die ihm besonders Trotz bietenden innerschweizerischen Kantone Uri, Schwyz, Unterwalden, Luzern wollte er unter sein Kommando bringen, notfalls militärisch beugen.

Das ganze Land sollte befreit, gesäubert, sollte vom falschen Christentum ausgemistet werden. Hatte Zwingli doch schon 1520 in seinem Brief an Myconius (s. Motto) die Leute aufgerufen, «daß sie wie Herkules den Kot von nachgerade so vielen Stieren ausmisten, ohne sich aufhalten oder es sich verdrießen zu lassen, wenn auch ganze Schwärme von Ungeziefer sie umsurren.» Hatte er ja bereits seinerzeit «offen» gestanden, die Kirche könne «bloß durch Blut erneuert werden, nicht anders ...» Und eben dies hatte er «immer Christentum» lehren genannt, «Christus echt lehren ...» und andersgläubige Christen mit «Kot» und «Ungeziefer» verglichen, wie schon in der antiken Kirche und gerade durch deren größte Führer und Verführer üblich (I 3. Kapitel!).

Zwingli trieb zum Angriff, ja dachte, ebenso evangelisch wie aggressiv, an ein viel größeres Zu- und Zusammenschlagen, an einen auch Philipp von Hessen und Franz I. von Frankreich umfassenden Pakt gegen Habsburg. Denn gegen Blutvergießen, wie gesagt, hatte der Reformator prinzipiell nichts, wie einst als Katholik, so jetzt. Krieg schien ihm notwendig, wie er für Luther notwendig war und für alle Verfechter der Religion der Feindesliebe. Nur wider das «Reislaufen» (das Auf-die-Reise-Laufen als Landsknecht) trat er auf, wider den Kriegsdienst von Schweizer Söldnern unter fremder Flagge. Gegenseitig durften sie einander schon massakrieren ...

Im Herbst 1531 machten die Züricher mobil, waren aber zahlenmäßig weit unterlegen, überhaupt «nie so schlechtlich und elendigklich mit der statt panner ußzogen». Am 11. Oktober erlitten sie denn auch bei Kappel, westlich des Zürichsees, im Kampf gegen die altgläubig gebliebenen Urkantone Uri, Schwyz und Niedwalden eine schwere Niederlage. Zwingli geriet dabei, in Helm und Harnisch, die Waffen in der Hand, verwundet in die Gewalt der Katholiken, wurde erschlagen, seine Leiche gevierteilt und verbrannt, angeblich nebst Schweinekot, um noch seine Asche zu verunehren. Jetzt «säuberten» die Altgläubigen das Land.[14]

Zwinglis Schlachtentod, von Katholiken wie Lutheranern als gerechtes Gottesurteil über den «Ketzer» verkündet, beendete abrupt das Expandieren der Reformation unter Züricher Führung in der Schweiz sowie in Süddeutschland. Der neue Glaube blieb nun in der

Hauptsache auf die vier Stadtstaaten Zürich, Basel, Bern, Schaffhausen beschränkt: Und reicht ein gewisser Einfluß Zwinglis auch von der Pfalz bis England und Schottland, von den Niederlanden bis nach Ungarn – außerhalb der Eidgenossenschaft beruft sich keine Kirche ausdrücklich auf ihn.[15]

Wie Luther bekämpfte Zwingli die Bauernunruhen, wie Luther ging er gegen die Täufer vor, wie Luther lehnte er die Autorität der Kirche, der Kirchenväter, der Konzilien ab. Wie Luther war er Biblizist, sah er in der Bibel die höchste Glaubensquelle, vertrat er eine ganz ähnliche Gnadenlehre, betonte er die absolute Prädestination, die Alleinwirksamkeit Gottes, verneinte er entschieden die menschliche Willensfreiheit in allen sogenannten Dingen des Heils, bestritt er den Nutzen der guten Werke, der Messe, der Wandlung, der Ablässe, der Gelübde. Wie Luther verwarf er die Vorstellung vom Fegfeuer und führte, nur noch schärfer, die Sünde, das Böse auf Gott zurück, der alles in allem, das Sein der Dinge sei; wogegen frei, sein eigener Gott sein wollen, zur Vielgötterei verführe.

Luther war, alles in allem, mehr religiös gesinnt, freilich, wie einst der Münchner Kirchengeschichtsprofessor Alois Knöpfler, Doktor der Theologie und Philosophie, Geheimer Hofrat und Erzbischöflicher Geistlicher Rat wußte, «auf aftermystischer Grundlage»; Zwingli war stärker humanistisch geprägt, praktisch gemeindenäher, rationaler, radikaler und noch mehr politisch ausgerichtet.[16]

In scharfen Gegensatz zu Luther freilich geriet Zwingli Ende der 1520er Jahre mit seiner Doktrin vom Abendmahl. Denn dies hatte für ihn nur symbolhaften Charakter, war ein Bekenntnis-, ein Gedächtnismahl, eine Erinnerung an Leiden und Sterben Christi. Es gab demnach keine wirkliche Umwandlung, keine «objektive» Gegenwart des Herrn in Brot und Wein, keine Realpräsenz, wie Rom, keine Konsubstantiation, wie Luther lehrte, der im Abendmahl Christi Leib und Blut ohne Substanzveränderung mit Brot und Wein verbunden, körperlich anwesend glaubte.

Für Luther, der sich auf die Verba Testamenti, die sogenannten Einsetzungsworte Jesu stützte, «Dies ist mein Leib», *ist* das Abendmahl Leib und Blut Christi, für Zwingli *bedeutet* es Leib und Blut Christi. Zwingli wollte das «Hoc est», wie auch oft sonst bei Übertragungen aus alten Sprachen üblich, rationalistischer, gleichnishaft, Luther wollte das «ist» noch mehr magisch, wörtlich verstanden, wollte Christi Fleisch fast mit den Zähnen zerbissen wissen – wie einst schon die Dionysosmysten das Fleisch ihres sterbenden und wiederauferstehenden Gottes genossen (vgl. Abermals krähte der Hahn, 79 ff.) –, und Luther äße auch selbst, behauptete er, Holzäpfel und Mist, hätte es Christus geboten.

Dabei trieb der Wittenberger, der beim Disput mit Zwingli in Marburg die Worte «Dies ist mein Leib» mit Kreide vor sich auf den Tisch geschrieben hatte, die Theo-Logik, in die Enge gebracht, bis zur Annahme der Ubiquität des göttlichen Leibes, des Ausgedehntseins ins Schrankenlose, Allgegenwärtige, bis zu seiner Präsenz gar in jedem Nahrungsmittel, zu einer «ganz absurden Abendmahlslehre» (Nestle), was freilich jede Abendmahlslehre ist.

Zwingli, der die Lutheraner als Gottes-Fleisch-Fresser verhöhnte, sah in der Ubiquitätslehre einen Widerspruch zum Dogma von den zwei Naturen. Gleichwohl erklärte er: «Es sind keine Leute auf dem Erdreich, mit denen ich lieber wollte eins sein, denn mit den Wittenbergern.» Luther hingegen, der auch durch den Hohn über den «gebackenen Herrgott» unerschüttert blieb und sich hier auf die Tradition der alten Kirche, «der lieben Väter Bücher und Schriften» stützte, «beider griechischer und lateinischer Sprach, dazu der täglich Brauch und das Werk mit der Erfahrung bis auf diese Stund», nannte die Zwinglianer Satansdiener, für die kein Christ beten dürfe, die es auszurotten gelte, hätten sie doch «ein eingeteufeltes, durchteufeltes, überteufeltes, lästerliches Herz und Lügenmaul».

Der Abendmahlsstreit wurde auch durch das dreitägige Hin und Her, das sogenannte Marburger Religionsgespräch zwischen Luther und Zwingli samt Anhang im Oktober 1529 (obwohl man in 15 Punkten, den «Marburger Artikeln», einig war), nicht beigelegt, auch nicht durch weitere, immer heftigere, mitunter in erbaulichster neoscholastischer Rabulistik ausgetragene Abendmahlsgefechte. Sie bildeten theologisch den einzig wesentlichen Gegensatz zwischen Lutheranern und Zwinglianern, die darüber in zwei Lager zerbrachen, in die sächsische und in die schweizerische Reformation, und getrennt blieben durch die Jahrhunderte. (Erst gegen Ende seines Lebens soll Luther, nach einer Mitteilung Melanchthons, erkannt haben, daß er im Abendmahlsstreit gegenüber den Zwinglianern «zu viel getan».)

Dagegen einigte sich Zwingli in der Abendmahlsfrage mit Calvin und bahnte so die Annäherung an den Calvinismus an, was schließlich zu einer «calvinischen Schweizer Nationalkirche» führte.[17]

Calvin lässt Michael Servet verbrennen

Ungleich bedeutender als Zwingli wurde Johannes Calvin (1509–1564), zweifellos der einflußreichste religiöse Neuerer neben Luther.

Im nordfranzösischen Noyon, in der Picardie, als Jean Cauvin geboren, bestimmte ihn sein Vater, apostolischer Notar und Vermögensverwalter des Domkapitels, schon früh zum Priester. Mit 12 Jahren erhielt der Junge bereits eine kirchliche Pfründe, bald darauf eine zweite. Doch nach einem Streit mit dem Domkapitel forderte ihn der 1528 exkommunizierte (1531 im Kirchenbann sterbende) Vater statt zum Theologie- zum Jurastudium auf. Dabei wandte sich der Jurist, Bibel und Kirchenväter lesend, ähnlich wie der humanistische Magister Zwingli ein «Quereinsteiger», allmählich der Reformation zu, verzichtete auf seine Noyoner Pfründen aber erst 1534 – und nur gegen Entschädigung.

Lutherischer Ketzerei verdächtigt, mußte Calvin Ende 1533 vor den Verfolgungen des Königs aus Paris nach Basel fliehen, wo er 25jährig sein Hauptwerk schrieb, die meist auf Luther beruhende, höchst erfolgreiche, 1536 zunächst anonym erscheinende, in den folgenden Jahren stets erweiterte «Christianae Religionis Institutio» (mit berühmter Widmung an König Franz I., den er für seine Sache zu gewinnen sucht), angeblich das bedeutendste reformationstheologische Werk, die «klassische Apologie der Reformation». Danach kam der Autor als «Lektor der Hl. Schrift» nach Genf, dessen Bür ger seit langem den Bischof bekämpften. Calvin setzte sofort eine neue Glaubensformel, einen neuen Katechismus, überhaupt eine andere Kirchen- und Lebensordnung durch, erregte aber durch seinen Übereifer, seine Herrschsucht, die führenden patrizischen Kreise und wurde bereits nach zwei Jahren, 1538, von der Stadtrepublik ausgewiesen, weil er der sündigen, der sittlich anrüchigen Gemeinde das Abendmahl versagte.

Darauf wirkte er als Prädikant und Professor in Straßburg, heiratete 1540 Idelette de Bure, die Witwe eines Täufers, und kehrte schließlich, auf Ersuchen Genfs, im Herbst 1541 triumphierend dorthin zurück, wo seine Kirchenordnung am 2. Januar 1542 zum Grundgesetz der Genfer Republik und die Stadt zu einem neuen Zentrum des Protestantismus geworden ist, zu einer theokratischen Diktatur, international schon bald von erheblich größerem Gewicht als Wittenberg.[18]

Calvin regierte nun im «protestantischen Rom» als (so hieß er damals schon) «protestantischer Papst», und er regierte drakonisch, weder vor Verbannungen noch Hinrichtungen zurückschreckend. Erklärte er doch bereits früh und durchaus branchentypisch arrogant, «die Prediger haben allen zu befehlen vom Höchsten bis zum Niedrigsten, sie haben die Satzung Gottes aufzurichten und das Reich des Satans zu zerstören, die Lämmer zu schonen und die Wölfe auszurotten, sie haben die Folgsamen zu ermahnen und zu unterrichten, die Widerstrebenden anzuklagen und zu vernichten. Sie können binden und können lösen, den Blitz und den Donner schleudern, aber all dies gemäß Gottes Wort.»

Seine Glaubensgrundlage war in der Tat die Bibel, «la parole de Dieu». Sie gab es vor der Kirche und sie stehe über ihr, einzige Maxime des Denkens, des Glaubens, des Rechts; ja es gebe keine andre Wahrheit jenseits und außerhalb von ihr («en dehors et au delà»). Somit müssen wir, schärfte er ein, was sie verkünde, «mit demütiger Gelehrigkeit annehmen, und zwar ausnahmslos annehmen ...» Jede religiöse Erkenntnis hänge hiervon ab. «Der Glaube kann vom Wort so wenig getrennt werden wie die Strahlen von der Sonne.» «Nimm das Wort weg, und kein Glaube bleibt übrig.»

Dabei stellt Calvin, dessen Staat man einmal nicht schlecht als eine «Bibliokratie» bezeichnet hat, das Alte und das Neue Testament einander völlig gleich; ja das alte Bibelbuch ist ihm besonders wichtig wegen seiner Verfolgung aller Glaubensfeinde. Bedenkenlos übernimmt er auch die Grundgedanken der katholischen Inquisition, überholt sie sogar, indem er nicht erst Anzeigen, Denunziationen abwartet, sondern eine eigene Meute verbeamteter oder besoldeter Spitzel und Späher losläßt «auf das Leben eines jeden», wie er seinen Schergen vorschreibt, indem er alles einer widerlichen Universalkontrolle unterwirft, wobei zu den professionellen Schnüfflern bald noch ein Heer freiwilliger stößt, das der vorauseilende Gehorsam treibt, die pure Angst.

Das katholische Lexikon für Theologie und Kirche nennt Calvin «von grausamer Härte und rücksichtslosem Fanatismus», doch – im selben Atemzug – «vornehmer und konsequenter als Luther, religiös und sittlich höher stehend als Zwingli».[19]

Zumindest mit der Wahrheit nahm es Calvin, der «Ketzer», Hexen, Zauberer verbrennt wie Luther, etwas genauer, während der große Wittenberger, nach Grisar, geradezu «formell» eine «neue Theologie der Lüge», ein «neues System» aufstellt. Neu übrigens deshalb, weil Lug und Trug zur Ehre Gottes, und nicht nur dazu, im Christentum oft und von Anfang an erlaubt gewesen sind.

Schon im Alten Testament wird gelogen, betrogen, und es segnet Lüge und Betrug auch ab (III 35 ff. 67 f.). Im Neuen Testament aber will bereits Paulus, der älteste christliche Autor, nicht als Sünder dastehn, «wenn Gottes Wahrhaftigkeit infolge meines Lügens (!) um so stärker zu seiner Verherrlichung hervorgetreten ist» (Röm. 3,7). Wie auch andere große Theologen der alten Kirche, Origenes etwa, Kirchenlehrer Johannes Chrysostomos, der «Goldmund», die Lüge zum Zweck des Seelenheils und als Heilmittel gestatten (vgl. Abermals krähte der Hahn 30 f.).

Luther lehrte zwar zunächst, die Lüge sei «wider die Natur des Menschen und der größte Feind der menschlichen Gesellschaft». Doch bald log auch er und gerade er nur so drauflos. Schließlich wußte er, daß man schon im heiligen Buch der Bibel lügt. Abraham lügt, Michol lügt, die ägyptischen Hebammen lügen, Judith, die den assyrischen Feldherrn Holofernes ermordet, lügt, lügt gleich am laufenden Band – «ein ganzes Gewebe von bewußten Lügen» rühmt ihr begeistert der Alttestamentler, Kardinalerzbischof von München und Hitler-Parteigänger Michael Faulhaber nach. Ja, und wenn auch die alten gefeierten katholischen Kirchenlichter Origenes, Johannes Chrysostomos, Hilarius, Cassian etc. schon so beredt für die Lüge eintraten, warum sollte dann nicht auch er, Dr. Martinus Luther, «ein gudte stargke Lugen» tun und gewisse Lügen billigen? Lügen heiße nur, «wenn man dem Nächsten damit Schaden tun will». Doch wenn, erklärt er, der noch 1517 jede Art von Lüge für unerlaubt hielt, «wenn ich also lüge, daß ich einem nicht zu Schaden, sondern zu Dienst und Nutzen lüge, daß ich sein Gutes und Bestes fördere, so nennt man es Dienstlüge». Solche Nutz- und Dienstlügen, solch gute, nützliche Lügen waren für Luther keine Lügen, «vielmehr Tugend», ja konnten «ein Werk der Liebe» sein. «Eine gut starke Lüge um Besseres und der christlichen Kirche willen, eine Notlüge, eine Nutzlüge, eine Hilflüge wäre nicht wider Gott.» Und gerade «gegen die Trügerei und Schlechtigkeit der Papstantichristen» hielt Luther «alles für erlaubt».

Nicht jeder Protestant dachte und lehrte so, aber, schreibt Bernhard Häring, einer der führenden katholischen Moraltheologen des 20. Jahrhunderts: «Die meisten Lutheraner folgten der Ansicht ihres Reformators.»

Das Genfer Kirchenhaupt, wie gesagt, verweigerte sich hier. Doch in anderer Hinsicht übertraf er Luther noch.[20]

Calvin war ein extrem unsinnlicher, freudlos galliger Zelot, der außer seinem Hunger nach Macht, nach Herrschaft über die Seelen keinerlei Lebenslust zu verspüren schien als die eiserne Durchsetzung seiner «Lehre». Weder die Natur zieht ihn an noch die Kunst, weder Wein erfreut ihn noch Sex. Und während Luther augenzwinkernd sagen kann: «Will die Frau nicht, tut's die Magd», während Zwingli gleich in seiner ersten Pfarrstelle ein uneheliches Kind in die Welt setzt, rührt Calvin nach dem frühen Tod der Gattin zwei Jahrzehnte, bis zu seinem eignen Tod, kein Weib mehr an. Nur natürlich, daß dieser Mann, der allein seinem Theologenwahn lebt, der bloß drei, vier Stunden geschlafen haben soll, fast pausenlos von den verschiedensten Gebresten gepeinigt wird. Beinah jeder seiner

Briefe meldet neue Heimsuchungen. «Bald sind es Migränen, die ihn tagelang ins Bett werfen, dann wieder Magenschmerzen, Kopfschmerzen, Hämorrhoiden, Koliken, Erkältungen, Nervenkrämpfe und Blutstürze, Gallensteine und Karbunkel, bald fliegende Fieber und wieder Frostschauer, Rheumatismus und Blasenleiden.» Unentwegt bemüht er die Ärzte und erklärt, seine Gesundheit sei «einem ständigen Sterben ähnlich.»[21]

Seit früher Jugend kleidet er sich vom Barett bis zu den Schuhen nur schwarz. Und sein Gesicht ist kalt, abweisend wie der Tod. Unfaßbar, so Stefan Zweig in seinem sehr lesenswerten Buch «Catellio gegen Calvin oder Ein Gewissen gegen die Gewalt», unfaßbar, daß jemand wünschte, das Konterfei dieses unerbittlichen Forderers an der Zimmerwand zu haben – «der Atem würde einem kälter vom Munde fließen, fühlte man ständig den wachsam spähenden Blick dieses unfreudigsten aller Menschen über seinem täglichen Tun. Von Zurbaran könnte man sich Calvin am ehesten gemalt denken, in der spanisch-fanatischen Art, wie er die Asketen und Anachoreten dargestellt hat, dunkel in dunkel, von der Welt abgeschieden und in Höhlen hausend, vor sich das Buch, immer das Buch und allenfalls noch einen Totenkopf oder das Kreuz als die einzigen Symbole geistig-geistlichen Lebens; ringsumher aber eine kalte und schwarze, eine unnahbare Einsamkeit. Denn dieser Respektraum menschlicher Unnahbarkeit hat ein Leben lang um Calvin gefrostet.»[22]

Der starrsinnig Mitleidlose aber suchte nun sein eigenes moroses Seelenwesen, seine düstere Ideologie zur Norm aller zu machen, suchte seinen Lustverzicht seinem Anhang, einer ganzen Kommune, ganzen Konfession aufzuzwingen. Calvin, dessen Erstlingswerk Senecas «De clementia» galt, einer Ermahnung des Herrschers zur Toleranz, errichtete eine höchst intolerante Theokratie, geleitet durch das Konsistorium, eine Art «Inquisitionstribunal», bestehend aus sechs Geistlichen und zwölf Laien, denen er vorsaß. Man praktizierte die berüchtigte «discipline», eine ekelhafte klerikale Sittenzucht, die die seinerzeit ohnedies übliche Sozialdisziplinierung «weit hinter sich ließ» (Christ). Calvin regiert durch reinen Terror, unblutigen wie blutigen. Dabei ergänzt der Gottesmann, selbst zu empfindsam, zu blutscheu je auch nur einer einzigen peinlichen Befragung beizuwohnen, sein Folterrepertoire von Daumenschrauben und Streckseil noch durch das Chauffement de pieds, die Röstung der Fußsohlen.

Stefan Zweig schreibt, «nie hat Genf so viele Bluturteile, Strafen, Foltern und Exile gekannt, als seitdem dort Calvin im Namen Gottes herrscht.» Und Balzac findet den religiösen Alptraum in Genf noch schauervoller als alle Schrecken der Französischen Revolution. «Die wütende religiöse Intoleranz Calvins war moralisch geschlossener und unbarmherziger als die politische Intoleranz Robespierres, und wäre ihm ein weiterer Wirkungsraum als Genf gegeben gewesen, so hätte Calvin noch mehr Blut vergossen als der furchtbare Apostel der politischen Gleichheit.»

Noch mehr als durch Blut aber schüchtert Calvin Genf durch ein speziell geistliches Schreckensregiment ein.

Alt und Jung wurden katechisiert, moralisiert, die Kirchgänge kontrolliert, ebenso die Teilnahme an der «Mahlzeit des Herrn», vier pro Jahr; eine Nichtteilnahme trug einjährige Verbannung ein.

Die Wirtshäuser verschwanden zugunsten von sogenannten Abteien (fünf Trinkstuben), und jeder durfte nur die Trinkstube seines Bezirks besuchen. Spiel und Tanz wurden verboten, ebenso die Kunst in allen Formen, auch die Musik, Fluchen und Kartenspiel bestraft, ein Spielkarten-Fabrikant mußte öffentliche Buße leisten. Theater, Volksfeste, sogar Scherze waren verpönt, besonders über Calvin. Und noch den Eislauf beargwöhnte man. Es gab regelmäßig Verhöre, Visitationen, Belauschung von Gesprächen, Meinungsäußerungen, das gesamte Leben der Gesellschaft wie der Familien wurde systematisch überwacht, bis ins Privateste hinein, den Kleider-, den Speise-, den Bücherschrank, das Bett. Gefängnis für Bauern, die nach dem Kirchgang über Geschäfte gesprochen; Gefängnis für Bürger, die um ein Viertel Wein gewürfelt; Gefängnis für Leute, die gekegelt haben. Gefängnis für einen, dem beim Taufakt ein Lächeln entglitten, Gefängnis für einen, der bei der Predigt eingeschlafen ist usw. Noch Kinder hat man unbarmherzig hart belangt. Mangelnde Ehrfurcht vor dem Gerichtshof wurde als «Rebellion gegen Gott und die heilige Religion» geahndet, einem Buchdrucker wegen Beschimpfung Calvins vor der Verjagung noch die Zunge mit glühendem Eisen durchbohrt. Die Bekämpfung der Prädestinationslehre konnte Geißelung bis aufs Blut an allen Kreuzwegen der Stadt sowie immerwährendes Exil nach sich ziehen. Lästerung Calvins kostete Jacques Gruet 1547 den Kopf.

Besser zu hart als zu mild, urteilt der Reformator, wenn es «Gottes Ehre» gilt. Und nicht zuletzt seine! Offen bekennt er, allemal lieber einen Unschuldigen Strafe erleiden als einen einzigen Schuldigen ihr entkommen zu sehn. Und ebenso offen gesteht er, sich in der Härte gegenüber anderen selbst zu disziplinieren. «Ich übe mich in meiner Strenge zur Bekämpfung der allgemeinen Laster.»[23]

Calvin, der zur zweiten Generation der Reformatoren gehörte, kam von Luther her, hat dessen Priorität stets anerkannt, ja ihn als erleuchtetes Vorbild, als genial gepriesen, als einen «Erstling unter den Knechten Christi, dem wir alle viel schulden.» Calvin wollte keinen Streit mit Luther. Und als ein solcher ausbrach, wünschte er von den Seinen, «daß Ihr Euch darauf besinnt, welch großer Mann Luther doch ist, durch welche außerordentlichen Geistesgaben er sich auszeichnet. Wie tapfer und unerschütterlich, wie geschickt, wie gelehrt und wirksam hat er bisher gearbeitet an der Zerstörung der Herrschaft des Antichrist und an der Ausbreitung der Lehre zur Seligkeit. Ich habe schon oft gesagt: Wenn er mich einen Teufel schölte, ich würde ihm doch die Ehre antun, ihn für einen ganz hervorragenden Knecht Gottes zu halten, der freilich auch an großen Fehlern leidet, wie er an herrlichen Tugenden reich ist.»

Calvin teilte mit Luther auch die allgemeinen Grundsätze des Protestantismus, glaubte ihn aber noch in gewissen spätkirchlichen Vorstellungen befangen. Zwar war er weniger originell, spontan, impulsiv, doch systematischer, konsequenter und setzte zumindest theologisch noch schärfere Akzente.

Wie freilich die Lehre von der ursprünglichen Willensfreiheit des Menschen (bis «sein Geist ins Verderben» fiel und «des göttlichen Gerichts schuldig» wurde) mit der absoluten Vorherbestimmtheit seines individuellen Schicksals vereinbar sei, blieb Calvins «undurchdringliches Geheimnis» (Iserloh). Doch dessenungeachtet hielt er an der Vorherbestimmung des Menschen durch Gott fest, an dieser berüchtigten doppelten Vorherbestimmung zur ewigen Seligkeit oder ewigen Verdammnis. Ja, sie wurde geradezu der Inbegriff calvinistischer Dogmatik, eine kardinale Kontroverse auch zwischen Calvinismus und Luthertum.

Nur kurioserweise – obwohl: was ist hier nicht kurios! – sei gesagt, daß die reformierten Leidener Theologen sich in zwei Gruppen spalteten, wobei die einen die göttliche Erwählung schon vor dem Sündenfall Adams und Evas, vor der Erschaffung des Menschengeschlechts, annahmen (Supra- oder Antilapsarismus), die anderen erst danach (Infra- oder Postlapsarismus; infra seu post lapsum). «Die Prädestination ist der ewige Rathschluß Gottes, wodurch er bei sich festgesetzt hat, was aus jedem Menschen werden soll; denn nicht zu gleichem Loose werden alle geschaffen, sondern den Einen ist das ewige Leben, den Anderen die ewige Verdammniß vorher beschieden.»

Calvin lehrte sogar die Vorherbestimmung eines Teils der Menschheit zur Sünde. Gott, wußte er – woher denn wieder? –, hatte diese Unglücklichen eigens zum Sündigen geschaffen, um an ihnen seine Gerechtigkeit zu demonstrieren – wie an den Auserwählten seine Barmherzigkeit! Die Sünder waren also nicht verdammt, weil sie sündigten, sondern sie sündigten, weil Gott sie verdammt hatte. Dabei besaß Adam auch das liberum arbitrium, den freien Willen – und sündigte doch notwendig, weil prädestiniert!

Calvins Gnadenwahl, schreibt Friedrich Engels, «war der religiöse Ausdruck der Tatsache, daß in der Handelswelt der Konkurrenz Erfolg oder Bankrott nicht abhängt von der Tätigkeit oder dem Geschick des einzelnen, sondern von Umständen, die von ihm unabhängig sind. ‹So liegt es nicht an jemandes Wollen oder Laufen, sondern am Erbarmen› überlegner, aber unbekannter ökonomischer Mächte. Und dies war ganz besonders wahr zu einer Zeit ökonomischer Umwälzung, wo alle alten Handelswege und Handelszentren durch neue verdrängt, wo Amerika und Indien der Welt eröffnet wurden und wo selbst die altehrwürdigsten ökonomischen Glaubensartikel – die Werte des Goldes und Silbers – ins Wanken und Krachen gerieten.»[24]

Calvin war rastlos und vielseitig tätig. Er verfaßte eine ungemeine Fülle von Traktaten, darunter auch Streitschriften gegen Katholiken, Sektierer, Freigeister, er hielt über 2000 Predigten, hielt Vorlesungen, er präsidierte Gerichtsverhandlungen, und selbstverständlich ließ er sich all dies und mehr gut bezahlen; Kirchenhistoriker Kardinal Hergenröther schreibt ihm «bedeutende Einkünfte» zu.

Calvin war ein hervorragender Organisator, ein umsichtiger Propagandist, überhaupt ein durchaus politisch denkender Kopf, der die republikanische Verfassung der Monarchie vorzog, die aristokratisch-oligarchische Staatsform der Demokratie, und sprach dem Evangelium widerstrebenden Fürsten jede Gewalt ab, ja forderte den Aufstand gegen sie. Sein Ideal war die Erzwingung der «göttlichen Herrschaft», der «Gottesstaat», ganz offensichtlich ein Pfaffenstaat nach seinem Gusto. Dabei duldete er keinen Widerspruch, attackierte er rigoros die «Ketzer», verteidigte er in einer eigenen Schrift die Todesstrafe für sie. Er organisierte Prozesse gegen «Pestverbreiter», gegen Hexen natürlich und lehrte, die Feinde Gottes «mit tödlichem Hasse» zu hassen. Fanatisch drang er auf «Reinhaltung» seiner Gemeinde, einer «Gemeinde» nicht nur der «Hörenden», sondern der «Gehorchenden», ordnete auch, im Gegensatz zum spätzwinglianischen Trend, die bürgerliche Obrigkeit, den Staat der Kirche unter, kurz, er herrschte wie ein Tyrann.

Sein sittlicher Rigorismus, seine Moralnormen waren äußerst hart, und mit Widersetzlichen, mit Gegnern sprang er ähnlich wie Luther um. Den edlen, geistig unabhängigen Sebastian Castellio, den einzigen ihm theologisch ebenbürtigen Gelehrten Genfs, den keine Bestallung, keine Pfründe binden konnten, der seinetwegen die Stadt verließ, verlassen mußte, seinetwegen in Armut, in schlimmste Not geriet, Castellio schmähte er einen «chien», eine «bestia». Hieß er doch noch den toten Albert Pighe, der seine Prädestinationslehre bestritten, einen tollen Hund. Andere Opponenten schimpfte er Schlangen, wütende Bestien, Galgenschwengel, Wahnwitzige etc. Und in seinen Kerkern fehlten auch neu erfundene Folterinstrumente nicht.

Doch die meisten der geahndeten Vergehen waren anscheinend gar nicht religiöser Art. Zumindest betrifft die Mehrzahl jener 197 gerichtlich abgeurteilten Verbrechen, die ein ungewöhnliches Dokument des Genfer Staatsarchivs zwischen Februar 1562 und Februar 1563, also rund ein Jahr vor Calvins Tod, registriert: Diebstahl, außerehelichen Sexualverkehr und Übertretungen der Gewerbeordnung; bloß drei Delikte betreffen die «Ketzerei». 31 Menschen wurden seinerzeit aus der Stadt (die knapp 20000 Einwohner zählte) verbannt, 14 zum Tode verurteilt.

Zwei Jahrzehnte früher hatte Calvins Justiz allein zwischen 1541 und 1546 76 Verbannungsdekrete und 58 Todesurteile verhängt, zehn Menschen geköpft, 13 gehenkt, 35 verbrannt. Glaubensdelikte verfolgte man dabei besonders unbarmherzig. «Jeder Zweifel an der neuen Lehre wurde mit Exil, Kerker oder Tod bestraft» (Knöpfler). Und 1553 brachte er sogar Michael Servet (geb. 1511), den einstigen Mitreformer, den Theologen, Naturphilosophen und Arzt, wegen einer Lehrdifferenz auf den Scheiterhaufen.[25]

Servet, ein Spanier, Sohn tiefreligiöser Eltern, Bruder eines Priesters, studierte Jurisprudenz, Theologie, Medizin und entdeckte (wohl in Paris) den kleinen Blutkreislauf des Menschen, den Kreislauf durch die Lunge. Als Katholik aber gerät er mit der Kirche in Konflikt. Diesseits und jenseits der Pyrenäen fahndet man nach ihm, er taucht unter, nimmt eine neue Identität an, wird in Paris vor Gericht gestellt, Schriften von ihm werden eingezogen, konfisziert. Schließlich ist nicht bloß Rom gegen ihn, sondern auch die «Reformation». Sieht er sie doch «auf halbem Wege» stehengeblieben, erscheinen ihm ja selbst Luther, Zwingli, Calvin zu wenig revolutionär. Zu seinen Attacken am feudalen Papsttum aber kommt noch die weit gefährlichere, ihn auch den Protestanten verketzernde Kritik an der Dreifaltigkeit hinzu, die er, in «De Trinitatis erroribus» fulminant formuliert, als «Vielgötterei» geißelt, «einen dreiköpfigen Zerberus», völlig unbiblisch.

Mit dieser «arianischen Ketzerei» nun wird Michael Servet auch für die Protestanten zum prominentesten Sendling Satans, zu einem «Juden, Türken, Gotteslästerer». Man will ihm, so von der Kanzel herab, «die Eingeweide aus dem lebendigen Leibe gerissen» sehn. Man jagt, man hetzt ihn wie ein wildes Tier. Er ändert die Namen, die Masken, wird Korrektor eines Buchdruckers, Präparator bei anatomischen Vorlesungen, Leibarzt des Erzbischofs Paulmier von Vienne, der ihn, es ist ungesichert, sogar gedeckt zu haben scheint. Jedenfalls korrespondiert er mit Calvin, wirft sich auf dessen Bücher, wie der Herr von Genf sich ereifert, «und beschmiert sie mit beschimpfenden Bemerkungen wie ein Hund, der an einem Stein beißt und herumknabbert». Calvin nennt Servet vom «Sathan» besessen, einen aufgeblasenen Narren, einen Verfasser von Hirngespinsten, auf die er nicht mehr achte «als auf das Geschrei eines Esels» (le hin-han d'un âne).

In seinem Hauptwerk «Christianismi restitutio» betreibt Servet – den Calvin als «zyklopische(n) Verächter des Evangeliums» verleumdet, von dem Zwingli behauptet, daß er «unsere ganze christliche Religion abtun will» – die Wiederherstellung des Christen-, des Urchristentums, die Neubelebung der, wie er meint, seit Konstantin und dem Konzil von Nizäa verdorbenen altkirchlichen Theologie. Er wird abermals gefangengenommen, eingekerkert und nach seiner Flucht in Abwesenheit, «in effigie» (auf einem Bild) verbrannt.

Wer immer seinerzeit seine mächtige Hand schützend über Servet hielt, daß ihm die Flucht gelang – fest steht, wer ihn schon damals verbrennen lassen wollte. Es ist Calvins erster Mordversuch an ihm, und dieser erste Mordversuch, wie Stefan Zweig ausführt, eigentlich widerwärtiger noch als der dann folgende Mord, widerwärtiger durch die Perfidie, mit der ihn der Reformator eingefädelt. Hatte doch kein anderer als er, der protestantische «Erzketzer», der katholischen Inquisition Frankreichs, die seine eigenen Prediger foltern und verbrennen ließ, hochbelastendes Material zugespielt, Servets Briefe, einst privat, «sub sigillo secreti», Calvin gesendet, sowie einen Teil der Handschrift seines Werkes, ein heimtückisches Komplott, das er später vergebens zu verfälschen, ja abzustreiten suchte.

Den Weg nach Italien nimmt Servet ausgerechnet über Genf, das «protestantische Rom». Und hier sucht Calvin, der früher angeblich selbst das Trinitätsdogma bezweifelte, Servet, den Antitrinitarier, diesen «unbezähmbaren Menschen», mit allen Mitteln zu vernichten. Hatte der Reformator doch überdies gedroht, Servet werde, komme er nach Genf, die Stadt nicht mehr lebend verlassen.

Und wirklich, nicht die päpstliche Inquisition, der Protestant Calvin brachte Servet, der seinen Gottesdienst in Genf besuchte, auf den Scheiterhaufen, andere Protestanten begutachteten, begrüßten dies, Melanchthon gratulierte.[26]

Unter Bruch des Gastrechts, des Völkerrechts, ohne vorherige Anklage, ohne Gerichtsbeschluß wird Servet beim Verlassen der Kirche von Calvins Schergen festgenommen. Im Kerker, einem feuchten, eiskalten Loch, liegt er wochenlang an Händen und Füssen gefesselt, bis ihm die Kleider am Leib verfaulen und er im eignen Kot zu ersticken droht. «Die Flöhe fressen mich lebendig auf», schreibt er an den Rat und bittet «um der Liebe Christi willen» um Abhilfe, die der Rat auch sofort anordnet; doch sie unterbleibt. Und nicht erfüllt wird auch seine flehentliche Bitte, ihn mit dem Schwert zu töten. Im Gegenteil. Man schiebt das Ende recht christlich grausam hinaus, bindet den Körper mit einer eisernen Kette an einen Pfahl, klemmt ihm eines seiner Bücher unter den Arm, schlingt ihm ein dickes Seil mehrfach um den Hals und entzündet sehr grünes, schwer brennbares Holz, um den Todeskampf hinauszuzögern. «Als die Flammen von allen Seiten aufschlagen, stößt der Gemarterte einen so gräßlichen Schrei aus, daß die Menschen sich für einen Augenblick schaudernd abwenden. Bald hüllen Rauch und Feuer den in Qualen sich bäumenden Leib ein, aber unaufhörlich und immer greller hört man aus dem langsam das lebendige Fleisch anfressenden Feuer die schrillen Schmerzensschreie des namenlos Leidenden und endlich gell den letzten inbrünstigen Notruf: ‹Jesus, du Sohn des ewigen Gottes, erbarme dich meiner!› Eine halbe Stunde dauert dieser unbeschreibbar grauenhafte Todeskampf. Dann erst sinken die Flammen gesättigt in sich zusammen, der Rauch flutet auseinander, und an dem geschwärzten Pfahl hängt in der rotglühenden Kette eine schwarze, qualmende, verkohlte Masse, ein gräßliches Gallert, das an nichts Menschliches mehr erinnert.»

Auf seinem Sterbebett beteuerte Calvin 1564 in Genf, nie etwas aus Haß getan, sondern nur zur Ehre Gottes gewirkt zu haben.[27]

Die reformierte Kirche, die jüngere und radikalere, nicht nur von Calvin geprägte Richtung der Reformation, wollte eigentlich keine neue Kirche sein, sondern die ganze Kirche erneuern. Sie verstand sich selbst als «die nach Gottes Wort reformierte Kirche», eine Kirche, die ständig einer Reform bedarf (ecclesia reformata et semper reformanda). Ihre Verfassung war nicht episkopal, sondern presbyterial-synodal. Die Bibel stand im Mittelpunkt, die Messe wurde durch die Predigt abgelöst, das gemeinsame Priestertum aller Gläubigen hochgeschätzt, kurz, ihre Prinzipien hießen: solus Christus, sola scriptura, sola gratia, sola fide.

Der reformierte Kirchentyp wurde rasch überregional. Er führte zunächst zu Fusionen in der Eidgenossenschaft, zum «Consensus Tigurinus», zur Confessio Helvetica, zur reformierten Schweizer Landeskirche, durchdrang dann von Genf, der Hochburg, aus, mit eigens an einer Hochschule, an der auch Calvin lehrte, ausgebildeten Missionaren in Abstufungen und Mischformen ganz Westeuropa, erfaßte aber auch, mit unterschiedlicher Wirkung und Dauer, Ost- und Südeuropa und bestand in vielfältigen theologischen Traditionen und Schulen fort, im 20. Jahrhundert besonders im Werk Karl Barths sowie darüber hinaus in maßgeblichen politischen und wissenschaftlichen Theorien der Neuzeit überhaupt.

Mitte des 16. Jahrhunderts schlossen sich in der Schweiz die Zwinglianer an, in Polen die Böhmischen Brüder. Der Calvinismus griff nach Ungarn und Siebenbürgen, wo er sich gegen die Habsburger stellte, ebenso aus wie nach Schottland, wo ihn die «Confession of faith», zumal John Knox, der wortgewaltige Fanatiker, und sein Nachfolger Andrew Melville prägten und der reformierte Prädestinationswahn über die Puritaner nach England und schließlich Nordamerika kam. Wie er, seit Mitte des 17. Jahrhunderts, der Gründung Kapstadts, ja auch bis Südafrika gelangte, wo von seinen Aposteln die Apartheid theologisch begründet und verteidigt worden ist. Der 1875 in London kreierte, heute über zweihundert Kirchen vereinigende Reformierte Weltbund hat darum die Dutch Reformed Church von der vollen Mitgliedschaft suspendiert – allerdings erst 1982!

Nach Frankreich drang der Calvinismus durch Genfer Theologen. Und diese enge Verbindung der Genfer mit den französischen Anhängern der Religion des «sogenannten reformierten Glaubens» signalisiert der um 1560 geläufige Spottname Hugenotten, «huguenauds» von «aignos», Eidgenossen. Die auch unter Hocharistokraten verbreitete Bewegung führte zwischen 1562 und 1598 zu acht langwierigen, wechselvollen, Land und Monarchie schwer erschütternden Hugenottenkriegen, wobei England für die Hugenotten, Spanien gegen sie stritt (S. 254 ff.).

Von Frankreich sprang der Calvinismus nach Holland über, wo man 1566 die Calvinistische Kirche etablierte, die mit den Geusen, der nationalen Befreiungsaktion gegen Spanien, gegen dessen Gewaltherrschaft und Religionspolitik verschmolz (einer der Kampfgesänge der Geusen, das «Wilhelmus»-Lied, ist die heutige niederländische Nationalhymne).

Durch das Schreckensregiment des spanischen Herzogs Alba, der bereits im Schmalkaldischen Krieg hervorstach und seit 1567 auf Befehl Philipps II. in den Niederlanden wütete, flohen 100 000 Reformierte nach England, auch nach Deutschland, wo wallonische, flämische, französische Flüchtlinge ihre Gemeinden gründeten.

Traten doch in den folgenden Jahren und Jahrzehnten, von der Forschung gern als «Zweite Reformation» bezeichnet, auch kleine Teile Deutschlands zum Calvinismus über. Zum ersten Zentrum hier, zu seinem Brückenkopf, wurde die Kurpfalz. Weitere Gemeinden entstanden am Rhein, in Niederdeutschland, Ostfriesland; Emden hieß geradezu das «Genf des Nordens». Nassau, Bremen, Hessen-Kassel, Brandenburg, das Herzogtum Berg wurden calvinistisch, doch auch Lippe und Anhalt gehörten zu den Verbreitungsgebieten der reformierten Konfession. Allerdings bekämpften die Lutheraner die «Kryptocalvinisten» selbst mit der Todesstrafe.[28]

Der außerordentliche missionarische Elan des Calvinismus trug erheblich zu seinem Siegeslauf bei und machte ihn zu einem bedeutenden, nicht nur geistlichen, sondern auch politischen Faktor und damit zu einem maßgeblichen Gegenspieler des römischen Katholizismus. Gerade das Dynamische, Militant-Politische, das Calvin selbst eignete, wurde auch ein Wesenszug des Calvinismus, der «Religion einer Klasse in Waffen» (A. L. Morton). Sie verband sich mit oppositionellen Elementen verschiedenster Provenienz, mit aufständischen Aristokraten Frankreichs, Schottlands, Mittel- und Osteuropas ebenso wie mit den triumphierenden bürgerlichen Rebellen in

England oder den Niederlanden. Der Calvinismus wurde «die erste reformatorische Weltkirche» (Kossok), eine so gewaltige Bewegung, daß er alsbald eine nicht minder starke Gegenbewegung provozierte, die sogenannte Gegenreformation.[29]

3. KAPITEL

DIE GEGENREFORMATION BEGINNT DAS KONZIL VON TRIENT «SACROSANCTA TRIDENTINA SYNODUS» (1545–1563)

«Das berühmte Trienter Konzil, der Inbegriff Alles dessen, was Rom an ‹Frömmigkeit› und ‹Gelehrsamkeit› besaß, tagte zu einer Zeit, als ringsum in Europa die Hexen-Scheiterhaufen zu Tausenden aufloderten. Mit Allem hat sich ‹die hochheilige Kirchenversammlung› beschäftigt; jahrelang hat sie über Dogma, Moral und Disziplin verhandelt, aber nicht ein Wort des Tadels hatten die versammelten ‹Nachfolger der Apostel› für die unerhörten Grausamkeiten, die fast unter ihren Augen an Unschuldigen verübt wurden ... während ganze Hekatomben von Menschen – Gott wohlgefällige ‹Brandopfer› (holocausta) nannten es die päpstlichen Inquisitoren – einem scheußlichen, widerchristlichen und widermenschlichen, epidemisch gewordenen Wahne im Namen des Christenthums geschlachtet wurden, hatten die ‹vom Geiste Gottes geleiteten Konzilsväter›, der Papst, die Kardinäle, die Bischöfe, die Priester, für diese zum Himmel schreiende Gottlosigkeit weder Auge noch Ohr.»

Graf von Hoensbroech[1]

«Die Spannungen spitzten sich namentlich zu um die Frage der Residenzpflicht der Bischöfe in ihren Sprengeln. Letztlich ging der außerordentlich heftige Streit um das rechte Verhältnis der bischöflichen zur päpstlichen Gewalt ... Die französischen Prälaten, geführt vom feingebildeten und redegewaltigen ‹Kardinal von Lothringen›, vertraten schließlich offen die ‹Konziliare Theorie› von der Oberhoheit des allgemeinen Konzils über den Papst. In diesem Klima steigerten sich die wechselseitigen Beschuldigungen und bösartige Intrigen mit jedem Tag ... Zeitweilig bildete sich eine sehr starke antikuriale Opposition. Neben den französischen Bischöfen traten vor allem die selbstbewußten Spanier für die Wiederherstellung der alten Bischofsrechte ein.

Daß die schwere Krise, noch verschärft durch den Tod der Legaten Gonzaga und Seripando, schließlich überwunden wurde, daß das Konzil doch zu einem friedlichen, glücklichen

Ende geführt werden konnte, war namentlich dem Geschick des neuen Kardinallegaten Giovanni Morone zu danken. Trotz zeitweilig recht bedrohlicher episkopalistischer Tendenzen konnte der Papst allzeit Herr über das Konzil bleiben.»

Franz Xaver Seppelt/Georg Schwaiger[2]

Der Katholizismus lag seit der Reformation weithin am Boden, und niemand hatte ihn mehr dahin gebracht als er selbst. Nicht einmal der so bändereich bemühte Verteidiger der Päpste Ludwig von Pastor kann die «ganze Reihe von Mißbräuchen» übergehen, die «Mißstände am römischen Hofe», «die schreienden Mißstände im Pfründenwesen». Nahezu geschlossen katholisch blieb einzig der Süden Europas, Italien und Spanien. In Mitteleuropa war bei Luthers Tod allein Bayern noch eine Hochburg der Päpstlichen, darüber hinaus aber der größte Teil Deutschlands von der reformatorischen Lehre erfaßt. Gleichfalls verloren wurden Dänemark, Schweden, Norwegen, die baltischen Länder, Polen, während sich der Calvinismus über Frankreich, England, Schottland und den Niederlanden verbreitete.

Den Renaissance-Päpsten war es eben unverkennbar mehr um ihre eigenen machtpolitischen Interessen in Italien als um die konsequente Bekämpfung der Protestanten in Deutschland, die resolute Überwindung der Reformation gegangen, wodurch sie dem Katholizismus einen nicht wiedergutzumachenden Schaden zufügten.[3]

Noch nach Luthers Tod führte Julius III. (1550–1555), auch wenn er die Jesuiten und die kirchliche Reform förderte, das Leben eines typischen Renaissance-Papstes (VIII 450ff.) – ein Pontifikat mit stark mittels Knoblauch und riesigen Zwiebeln (die eigens von Gaeta gelieferte Lieblingsspeise) gewürzten Freßorgien, mit Nepotenbeglückungen, einem zeitraubenden Krieg gegen Herzog Ottavio Farnese, diesen «elenden Wurm», den Enkel seines Vorgängers Pauls III. (VIII 113 ff.) sowie mit unentwegten Festivitäten, Hofnarren, Spiel- und Karnevalsvergnügen, gewagten Theateraufführungen, Stierkämpfen, Jagden und sonstigen geistlichen Freuden.

Was besagt's da schon, läßt es sich nicht beweisen, daß er seinen amourenreichen, fünfzehnjährig aus der Gosse gezogenen Affenwärter, den sein Bruder adoptieren mußte, nur wegen seines gefälligen Hinterns schon mit 17 Jahren «mit größter Befriedigung» (v. Pastor) zum Kardinal erhob und sogar das Staatssekretariat anvertraute, auch wenn er da vielleicht nur Depeschen unterschrieb und hohe Saläre kassierte. Wie der Papst denn zwei junge Verwandte gleichfalls zu Kardinälen machte.

Immerhin quittierte der genußfrohe Sanguiniker, dem Palestrina den ersten Band seiner Messen widmete, Proteste aus dem Heiligen Kollegium (das ihn erst nach zehnwöchigem Konklave, mehr als sechzig Wahlgängen und zu Ende gehendem Sold für die Schutztruppen gewählt) mit der herrlichen Replik: «Was habt ihr denn an m i r Besonderes gefunden?» Alles in allem eine Art letzter paganer Renaissancedarbietungen in kurialem Rahmen, wobei man nicht recht weiß, ob Christi Stellvertreter an einer Hungerkur (wegen seines Gichtleidens) starb oder an Ausschweifungen.[4]

Allerdings stellte Julius III. manchmal auch im Dienst der Kirche seinen Mann.

So hatte er sich schon im Konklave zur Wiederaufnahme des Konzils, zur Kirchenreform und zur Ausrottung der «Ketzerei» verpflichtet. Und als bald darauf der französische Monarch Heinrich II. bolognesisches Gebiet verwüsten ließ, forderte ihn Julius am 21. Juli 1551 drohend vor den Richterstuhl Gottes. Der König ließ darauf den päpstlichen Nuntius Antonio Trivulzio vom Hof verweisen, war aber bereit, vor Gottes Richterstuhl zu erscheinen, da er sicher sei, dort dem Papst nicht zu begegnen, dem schlechtesten und undankbarsten Menschen, wie er sagte.[5]

Als Kardinal Giovanni Maria Giocchi del Monte hatte Julius III. das Konzil von Trient, damals einer seiner Mitvorsitzenden, eröffnet, das Ereignis, das recht eigentlich den Beginn der Gegenreformation markiert (VIII 449 f.). Im selben Jahr schleudert Calvin ein vehementes Pamphlet gegen Paul III. Im selben Jahr erscheint Luthers letztes Buch gegen die katholische Kirche «Wider das Papsttum in Rom, vom Teufel gestiftet», nach seinen Feinden, ebenso wie Lucas Cranachs Spottbilder dazu, mit krankhafter, fast unzurechnungsfähiger Wut verbrochen, vom Reformator «mein Testament» genannt. Er findet kaum ein Ende darin, den Papst «Se. Höllischkeit» zu schimpfen, des «Teufels Apostel», «Gaukler», «Spitzbube», «Farzesel», «Papstesel», «Sodomitenpapst» u.a. und empfiehlt ihm, seinen Kardinälen und sonstigem Gesindel «als Gotteslästerern die Zungen hinten zum Halse herausreißen und an den Galgen annageln» zu lassen ...[6]

Ältere Reformansätze

Das Konzil von Trient, vom Kaiser lang begehrt und erstrebt, von den Päpsten aus Furcht hintertrieben, es könnte ihre Gravamina geißeln, ihre Privilegien beschneiden oder gar, wie einst in Konstanz und Basel, sich über das Papsttum stellen, das Konzil sollte den Katholizismus restaurieren, seine Widerstandskraft gegen die verhaßten Protestanten stärken, einerseits durch Klärung der eigenen Positionen, durch Dogmenformulierung, Abgrenzung gegen reformatorische Lehren, andererseits durch Beseitigung kirchlicher Mißstände.[7]

Reform setzt nicht immer, aber meistens Mißstände, Korruption, Verfall voraus, und so hatte es im Christentum, in Teilen desselben, immer wieder mehr oder weniger starke Ansätze zu einer Verbesserung, was immer man darunter verstand, längst gegeben, die Karolingische, die Cluniazensische, die Gregorianische Reform. Seit dem Hochmittelalter kamen Reformbestrebungen der Laien dazu, der Armutsbewegungen, der Waldenser, Humiliaten, Katharer, die evangelisch leben und lehren wollten, teilweise integriert, teilweise schwer verfolgt worden sind, wie auch herausragende Einzelne hie und da in ganz Europa, im Spätmittelalter etwa Hus (VIII 187 ff!), Wycliff (VIII Reg.), Savonarola (VIII 333 ff.). Mit dem stets offensichtlicheren Niedergang des Katholizismus wurde die Kirchenreform ein häufiges Thema, erfolgten immer öfter spontane Erneuerungsversuche von Einzelgängern oder gelenkte institutionelle Reformaufbrüche.

Im 15. Jahrhundert tagten eine Reihe sogenannter Reformkonzilien in Pisa, Konstanz, Pavia-Siena, Basel. Im 16. Jahrhundert mehrten sich noch die Stimmen, die religiöse und sittliche Erneuerung forderten, in Italien u.a. die freilich sehr vielfältigen Gruppierungen des Evangelismus. Selbstverständlich wurden sie von der römischen Inquisition, besonders seit deren Neuorganisation 1542, als zu protestantenfreundlich systematisch beargwöhnt, auch verfolgt, darunter hervorragende, gern «Spirituali» genannte Purpurträger.

So sammelten sich um den Engländer Reginald Pole prominente Reformfreunde.

Der Kardinal, verwandt mit König Heinrich VIII., vollzog später den Wiederanschluß der britischen Kirche an Rom und wurde Erzbischof von Canterbury. Bereits bei der Papstwahl von 1549 ein sehr aussichtsreicher Kandidat, dem nur noch eine einzige Stimme fehlte, ja der schon seine Dankrede entworfen, hatte ihn Kardinal Giampietro Carafa, selbst Reformer, mit dem Vorwurf des Häresieverdachts zu Fall gebracht. Und als Carafa als Paul IV. (1555–1559) zum Papst aufstieg, was er für Gottes unmittelbares Werk ansah, entging Pole, nach Rom zitiert, einem Inquisitionsprozeß nur, weil er starb. Auch gegen Kardinal Giovanni Morone, im Konklave zweimal papabile, auch ein wahrhafter «Riformatore», wurde durch Paul IV. wegen Häresieverdacht ein umfangreiches Inquisitionsverfahren eröffnet, der Kardinal selbst von 1557 bis 1559 in der Engelsburg eingekerkert und erst durch den folgenden Papst rehabilitiert.

Natürlich erscholl vor allem seit Beginn der Reformation der Ruf nach Reformen und zumal nach einer konziliaren Kirchenreform immer lauter. Auf dem Nürnberger Reichstag 1522/1523 forderten alle Reichsstände ein freies Konzil auf deutschem Boden. Und dann verlangten besonders die protestantischen Stände immer wieder «ein gemein frei christlich Konzilium in deutschen Landen»; so auch auf den Reichstagen in Speyer und Augsburg. Sie scheiterten aber «vor allem», betont das Lexikon für Theologie und Kirche, «an der Furcht des Papstes ...»

1530 versprach Clemens VII., dieser lavierende, verschlagene Pontifex (VIII 435 ff.), zwar die Aufbietung eines Konzils, tat aber alles, um es zu verhindern. 1536 berief Paul III. ein Konzil nach

Mantua auf den 23. März 1537, doch es scheiterte an der Ablehnung Frankreichs und der Schmalkaldener, die auf Luthers Rat die päpstliche Einladung ungeöffnet retournierten. Nach Vicenza verlegt, mußte das Vorhaben mangels Beschickung schließlich im September 1549 von Papst Paul suspendiert werden, zwei Monate vor seinem Tod. Ähnlich verhielt es sich mit einer 1542 nach Trient einberufenen Kirchenkonferenz, als der französische König im trauten Verein mit den Italiens Küste verheerenden Türken wieder einmal einen Krieg, den vierten, gegen den Kaiser begann und dem französischen Klerus eine Konzilsteilnahme unter Androhung der Einkerkerung verbot.

Die Spott- und Schmähschriften der Lutheraner häuften sich. Dachte doch Paul III. sogar zeitweise daran, mit den «Ungläubigen» in Algier oder mit dem Sultan zu koalieren. Selbst Ludwig von Pastor muß dies einräumen – gleich andren «großen Schwächen» des Papstes freilich, von der enormen Vorliebe für seine Sippschaft, darunter mindestens vier eigene, schon früher mit einer römischen Mätresse gezeugten Kinder (VIII 443), bis zu der Leidenschaft etwa für Astrologie, an die der Heilige Vater glaubte wie beinah an die Heilige Dreifaltigkeit, ja, wer weiß, vielleicht gar mehr. Zumindest ließ er für jedes auch nur halbwegs belangvolle seiner Projekte die beste Stunde von Himmelskundlern bestimmen und deren damals bekanntesten, den Astrologen Luca Gaurico, der ihm zweimal die Gewinnung der Tiara vorausgesagt, nur so mit Ehren überschütten. Doch wie auch immer: nachdem der Verteidiger der Päpste 677 Seiten über Paul III. geschrieben, kann er das Kapitel schließen mit dem Satz: «Die große Erzstatue Pauls III. ist voll Würde und Hoheit.»[8]

Es gab stets wieder Gründe, eine große Kirchenversammlung zu blockieren. Mal sperrten sich die Protestanten, auf die der Kaiser nicht verzichten, ja denen er zeitweise ohne Hinzuziehung des Papstes ein neues Religionsreglement geben wollte (wie er gelegentlich sogar den katholischen Klerus allein zu reformieren suchte). Dann sabotierte Franz I. von Frankreich die Sache. Dann sein Sohn und Nachfolger Heinrich II., ein strenger Katholik, der in Frankreich die Protestanten verfolgte, in Deutschland sich mit den Protestanten verband. Größte Schwierigkeiten gab es auch durch Heinrich VIII., Oberhaupt der britischen Kirche, dessen Tochter Maria I. Tudor (die Katholische) England vorübergehend wieder katholisch machte und mehr als dreihundert prominente Protestanten auf dem Scheiterhaufen verbrennen ließ; seither durch den Beinamen «Bloody Mary» geschmückt.

Und nicht zuletzt hatte Rom Grund, ein Konzil und Reformen zu fürchten. Es widersetzte sich darum jedem Veränderungsbestreben des Kirchenvolkes «mit Zähnen und Klauen» und wußte «Reformen im großen wie im kleinen durch Finten, Verzögerungen oder Intrigen zu Fall zu bringen» (H. Schilling). Und offenbar wußte auch der Bischof von Bitonto, Cornelio Musso, warum er in seiner Eröffnungspredigt betonte, daß es auf die sittliche Würde der Geistlichen nicht ankomme. Denn andernfalls hätte das berühmte Konzil, das sich selbst als die «hochheilige, ökumenische, allgemeine, in dem heiligen Geiste gesetzmäßig versammelte Synode» proklamierte, kaum zusammentreten können.[9]

Phasen des Konzils

Dies geschah endlich nach vielen vorausgegangenen und begleitenden Fasten, Prozessionen, Bittgebeten auf dem «ganzen Erdkreis», nach diversen vollkommenen Ablaßverkündungen, nach Messen, Ambrosianischen und andren Lobgesängen am 13. Dezember 1545 in der kleinen Domstadt Trient. Und natürlich geschah es bei allen so feierlich zur Schau gestellten Frömmigkeitsbekundungen nicht nur zur Verherrlichung Gottes, sondern auch «zur Ausrottung der Irrlehren» und «zur Niederwerfung der Feinde des christlichen Namens.» War doch das ganze aufwendige Kirchenszenarium «eingefügt», so das Lexikon für Theologie und Kirche, «in ein großzügiges kaiserlich-päpstliches Programm der kriegerischen Unterwerfung und Zurückführung der Protestanten».

Erst jedenfalls als Paul III. mit der Bulle «Laetare Jerusalem» (Frohlocke, Jerusalem) 1544 das Konzil einberief, fand es, wenn auch in drei durch die internationale Politik bedingten Etappen statt, von 1545 bis 1547 (ohne Reformatoren) zunächst in Trient, in Italien also, doch noch auf deutschem Reichsboden; dann seit 11. bzw. 12. März 1547 – mit der Mehrheit – in Bologna, also im Kirchenstaat, in unmittelbarer päpstlicher Einflußsphäre, weshalb Karl V. wiederholt dagegen feierlich Protest einlegte, das Konzil beschlußunfähig und im September 1549 von Paul suspendiert wurde.

Die zweite Konzilsperiode beginnt im Mai 1551, diesmal aber gegen französischen Protest und ohne französischen Episkopat, doch, seit Oktober, im Beisein auch von Protestanten, die sich, im Gedenken an Husens furchtbares Schicksal in Konstanz («Man wolle sich erinnern: Dieser Gentleman vor einem Richterkollegium von solchen Dummköpfen und Schurken!» Friedrich Pzillas, vgl. VIII 198 ff.), freies Geleit vom Kaiser und vom Konzil garantieren ließen. Ihre Bedingungen – Entbindung der Konzilsmitglieder vom Gehorsam gegen den Papst, Aufhebung und Neuberatung aller bisherigen Beschlüsse, Erneuerung der in Konstanz und Basel dekretierten Superiorität des Konzils über den Papst u. a. – waren indes teilweise so radikal, daß Julius III. ihre Beratung verbot. Dabei hatten die hochheiligen Väter doch versprochen, daß «sie über diejenigen Dinge, welche in diesem Kirchenrate verhandelt werden sollen, mit aller Freiheit beraten, vorschlagen und verhandeln, und zu diesem ökumenischen Konzil frei und sicher kommen und auf demselben bleiben und verweilen, und so viele Artikel als ihnen beliebt sowohl schriftlich als mündlich vorbringen, vorschlagen, und mit den Vätern oder denjenigen, welche von dem heiligen Kirchenrate selbst dazu ausgewählt werden, besprechen, und ohne alle Schmähungen und Vorwürfe darüber disputieren, so wie auch, wenn es ihnen belieben wird, wieder fortgehen können und mögen.» Doch als im Februar 1552 die deutsche Fürstenrebellion ausbricht, im März Moritz von Sachsen sich Innsbruck nähert und der Kaiser zu schwach ist, ihn aufzuhalten, wird das Konzil auseinandergesprengt.

Erst nach einer zehnjährigen Sessionspause, in der sich allerdings die weltpolitische Lage zum Nachteil Karls V. veränderte, tagt man von 1562 bis 1563 abschließend wieder in Trient, diesmal zwar ohne

Protestanten, von denen keiner kam, doch mit aktiver Beteiligung des französischen Episkopats, dem die in Frankreich vorstoßenden Calvinisten zu schaffen machten. Und könne man schon, wird ein Wort des nun regierenden und das Konzil einberufenden Pius IV. überliefert, «die Krankheit in Frankreich und Deutschland nicht heilen», so müsse man doch Sorge tragen, «die noch Gesunden in Italien und Spanien vor der Ansteckung zu bewahren», wobei man darüber stritt, ob dies ein neues Konzil sei oder nur die Fortsetzung des früheren.

Der Streit jedenfalls riß nicht ab, weder innerhalb noch außerhalb des Konzils, das sich so fast zwanzig Jahre hinzog, länger und mit größeren Komplikationen als jedes vordem.

Von Anfang an rang man um den Tagungsort. Es kam zu gravierenden Spannungen zwischen Kaiser und Papst, die sich wieder auf die entsprechenden Konzilsparteien übertrugen, kam zur Spaltung der Versammlung, zweimal zu ihrer Auflösung, kam zu der Verlegung nach Bologna, um sie dem Einfluß Karls V. zu entziehen, zur Rückverlegung nach Trient. Fünf Päpste und zwei Kaiser sah das Konzil auf dem Thron und hörte inzwischen mehr oder minder alarmierende Meldungen von Kriegsschauplätzen: Karl V. kämpft siegreich gegen die Protestanten im Schmalkaldischen Krieg 1546/1547 (unterstützt vom Papst mit 12 500 Mann Truppen und 200 000 Dukaten Subsidien). 1552 bis 1556 bekriegt der Herrscher vergeblich Heinrich II., Frankreichs katholischen König, der Metz, Toul, Verdun und Cambrai behält, ihm vom verräterischen Kurfürsten Moritz von Sachsen zugestanden. Und gegen die rebellischen deutschen Fürsten erleidet Karl eine Niederlage und dankt schließlich ab.

Die Versammlung war zunächst spärlich besucht. Von den Bischöfen aus Deutschland erschien anfangs nur der Mainzer Weihbischof Michael Helding, und der reiste bald wieder ab. Die anderen hohen deutschen Geistlichen suchten zu Hause ihre kostbaren Stühle und Hochstifte vor habgierigen protestantischen Fürsten zu schützen, ganz zu schweigen von jenen zahlreichen Prälaten, die weder zum Priester noch zum Bischof geweiht worden waren und schon deshalb schlecht auf ein Reformkonzil paßten. Erst in der zweiten Tagungsperiode, als sich ohnedies die Teilnehmerzahl mehrte, kamen auch deutsche Bischöfe, darunter sogar die drei vornehmsten geistlichen Kurfürsten vom Rhein, die Prälaten von Mainz, Köln und Trier.

Natürlich war das Konzil auch in sich gespalten, vor allem in eine kaiserliche und eine päpstliche Faktion, eine Bischofs- und eine Kurienpartei. Ja, selbst die Legaten des Papstes vertraten zuweilen entgegengesetzte Interessen, Versöhnung mit den Protestanten oder deren Unterjochung. So erinnerte sie Pius IV. in einem Schreiben vom 11. Mai 1562 daran, «daß ihr vereint Legaten seid, die in voller Eintracht vorzugehen haben, statt durch Zwist Ärgernis zu erregen.» Und selbstverständlich bestand nur begrenzte Debattierfreiheit, war die Tagesordnung von «Kongregationen» in Rom unter Aufsicht des Papstes erstellt worden, und selbstverständlich ließ dieser das Konzil ebenso streng überwachen wie der Kaiser, der zur Zeit der Sitzungsperioden meist in Innsbruck residierte, von Trient nur einen scharfen Tagesritt entfernt.[10]

Es kam immer wieder zu Intrigen, schweren Krisen, spektakulären Zwischenfällen, zu häufigen Einmischungen von außen, mal des französischen Königs, mal des Kaisers. Es war mitunter schwer, im Konzil die Ruhe herzustellen. Der Ortsbischof von Trient, Kardinal Cristoforo Madruzzo, warf dem Konzilspräsidenten del Monte nicht nur eine unchristliche Verfahrensweise, sondern sogar seine nichtadelige Herkunft vor. Es kam zu Rangstreitigkeiten zahlreicher Gesandter, etwa des französischen und des spanischen Botschafters am 29. Juni 1563, wobei der Franzose dem Papst die heftigsten Vorwürfe machte, ihm unrechtmäßige Wahl unterstellte, Simonie und mit Appellation an das Konzil drohte. Es kam zu stürmischen Auftritten der ehrwürdigen Väter selbst, so zum Aufeinanderprallen in der Frage der bischöflichen Residenzpflicht; oder zu der fürchterlichen Auseinandersetzung dreier Kardinäle, die der Erzbischof von Palermo auf den Knien weinend zu beenden bat. Ein Kurienparteigänger bezichtigte die iberischen Prälaten des Zusammenlebens mit Konkubinen und Kindern, ein spanischer Bischof die Kurialen der Blasphemie. Einmal stritten die Bischöfe Sanfelice von La Cava und Dionys von Chiron derart, daß einer dem andern ein Büschel seines Bartes ausriß. Nicht von ungefähr drohte der Kaiser, zu hitzige Präster zur Abkühlung in die Etsch zu werfen. Noch in der Endphase der frommen Versammlung erfolgte ein Zusammenstoß zwischen den Domestiken der italienischen und der spanischen Bischöfe, wobei es Verwundete und Tote gab.

Dabei hatte bereits in der zweiten Sitzung, am 7. Januar 1546, Kardinal Pole eine eindringliche Ermahnung «ad patres concilii» verlesen lassen, die nicht nur die kirchliche Verderbnis, sondern auch alle den Verstand verdunkelnden Leidenschaften zu verbannen beschwor, um «bei Verteidigung weltlicher Interessen nie die heilige Sache Gottes aus dem Auge zu verlieren» – die ja doch nicht weniger schlimm war und ist, sondern eher schlimmer.[11]

Einfluss der Jesuiten

Den Vorsitz in der ersten Periode der Kirchenversammlung führten die Legaten des Papstes, die Kardinäle del Monte (später Papst Julius III.), Cervini (später Papst Marcellus II.) und der Brite Reginald Pole. Bei allen wichtigeren Verhandlungen holten sie die Anweisungen direkt von Rom. Schon einen Tag nach Eröffnung des Konzils erbaten sie von dort «nähere Instruktionen». Und dann trafen, zumindest zeitweise, zumindest unter Pius IV., jede Woche Briefe und Berichte aus Trient in Rom ein, oft mehrere an einem Tag, wobei der Papst die Antworten selbst entschied, die Ausführung aber dem Staatssekretär überließ. Die dritte Person der Gottheit, mokierte sich ein gallischer Delegierter, benutze regelmäßig den Kurierbeutel zur Reise von Rom nach Trient. Im übrigen wurde nach Köpfen abgestimmt, und stimmberechtigt waren die Bischöfe, die Ordensgenerale sowie ein Teil der Äbte.[12]

Besonderen Einfluß auf das Konzil hatten die Jesuiten, überhaupt die unverdrossensten Verfechter kurialer Politik zur Zeit der Gegenreformation, die «Janitscharen des Heiligen Vaters». In Trient wurden seine Legaten seit dem Sommer 1546 von den Jesuiten Alfonso Salmerón und Diego Laynez unterstützt, letzterer nach dem Tod des Ignatius von Loyola Generalvikar und (zweiter) Ordensgeneral. Und gerade der von den Legaten hochgelobte Laynez war es, der immer wieder und noch in der Schlußsitzung vom 16. Juni energisch die sogenannten Rechte des Heiligen Stuhls vertrat, der vor allem mit äußerster Entschiedenheit darauf bestand, daß der Papst durch das Konzil nicht reformiert werden könne, vielmehr die Reform seines Hofes am besten von ihm selbst getätigt werde. Reformation, sagte Laynez in diesem Zusammenhang, sei Rückkehr zum Alten!

Ranke nennt die beiden Theologen «gelehrt, kräftig, in der Blüte ihrer Jahre, voller Eifer» und fügt hinzu, Ignatius habe sie angewiesen, «nie einer Meinung beizupflichten, die sich im mindesten einer Neuerung nähere». An allen Tagungsperioden des Konzils präsent, folgten sie dieser Weisung strikt, was insbesondere gewisse Annäherungen an die Reformatoren unterband, aber auch alle gallikanischen Absichten, die konziliare Oberhoheit über den Papst herzustellen. «Dank ihrer unvergleichlichen Kenntnisse beherrschten die Jesuiten bald alle Debatten, und unter ihrer unerschütterlichen Orthodoxie geriet das Konzil ins Fahrwasser einer Kriegserklärung an die Protestanten und verzichtete darauf, den Weg zur Versöhnung und Kircheneinheit zu suchen» (Durant).[13]

Wie behutsam raffiniert die beiden Patres in Trient vorzugehen hatten, zeigt die Instruktion, die ihnen Ignatius von Loyola mitgab, als sie in der Eigenschaft von päpstlichen Theologen zum Konzil beordert wurden: «Wie sich im Verkehr und durch Unterredung mit göttlicher Hilfe vieles zum Heil und geistlichen Fortschritt der Seelen gewinnen läßt, so geht umgekehrt, falls wir nicht auf uns acht haben und Gott uns nicht beisteht, vieles für uns und zuweilen für beide Teile verloren. Wir dürfen uns kraft unseres Berufes einem solchen Umgang und Verkehr nicht entziehen, werden aber um so ruhiger im Herzen hingehen, je besser wir uns vorgesehen und je mehr wir durch vorausgegangene Übereinkunft geregelt haben.

Hier sind einige Punkte, deren Beobachtung bzw. Vermeidung uns von Nutzen sein dürfte.

Ich würde zurückhaltend, bedächtig und milde im Sprechen sein, besonders was die Definition von Sätzen angeht, die auf dem Konzil verhandelt werden oder verhandelt werden können.

Diese Zurückhaltung und Bedächtigkeit hat das Gute, daß man

die andern ruhig anhört und auf diese Weise deren Ansichten, Stimmungen und Wünsche kennenlernt und ersieht, ob man besser antwortet oder schweigt.

Falls man aber zu einer Frage das Wort ergreift, muß man die Gründe für beide Ansichten anführen, damit die Zuhörer erkennen, daß man nicht am eigenen Urteil hängt. Auf diese Weise stößt man bei keiner der Parteien an.

Ich würde mich nicht auf einzelne Personen als Zeugen berufen (no traeria por autores personas algunas), zumal wenn es hochstehende sind, es sei denn, es handle sich um bereits viel überlegte (miradas) Sachen.

Ist man gezwungen, seine Meinung in einer Frage zu sagen, so geschehe dies mit größtmöglicher Ruhe und Demut und mit dem Beifügen: Salvo meliori judico (unbeschadet eines besseren Urteils).

Vorbereitung auf die Rede mache man sorgfältig, ohne Zeit und Mühe zu scheuen. Man muß seine Bequemlichkeit opfern und sich anpassen.»

Standen die ersten beiden Sitzungsperioden im Zeichen der Übermacht des Habsburgers, veränderte sich danach die weltpolitische Lage zu seinem Nachteil. Und schon am Anfang scheiterten zwei wichtige Erwartungen des Monarchen, der die religiöse Einheit des Reiches wiederherstellen, darum einstweilen die Protestanten nicht reizen und die Beratung dogmatischer Fragen unbedingt vermieden wissen wollte. Doch weder nahmen die Protestanten in Trient teil noch wurden die Reformprobleme, die Bekämpfung kirchlicher Mißstände, vorrangig vor den Fragen des Glaubens, der dogmatischen Definitionen erörtert. Vielmehr behandelte man beide Komplexe, die Decreta de reformatione und die Decreta de fide, trotz der Mißbilligung Pauls III., parallel und verfuhr so während aller Sitzungen.[14]

Wird nun auch oft betont, daß das Konzil nicht nur eine Reaktion auf die reformatorische Herausforderung, die Glaubensspaltung war, daß man auch die eigene theologische Identität gesucht, alte interne Unsicherheiten, Schwankungen in der Lehre, in Glaubensbräuchen zum Teil schon diskutiert und mehr oder weniger beseitigt hat, so zielte die konziliare Hauptstoßkraft natürlich doch auf den Protestantismus, ging es nicht nur um strenge Abgrenzung ihm gegenüber, sondern auch um seine Entmachtung, um «Ausrottung der Irrlehren.»

Bereits bei der Konzilsberufung auf den 15. März 1545 bezeichnete Paul III. in seiner Bulle «Laetare Jerusalem» als Hauptaufgabe der Versammlung: Beseitigung der religiösen Spaltung, die Kirchenreform sowie die Befreiung der von den Ungläubigen beherrschten Christen. Und für das Papsttum, betont Ronnie Po-chia Hsia, «war das erste Ziel das wichtigste.» Daher steht in den beiden frühen Konzilsperioden auch Deutschland im Mittelpunkt, in der abschließenden Etappe Frankreich. Wäre ja die Fortsetzung des Konzils von 1562 bis 1563 vielleicht gar nicht erfolgt, ohne den rasanten Fortschritt des Calvinismus in Frankreich, zumindest hat dies die Wiederaufnahme der Sitzungen begünstigt. Kommt hinzu, daß auch die Erörterung der dogmatischen Texte «ganz auf die Auseinandersetzung mit den Reformatoren ausgerichtet» war, daß man Formulierungen vermied, etwa über die Begierde (concupiscentia), nur weil sie den protestantischen zu nahe kamen.[15]

Nun hatte man gewiß viele Streitpunkte schon früher, zum Teil seit Jahrhunderten, gelegentlich mehr oder weniger diskutiert, die Lehre vom Fegfeuer, von den Bildern, den Reliquien, Heiligen, von Feier- und Fasttagen, Ablässen, die übrigens im Ablaßdekret weiter für zulässig, für heilsam erklärt worden sind, wenn man auch die damit verbundene Gewinnsucht verbot. Die entscheidende, die buchstäblich umstürzende Beachtung aber mit der folgenden Regeneration der Catholica fand dies alles, sicher sehr gegen Luthers Willen, doch erst durch die Reformation, und nur schwer vorstellbar, es wäre auch ohne deren Druck zu einer entsprechenden Behandlung auf einem großen Konzil gekommen.

Zumal die notwendigste Reform unterblieb, die des Papsttums und der Kurie, ihrer Organisation, Behörden, Einrichtungen, Kommissionen, Kompetenzen, auch wenn einzelne Praktiken zur Sprache kamen. Das berühmte Tridentinum, das ganze Reformwerk hat sie ausgeklammert! So konnte Papst Pius IV. am 30. Dezember 1564 in einer längeren Rede im Konsistorium den Konzilsvätern gerade dafür danken, daß sie sich in ihren Reformdekreten «so maßvoll und nachsichtig gegen die Kurie erwiesen». Blieben sie ja selbst nach dem konservativen katholischen Kirchenhistoriker Hubert Jedin «weit zurück hinter den Zielvorstellungen ... auch der Führer der katholischen Reformbewegung des Jahrhunderts ...» Insbesondere die «gallikanische» Frage, ob der Papst unter einem allgemeinen Konzil stehe (vgl. VIII 223 f.), wurde auf den Tagungen, aus Furcht vor der prekären religiösen Situation in Frankreich, aus Furcht vor einem Schisma, so wenig entschieden wie dann zur Zeit Ludwigs XIV. und Josephs II.

Ansonsten freilich brandmarkte die Kirchenversammlung alle Hauptlehren des Protestantismus als «ketzerisch». Sie erklärte zumal das vielleicht wichtigste dogmatische Dekret, die in 16 Kapiteln und 33 Kanones äußerst ausführlich dargelegte lutherische Rechtfertigungslehre allein durch den Glauben, den Glauben ohne Werke also, «für tot und nichtig» und setzte diesem – bewogen durch den vom Papst entsandten Jesuiten Laynez – in scharfer Opposition zu Luther die «Cooperatio hominis cum deo» entgegen, den Erweis des Glaubens in Werken der Liebe (fides operans per caritatem). So wurde, betonte Bischof Benedetto de' Nobili von Accia, «die Axt an die Wurzel der lutherischen Irrlehre gelegt».

Das Konzil verwarf den Laienkelch, das Laienpriestertum, die Priesterehe und bedrohte mit schweren Strafen das Priesterkonkubinat. Es wies das Sola-scriptura-Prinzip zurück und hielt am lateinischen Bibeltext der Vulgata als dem einzig zulässigen für den theologisch-kirchlichen Gebrauch, hielt an der Gleichrangigkeit von Heiliger Schrift (deren Auslegung natürlich allein der Kirche zusteht) und Tradition ebenso fest wie an der Siebenzahl der Sakramente, der alten Transsubstantiationslehre, der Realpräsenz Christi in der Eucharistie oder der Sakramentalität der Priesterweihe, während man die vom Volk oder Staat eingesetzten Kirchendiener *«Räuber, keine Hirten»* nannte.[16]

Und gab es auch Schwächen, Halbherzigkeiten, fragwürdige Kompromisse noch genug, das Tridentinum hatte für die Regeneration des Katholizismus eine eminente, weit über das Jahrhundert hinausreichende Bedeutung. Er bekam viele seiner modernen Züge, die ihm vor der Reformation «ganz fremd gewesen» (Hinrichs), vor allem seine konsequente zentralistische Ausrichtung auf Rom. Ja, das Konzil prägte mit seinen Glaubens- und Reformdekreten Grundlagen der Papstkirche bis heute, war überhaupt weniger Abschluß als Aufbruch, damit allerdings einer lang vorgezeichneten, einer uralten Linie folgend: Kampf gegen jeden Feind. Hatte man auch das Hauptziel, die Glaubenseinheit, nicht erreicht, schritt man doch über die Verteidigung des Verbliebenen hinaus zur Rückgewinnung verlorener Territorien.

Am Schluß des Konzils, als Charles de Guise, Erzbischof von Reims und Kardinal von Lothringen, nach Verlesung der Konzilsdekrete die groteske Behauptung ausgesprochen: «Dies ist der Glaube des hl. Petrus und der Apostel», als er noch Jesus Christus angerufen, Gott, die Mutter Gottes, sämtliche Heiligen, da verfluchten die Konzilsväter alle «Ketzer», da schrien sie: «Anathema allen falschen Lehren, Anathema!» Und Martin Chemnitz, der Braunschweiger Superintendent, einer aus dem Heer der Lutheraner, schimpfte bald darauf in seiner vierteiligen «Untersuchung des Konzils zu Trient» dieses, was es war, «unfrei und papistisch». Einen großen Einfluß auf den Fortgang der Reformation hat es freilich nicht genommen, zweifellos aber das Papsttum gestärkt. Ohne Frage auch war es das wichtigste allgemeine Konzil überhaupt, und immerhin dauerte es dreihundert Jahre bis zum nächsten allgemeinen Konzil, dem Ersten Vatikanischen, das der Machtfülle der Päpste noch ihre Unfehlbarkeit hinzugefügt hat.[17]

Die Tridentinischen Beschlüsse, deren offizielle Druckausgabe in Mainz 1564 erschien und deren Auslegungsrecht für alle Zukunft allein dem römischen Stuhl vorbehalten blieb, unterschrieben 6 Kardinäle, 3 Patriarchen, 193 Erzbischöfe und Bischöfe, 7 Äbte, 7 Ordensgenerale und 39 Prokuratoren Abwesender. Und die meisten Fürsten und Länder akzeptierten sie ohne weiteres, Kaiser Ferdinand, Polen, Portugal, Savoyen sowie die italienischen Staaten; Philipp II. von Spanien jedoch nur mit der Klausel «unbeschadet der königlichen Rechte», und in Deutschland der stark dem Protestantismus zuneigende Kaiser Maximilian II. sowie die katholischen Stände hinsichtlich der Glaubensentscheidungen und des Kultus.

Das Wichtigste aber, um dessentwillen man das Konzil zunächst überhaupt begonnen, hatte man nicht erreicht, wurde bis heute nicht erreicht und wird kaum erreicht werden, solange beide Konfessionen nicht vor dem Kollaps stehen: die Glaubenseinheit. Doch bemerkenswerterweise hat Papst Johannes Paul II. «wie keiner seiner Vorgänger bei verschiedenen Anlässen Worte der Anerkennung, ja der Lernbereitschaft für Luther und reformatorische Theologie gefunden, die der Hoffnung auf weitere Schritte bei der Überwindung alter Gegensätze guten Grund geben.» Vorerst freilich war die Spaltung vollzogen, und die Intoleranz beider christlicher Kirchen wurde größer und größer, woran besonderen Anteil die Jesuiten hatten, die schon während des Konzils eine entsprechende Rolle gespielt.[18]

4. KAPITEL

IGNATIUS VON LOYOLA (1491–1556) EIN TRÄNENREICHER VISIONÄR MACHT WELTPOLITIK

«Wer nicht gut in diese Welt paßt, der paßt auch nicht in die Gesellschaft (Jesu)».
Ignatius von Loyola[1]

«*Ignatius war Soldat und blieb Soldat, auch später als Priester, Jesuit, General.* Jeder Zoll an ihm ist soldatisch.» «Nur ein Soldat konnte die kriegerische Strategik so meisterlich auf das geistliche Gebiet übertragen ... Seine ganze Aszetik ist auf Kampf gestellt: gegen sich – die Welt – Satan; er will Soldaten im Heere Christi bilden ... Soldatisch ist seine *Stiftung*.»
Anton Huonder SJ[2]

«Ignatius wirkt in der Stille und im Verborgenen. Er ist kein Revolutionär ... Er ist wie ein Feldherr. Er ersinnt den Kampfplan und überwacht seine Ausführung; er schult das Heer, er leitet die Schlacht, und er sorgt für den Sieg. Aber an der kämpfenden Front steht nicht er selber, sondern das Heer.»
Friedrich Richter[3]

«... der jüngste Kreuzfahrer, mit dem starken Willen zur Vergangenheit ... ein General ohne Armee; Don Quichotte, der kein Dichter, sondern ein Diktator werden wird.» «Am Ende eines reinen Lebens beweist der General noch einmal, daß er, ein heiliger Mann, in aller Unschuld, mit verehrungswürdiger Kraft – dem Satan gedient hat: dem harten Gott über allen Göttern; dem Gott, der Herren wachsen läßt. Loyolas Stern ist nicht der Rebell von Jerusalem gewesen, nicht der Märtyrer von Golgatha, sondern der große Alliierte jener Geschöpfe, denen die Erde gehört. Wenn es den Helden ausmacht, daß er rücksichtslos einem Vorbild treu bleibt, so ist Loyola ein Held gewesen. Als Held diente er dem ewig Unheldischen: der Gewalt. Als heiliger Chef führte er eine heilige Angestelltenschaft in den Kampf: für das Unheilige.

Nicht Sklaven, sondern Ideen-Besessene, nicht Schurken, sondern Heilige sind die besten Soldaten für die verruchtesten Kriegsziele.»
Ludwig Marcuse[4]

«Wenn irgend jemand Aftermystiker und pathologischer Hysteriker war, dann der fromm gewordene Ritter des Baskenlandes.»
Graf Paul von Hoensbroech[5]

«Kriegsdienst für Gott»

Iñigo López de Oñaz y Loyola, der sich später Ignatius nannte, wurde 1491 in Spanien geboren, ein Jahr vor der großen Judenvertreibung dort, ein Jahr vor der endgültigen Besiegung der Mauren, ein Jahr auch vor dem Regierungsantritt Alexanders VI. und vor der Entdeckung Amerikas. Ignatius war das dreizehnte Kind eines urkundlich seit 1180 nachweisbaren Adelsgeschlechts. Nach dem frühen Tod der Mutter wuchs der jüngste Loyola bei einer Amme auf; von seinen sieben Brüdern fielen zwei bei Kämpfen in Unteritalien, ein dritter kam in den Türkenkriegen um, ein vierter starb bei der Conquista auf amerikanischem Boden.

Die Loyola (das heißt «sumpfiger Ort») hatten zwei hochaufgerichtete Wölfe im Wappen und waren eine der anrüchigsten Sippen des Baskenlandes. Konnten auch die wenigsten von ihnen lesen und schreiben, unterzeichneten sie doch, wie beispielsweise der Großvater des Heiligen (vom Landesherrn vier Jahre nach Andalusien an die Maurenfront verbannt), skrupellos Kriegserklärungen gleich dieser: «Wir werden euch nach abgelaufenem Termin schlagen und umbringen, euch allen Schaden antun als Feinden des Königs, wir werden euer Blut verströmen lassen, bis eure Seelen aus dem Leibe fahren, wir werden euch allen bösen Schaden zufügen, den wir nur können.»[6]

Ignatius, schon früh tonsuriert, doch kein Kleriker, saugt Normen und Praktiken der ritterlichen Welt, vor allem ihren kriegerischen Ungeist, mit der Muttermilch ein. Der Hidalgo wird Höfling, modebewußt von der Frisur bis zu den Fingernägeln, zu den ach so schicken Offiziersstiefelchen, eifriger Leser auch der mit galanten

Abenteuern und Waffengängen lockenden Ritterromane. Am liebsten freilich hantiert er selbst mit Schwert und Lanze, gesteht sogar, bis zu seinem 26. Lebensjahr «der irdischen Eitelkeit» gefrönt zu haben, nennt Waffenübungen seine «größte Lust», Ruhm und Ehre durch sie sein «ganzes Verlangen» (und läßt nach einem Diebstahl als junger Edelmann statt seiner einen anderen bestrafen).

Ignatius huldigt auch dem «Laster des Fleisches». So schreibt Juan de Polanco, sein Sekretär: «Obwohl er dem Glauben zugetan war, lebte er bis zu dieser Zeit überhaupt nicht danach, noch hütete er sich vor Sünden, vielmehr war er besonders stürmisch in Spielen und in Frauensachen, in Umtrieben und Waffenhändeln ...» Die Autobiographie Loyolas aber, gewöhnlich «Bericht des Pilgers» genannt, enthält über seine Kindheit und Jugend nur einen Satz; wahrscheinlich wurde ein ausführlicher erster Teil durch den Orden purgiert. Doch geben neuerdings selbst Jesuiten zu, daß Ignatius «eine Tochter hatte» (Dantscher), «daß er in Arévalo Vater einer Maria de Loyola war» (Kiechle).

Gleich vielen seiner Standesgenossen, deren Ehrenkodex so anders aussah als ihr Leben, gerät auch Ignatius in Krawalle, Ausschreitungen und wird 1515 samt seinem Bruder, dem Pfarrer Pedro (Pero), streitsüchtiger Vater auch mehrerer unehelicher Kinder, vor Gericht gezogen wegen «großer und bedeutsamer Vergehen» (delictos calificados e muy henormes – delicta varia et diversa ac enormia), begangen von den Brüdern «planmäßig und hinterlistig», wie bruchstückhafte Gerichts-Akten (die frühesten über den Heiligen erhaltenen Dokumente) verraten, wobei wir freilich mit keinem Wort erfahren, worum es wirklich ging. Und hatte man ihn auch niemals «im geistlichen Gewand» erblickt, entkommt er jetzt doch als «Kleriker» dem weltlichen Arm; das Bischofsgericht in Pamplona, stets mild gegenüber den Exzessen junger Ritter, vertuscht den Prozeß, der erst im 20. Jahrhundert wieder entdeckt worden ist.

«Fromm und adlig», versichert eine Quelle, «wurde er erzogen».[7]

Kaum zwei Jahre später wird er Offizier in der Leibwache des verhaßten Herzogs Don Antonio Manrique de Najera, seit kurzem Vizekönig der umstrittenen spanisch-französischen Grenzprovinz

Navarra, und kämpft bei der brutalen Unterdrückung des Comuneros-Aufstands 1520 ebenso mit wie im nächsten Jahr gegen die Franzosen. Er setzt die Verteidigung der Feste Pamplona – «das erhabenste Ereignis» für ihn, «das die Jahrhunderte sahen», in Wirklichkeit ein aussichtsloser Widerstand – gegen die Meinung aller Ritter durch. Doch eine Kanonenkugel zerfetzt sein rechtes Bein, verletzt das linke schwer und bringt den von Natur schon sehr Kleinwüchsigen jäh um alle Karriere-, alle Minneträume, macht ihn zum humpelnden Krüppel.

Der gewaltige Ehrgeizling gibt gleichwohl nicht auf. Er wechselt nur nach der Devise «Allein die Narren machen ernst» entschlossen die Front und ersetzt ein Ideal durch das andere. Er tauscht das Schwert mit dem Kreuz, den Hidalgostolz mit dem Asketenwahn. Anstelle des weltlichen Königs tritt der göttliche, anstelle irdischer Frauengunst die Himmelskönigin. Und ums Haar hätte er jetzt durch «ein paar fromme Dolchstöße» einen Morisco, einen getauften Araber, erstochen, der Marias stetes Jungfrautum bezweifelte.

Statt der Ritterromane liest Loyola nun Erbauungsbücher, die «Vita Christi» des Ludolph von Sachsen, die «Legenda aurea» des Dominikaners Jacobus de Voragine, religiöse Bestseller des Spätmittelalters. Jeder Heilige rückt fortan in adeligen Glanz, alles Sakrale wird heroisiert, wird «alternatives Rittertum». In naiver Identifikationssucht will er selbst Glaubensheld werden, einer wie Franz von Assisi, wie Dominikus, will als miles Christi unter dessen «ewig siegreichem Banner» streiten, Kriegsdienst, so kennzeichnet er es einmal, «Kriegsdienst für Gott».

Ignatius, in kolossalen Stimmungsschwankungen, ruiniert sich durch übermäßige Kasteiungen, durch Fasten, hat Suizidversuchungen, handhabt die furchtbarsten Mortifikationsinstrumente, trägt ein mit eisernen Dornen gespicktes Unterkleid, er betet auf den Knien täglich sieben Stunden. Und gibt er auch die extreme Schinderei als überspannt, zu zeitraubend, von Nützlicherem abhaltend wieder auf – in seinen berühmten «Exerzitien», auch «Geistliche Übungen» betitelt, empfiehlt er gleichfalls «Züchtigungen des Fleisches» bis aufs Blut.

Lange von hoher, ja höchster Bedeutung für ihn (und noch heute bestaunt) ist seine Kunst des Schluchzens; der Ritter Gottes flennt wie ein Schwachsinniger – professioneller gesagt: er besaß die Gabe der Tränen. Oder wie der Herzog von Gandía Francisco de Borja (Borgia), Urenkel Alexanders VI. und dritter Ordensgeneral, beim Tod des Ignatius etwas blumig schreibt, er sei «zur frohen Ernte heimgegangen, die er in unaufhörlichen Tränen gesät»: Tatsächlich weint der Gnadenreiche, dieser Heilige «von größtem, ja von wunderbarstem Format» (Erb), so oft und intensiv, daß man (auch er selbst) für sein Augenlicht, seine Gesundheit fürchtet, für sein Leben.[8]

«Das Geistliche Tagebuch» oder War Ignatius von Loyola verrückt?

Aufgezeichnet zwischen dem 2. Februar 1544 und dem 27. Februar 1545, geht es dabei u.a. um eine Art «Autorisation» der Satzungen der Gesellschaft Jesu, zunächst vor allem um die Besitz-, die Einkommensfrage. Ignatius, seit 1541 erster Ordensgeneral, hatte die Statuten verfaßt und wirbt nun hartnäckig um Zustimmung der göttlichen Majestät höchstselbst.

Kein leichtes Unterfangen, zumal da früher eine gewisse «Bitterkeit», «Verdruß», «Zwist» bestand. Zum Glück gibt es noch andere Prominenz im Himmel, wie die Heiligste Dreifaltigkeit, die dem Heiligen manchmal «in Kugelgestalt, etwas größer als die Sonne» erscheint, ihm freilich auch nicht immer Vertrauen, mitunter geradezu Unwillen einflößt. Dann aber konferiert er nicht mit ihr, mit La Sanctissima Trinidad, sondern mit den Herren jeweils separat. Kommen diese ja, zeigt die gleich mehrfache «kugelförmige Schauung» vom 6. März plastisch, «ohne», betont Ignatius, «aus der kugelförmigen Schauung herauszutreten», eben doch hervor: «auf der einen Seite der Vater, auf einer anderen der Sohn und auf einer anderen der Heilige Geist ...».

Die dritte Person zwar, die am 11. Februar 1544 «in der Farbe einer feurigen Flamme» mit dem Verfasser «ein Zwiegespräch» (coloquio) führt, der Heilige Geist, läßt sich nur hin und wieder blicken, kommt er doch auch in der Christenheit immer zu kurz. Der Vater aber gewährt Ignatius «große Nähe und Sicherheit», «viel Zutritt». Und für Jesus gar, «Haupt der Gesellschaft», erwählter «Führer», stirbt der Loyola «lieber ... als mit einem anderen zu leben.»[9]

Gewiß, selbst Jesus, zuweilen «in weißer Farbe» präsent, wird gelegentlich «irgendwie nur dunkel» sichtbar oder noch weniger. Wie ja auch Maria, die Mutter des Herrn, stets «Herrin» (Señora) genannt, sich eines Tages vor Ignatius verbirgt, der nun derart leidet, daß es gar den oft so strengen Himmelsvater rührt und der «Anzeichen» gibt, «es würde ihm gefallen, wenn er durch unsere Herrin gebeten würde; doch diese konnte ich nicht sehen.»

Als Ignatius aber während der Messe sein Tränendrama zelebriert und stets von neuem die Sprache verliert, läßt sich die Domina huldvoll herab, kommt der Verehrer zu «vielem Verspüren und Sehen unserer Herrin», ist sie ihm so «sehr geneigt», daß er jetzt, besonders bei der Wandlung, «nicht anders konnte als sie verspüren oder sehen, als jemand, der Mitursache oder Pforte (für das, was ich so sehr verspürte) für eine so große Gnade ist, die ich im Geist verspürte ... Bei der Wandlung zeigte sie, daß ihr Fleisch in dem ihres Sohnes ist» – und läßt sich so, vielleicht, das nur mit aller Vorsicht, Rücksicht gefragt, mit diesem zusammen genießen, etwas vulgär gesagt – vernaschen? Ignatius spricht unmittelbar darauf von «so grossen Einsichten, daß man es nicht schreiben könnte.»[10]

Wie auch immer, Maria nebst Sohn, mitunter «in langen Gesprächen» angefleht, sind seine besten Mittler, die prominentesten Begünstiger an höchster Stelle, wo der gefeierte Stratege versiert operiert, beispielsweise erst die Mutter ersucht, ihm beim Sohn zu helfen, um dann den Sohn zu bitten, ihm gemeinsam mit der Mutter beim Vater beizustehn. Und braucht er auch bei Maria und Jesus wieder Fürsprecher, macht er dazu, denn er geht gern aufs Ganze, «die Engel, die heiligen Väter, die Apostel und Jünger und alle Heiligen *usw.*»[11]

Gott, ein solches Leben reibt auf, irritiert übrigens auch den Leser. Etwa wenn dieser unter dem 5. März liest: die größeren Heimsuchungen des Ignatius bezogen sich «auf die Heiligste Dreifaltigkeit und weniger auf Jesus und viel weniger auf den Vater» – weil man ja denkt, daß gerade diese zwei auch zur Heiligsten Dreifaltigkeit zählen. Oder nicht? Oder man erfährt, der Gottessohn offenbart sich Ignatius «zu Füßen der Heiligsten Dreifaltigkeit», also doch wohl zu Füßen seiner selbst. Und wie kurios, daß der Asket in Manresa Monat um Monat und Tag für Tag zu jeder der drei Personen und zur Dreifaltigkeit zusätzlich betet, bis ihm auffällt, daß er vier Gebete an die Dreifaltigkeit richtet, obwohl die drei doch nur «mein einziger Gott (vn solo Dios mio)» sind.[12]

Ja, Schwierigkeiten, Skrupel Tag und Nacht. Und stets die Furcht, «ich könnte mich bei irgend etwas irren.» Bei der Trinität, zum Beispiel, als er ihr «hintereinander sechs oder mehr Messen ... zu lesen» beschließt und dann «zur Danksagung noch drei Messen» erwägt, dies aber plötzlich für Teufelswerk hält und gar keine liest – und «nahm ich sehr zu in Liebe zu Gott; und so viele Tränen und mit so vielem Schluchzen und Kraft.»

An manchen Tagen hat er «keine Erkenntnisse oder unterschiedene Schauungen der drei Personen», doch an anderen Tagen kann er «die unterschiedenen Personen schauen». Manchmal verspürt er «irgend etwas im Vater, als seien die anderen in ihm», und dann verwandelt sich auch «alles in die Heiligste Dreifaltigkeit». Oder er humpelt durch die Stadt, und immer steht ihm die Heiligste Dreifaltigkeit vor Augen, jedenfalls «immer wenn ich drei Vernunftgeschöpfe oder drei Tiere oder sonst drei Dinge sah».[13]

Man denke: er sah drei Esel ...

Noch am schnellsten wird er mit dem Teufel fertig; nicht, indem er ihm nach Art des Wittenbergers plebejisch ordinär ein Tintenfaß nachschmeißt. Nein, ganz kühl befiehlt er ihm, «einer besiegten Sache ...» gleich: «Auf deinen Platz!» Und die Sache hat sich.

Doch mit Himmelsgeistern ist das anders. Denn bei aller «Gnade», allem «Gnadenbeistand», «großem Gnadenbeistand», bei allem «Geschmack» auch: «Wohlgeschmack», «grossem Wohlgeschmack», den der Umgang mit den Überirdischen ihm hundertmal und mehr bereitet («und ich umklammerte mich mit innerem Jubel in der Seele»: abraçándome con interior regozijo en el anima) – es ist nicht lauter Honiglecken, nein. Es geschieht, daß er überhaupt «keinen Geschmack» mehr an der Sache hat, an dem ganzen Himmelstheater, selbst an seinen Superstars nicht, weder an «den Mittlern» noch an «den göttlichen Personen», daß es ihm vielmehr vorkommt, «als hätte ich niemals irgend etwas von ihnen verspürt oder sollte es in Zukunft nie mehr verspüren, sondern es kamen mir Gedanken bald gegen (den einen) Jesus, bald gegen einen anderen.» Ja, so ist er manchmal «mit verschiedenen Gedanken verwirrt», «mit einiger Schwere im Kopf», «ganz betäubt», «verlassen von allem, was geistlich ist», verspürt und sieht er doch überhaupt mehr, «als daß ich verstand.»[14]

Unverkennbar, gewiß: es geht im «Geistlichen Tagebuch» schon bald viel weniger um das zunächst dominierende «Sachthema», die Armutsfrage, um einen Voll-, Teil- oder Nichtbesitz der Gesellschaft Jesu, als natürlich um Ignatius; um die Demonstration seiner Tröstungen, Schauungen, Erhebungen, das schier endlose Notieren seiner «Kontakte» mit der Himmelscrew, wobei Ignatius glaubt, je bewegter, exzentrischer sein Seelenleben, je reicher seine Tränenströme und je häufiger, desto sicherer Gottes Einverständnis. Ja, so glaubt er beinah bis zuletzt, bis er, Ironie der Geschichte, meint, daß es ganz anders, daß er von einer völlig falschen Vorstellung ausgegangen ist.[15]

Das Erstaunlichste jedoch: wie frappierend kühl dieser exorbitante Seelenaufruhr in der Regel registriert, behauptet wird, was insbesondere das Tränentabellarium zeigt. Allein das Wort «Tränen» erscheint im «Geistlichen Tagebuch» Hunderte und Aberhunderte von Malen, Sinnentsprechendes wie «Weinen», «Schluchzen», «Wasser in den Augen» noch gar nicht berücksichtigt.

Der Zeitraum des Tagebuchs umfaßt 390 Tage. *Nicht* geweint hat sein Schreiber an 45 Tagen, *geweint* an 319 Tagen; davon im Oktober, November und Februar 1545 an jedem Tag. (An 26 Tagen macht er keine Angaben zur Sache.)[16]

Nun heißt das, wenn Ignatius weint, nicht, er habe mal ein paar Krokodilstränen zerdrückt; gewöhnlich strömt es da wie aus unerschöpflichen Quellen, kommt es zu «vielen Tränen», «innigen Tränen», zu «heftigem Tränenvergießen», zu «einer großen Fülle von

Tränen», einer «noch viel grösseren Fülle von Tränen», zu «vielen andauernden Tränen», «fast ununterbrochenen Tränen», «Tränen im Übermaß», rinnen «von neuem so viel Tränen und in einer so großen Fülle und mit so viel Schluchzen und geistlichen Wonnen, daß ich, auch nachdem ich es schon dem Vater vor unserer Herrin, den Engeln *usw.* dargebracht hatte, immer noch weiter die gleichen Tränen *usw.* hatte.»[17]

Zeitweise weint Ignatius sechs- bis siebenmal am Tag. Schon der bloße Klang von Jesu Namen reißt ihn zu wasserreicher Rührung hin. Ebenso die Vorstellung, er wäre jüdischer Abkunft und dem Herrn stammverwandt! Das Brevier kann er manchmal vor Tränenblindheit kaum beten. Und selbst als er 1550 zu sterben glaubt, zerfließt er in Tränen – vor lauter Glück. Hatte er ja, behauptet er, «eine so große Fröhlichkeit und eine so große geistliche Tröstung darüber, sterben zu müssen ...» Doch als es im Sommer 1556 wirklich ernst wird, hört sein Pfleger nach unruhigen Stunden gegen Mitternacht aus dem Zimmer des Sterbenden immer nur die Worte «Ay, Dios» (Oh, Gott), was doch nicht so glücklich klingt.

Mit wahrer Passion weint Ignatius bei der Messe, die ihm ohne mindestens dreimaliges Weinen trocken, geradezu andachtslos erscheint, für die er daher auch besonders lange braucht, während er die Messe aller andren durch eine am Altar aufgestellte Sanduhr kontrolliert.

Ihn selbst begünstigt der Himmel beim Zelebrieren nicht selten so, daß man den Erschöpften vom Altar auf sein Zimmer tragen muß; daß er sehr oft die Sprache, manchmal auch das Bewußtsein verliert (schon am 9. Februar 1544 gleich zweimal hintereinander); daß er gelegentlich vor Schwäche kaum aufstehn, vor Tränenfluten nicht mehr sehen kann – «Tränen und Augenschmerzen wegen so vieler», heißt es bereits im vierten Tagebucheintrag; und am 4. März sagt er sich «wegen des sehr (spürbaren) beträchtlichen Schmerzes ... wegen des Weinens in dem einen Auge ... wie es doch besser wäre, die Augen zu erhalten».

Andererseits freilich kräftigen ihn all die «innern Anmutungen», die «Tröstungen» derart, daß «sein Haupt von himmlischem Glanze verklärt» war, ja die Hausgenossen sahen ihn «bisweilen ... wenn er die Messe las, vor dem Altare schweben» (Erb). «Ergreifenden Aufschluß über diese weihevollen Stunden gibt uns das Tagebuch des Heiligen» (Huonder SJ).

In der «spirituellen» Tradition ist die «Tränengabe» wohlbekannt, zuweilen sogar nach diversen Modi, nach Tränen-Arten systematisiert. Schließlich weint schon Jesus (Lk. 19, 41; Jh. 11, 34 f.). Und auch Paulus fordert, zu weinen mit den Weinenden (Röm. 12, 15). Doch Ignatius stellt alles Diesbezügliche im frühen Mönchtum, im frommen Mittelalter, in der Mystik in den Schatten. Allein zwischen dem 2. Februar und dem 12. März 1544 verzeichnet er 158 mal Tränen oder Weinen. Nach zwei Monaten allerdings scheinen zumindest Loyolas diaristische Kräfte verzehrt, notiert er beinah nur noch eine halbe Zeile oder weniger pro Tag, beispielsweise vom 1. bis 30. September:

1. «Vor der Messe mit vielen Tränen, und in ihr ohne sie.»
2. «Vor der Messe mit vielen Tränen, und in ihr mit einigen.»
3. «In der Messe viele Tränen, und danach mit ihnen.»
4. «Vor der Messe und nach ihr und in ihr mit großer Fülle von Tränen.»
5. «Ohne sie».
6. «Vor der Messe und in ihr mit vielen Tränen.»
7. «Ohne sie.»
8. «Vor der Messe und in ihr mit vielen Tränen.»
9. «Mit einigen Tränen.»
10. «Vor der Messe, in ihr und nach ihr viele Tränen.»
11. «Vor der Messe, in ihr und nach ihr viele Tränen.»
12. «Dasselbe.»
13. «Vor und in ihr mit vielen Tränen.»
14. «Dasselbe.»
15. «Dasselbe.»
16. «Dasselbe.»
17. «In der Messe und nach ihr mit vielen Tränen.»
18. «Vor und in ihr viele Tränen.»
19. «Vor, in ihr und nach ihr viele Tränen.»
20. «Vor und in ihr viele Tränen.»
21. «Vor der Messe viele.»

22. «Vor der Messe große Fülle davon.»
23. «Vor der Messe große Fülle davon, und in ihr mehrmals mit ihnen.»
24. «Nach der Messe spät Tränen.»
25. «Vor der Messe große Fülle davon.»
26. «Vor der Messe und in ihr viele Tränen, und nach ihr mit ihnen.»
27. «Vor und in ihr mit vielen.»
28. «Vor und in ihr mit vielen.»
29. «Vorher mit vielen, und in ihr mit ihnen.»
30. «Vor und in ihr mit vielen.»[18]

Nun läßt die gratia lacrimarum, dies degoutante Dauerflennen uns heute wohl weniger an «Gunst», an «Gnade», «Gottgewirktheit» als an den Psychiater denken. Schließlich hatte schon der Arzt des Heiligen ein Verbot zu weinen ausgesprochen – übrigens mit Erfolg! Der Verfasser der Autobiographie «Bericht des Pilgers», Luis Conçalves da Câmara, überliefert sogar, grotesk genug, Ignatius habe «jetzt viel mehr Tröstung» erfahren, «ohne zu weinen, als er vorher hatte.» Konnte er aber aufhören damit, sobald er wollte, konnte er nicht auch nach Belieben beginnen?

VISIONEN UND «STIMMEN»

Zu den Tränenströmen kamen die Visionen, Visionen fast wie Fliegenschwärme, trinitarische Visionen, Eucharistie-, Schöpfungs-Visionen, «alle Arten von Visionen», bescheinigt Diego Laynez, einer der ersten Genossen des Ignatius, auch einer seiner besonderen Vertrauten und später selber General; ja, im 20. Jahrhundert behauptet Jesuit Kempf, mit Imprimatur, daß Ignatius «fast täglich Erscheinungen des Heilandes und seiner heiligen Mutter gewürdigt wurde.»

Erscheinungen, Visionen, Schauungen, Gesichte sind ein weltweit verbreitetes, in unterschiedlichsten Kulten und Kulturen seit Jahrtausenden bekanntes (reflexiv psychogenes, psychosomatisches)

Phänomen, dessen so verschiedenartig geprägte wie motivierte Spielarten von blankem Betrug oder bloß Halluzinativem bis zum induzierten Irresein reichen.

Ignatius selbst spricht von «Vision», von «Schau», «Schauung», «Heimsuchung», ihm «offenbart», ihm «zeigt» sich, «stellt» sich etwas «dar», ihm steht «vor Augen», vor den «äußeren», den «inneren», es bleibt oft offen. Immer wieder auch kann er – versteht sich «außerhalb der natürlichen Kräfte» – etwas «sehen» und «verspüren». Nur uns selber offenbart er gewöhnlich nichts.

Denn Ignatius steht zwar dem Herrn des Weltalls, dem Schöpfer Himmels und der Erde gegenüber, Aug in Aug gleichsam, doch frappierend unekstatisch. Der Himmel kommuniziert zwar mit dem Tränenumflorten so, daß er «ziemlich häufig», ja «oft» die Sprache verliert, gelegentlich gar das Bewußtsein, der Himmel gibt ihm «geistliche Erwiderungen», daß er entzückt ausruft: «Auf welche Weise Vater! Und auf welche Weise Sohn!» Doch von der Weise eben verlautet danach nichts.

Ignatius spricht zwar immer wieder von «Gnadenbeistand», «ziemlichem Gnadenbeistand», «vielem Gnadenbeistand», «großem Gnadenbeistand», einem «so großen Zustrom von Erkenntnis, (Schauung) Heimsuchung», spricht zwar immer wieder auch von «Einsichten», «vielen geistlichen Einsichten», «vielen Einsichten und inneren Erkenntnissen», von so starken, daß es ihm scheint, «daß es fast über ... diesen Stoff der Heiligsten Dreifaltigkeit nicht noch mehr zu wissen gab.» Aber was erfahren wir?

Ignatius scheint oft selbst perplex, kann «nicht aufhören von sich zu sagen: Wer bist du denn? (Woher? Daß solche Dinge *usw.*) Von woher? *usw.* Was hast du verdient? Oder von woher dies? *usw.*» Aber gibt er Inhalte preis? Details aus all dem überreich Geoffenbarten? Wirkt er nicht einfach uninspiriert? Schreibt er, Ausnahmen beiseite, nicht eher nüchtern, kärglich (vom vielfach übereilten, äußerst dürftigen Satzbau zu schweigen)? Ja, er berichtet oft formelhaft, oft austauschbar: «sah ich etwas vom göttlichen Sein», hatte ich eine «Schauung des göttlichen Seins», «schaute ich viele Male ... das göttliche Sein», hatte ich «in beträchtlicher Weise die gleiche Schauung von der Heiligsten Dreifaltigkeit», «stand mir die Heiligste Dreifaltigkeit vor Augen»; «stand mir Jesus vor Augen», «steht mir von neuem Jesus vor Augen», «und ich verspürte oder sah den Heiligen Geist selbst», «und ich sah die Mutter und den Sohn», sah sie «mit dem heiligen Jesuskind», «sah und verspürte die Mittler» etc.

Wobei die göttlichen Dinge kaum deutlicher werden, sieht er sie «in Kugelgestalt», «in der kreisförmigen Weise», «auf lichte und sogar sehr lichte Weise», «immer in derselben lichten Farbe», «einer lichten Klarheit» – «licht» heißt es oft, die Sache ist dunkel genug. Und sie bleibt es auch, sieht er mal nicht ganz so knapp «auf irgendeine Weise (das Sein) bald das Sein des Vaters, *und zwar* zuerst das Sein und dann *in der Folge* den Vater; *und zwar* bezog sich die Andacht zuerst auf die Wesenheit und erst *in der Folge* auf den Vater; bald auf eine andere Weise und ohne so große Unterscheidung.»[19]

Der heilige Geisterseher scheint das Spärliche seiner weitaus meisten diesbezüglichen Auslassungen selbst empfunden zu haben. Er spricht von einem «Verspüren oder Sehen, das man nicht so erklären kann», das er selbst nicht versteht: «dabei verspürte und sah ich mehr, als daß ich verstand.» Ein anderes Mal offenbart er: «und die Heiligen (zusammen) sah ich auf eine solche Weise, daß man es nicht schreiben kann, wie sich auch die anderen Dinge nicht erklären lassen.» Und ein weiteres Mal ist von «so großen und so feinen Einsichten» die Rede, «daß ich weder Gedächtnis noch Verstand finden kann, um sie erklären oder erläutern zu können.»

Gedächtnislücken kommen ihm manchmal zu Hilfe. Selbst «jene geistlichen Erkenntnisse, die Gott ihm», wie er betont, «in die Seele einprägte», selbst «diese Dinge wußte er weder zu erklären, noch erinnert er sich ganz gut ...» Sogar bei jener besonders großen numinosen Unterweisung, die ihm vor Manresa widerfuhr, als er über dem Fluß saß, «der in der Tiefe ging», wobei er so viele Dinge «verstand und erkannte», Dinge des Glaubens wie der Wissenschaft, selbst da bleiben wir völlig unerleuchtet, denn «es lassen sich nicht die Einzelheiten erläutern, die er damals verstand, obwohl es viele waren ...»[20]

Schade. Gerade derlei hätten wir ganz gern erläutert bekommen.

Was so bestehen bleibt, ist die stets von neuem behauptete Vielzahl ihm generös von Gott gewährter Einsichten und Erkenntnisse samt seiner Unfähigkeit oder seinem Unwillen, sie darlegen zu können beziehungsweise zu wollen. Offenbar geht es ihm vor allem um das möglichst tränenselig dezente Auftrumpfen mit der Fülle seiner Jenseits-Kontakte, zumal seiner visuellen Kommunikationen. Im autobiographischen «Bericht des Pilgers» renommiert er geradezu mit «der Leichtigkeit, Gott zu finden» und versichert, «jedesmal und zu jeder Stunde, daß er Gott finden wolle, finde er ihn. Und daß er auch jetzt viele Male Visionen habe ... Und dies geschehe ihm oft, wenn er dabei sei, über Dinge von Wichtigkeit zu sprechen; und dies lasse ihn zur Bestätigung kommen.»[21]

Ignatius hatte, wieder nach eigener Bezeugung, «viele Visionen», während er die Messe las. Und hatte «sie auch sehr oft», als er «die Satzungen verfaßte». Im «Bericht des Pilgers» lesen wir: «Das meiste waren Visionen, die er zur Bestätigung der Satzungen sah; und zuweilen sah er Gott Vater, zuweilen die drei Personen der Dreifaltigkeit, zuweilen die Muttergottes, die Fürsprache einlegte ...»

Der General hat zwar gelegentlich «viel Zutritt zum Vater», der sich ihm dann auch «am meisten offenbarte». Weitaus häufiger aber begegnet er Jesus, dem Gebieter seiner Compañía de Jesús.

Der Herr zeigt sich ihm beim Erheben der Hostie – «etwas wie weiße Strahlen, die von oben kamen ...», wobei er ihn zugleich vor sich sieht und im Himmel! Doch naht ihm Christus «viele Male und über lange Zeit» auch in seiner «Menschheit» – «wie ein weißer Leib ..., nicht sehr groß und nicht sehr klein ...» «Viele geistliche Visionen» empfängt Ignatius in Vicenza, Christus erscheint ihm auf dem Weg nach Venedig, bei Padua. Und kurz vor Rom, in der Kapelle La Storta an der Via Cassia, wird er, freilich widersprüchlich überliefert, «sehr besonders von Gott heimgesucht», hatte aber «auf allen diesen Reisen große übernatürliche Heimsuchungen», – auch auf Zypern «viele Male» – als sähe er Christus in Gestalt einer «runden und großen Sache, die wie von Gold war ...» Und besonders häufig schaut er ihn in Manresa, ohne zu lügen, meint er, «20- oder 40mal.»

In Jerusalem, wo franziskanische Experten all die weltberühmten Ladenhüter präsentieren, die seit Jahrhunderten die Christenseelen, hoch wie nieder, erschauern lassen vor Ehrfurcht, vor Ergriffenheit, scheint es ihm zeitweise, «er sehe Christus immer über sich.» Was Wunder, ist er mitunter unkonzentriert, hinkt er etwa nur deshalb ein zweites Mal auf den Ölberg, den «Himmelfahrtsberg», um noch einmal «die eingedrückten Fußspuren» auf jenem Stein, der Aufstiegs-, der Abflugsrampe sozusagen, zu sehen, wovon der Herr sich bei seiner Himmelfahrt abstieß: denn Ignatius hatte «nicht gut geschaut» und vergessen, «in welcher Richtung der rechte Fuß oder in welcher der linke war»!

Der Züricher Glockengießer Peter Füessli, damals zur gleichen Pilgergruppe wie Ignatius gehörend, verzeichnet in seinem Tagebuch minutiös alle besichtigten Sehenswürdigkeiten (und gelegentlich die Dukaten, die man dafür gezahlt), von der Höhle, «worin David oft sein Gebet gesprochen», bis zu der Höhle, wo der Stern der Heiligen Drei Könige geleuchtet und dann «daselbst in die Erde geschlüpft» ist, bis zu dem Ort, «wo viele der Unschuldigen Kindlein begraben sind», wo «das Osterlamm gebraten wurde», Judas sich «selbst erhängt» hat usw. usw. (vgl. zu diesem und anderem Reliquienschwindel III 241 ff., 267 ff., bes. 290 ff.!)[22]

Genau betrachtet waren die Ignatius erteilten Privatrevelationen ja viel attraktiver, von der größeren Authentizität ganz zu schweigen: ob er nun sah, wie der Bakkalaureus Hoces «in den Himmel eintrat» oder ob er gleich «den ganzen himmlischen Hof» erblickte, «das himmlische Vaterland». Erlebte er doch sogar, wie «Gott die Welt geschaffen hatte» – wohl «etwas Weißes, woraus einige Strahlen hervorgingen, und daß Gott daraus Licht machte» – begreiflich, wahrlich, wenn unser Kirchenlicht solch allerhöchste Erleuchtung «mit großer geistlicher Fröhlichkeit» aufnimmt.

Als Ignatius gar das Geheimnis der Heiligsten Dreifaltigkeit erschaute – «in Gestalt von drei Tasten» –, geschah es «mit so vielen Tränen und so vielem Schluchzen, daß er nicht dagegen ankam.» Kein Wunder, wenn sich ihm da «der Verstand zu erheben» begann. Kein Wunder, nur natürlich, daß sich ihm die Haare sträuben, wird er vor die göttliche Majestät versetzt. Kein Wunder, nur natürlich, wenn er nicht bloß «schaut», sondern auch «schmeckt», wenn er so oft «voll warmer und sehr süßer Andacht» steckt, so oft «eine gewisse Süße» verspürt, «Süßigkeit», «geistlichen Geschmack», «wohlschmeckende und sehr geistliche Einsichten» auch, «neue Einsichten geistlicher Dinge und neues Schmecken», so daß ihm ganz heiß dabei wird, er immer wieder «viel innere und äußere Wärme» genießt, «warme Gnade», «warme und gleichsam rote Andacht» etc.

Schließlich kommt zu all dem Schmecken noch die ihm *«von Gott her»* gewährte «Gabe der Stimme», der «Geschmack» an Stimmen, die er hört, an «der inneren und äußeren Stimme», wobei besonders die innere, die ihn an «die himmlische Stimme oder Musik» erinnert, von «so großem inneren Wohlklang» ist, daß er es wieder mal «nicht ausdrücken kann.»

Zeitweilig kommt er kaum los von dieser «wunderbaren inneren Stimme», gehört sie zu seinem Leben fast wie die Tränen – «mit Tränen ... und mit der wunderbaren inneren Stimme», heißt es oft, «mit Tränen ... und mit Stimme», «mit Tränen ... und wunderbarer innerer Stimme», «mit vielen Tränen ... und mit den beiden wunderbaren Stimmen». Hören die Tränen auf, doch nicht die Stimmen, hat er «Zweifel über den Geschmack» derselben und fragt sich, «ob es nicht nach bösem Geist ist.» Und Skrupel auch, «ergötzt» er sich «zu sehr am Ton der Stimme bezüglich des Klangs, ohne so sehr auf die Bedeutung der Worte und der Stimme zu achten». Auch kann es sein, daß er während einer ganzen Woche die äußere Stimme nur «manchmal» findet, «und die innere noch weniger». Immerhin ist er «wegen des Geschmacks an den Stimmen» mitunter zufriedener, ruhiger als wenn er weint.

Auch in seinen «Exerzitien» hält der Heilige jeden Exerzitanten an: «*Riechen* und schmecken mit dem Geruch und dem Geschmack den unendlichen Duft und die unendliche Süßigkeit der Gottheit ...»[23]

Nun haben bekanntlich die christlichen Theologen ein probates Rezept, diese Süßigkeit zu steigern, Süßes süßer noch zu machen. Rieten ja bereits antike Kirchenväter, Tertullian, Cyprian, Laktanz, um nicht weiter zurückzugehen, die himmlische Lust noch lustvoller, die ewige Seligkeit noch seliger zu schmecken – durch den Blick auf das Elend der Verdammten in der Hölle: welch edel christliche, christ-katholische Wollust doch! Wie denn, auf der Höhe des Mittelalters, auch Thomas von Aquin generös animiert: «Damit den Heiligen die Seligkeit besser gefalle (magis complaceat) und sie Gott noch mehr dafür danken, dürfen sie die Strafen der Gottlosen vollkommen (perfecte) schauen».

Die systematische Anleitung zum intensiveren Genuß dieses spezifisch geistlichen Blickes und Glücks gibt nun aber der, der, nach dem Jesuiten Tondi, menschliche Größe mit den «Handlungen eines Geistesgestörten» verbindet, der nach dem Exjesuiten Hoensbroech wie kein anderer «Aftermystiker und pathologischer Hysteriker war»: Ignatius von Loyola.

In seinen «Exerzitien» besteht die Fünfte Übung in einer eingehenden Grübelei über die Hölle (und noch heute muß jeder Jesuit zweimal im Leben vierzig Tage und jedes Jahr acht Tage an diesen Übungen teilnehmen).

In einer ersten «Vorübung» oder «Hinführung» soll der Exerzitant sich «mit dem Blick der Einbildungskraft Länge, Breite und Tiefe der Hölle» sichtbar machen, in einer zweiten «ein recht lebendiges Gefühl der Strafe» bekommen, «welche die Verdammten leiden». Sodann muß im Hauptprogramm – ein Fünf-Punkte-Exerzitium – jeder einzelne Sinn sich eindringlich das Höllenspektakel suggerieren: das Auge – der große Seelenmeister setzt die erste Übung einfühlsam «um Mitternacht» an – «jene unermeßlichen Feuergluten und die Seelen wie in feurigen Körpern»; das Ohr – diese zweite Übung – (auf daß man frisch und froh den Tag beginne) «gleich nach dem Aufstehen am Morgen» – «das Weinen, Geheul, Geschrei, die Lästerungen gegen Christum unseren Herrn und gegen alle seine Heiligen»: die Nase – diese dritte Meditation irgendwann vor dem Mittagsmahl – «den Rauch, Schwefel, die Pfütze und Fäulnis in der Hölle»; der Geschmackssinn – um die Vesperzeit – «die bitteren Dinge, die Tränen, die Traurigkeit, den Gewissenswurm in der Hölle»; endlich muß der Tastsinn «jene Gluten berühren, die die Seelen erfassen und brennen», und zu guter Letzt der fünften Roßkur, die Ignatius «eine Stunde vor dem Abendtische» anberaumt, soll sich der Übende «alle Seelen ins Gedächtnis rufen, die in der Hölle sind», und sich freuen, daß er selbst (noch) nicht zu ihnen gehört.

Damit aber ist der bis heute hochgeehrte Exerzitienguru noch lange nicht zufrieden. Er bietet über mehrere Seiten Zusätze, «UM DIE ÜBUNGEN BESSER ZU MACHEN». Zum Beispiel gleich nach dem Zubettgehen, «wenn ich bereits einschlafen will, für die Dauer eines *Ave Maria* an die Stunde denken, in der ich aufstehen muß und wozu …» Und dann, beim Aufwachen: «Ohne den einen oder anderen Gedanken Raum zu geben, gleich auf das achten, was ich in der ersten Übung um Mitternacht zu betrachten mich anschicke, indem ich mich in Verwirrung über meine so vielen Sünden bringe.» Dabei ist natürlich «jegliche Erwägung von Freude und Fröhlichkeit hinderlich.» Also: «Nicht an Dinge von Gefallen und Fröhlichkeit denken wollen, wie von Herrlichkeit, Auferstehung *usw.*» «Nicht lachen noch etwas sagen, was zum Lachen bewegt.» Und selbstverständlich: «Das Fleisch züchtigen, nämlich indem man ihm spürbaren Schmerz zufügt, was man tut, indem man Bußhemden oder Stricke oder Eisenstäbe über dem Fleisch trägt, indem man sich geißelt oder verwundet, und andere Arten von Strengheiten.»[24]

Dies alles im Kampf gegen die Sünde, gegen Satan, der selbstredend auch Ignatius versucht. So zeigt sich ihm häufig am hellichten Tag ein sehr schönes Ding, das ihn überaus vergnügt, ihm große Tröstung bringt, ein glänzendes Etwas in «Gestalt einer Schlange», wie mit vielen Augen strahlend, aufdringlich, stunden-, tagelang. «Und je häufiger er es sah, um so mehr wuchs die Tröstung; und wenn ihm jenes Ding entschwand, mißfiel ihm dies.» Er hatte die Schlangenvision, «deren Geheimnis», so Juan Alonso de Polanco, seit 1547 Sekretär der Gesellschaft, Ignatius nicht erklärt, in Manresa, Paris, in Rom, registriert solch teuflisches Dazwischenfunkeln aber selten.[25]

Auf allen Wegen dagegen begleiten ihn die Häupter der himmlischen Heerscharen; sie sprechen, konferieren mit ihm, erweisen ihm ihre Gunst. Und mußten sie nicht? Brauchte er nicht ihre Bestätigung gegenüber seinen Kampfgefährten, die der ehrgeizige General in spe allmählich um sich sammelte?

Doch wodurch war er ausgewiesen?

Der stete «Blick nach oben» oder «Wie mit einem mystischen Fernrohr»

Ignatius, der sehr verspätete Student, hatte erst 1528 in Paris das Theologiestudium begonnen und war damit auch nicht weit, war «wirklich über die Anfänge nie hinausgekommen» (Boehmer). Er hinterließ auch kein theologisches Werk, kein einziges theologisches Buch, keine Predigten oder Kommentare zu biblischen Büchern. Er hatte überhaupt keinen nennenswerten theologischen Wissensschatz, erst recht keine großen Ideenressourcen, schätzte somit «Vielwissen» gar nicht, umso mehr aber «das innere Fühlen und Verkosten der Dinge», das «Schmecken».

Ignatius ist lange Zeit Laie, noch mit 46 Jahren, bis 1537, bis zu seiner Priesterweihe, die indes gar keine akademische Ausbildung erforderte. Dagegen setzte ein theologisches Doktorat ein zwölfjähriges Studium voraus – er hatte jedoch nur eineinhalb Jahre Theologie studiert. So wird er denn als «Laientheologe» auch mehrfach verhaftet, vor die Inquisition gestellt und mit einer ganzen Prozeßflut überzogen. 1527 kerkert man ihn 42 Tage, bald darauf nochmals 22 Tage ein, läßt ihn zwar frei, untersagt ihm aber samt den Seinen von «Dingen des Glaubens» zu sprechen, «denn sie verstünden keine Wissenschaft.» Auch anderwärts tadeln ihn Mönche, «wie wenig er studiert habe und mit wie geringem Fundament ... Ihr seid nicht wissenschaftlich ausgebildet ...» Gibt er doch, bereits fast vierzigjährig, selber zu, «sehr bar der Fundamente» zu sein.

Was also hätte ihn mehr legitimieren, was seinen Führungsanspruch glaubwürdiger machen können als die ihm so überreich zuteil werdenden metaphysischen Rendezvous, all die geheimnisvollen Begegnungen mit den höchsten Herren des Himmels und der Erde einzeln und in corpore, signalisiert der Welt gleichsam durch seinen steten «Blick nach oben»?

(Die beste Vorstellung dieses ignatianischen Blicks, dieses so pseudoverschämt impertinenten Schielens «hinauf», vermittelt wohl das von Alonso Sánchez Coello, Hofmaler König Philipps II. von Spanien, 1585 gemalte Werk. Der General, dem Jean Canu ein «unschönes Gesicht» nachsagt, hatte sich trotz aller Bitten seiner Jünger niemals abbilden lassen. Die vielen nach seinem Tod erstellten Konterfeis befriedigten nicht, und so verpflichtete P. Pedro de Ribadeneira, Loyolas erster Biograph und einer seiner engsten Gefährten, den «Portugiesischen Tizian», ein Bildnis nach der Totenmaske zu schaffen. Coello tat dies unter häufigen stoßgebetartigen Anrufungen des gebenedeiten Heiligen. Und auch P. Pedro de Ribadeneira SJ las Tag für Tag heilige Messen zur Förderung des schöpferischen Prozesses an der Staffelei. So stand da schließlich jenes grandiose Porträt, dem Bruder Pedro zwar nur eine «schmerzlich unzulängliche Ähnlichkeit mit Vater Ignatius» entnehmen konnte, das aber – wie mir scheint, durchaus gelungen – den einer gewissen Kategorie von Frömmlern gern eignenden Ausdruck mehr oder minder dezenter Hinterfotzigkeit mit dem verbindet, was man gängigerweise schlicht einen Hau, einen schweren Hau nennt, meinetwegen einen transzendenten.)

Ja, selbst wenn er sein ganzes Leben lang studiert hätte, beteuert Ignatius im Februar 1544 im Tagebuch, «würde ich nicht so viel wissen». Hatte er doch «eine andere Erkenntnisfähigkeit» und «öfters geistliche Einsichten, so sehr, daß mir schien ... daß es fast über (den) diesen Stoff ... nicht noch mehr zu wissen gab.»

Der illustre Ordensstifter, als Kirchenmann ein routinierter «Praktiker», stand theologisch offensichtlich auf sehr schwachen Füßen. Nur so wird begreiflich, wie unverfroren er uns stets von neuem seine übersinnlichen Erkenntnisgewinne herzählt, die schier endlose Fülle empyreischer Schauungen, Tröstungen, Heimsuchungen, mit welch ostentativer Selbstverständlichkeit er uns seine «vielen (geistlichen) Einsichten oder geistlichen Erinnerungen» auftischt, so «viele beträchtliche, wohlschmeckende und (geistliche) sehr geistliche Einsichten», «so große Einsichten, daß man es nicht schreiben könnte», «so große Klarheit ... wie man es nicht erklären kann».

Auch für die Abfassung seiner Schriften beanspruchte Ignatius allerhöchste Kooperation. Erfuhr er aber Widerspruch, Kritik eigner Ansichten, Vorhaben, führte er diese kurz auf den Willen Gottes zurück – einer der ältesten, billigsten, doch wirkungsvollsten Pfaffen-Tricks.

Immer wieder berief Ignatius sich auf Gott. Alles halbwegs Wesentliche, nicht zuletzt seine «theologischen» Befunde, sein Glaubenswissen, hatte er von ihm. Und schwankte die Präsentation des Metaphysischen auch zwischen ganz klar und sehr unscharf irritierend hin und her, gerade die Kontinuität der Kontakte, die enorme Vielzahl der Visionen festigte das Vertrauen seines Anhangs, vermittelte sozusagen höchste Gewißheit. Auch Loyolas Tränen galten ja als «Zeichen göttlicher Nähe», als «sicheres Zeichen himmlischer Beglaubigung», erwiesen gleichsam «die Gegenwart Gottes.» Und so verströmte er sein Gesichtswasser bis in die letzten Lebensjahre, wenn auch, scheint es, reduziert, mußte er doch niemand mehr überzeugen damit.

Jedenfalls wußte der Mann, was er zu tun hatte, sah er ja auch selbst an der Intensität wie Häufigkeit der Geister- und Geisteserscheinungen, «daß die Sache von Gott war». «O wenn ich von Magister Ignatius sagen dürfte, was ich weiß», wiederholte oft sein Beichtvater, der alte «heiligmäßige» P. Jakob Eguia, «wieviel und wie Großes könnte ich sagen!» Das aber wollte der edle Ignatius, von dessen Demut man heute noch schwärmt, keinesfalls – und nahm einen anderen Beichtvater.[26]

Natürlich staunten die «Söhne», erbaten Auskunft über seine mystischen Beglückungen, «die Gnadenführungen Gottes.» Man bedrängte ihn – ohnedies bald zum professionellen Bespitzeln erzogen –, und er offenbarte sich; ein Vorteil, meinte er, sowohl für den jungen Orden wie für sich selbst. «In vertraulicher Unterhaltung» wies er auf seine exklusiven Audienzen, Verzückungen, Entrückungen hin. Den P. Diego Laynez zum Beispiel, einen seiner ersten Genossen und Nachfolger. Oder den P. Jerónimo Nadal, dem gegenüber er 1551 einmal tat, als sei er noch kurz zuvor bei Gott gewesen: «Jetzt war ich höher als der Himmel» (Nunc ego altior caelo eram). Der Pater hätte gerne «voll Verehrung» Näheres gehört, doch der Heilige lenkte bescheiden ab. «Er zieht das Gespräch davon weg.» Und 1554 insistiert Nadal beim «Vater» erneut: «Es sind schon fast vier Jahre, daß ich euch nicht nur in meinem Namen, sondern in dem der anderen Patres beschwöre, ihr möchtet darlegen, Vater, wie der Herr euch vom Anfang eurer Bekehrung an belehrt hat.»[27]

Gewiß, der General war nicht immer im Himmel. Oft blickte er nur lange hinauf, zumal in das nächtliche, das schimmernd bestirnte Gewölbe, häufig vom Dach eines römischen Hauses aus. «Er saß still dort, vollkommen still», erzählt Laynez. «Er nahm seinen Hut ab und sah lange Zeit zum Himmel auf. Dann fiel er auf die Knie und verneigte sich tief vor Gott ... Und die Tränen begannen wie ein Strom seine Wangen hinabzufließen ...» Diese ignatianische Sternhimmelschau («Wie schmutzig und niedrig erscheint doch die Erde, wenn ich den Himmel anschaue!») wurde sowohl eine geistliche Übung wie ein beliebtes Motiv in der neulateinischen Jesuitenlyrik des 17. Jahrhunderts – «Und nichtig erschien die widerliche Erde aus lauter Dreck.»[28]

Die eigentliche Arbeit, die Pioniertat vollbrachte auch hier Ignatius. Er hatte das Universum observiert, die Gefilde der Seligen mit dem «inneren Auge» ertastet, mit dem «besonderen *Blick*». Und wurde der fromme Fahnder auch nicht immer fündig, weder der Jungfrau mitunter habhaft noch gar, «weiter oben», einer trinitarischen Person, hatte er also auch nicht jedesmal die große Erleuchtung, so doch stets wieder «eine große Regung von Tränen und Schluchzen, mit einem gewissen Sehen und Verspüren ...»

Wer sich aber darauf keinen Vers machen kann, der gewinnt die richtige «Einstellung», den erforderlichen optischen Ansatz bestimmt mit Gottfried Marons kompetentem Kommentar, immerhin bereits aus dem dritten Jahrtausend: «Ignatius gewährt uns hier tiefe Einblicke in die Praxis seiner eigenen ‹geistlichen Übungen› ... Es ist ein Stück mystischer Technik, von der wir hier erfahren. Ignatius probiert und experimentiert methodisch mit den inneren Augen, bis er die richtige geistliche Blickrichtung gefunden hat. Wie mit einem mystischen Fernrohr sucht er den himmlischen Kosmos ab. Gewiß, das Fernrohr wurde erst um 1600 erfunden. Es ist wie eine Vorwegnahme in der Mystik.»[29]

Es ist, mit einem Wort, unbeschreiblich.

«Blind» gehorchen, als wäre man «ein Leichnam»

Alles aber zeigt und soll zeigen: hinter Ignatius steht Gott, steht die ganze Gloria Dei, seine Ehre, Herrlichkeit, Majestät. Hinter Ignatius steht der, dem das Universum geschuldet wird, steht die Erde, steht alles Leben darauf, alle Gewalt und, was der General natürlich besonders betont, die Voraussetzung aller Gewalt: der Gehorsam! Da jedoch Gott niemals selbst auftritt und regiert – das größte Klerusglück! –, da er bekanntlich alles laufen läßt, wie's läuft, regiert der Klerus, soweit möglich, gern für ihn, figuriert und funktioniert an seiner Statt die Priesterschaft und an ihrer Spitze: der Obere. Er empfängt anstelle Gottes, als sein Stellvertreter, den Gehorsam, einen Gehorsam, der vielleicht niemals sonst so schonungslos gefordert, nie so radikal formuliert worden ist, selbstverständlich nur «zur höheren Ehre Gottes».

Besonders instruktiv, was Ignatius dazu ein Jahr vor seinem Tod dem Sekretär P. Joh. Philipp Vito vom Krankenbett aus in die Feder diktiert, «*was ich als Testament der Gesellschaft hinterlasse.*

1. Vor allem muß ich beim Eintritt in den Orden und stets hernach bereit sein, mich ganz in die Hand Gottes Unseres Herrn und seiner Stellvertreter zu legen.
2. Ich muß wünschen, einen solchen zum Oberen zu haben, der auf die Verleugnung meines eigenen Urteiles und Verstandes bedacht ist.
3. In allem, was nicht Sünde ist, muß ich den Willen des Oberen, nicht dem meinigen folgen.
4. Der Gehorsam hat drei Grade: Der I. besteht darin, zu gehorchen, wenn einem etwas im Gehorsam befohlen wird, und dieser Gehorsam ist gut. Der II. Grad besteht darin, zu gehorchen auf einen einfachen Befehl hin, und dieser Gehorsam ist besser. Der III. Grad besteht darin, den Befehlen des Oberen zuvorzukommen, indem ich tue, was ich als seinen Wunsch erkenne, selbst wenn er diesen nicht ausdrücklich ausspricht. Dieser Gehorsam ist viel vollkommener als die beiden anderen.
5. Ich darf nicht darauf sehen, ob derjenige, der mir befiehlt, der

höchste oder der zweite oder unterste Obere sei, und muß mein ganzes Sinnen auf das Gehorchen selbst richten in der Erwägung, daß Gott es ist, der aus jedem Oberen spricht ...

7. Ich darf überhaupt nicht mein eigener Herr sein wollen, sondern muß mich dem zu eigen geben, der mich geschaffen hat und dem, der an Gottes Stelle mich leitet und regiert. In seinen Händen soll ich sein wie weiches Wachs in den Fingern des Bildners ...
8. Ich soll mich ansehen wie einen Leichnam, der weder Willen noch Gefühl hat; wie ein kleines Kreuz, das man ohne Schwierigkeit nach dieser oder jener Seite drehen kann; oder wie den Stab eines Greises, den dieser ganz nach Gutdünken braucht und dahin stellt, wo er ihm am dienlichsten scheint. In dieser Weise muß ich mich zu allem bereit finden lassen, wozu der Orden mich verwenden will, ohne gegen eine Verfügung Einspruch zu erheben.»[30]

Genau auf dieser Linie liegt auch die Verordnung («Mandate») des «hochw. P. Magister Ignatius» vom 24. August 1550: «Wenn künftig Seine Hochwürden (Ignatius) irgendeinen im Hause ruft – dasselbe gilt, wenn der P. Minister einen Priester oder Laienbruder oder der P. Subminister einen Laienbruder ruft – so hat jeder sofort zu folgen, als ob er die Stimme unseres Herrn vernähme, der im Namen seiner göttlichen Majestät befiehlt.

Ein jeder muß bei solcher Gelegenheit so blind und schnell gehorchen, daß er, falls er am beten ist, das Gebet sofort unterbricht, falls am schreiben, bei der Stimme der Oberen oder richtiger bei der Stimme U. Herrn den angefangenen Buchstaben, z.B. A oder B unvollendet läßt.»[31]

Es spricht für sich, daß der Jesuit «blind» gehorchen, daß er durch seine Oberen sich leiten lassen soll, als wäre er «ein Leichnam» (das Wort «Kadavergehorsam» kommt daher), daß er sogar sein Gebet «sofort» unterbrechen muß, hört er die «Stimme der Oberen». Und nicht minder bezeichnend, daß Ignatius, selbst mit hohen «Gebetsgnaden» begabt, zwar täglich viele Stunden lang zu beten pflegte (wenn auch niemand weiß, was er in seinen Gebetszeiten wirklich dachte und tat), daß er aber das Gebet anderer, zumindest dessen Länge, nicht sehr geschätzt hat. Dem Herzog Franz von Borgia empfahl er Verkürzung seiner Gebetszeit auf die Hälfte und die andere Hälfte «geistlichen» Unterredungen, dem Studium, den Staatsgeschäften zu widmen. Und P. Araoz, den Provinzial von Spanien, wies er an, statt drei Gebetsstunden täglich sich mit einer zu begnügen.

Daß die Regel des neuen Ordens kein gemeinsames Stundengebet vorsah, erregte sogar im Vatikan Anstoß. Doch mit Gebetsanordnungen war der General überaus zurückhaltend, trat vielmehr «mit aller Entschiedenheit der Forderung nach *Verlängerung der Gebetszeit* entgegen» (Huonder SJ). Solche Gesuche beantwortete er «mit sichtlichem Widerwillen (desgosto) in Gesicht und Worten», und dies mit so starker Betonung, daß man sich wunderte. Konnte er doch auch erklären, einem wahrhaft abgetöteten Manne genüge eine Viertelstunde zur Gebetsvereinigung mit Gott; ja, es liege «mehr Tugend und Gnade darin, sich seines Gottes in verschiedenen Geschäften und an verschiedenen Orten freuen zu können als nur im Betstuhl ...» Schließlich wußte er auch, in Wirklichkeit habe «Gott nicht selten an anderen Dingen mehr Gefallen als am Gebet und freut sich dann sogar, wenn man darauf verzichtet ...»[32]

Der Betstuhl also verlor an Attraktion, verlor hier eingestandenermaßen seine Bedeutung. Schon ein Viertelstundengebet konnte Ignatius ausreichend erscheinen für seine Söhne, ja selbst Gott konnte manches besser, notwendiger finden als Beten; verschiedene Geschäfte, zum Beispiel, an verschiedenen Orten, Studien etwa, Staatsprojekte. Dagegen hatte man Chorgebet, Ordenstracht, Klausur im Unterschied zu anderen Religionsgruppierungen erst gar nicht eingeführt. Man sollte gut in die Welt passen, um zur Gemeinschaft des Ignatius zu passen (s. Motto). Als ihr erster Generaloberer hatte er ihr ganz bewußt eine praktische Ausrichtung gegeben, eine politische Qualität, die Befähigung zur Mobilität, Flexibilität, zur Akkomodation. Doch was man so fromm «Apostolische Sendung» hieß, «Gewinnung der Seelen», «Verbreitung des Glaubens», war nichts als die alte, doch verschärfte Gier nach Macht, das Hauptziel des Ordens «zur höheren Ehre Gottes», faktisch des Papsttums, dem man durch einen besonderen Papstgehorsam sich jetzt noch besonders verbunden wußte.

Welche Rolle auch Bußen und göttliche Inspirationen im seltsamen Leben des Ignatius von Loyola spielten, wie sehr immer seine Trinitäts- und Christusmystik bald barocke Hagiographien füllte, die Wirklichkeit prägten nicht Askese, Andacht, Kontemplation, sondern die ignatianisch-jesuitischen Aktionen. Die Gesellschaft Jesu wurde durch weltweite Vorstöße und Einmischungen, durch ihre Indoktrinierung der Jugend, ihre Übernahme des höheren Unterrichts, ihre Universitäten, durch den Ausbau des sogenannten Jesuitentheaters, ihr intensives Eindringen in die Zentren der Macht vor allem als Fürsten- und Hofbeichtväter in Wien, München, Madrid, Lissabon, Paris ein Hauptakteur der Gegenreformation.

5. KAPITEL

DER KONFESSIONALISMUS BEGINNT

«War doch überhaupt das Volk, seitdem die Herrschgewaltigen die politisch-kirchliche Revolution in die Hand genommen, nur noch angewiesen auf Gehorchen, Leiden und Dulden. Der sogenannte Augsburger Religionsfrieden wurde für das Volk eine neue Quelle unsäglichen Jammers».
Der katholische Geschichtsschreiber Johannes Janssen[1]

«So liegt es auf der Hand, daß der Protestantismus nicht unmittelbar die Anbahnung der modernen Welt bedeuten kann. Im Gegenteil, er erscheint zunächst trotz all seiner großen, neuen Gedanken als Erneuerung und Verstärkung des Ideals der kirchlichen Zwangskultur, als volle Reaktion mittelalterlichen Denkens, die die bereits errungenen Ansätze einer freien und weltlichen Kultur wieder verschlingt ... Er hat zudem auch den Katholizismus zu einer Neubelebung seiner Idee veranlaßt, und so erlebte Europa trotz gleichzeitiger Verbreitung der Ideen und Lebensformen der Renaissance wieder zwei Jahrhunderte mittelalterlichen Geistes».
Der protestantische Theologe und Kulturphilosoph
Ernst Troeltsch[2]

Die Konfessionalisierung beginnt …

Der Augsburger Religionsfrieden des Jahres 1555 (VIII 450ff.) war die Folge der machtpolitischen Parität von Kaiser, katholischen und evangelischen Ständen, die Folge ihrer Ohnmacht, einander weder militärisch noch sonstwie ineffizient machen zu können. Also wollte man «die streitig Religion nicht anderst, dann durch Christliche, freundliche, friedliche Mittel und Wege zu einhelligem, Christlichem Verstand und Vergleichung» bringen. Man nannte einander «beiderseits Religionsverwandte», um «das hochschädlich Mißvertrawen im reich aufzuheben, diese löbliche Nation vor endlichem vorsteendem Undergang zu verhütten». Die löbliche Nation, um 1500 schätzungsweise 12 Millionen, um 1600 – seitdem offiziell: «Heiliges Römisches Reich deutscher Nation» – 15 Millionen Menschen, war nach Frankreich das bevölkerungsreichste Land Europas.

Von den Katholiken nur nolens volens angenommen, hatte der Augsburger Religionsfrieden zwar den Lutheranern reichsrechtlichen Schutz gewährt, aber auch die konfessionelle Spaltung des Reiches legalisiert und damit das Zeitalter der Konfessionalisierung (manchmal bereits von den 1520er Jahren an datiert) recht eigentlich eröffnet.

Die beiden großen Konfessionen sowie die in Deutschland zwar illegale, doch de facto gleichfalls den Schutz des Religionsfriedens genießende reformierte Kirche festigten nun ihre Positionen, ihr Dogma, ihre Verfassung, ihre gesellschaftlichen Lebensformen überhaupt.

Natürlich behaupteten sie alle, die allein «wahre» Kirche zu sein, natürlich verketzerten sie einander gegenseitig. Die Fronten verhärteten, die Spaltungen vertieften sich. Es gab nimmer endende Rivalitäten, gab «Glaubenskriege», «Konfessionskriege», Kappelerkriege (S. 67 f.), den Schmalkaldischen Krieg (S. VIII 448 f.), die Kriege im späteren 16. Jahrhundert in Frankreich, den Niederlanden. Eine «christianitas afflicta», eine zerstörte Christenheit entstand. Die Wahrung des konfessionellen Standpunkts wurde wichtiger als alle Verständigungsversuche. Dabei war es besonders die politische Gewalt, die Einfluß auf die Dinge nahm, eine Art Staatskonfession entwickelte und steuerte, wie andererseits die Konfessionalisierung auch die Staatsgewalt stabilisiert, das territoriale Wachstum gefördert hat. «Eine Gewalt lieh der anderen ihren Arm. Beide erzogen die Untertanenschaft dazu, daß sie der einen wie der anderen Gewalt den gebührenden Respekt erwies ... Denn beide verstanden sich als gottgesetzte Gewalten, die mit ihren spezifischen Mitteln den gleichen Auftrag zu erfüllen hatten: Gott die Ehre zu geben und Ordnung und Sitte, Wohlfahrt und Recht auf Erden herzustellen und aufrechtzuerhalten» (E. W. Zeeden).

Der alte Do-ut-des-Schacher somit, die unaufhörliche Wechselwirkung zwischen Kirche und Staat, nach Ranke «die immer freiere, umfassendere tiefere Bewegung des Geistes», doch tatsächlich die Verquickung wieder ganz unbemäntelter Machtdualitäten, Kooperation des Ungeistes, Konstituierung neuer Kirchen unter althergebrachter Kontrolle natürlich, Disziplinierung der Untertanen, der ständischen Eliten, und nicht zuletzt die Niederkämpfung, Verjagung abweichender Gruppen, Täufer etwa, Böhmischer Brüder, Antitrinitarier, Juden, die alle das Evangelium auf ihre Weise interpretierten, die sich sowohl den fixierten Bekenntnisnormen als auch den Organisationsstrukturen der «Großkirchen» widersetzten.

Wobei auch hier, wie immer im Christentum, in den Religionen insgesamt, die Hauptglaubensrichtungen, Lutheraner und Calvinisten, sich wieder spalteten, innerprotestantische Lehrstreitigkeiten (das Schriftverständnis betreffend, die Rechtfertigung, Erbsündenlehre, den freien Willen, die guten Werke, das Abendmahl) die Wittenberger Reformation strapazierten, mehrfach an den Rand des Zerbrechens brachten, wie sehr man auch in sogenannten Religionsgesprächen, Bekenntnisschriften nach Entschärfungen, dogmatischer Vereinheitlichung, Harmonisierung strebte.

Doch wie schon in den Anfängen der Reformation Luther Karlstadt entgegentrat, Müntzer, Zwingli, Erasmus, so gab es erst recht jetzt Konflikte, widerstanden etwa im Adiaphoristenstreit die Gnesiolutheraner, die «echten» Lutherschüler, oder Flacianer (nach dem Theologen Matthias Flacius Illyricus) erbittert den (nach Philipp Melanchthon benannten) des Kryptocalvinismus verdächtigten Philippisten, wobei es zu Einkerkerungen, Todesfällen während jener, zu Landverweisungen kam. Und die Flacianer zersplitterten wieder. Im Calvinismus standen sich der Burgunder Theodor von Beza, Rektor der Genfer Hochschule, Nachfolger Calvins, und der rigorose Schotte John Knox gegenüber, in den Niederlanden die Gomaristen und Arminianer, die Remonstranten und Contraremonstranten. Sah Pius IV. doch 1564 zumindest in Deutschland die Lage insofern gebessert, «als die Häretiker nicht mehr einig, sondern in viele Sekten gespalten seien.» Keine Epoche der evangelischen Kirchengeschichte wurde, jedenfalls bis in die jüngste Zeit, von ihren Erforschern auch nur annähernd so vernachlässigt, so kärglich untersucht wie die beginnende Phase der Konfessionalisierung, die Zeit unmittelbar nach der Reformation; weithin ins Dunkel getaucht, erscheint sie geradezu als ein stiefmütterliches, ja ein «illegitimes Kind der deutschen Historiographie» (Hsia).[3]

Die Reformation, für die so weithin, wenn auch aus verschiedenen Gründen, Resonanz bestand, hatte einerseits – in der Schweiz, in England, Schottland, Skandinavien, im Reich – zu neuen Kirchengründungen geführt, andererseits – in den Niederlanden, in Polen, Ungarn, Siebenbürgen – zu einem konfessionellen Pluralismus, der indes keinesfalls immer Toleranz einschloß. Der große Umbruch, der Stände und Staaten ergriff, Wirtschaft und Kultur, insbesondere aber die Mentalitäten der Menschen, war ein internationales Ereignis, das sich gesellschaftlich manchmal als systemstabilisierend, manchmal als systemsprengend erwies, in vielfältigen Formen und Phasen da als schleichende Evangelisierung, als allmähliches Herauswachsen aus der alten Kirche geschah, dort mehr eruptiv als tumultuarische Zuwendung zu den neuen Lehren.

Natürlich hat man Luthers Schriften, die seiner Mitstreiter verboten, vernichtet, seine frühen Anhänger, Augustiner vor allem, verfolgt, manchmal verbrannt. «Die Ketzergerichtsbarkeit wurde auf die protestantischen Bewegungen ausgeweitet. Evangelische Theologen und Prediger wurden aus unterschiedlichen Gründen von ihren Wirkungsstätten vertrieben ... Schon vor der ‹Gegenreformation› waren altgläubige Kräfte bemüht, reformatorische Einflüsse – auch unter Anwendung von Gewalt – fernzuhalten» (Vogler). Und in Italien, in Spanien, wo die Päpste noch mehr Macht besaßen, ließen sie aufgespürte Neugläubige durch die Inquisition foltern, auf den Scheiterhaufen, an den Galgen bringen oder ihnen den Kopf abschlagen.

Doch auch der Protestantismus, seine Theologie, seine Ethik, wurde weithin mit der Faust durchgesetzt, mittels Aufständen, Rebellionen, Bilderstürmen, Pfaffenstürmen «von unten», durch den sogenannten gemeinen Mann, geradezu «Patron der Reformation»; wobei entscheidend die Städter agierten, ohne die es überhaupt «keine Reformation gegeben hätte» (Blickle, Schilling, H.R. Schmidt). Im Unterschied etwa zu Schweden, das um 1500 nur 40, im Unterschied zu Livland, das damals nur 20 Städte hatte, gab es im Reich (neben 130000 Dörfern – eine ungesicherte Zahl) rund 4000 Städte, wenn auch meist kleinere und kleinste, deren Unterschichten, Menschen ohne Bürgerrecht, ohne Vermögen, Arme, oft 40 bis 60 Prozent der Einwohnerschaft ausmachten.

Diese Stadtbevölkerungen, schon im späteren 15. Jahrhundert zunehmend von innerörtlichen Konflikten bedroht, wurden nun von so massenhaften Revolten erfaßt wie weder zuvor noch danach, obwohl natürlich auch «der Traum einer autonomen bäuerlichen Welt» (W. Schulze), ein immer virulenter Traum dieser Bauern, des jahrhundertelang niedersten Standes in der sozialen Hierarchie (vgl. VIII 3. Kap.!), gewesen ist. Und obwohl Unruhen typisch nicht nur für die Alpenländer oder den deutschen Südwesten, sondern das gesamte Reich, ja das ganze frühneuzeitliche Europa sind: bäuerliche Erhebungen in England, Frankreich, Spanien, in Böhmen, Ungarn, Südosteuropa, in Polen und Rußland; wenn auch die Landbewohner gegen ihre Drangsalierer nicht immer gewaltsam, sondern zunehmend mit rechtlichen Mitteln vorgingen, und wenn eben auch gerade innerhalb der Städte der Widerstand mehr Regel als Ausnahme war.

Das zeigt übrigens, daß die Legitimität der Obrigkeit keineswegs als selbstverständlich galt. Bergen die Archive doch hinreichend Zeugnisse mit dem Tenor, «man bedürfe kainer oberkait und man könde wohl ohn ein oberkait wie im Schweizerland leben» – wo der Adel, beispielsweise, anders als der europäische im allgemeinen, keinen besonderen Rang innehatte, wie sonst allenfalls noch in den Niederlanden.

Wie vielfältig aber auch immer die Motive für Volkserhebungen sind – Behauptung politischer Macht, Verteidigung von Privilegien, von Kompetenzen auf der einen Seite, Abwehr ansteigender Steuern, Fronlasten, Teuerungen, Hungersnöte, Existenzverlust auf der andern – es gibt in den 1520er, den 1530er Jahren keinen städtischen Aufstand, in dem nicht die Reformation eine Rolle gespielt hätte und oft eine dominierende. «Die Rezeptionsbereitschaft der Städte erklärt sich aus einem starken Antiklerikalismus» (Blickle).

Antiklerikalismus, der tief ins Mittelalter zurückreicht, dann in der Aufklärung, der Französischen Revolution kulminiert, erlebt seine erste große Blüte im Anschluß an die Reformation, ist gerade in der frühen Neuzeit verbreitet, sah sich doch kein Stand jetzt so exzessiver Verwerfung ausgesetzt wie die Geistlichkeit. Eine Haltung allerdings, die auf dem Land nicht minder üblich und gewiß Folge von vielerlei war, von all den, zum Beispiel, wie man immer mehr erkannte, so überflüssigen kirchlichen Reglementierungen, Folge all der Vorrechte von Welt- und Ordensklerikern, ihrer Befreiung von Steuern, Wachdienst, Kriegsdienst, staatlicher Gerichtsbarkeit, der wirtschaftlichen Sonderstellung der Mönche u.a. Dazu häuften die Priester die Pfründen, trieben sinistre Geschäfte, Simonie, handelten mit Ablässen, verschleuderten das Kirchen-, das Klostervermögen, vergingen sich auch mehrheitlich gegen das Zölibat, sie heuchelten, hurten, kurz, sie predigten Wasser und tranken Wein.

Den Zeitgenossen stand dies und derlei mehr nur allzu provokant vor Augen, und schwerlich konnte es ihr soziales Verhalten heben. «Wir erfahren leider täglich und sehen», klagt 1583 der Freiburger

Theologe Jodokus Lorich, «daß unser katholisches Volk in allen Sünden des Überessens und Übertrinkens, der Unkeuschheit, der Hinlässigkeit im Dienste Gottes, der üppigen Hoffart in Kleidung, des Fluchens und Schwörens, des Wuchers, Lügens, Betrügens, Neids, Hasses und vieler anderen noch schwerern abscheulichen Laster ohne Unterlaß fürfährt, daß hernach auch wir Geistliche wenig gebessert werden.» Und der Protestant Johann Andreae findet seinerzeit beim «lutherischen Haufen in Deutschland» nur «ein wüst, epicureisch, viehisch Leben mit Fressen, Saufen, Geizen, Stolzieren, Lästerungen des Namens Gottes.»

Dagegen war das religiöse Bewußtsein, das der Massen wie das der sogenannten Eliten, keinesfalls sehr entwickelt, von christlichen Postulaten, Maximen, Sprüchen nur wenig geprägt, kannten sehr viele nicht einmal recht die Grundlagen ihrer Religion. Ja, man behauptete geradezu, ein Jahrhundert protestantischer «Indoktrination» habe wenig oder gar nichts im religiösen Bewußtsein der Menschen bewirkt, und bestritt rundweg, «daß das einfache Volk nach einem Jahrhundert formaler religiöser Erziehung durch den Katechismus sich selbst lutherisch, katholisch oder auch nur christlich gefühlt hat. Die Leute wußten einfach viel zu wenig von Religion» (Gerald Strauss).[4]

… und die lutherische Staatskirche, «Fortsetzung des Bauernkrieges ‹mit anderen Mitteln›»

Um Religion ging es den Herrschenden gewiß nicht zuerst. Religion war für sie noch ein unverzichtbares Ingrediens, eine Lebensmaxime, vor allem aber: ein wirksames Disziplinierungsinstrument, ein wichtiges Medium zur Festigung und Erweiterung ihrer Macht. Noch im 19. Jahrhundert befürwortet man das Zusammenspiel von Religion und Politik mit dem Satz: «Steht die Religion dem Gesetzgeber bei, so kann er seine Zwecke durch viel leichtere Mittel erreichen, als wenn er von dieser Hülfe verlassen ist.» Noch Schopenhauer nennt sie den Knecht Ruprecht, mit dem man die bösen Buben zu Bett bringt.

Zur Religion, die ja, in ihrer institutionalisierten Form, stets auch (und für ihre Führer primär) Politik war *und ist*, gehört das Politische. Und das Politische wurde, sobald es die Opportunität heischte, fast immer, zumal im monotheistischen Umfeld, religiös motiviert und sanktioniert und wird es nicht selten noch heute, im Islam wie im Christentum.

In der frühen Neuzeit wurde die allgemeine Reformation durch eine Staatsaktion aufgefangen, mutierte die evangelische Bewegung des Volkes zur territorialen, zur Fürsten-Reformation, wobei fürstliche Frühreformationen freilich, im Gegensatz zur Reformation «from below» (Brady), zur Reformation als «urban event» (A.G. Dickens), eher relativ selten vorkamen.

Die Herren ließen ihre Entscheidungen gern reifen, bis sie sich ihres Vorteils, ihres zeitlichen, sicher waren: der Füllung ihres Säckels, der Requirierung bischöflicher Rechte und kirchlichen Besitzes (mitunter beinah edel «Eigentumstransfer» genannt); bis die Konsolidierung der Konfession auch die ihres Dominiums versprach und eine noch in den untersten Schichten formierte, durch Beamte, Spitzel, Denunzianten überwachte Untertanenschaft den herrschaftlichen Zielen diente. Daß dabei vieles vordergründig konfessionell begründet wurde, was rein säkular, administrativ, fiskalisch, ökonomisch, rein staatspolitisch bedingt war, bedarf keines Wortes. Und natürlich spielten auch für die Konversion des Adels überhaupt nicht etwa nur persönliche, sondern sehr politische und wirtschaftliche Faktoren, die Erwartung gesellschaftlichen oder materiellen Nutzens eine nicht unbeträchtliche Rolle.

Die wesentliche Basis bildete die mehr oder weniger vage Sympathie der Massen für die neue dogmatische Grundlage: sola gratia, sola fide, sola scriptura. Der «wahre Glaube», die «reine Lehre», vom Staat mit seiner ganzen Macht zu schützen, war wichtiger als das «fromme Leben». Hatte doch schon Luther gepredigt: «Mit der Lehre gilts nicht Scherzens, die muß reine und recht bleiben; aber mit dem Leben halten wirs nicht so streng.» «Das Leben kund man lassen böse sein».[5]

Die Territorien des Fürsten gingen zur Reformation über, das landesherrliche Kirchenregiment begann, war aber eigentlich nur die Fortsetzung einer bereits vorreformatorischen, spätmittelalterlichen Entwicklung, der Konkurrenz der Landesherren mit den großen Adelsgeschlechtern, wobei der Sieg des «Staates» nicht von vornherein feststand. Durch die stetig zunehmende Machtanhäufung aber auf Seite des Landesfürsten kam es jetzt zu einem Schub an «Verstaatlichung». Die Konfessionalisierung vereinheitlichte das Territorium, festigte die Gesellschaft, förderte die Kontrolle, begünstigte frühabsolutistische Tendenzen, sie öffnete bisher wesentliche Kompetenzbereiche der Kirche, Ehe, Familie, Erziehung, nun dem «Staat», sie stützte diesen, wurde Teil desselben, sie verstaatlichte.

Zwar ging die im engen Zusammenhang mit der Konfessionalisierung erfolgende Ausbildung des frühmodernen Staates nicht ganz ohne Kampf ab, wehrten sich besonders die Gnesiolutheraner, die «echten» Lutheraner, gegen die «Caesaropapie», die Unterordnung der Kirche unter den Staat. Doch wurde der Landesfürst jetzt auch Herr der Landeskirche, er übernahm, entgegen Luthers ursprünglicher Absicht, ihre Leitung, trat sozusagen in die episkopalen Rechte ein. Er lenkte als «summus episcopus» die Kirche seines Landes, was jetzt nicht etwa zur Sakralisierung des Fürsten führte, sondern zur Säkularisierung des Staates, zu einer landeseinheitlichen Politisierung allmählich aller Kirchenfragen, zur Subsumtion der kirchlichen Rechtsordnung unter die Kompetenz der weltlichen. Das Konfessionelle und das Politische gehen ineinander über, sind fast dasselbe. Die Konfessionalisierung begünstigt die Territorialisierung, die Territorialisierung die Konfessionalisierung.

«Euer Fürstlich Gnaden sollen unser Papst und Kaiser sein», schrieben schon 1523 die Bauern von Balhorn an Philipp von Hessen. War doch zu keiner Zeit, weder vorher noch nachher, das Religionswesen so unmittelbar und folgenschwer mit der Staatsentwicklung verquickt wie im 16. Jahrhundert, als «der Staat mit Hilfe seiner Kirche die letzte Stufe zur völlig eigenständigen Autonomie erklommen hat» (Handbuch der europäischen Geschichte). Im nächsten Jahrhundert erklärt der englische Philosoph und Staatsmann Thomas Hobbes die Kirchenhoheit zu einem Teil der Staatsgewalt und den Landesherrn zum Lehrer seiner Untertanen.

Der Fürst übernahm nun die Kirchenaufsicht, ihm unterstand auch, sofern nicht Besitz reichsunmittelbarer katholischer Instanzen, das gesamte Kirchengut, er erhielt alle autonomen Rechte, er bestimmte die geistliche Gerichtsbarkeit und die kirchliche Gesetzgebung. Seine Funktionäre hatten auch für Arme und Kranke zu sorgen, die Diakonie wurde zur Sache der Polizei, im Luthertum wie im Calvinismus. Wem das nicht paßte, der konnte, durfte, mußte auswandern, nicht nur, gewiß, unter protestantischer Herrschaft – durch das ganze 16. Jahrhundert wurden ungezählte Menschen, zeitweilig oder für immer, aus der Gesellschaft ausgegrenzt, aus ihrer Heimat verstoßen, ergossen sich, oft unter Nachstellungen und Pogromen, Flüchtlingsströme aus konfessionellen Gründen durch die Länder, flohen Täufer im Reich, Calvinisten in den Niederlanden, Protestanten in Frankreich, Juden, unter religiösen Minoritäten die größte Gruppe, aus vielen Gegenden Europas (während die osmanischen Herrscher ihre Einwanderung begünstigten; in Istanbul wohnten 1574 etwa 30000 Juden).[6]

Nicht zuletzt kontrollierte der Fürst die personelle Ausstattung der Pfarreien; umso wichtiger, als so die Sittenzucht auch den weltlichen Amtleuten, dem Staat oblag: das Verfolgen von Gotteslästerung, von Fluchen, Saufen, Spielen, Huren, von unehelichen Schwangerschaften, die Aufrechterhaltung des Gehorsams, der Moral, der Frömmigkeit, des Fleißes, das Ahnden mit Geld- und Leibesstrafen, mit Pranger, Gefängnis, Ausweisung. Andererseits hatten die lutherischen Kirchenzuchtsgremien auch weltliche Gerichtsbefugnisse, wurde die Mitwirkung der Pfarrer in das strafrechtliche Procedere integriert und institutionalisiert. Immer mehr regierte der Staat in die Gesellschaft, in die Gemeinden hinein. Wie überhaupt evangelische Prediger als Funktionäre des Staates mit dessen Amtleuten sehr häufig kollaborierten, auch weltliche Niedergerichte eben Sittengerichte waren, Sünden beurteilten, bestraften, für Dänemark ebenso nachgewiesen wie für Schleswig Holstein oder Württemberg.

Kirchen- und Polizeiordnungen, Sündenzucht und Kriminalzucht, geistliche Bußverfahren und alteuropäische Gerichtsbarkeit erscheinen deshalb als eng verwandte, eng verflochtene Phänomene. Wie sehr sich Luthers «Zwei Reiche» (VIII 381), seine ursprünglich intendierte Scheidung von geistlichem und weltlichem Regiment in Wirklichkeit vermischen, mag pars pro toto die Polizeiordnung der Gräfin von Ostfriesland aus dem Jahr 1545 zeigen: «Nachdem alle Obrigkeit zum Beschirmen der Frommen und zum Strafen der Übeltäter von Gott allmächtig verordnet ist, damit ihre Gemeinde und Untertanen in der Furcht des Herrn gelehrt, in guter Zucht erhalten, mit Gerechtigkeit, guter Ordnung und Polizei stets gut regiert werden ... haben wir darauf zu achten, daß die schweren Laster der Gotteslästerung, des Fluchens, Spielens, des Zu- und Volltrinkens, Tag und Nacht in Wirtshäusern Liegens sowie der Prunksucht in der Kleidung, was Weib und Kind sowie den Mann selbst an den Bettelstab bringt, dazu Streit und blutige Schlägereien, Ehebruch, Kuppelei und Hurerei, Wucher und alle anderen Bosheiten, von denen die Welt nun leider voll ist, nicht ungestraft bleiben, um des gemeinen Friedens und der Ordnung willen, sonderlich aber weil es Gott dem Allmächtigen zuwider, und sein heiliges Wort dadurch geschmähet wird».[7]

Nicht eine staatsferne Kirche «von unten» entstand so, sondern das Gegenteil, eine stark obrigkeitlich orientierte Staatskirche; keine Kirche, in der das Gemeindeprinzip den Ausschlag gab, sondern der staatlich verordnete Konfessionszwang; keine Kirche, in der alle Gläubigen, wie man einst verkündet hatte, Priester wurden, sondern eher alle Priester als Anwälte des Staates die Gemeinden in seinem Sinne disziplinierten, staatsbürgerlichen Gehorsam einübten, Widerstand als Auflehnung gegen Gott erklärten – nicht sehr viel anders, recht verstanden, als innerhalb des Katholizismus auch, den nachtridentinischen selbstverständlich eingeschlossen, man denke nur an den Kampf der Kurie gegen das Staatskirchentum Philipps II. und Philipps III.

Im protestantischen Raum entstand so eine mit dem Fürsten weltanschaulich fast symbiotisch verbundene Pastorenkirche, eine Kirche, die sich immer mehr zur Kirche der politischen Herrschaftsträger entwickelte, zum lutherischen Staatskirchentum. Ist es ja in der Geschichtsschreibung «durchgängig herrschende Lehrmeinung», daß die lutherischen Kirchen «stramme Staatskirchen» waren (Zeeden). «Das Urteil, das Luthertum habe den Obrigkeitsstaat befördert, wenn nicht hervorgebracht, findet sich häufig» (H.R. Schmidt). Konnte G. Zimmermann doch das landesherrliche Kirchenregiment in der Reformationsgeschichte geradezu «die Fortsetzung des Bauernkrieges ‹mit anderen Mitteln›» nennen (obwohl sich auch die – stets unbarmherzig niedergeworfenen – Bauernerhebungen fortsetzten: 1573 in Slowenien und Kroatien, 1595 bis 1597 und 1626 in Oberösterreich, 1606 bis 1607 in Rußland, 1633 bis 1634 in Bayern. In ganz Europa, von Spanien und Italien bis England, vom Balkan bis Polen, Schweden und Finnland, gibt es bäuerliche Aufstände zu Hunderten, von dem weniger spektakulären, doch beständigen «‹Kleinkrieg› im Alltag» zu schweigen.[8]

Auch im hohen Norden setzte sich das protestantische Staatskirchentum durch.

Gustav I. Wasa (1523–1560) war nach dem «Stockholmer Blutbad» an Schweden durch die Dänen – der Hinrichtung am 8./9. November 1520 auf dem Großmarkt von etwa hundert Menschen, darunter zwei Bischöfe und viele Adlige, wegen Vergehen gegen die Kirche und «Ketzerei» – nach Dalarne geflohen. Dort von den Bauern zu ihrem Führer gewählt, hatte er durch einen Feldzug bereits im Frühjahr nächsten Jahres ganz Mittelschweden gewonnen, bald darauf auch den größten Teil des übrigen Landes, und am 6. Juni 1523 wählte ihn der Reichstag zu Strängnäs zum schwedischen König. 1527 etablierte er nach deutschem Vorbild (hier allerdings von vornherein «von oben her») die Reformation, riß Kloster- und Kirchengüter, «welche die Vorfahren für die Kirche gestiftet», zur Begleichung seiner Staatsschulden (bei seinem Bündnispartner Lübeck) sowie zur Finanzierung einer Flotte an sich, worauf «bald ein neuer Kirchenraub folgte» (von Pastor).

In Dänemark wurden unter König Christian III. im August 1536 sämtliche Bischöfe eingekerkert, dann für ihren Abfall mit ihren Erbgütern samt je einem Kloster belohnt, sie selbst freilich durch Superintendenten ersetzt. Viele Mönche, die Widerstand leisteten, landeten in der Verbannung, einige am Galgen. Der Rest der Katholiken verlor durch den Reichstag von Kopenhagen 1546 sein Erbrecht und sah sich für unfähig zu allen Ämtern erklärt.

In Norwegen, seit 1536 eine dänische Provinz, konfiszierten die Kommissäre des Königs den Bistumsbesitz, raubten die Kirchen aus und ließen den Dom zu Drontheim zum Pferdestall profanieren.

In Island endlich wanderten der achtzigjährige Bischof von Skalholt, Ogmund Paalsson, und der Kirchenschatz nach Dänemark; Nachfolger Bischof Jon Aresson, von Papst Paul III. (VIII 443 ff.!) zu mutigem Ausharren ermahnt, wurde geköpft. Dabei wünschte Papst Paul doch so sehnlichst die Union, die Versöhnung mit den Lutheranern, natürlich wünschte er nur «die wahre Union», nicht eine durch «die Gewährung von Zugeständnissen», Roms Haltung bekanntlich noch heute. (Auch der Nachfolger Pauls, Julius III., erteilte dem Kardinallegaten Marcello Crescenzi während des Trienter Konzils die klare Instruktion, «sich in Unterhandlungen mit den Protestanten nur einzulassen, wenn sie bereit seien, sich den Beschlüssen des vom Papst als rechtmäßigem Oberhaupt der Kirche zusammenberufenen Konzils auch zu unterwerfen.»)[9]

Cuius regio, eius religio

Der Augsburger Religionsfrieden, ein halbwegs passabler modus vivendi, hatte zwar den Frieden, den Verzicht auf Gewaltanwendung aus religiösen Gründen garantiert und beließ auch den Protestanten das bis 1552 geraubte (seriöser: säkularisierte) Kirchengut.

Schließlich hatten sich ja auch katholische Fürsten schon bedient, sogar schon in vorreformatorischer Zeit, schon im Spätmittelalter, um nicht weiter zurückzugehen.

So suchten in Deutschland seit dem 14. Jahrhundert die Landesherren geistliche Güter zu usurpieren, lukrative Kirchenpositionen zu besetzen, in möglichst gewinnträchtige klerikale Materien einzugreifen, kurz die gesamte «äußere» Kirche zu kontrollieren.

In Spanien, dessen «katholische Könige» seit Beginn der Neuzeit ein Staatskirchentum, die völlige Beherrschung ihrer Landeskirche erstrebten, gestattete sich schließlich Karls V. Sohn und Nachfolger, der durchaus katholische, ja als weltliches Haupt der römischen Christenheit sich fühlende Philipp II. so weitgehende Einmischungen und Übergriffe gegenüber dem Klerus, daß Pius IV. mit einer entsprechenden Verhandlung, einer «Fürstenreform», auf dem Trienter Konzil drohte. Aber auch in Frankreich nahm die katholische Seite ausgedehnte Teilenteignungen vor, finanzierte etwa die Krone mit Verkäufen von Kirchengut die Hugenottenkriege (S. 254ff.). Ohne große Übertreibung konnte Kardinal Truchseß (S. 207ff.) behaupten, «auch in den katholischen Staaten regierten in der Kirche kaum noch die Bischöfe, sondern die Fürsten und ihre Beamten.» Maßten sie sich doch ganz allgemein «ein unumschränktes Recht über die Klöster an, weil diese die Stiftungen ihrer Vorfahren seien.» Auch kam es nicht so selten vor, wie man vielleicht meinen könnte, daß Äbte den Besitz ihrer Abteien an die eigenen Söhne verschleuderten.

Gewiß sollten die Protestanten nach 1552 auf weitere Expansionen verzichten, scherten sich aber nicht darum. Die Landesherren regierten rücksichtslos in die religionspolitischen, ja religiösen Verhältnisse ihrer Territorien hinein, erweiterten diese, stabilisierten sie, kassierten immer noch Pfründen, Kirchenland, Hochstifte, der sächsische Kurfürst die Bistümer Meißen, Merseburg, Naumburg, der Brandenburger die Bistümer Brandenburg, Havelberg, Lebus.

Gern brachten die Herren ihre jüngeren Söhne auf die Bischofsstühle, wobei einst der spätere Herzog Julius von Braunschweig-Wolfenbüttel ein zweijähriges Kind als künftigen Bischof von Halberstadt vorschlug. Und nicht weniger als vier seiner Sprößlinge und eine unverheiratete Tochter versorgte der Fürst mit Kirchengut.

Gierig griffen sie nach Klöstern, vor allem in Nord- und Mitteldeutschland. Hunderte von Ordenshäusern fielen da, auch wenn entgegenstehende Bestimmungen sie schützten, den Protestanten zu. Doch auch jenseits der Mainlinie, in Württemberg etwa, wo allein 14 bzw. 15 Männerklöster ein Drittel des ganzen Landes besaßen, nahm ihnen der «Staat» 1536 den Besitz und jagte die Mönche, die sich nicht «bekehren» ließen, davon.

Man kümmerte sich nicht um Versprechungen, Vereinbarungen, Schwüre. Kurfürst Joachim II. von Brandenburg hatte seinem Vater an Eides Statt Treue zum Katholizismus gelobt – ähnlich bei seiner Hochzeit mit der Tochter des polnischen Königs Sigismund –, machte sich aber 1540 aus eigener Machtvollkommenheit zum obersten Bischof seines Landes und tat auch noch, als habe er bloß bestehende Mißstände beseitigt und «gute Polizei in Religionssachen» durchgesetzt.

Ein Bistum nach dem anderen ging dem Katholizismus endgültig verloren, 1556 Kamin, 1561 Magdeburg, 1564 Naumburg, im gleichen Jahr Halberstadt, 1566 Bremen und Verden, 1581 Meißen, 1583 Minden, 1586 Lübeck u.a. Auch große Teile Schlesiens traten zur Reformation über und fast alle Bistümer jenseits der Oder.

In einer Denkschrift über die kirchlichen Verhältnisse aller deutschen Diözesen unterscheidet 1588 der römische Diplomat Minuccio Minucci, seinerzeit ihr bester Kenner an der Kurie, zwei Arten der Unterdrückung deutscher Katholiken durch die Protestanten: eine friedliche Aneignung katholischen Kirchenbesitzes und eine von Anfang an sehr erfolgreiche mit offener Gewalt. Man fände kein Ende, schreibt Minucci, zählte man alle den Katholiken gewaltsam entrissenen Kirchen, Klöster und Abteien auf, nennte man alle Mönche und Nonnen, die, aus ihren Besitztümern vertrieben, heimatlos umherirren. Dabei weist er darauf hin, «daß von den Bistümern des Reiches bereits zwölf in erbliche Fürstentümer verwandelt, sieben in der Hand von offenkundigen Protestanten, andere im Besitz von bloßen Namenskatholiken seien», und das Ende all dessen sehe niemand ab.

Die Altgläubigen starben im Norden aus. In Hamburg mußte der Agent Portugals zum sogenannten Sakramentenempfang nach Lübeck reisen. In Lübeck war außer dem Kapitel nur noch die Frau eines neugläubigen Schneiders katholisch. In Bremen soll es 1575 bloß noch einen einzigen Katholiken gegeben haben, den Senior des Metropolitankapitels.

Um nicht wenige Bischofsstühle wurde anhaltend gerungen; um den mächtigen münsterischen beispielsweise in einem zehnjährigen «Wahlkampf».

Herzog Heinrich von Sachsen-Lauenburg erschien dabei am 24. April 1580 in Münster vor dem Domkapitel mit über 140 Reitern zwecks größeren Nachdrucks seiner Bewerbung – zweifellos besonders prädestiniert dafür. Einmal hatte er bereits zwei Bistümer. Dann lebte er seit langem mit einer Geliebten, Anna Broich, auf seinen bremischen Schlössern, seit 1575 mit ihr auch ordnungsgemäß verheiratet, während sich in Bremen selbst Lutheraner, im Besitz gerade noch einer einzigen Kirche, und Calvinisten hitzig bekriegten. Endlich erwies sich der neugläubige Erzbischof als erfolgreicher Hexenjäger. Allein 1583 ließ er in seinem Osnabrücker Sprengel 163 Personen hinrichten, «davon 121 Weiber in der Stadt Osnabrück».

Am 7. Mai 1580 zog mit etwa 300 Reitern auch Herzog Johann Wilhelm von Kleve in Münster ein, von den dortigen Domherren bereits sechs Jahre früher, als Zwölfjähriger, zum Fürstbischof gewählt. Doch erst 1585 entschied Ernst von Bayern die Sache für sich, blutig genug (S. 234ff.), während Johann Wilhelm, Sohn einer Tochter Kaiser Ferdinands I., die Prinzessin Jacobäa von Baden heiratete, eine eifrige, am Münchner Hof erzogene Katholikin, die er dann wegen vermuteten Ehebruchs strangulieren ließ, ehe er (geisteskrank) starb, wie schon sein Vater, der vor seiner «Verwirrtheit» noch lutherisch, dann wieder papistisch wurde.[10]

Manche Bistümer wechselten immer wieder die Konfession.

So wurde Paderborn 1567 lutherisch, darauf durch Bischof Johann von Hoya katholisch, dann wieder lutherisch durch Herzog Heinrich von Sachsen-Lauenburg, zugleich Erzbischof von Bremen und Bischof von Osnabrück, Hauptgegner des Kölner Erzbischofs Ernst, endlich wieder katholisch durch Dietrich Theodor von Fürstenberg, einen strammen Jesuitenzögling, der 1585 in seiner Wahlkapitulation versprochen hatte, den «gantzen Clerum» des Bistums «bey ihrer alten wahren catholischen religion» zu erhalten.

Als eifriger Vertreter des konfessionellen Absolutismus rekatholisierte dieser Bischof das unter seinem Vorgänger fast ganz protestantische Bistum, dessen Klerus dabei natürlich zum großen Teil «der Entsittlichung und Verwilderung verfallen war» (von Pastor). Der Fürstenberger operierte mit Intrigen, Täuschung, Gewalt, trieb wiederholt Bürger und Bauern gegen den Rat, wobei er, so anno 1600, «gnädig gemeynet» sein wollte, «der bedrängten Bürgerschaft» – die sich gar nicht bedrängt fühlte, jedenfalls nicht durch den Rat

– «die hilfreiche Hand zu bieten». Und nach seiner Einnahme der Stadt entzog er Paderborn «mit einem Schlag alle jene Freiheiten, die es sich im Laufe einer vierhundertjährigen Geschichte erkämpft hatte» (Schoppmeyer).

Bischof Dietrich Theodor beendete die kommunale Selbstverwaltung, überschüttete die Jesuiten mit Schenkungen, ließ die evangelischen Pfarrer durch katholische ersetzen, den Bürgermeister Liborius Wichart vierteilen (Grabmal des Täters, nicht des Opfers, im Paderborner Dom) und ein Jesuitenkolleg, das Gymnasium «Theodorianum», gründen, aus dem 1614 die Jesuitenhochschule hervorging, die erste westfälische Universität im strengen Rechtssinn. Sie diente ganz den Bedürfnissen des Fürstbistums, «vor allem der Rekrutierung und Sicherung des Priesternachwuchses für die Diözese sowie der Abwehr protestantischer Einflüsse ... Die in Paderborn beobachtbare Indienstnahme des höheren Bildungswesens zum Zweck der Erneuerung des Glaubens und der Stärkung des landesherrlichen Regiments stellte keinen Einzelfall dar» (Schönemann).

Auch die anderen Bistümer im Westen, Münster, Köln, Mainz, Trier, blieben katholisch, ebenso die im Süden. Doch wo immer möglich drängte man die Päpstlichen zurück, «erweiterte», «reformierte» man, «säkularisierte», «konsolidierte», «führte dem neuen Glauben», «führte der Reformation zu», «übernahm die Verwaltung», «unterstellte der Landeshoheit», was ja alles ganz harmlos, geradezu gesittet klingt. Dabei gingen Kursachsen und Hessen voran, Preußen, die Markgrafenschaften Ansbach und Bayreuth, das Herzogtum Braunschweig-Lüneburg folgten.[11]

Aktiver indes, kämpferischer als die Lutheraner waren auch im Reich die Calvinisten, deren Lehre in wenigen Jahren fast ganz Westeuropa ergriff, auch wenn man vom Rhein bis Ostfriesland nur kleinere Territorien gewann, calvinistische Hochschulen hier bloß in Heidelberg, Hanau, Herborn, Bremen hatte.

Am besten reüssierte – so ihre Selbstbezeichnung – die «nach Gottes Wort reformierte Kirche», auch «zweite Reformation» genannt, durch die Herren der Pfalz, deren Land zur führenden Kraft unter den protestantischen Reichsständen wurde. Nachdem in den vierziger, den fünfziger Jahren die Kurfürsten Friedrich II. und Ottheinrich lutherisch geworden, wechselte ihr Nachfolger Friedrich III. der Fromme (1559-1576) vom Luthertum zum Calvinismus. Er förderte diesen u. a. durch den «Heidelberger Katechismus», eines der wirkungsreichsten, noch gegenwärtig gebrauchten calvinistischen Bekenntnisbücher (Hauptverfasser Melanchthonschüler Zacharias Ursinus), und er machte die Heidelberger Universität zur bedeutendsten deutschen Lehranstalt des Calvinismus.

Friedrich III., so fromm wie schlau und brutal, unterstützte die neue Konfession mit vielen Verfügungen, Gesetzen, Kirchenzuchtordnungen, wobei sich Religiöses und Politisches besonders eng verflochten, der Pfalzgraf eine rigorose konfessionelle Uniformierung betrieb und als wackerer reformierter Christ selbstverständlich anderen Christenglauben, Papisten, Lutheraner, Täufer, Sektierer, als «Abgötterei» bekämpfte, «z. B. Altäre, Ölberge, Götzenwerk [Heiligenbilder], Kruzifixe» – in vielen reformierten Gemeinden noch heute verpönt – «in den Kirchen und auf den Straßen sowie vor den Kirchen, ebenso Sakramentshäuschen, Taufsteine, Weihwasserkessel und mehr solches Götzenwerk», das er auch «Geschmeiß» schimpft (vgl. schon I 3. Kap.!) «durchaus zu vernichten» gedenkt und auch ausdrücklich zu vernichten befiehlt, «daß es auf ewige Zeiten nicht mehr zur Abgötterei gebraucht werden kann ...» Der Stadt Speyer schnitt er, da sie die Jesuiten nicht auswies, kurzerhand die Zufuhr von Holz und Lebensmitteln ab.

Sein Sohn zwar, der nächste Pfälzer Kurfürst, Ludwig VI. (1576–1583), ein orthodoxer Lutheraner, führte den früheren Glauben wieder ein und jagte die von seinem Vater berufenen Lehrer und Pastoren aus dem Land. Ludwigs Bruder und Nachfolger aber, Pfalzgraf Johann Casimir (1583–1592), kehrte zur reformierten Kirche zurück und mit ihm, ganz gemäß der Verordnung des Augsburger Religionsfriedens, sein Volk, worauf der Exodus der Lutheraner begann. Innerhalb einer Generation wechselten so die Pfälzer viermal die Konfession; kein Wunder, wußten sie lange kaum, was sie «eigentlich glauben» sollten. Doch war nicht nur die Rheinpfalz zum Zentrum des deutschen Calvinismus geworden, sondern der Calvinismus hatte überhaupt in jenem Zeitalter gegenüber den Lutheranern im Protestantismus die Führung ergriffen.[12]

Was Herr von Pastor meint

In der zweiten Hälfte des 16. Jahrhunderts breitete sich der evangelische Glaube immer mehr aus. Kaiser Ferdinand I. und sein Nachfolger Maximilian II. wahrten gegenüber den Protestanten Toleranz. Um 1570 war Deutschland zu 70 Prozent evangelisch, der Katholizismus nicht nur im Reich auf dem Rückzug, sondern in vielen Gegenden Europas. Man ging nicht mehr zur Messe, Beichte, Kommunion, man forderte weithin in der sogenannten Kelchbewegung das Abendmahl in Gestalt von Brot und Wein, sogar im Süden des Reiches. Die Katholiken wurden immer mehr als «Götzendiener» verketzert, die Protestanten als «Sakramentsfeinde», als «Feiertagsschänder».[13]

Und natürlich legte man den Neuerern gewöhnlich die ganze religiöse Misere des Jahrhunderts zur Last, obwohl es überhaupt keinen Zweifel gibt, daß die Wurzeln der Reformation im Papsttum, im römischen Katholizismus lagen, in seinem Klerus, seiner Laienwelt, seiner gesamten geistlichen wie profanen Existenz – wo auch sonst!

Selbst der Historiker der Päpste räumt den desaströsen Zustand der alten Kirche ein, immer wieder, was bleibt ihm andres übrig. Er exemplifiziert das freilich verhältnismäßig selten, und wenn schon, dann oft atemberaubend kurz, während er kein Ende findet bei der Demonstration der, wie er glauben mag und suggeriert, Sonnenseite seiner Schützlinge. Serienweise präsentiert er da nur allzu gern scheinbar Erhebendes, Strahlendes, «leuchtende Beispiele unermüdlicher Hirtensorgfalt» inmitten, wie er, der «Glaubwürdigkeit», seiner «Objektivität» wegen beiläufig einflicht, «inmitten des tiefen Verfalls des italienischen Episkopats bereits zur Zeit Klemens' VII.».

Immer wieder erhebt sich so die «alte verlästerte und tot gesagte Kirche», die von den Gegnern «als Reich des Antichrists und Senkgrube aller Verkommenheit» dargestellte Catholica in eindrucksvoller Lebenskraft, «in alter Blüte». Dabei muß der Rühmende selbst immer erneut die «Übelstände», «die im kirchlichen Leben bestehenden großen Mißstände» streifen, «die schweren Mißstände», den «Verfall», die «wahren Abgründe ... des Verfalls», die «Auflösung aller Zucht», «vielfach unsäglich traurige Zustände», «geradezu grauenhafte Zustände». Immer wieder muß er zugeben, «daß die kirchliche Disziplin arg verfallen und die Sitten in Klerus und Volk verdorben seien», daß «nicht wenige Bischöfe und Päpste ihre Pflichten in gröblicher Weise vernachlässigten», «daß die religiöse Verwahrlosung durchweg zu einem fast unglaublichen Grade gestiegen war», daß «ein großer Teil des Klerus der Entsittlichung und Verwilderung verfallen war», daß «Welt- und Ordensklerus tief in Unsittlichkeit und Unwissenheit versunken», «Nonnenklöster ... in schrecklicher Weise verwildert waren» etc. etc.

Doch obwohl der kraft tausendfacher Verdienste um Heilsgeschichte und Papsttum nobilitierte Apologet all dies und derlei mehr wenn auch, wie gesagt, meist nur konturiert, obwohl er häufig wenigstens erwähnen muß: «Tiefe sittliche Schäden zeigten sich fast allenthalben», «Der Grund der religiösen Verwahrlosung des Volkes lag vor allem in der Unwissenheit der Priester», «Die Priester sind so unwissend» (ach, wären sie doch nur dies gewesen!), ja, obwohl er ähnliches keinesfalls ganz unterdrückt, kann er auch wieder insinuieren, es waren bloß Verleumder, Protestanten, «die Neuerer», die den katholischen Klerus «als Quelle alles Übels hinstellten und auf jede Weise verächtlich zu machen suchten».[14]

Belegt aber Ludwig von Pastor, was hin und wieder schon geschieht, kleine Defizite, Negativa seiner hl. Kirche einmal ausführlicher, dann meist mittels nicht protestantischer, sondern natürlich katholischer Zeugnisse, Denkschriften, Nuntiaturmeldungen. Und selbst das sieht etwa anhand eines Visitationsberichts aus dem Jahr 1569 über die berühmte Abtei Fossanova noch immerhin so aus: Die Kirche sei zwar, heißt es da, sehr geräumig, «ermangle aber aller Ausstattung, die alten Chorstühle seien zerstört oder bis auf die letzte Spur verschwunden, das Dach der Kirche habe Lücken, so daß es überall hineinregne und die Mönche sich im Chor beim Altare nicht aufhalten könnten. Von dem Wohnhaus der Mönche sei der vierte Teil eingestürzt, überall dringe der Regen durch, weshalb auch der Rest des Gebäudes zugrunde gehen müsse. Das Kapitelhaus sei noch unversehrt, doch fehle in den Fenstern das Glas oder ein Tuchverschluß, und Kälte und Wind drängen ungehindert ein. Ebenso verhalte es sich mit den Fenstern der Kirche; im Winter könnten deshalb die Mönche dort ihr Chorgebet nicht halten und ebensowenig Messe lesen, weil Gefahr bestehe, daß der Wind die Hostie wegtrage. Die Kapelle und das Sterbezimmer des hl. Thomas von Aquin seien ohne Dach und dem Einstürzen nahe. In das Schlafhaus regne es so stark hinein, daß die Mönche sehr oft vor dem einströmenden Wasser ihre Zellen verlassen und das Bett anderswohin tragen müßten. In den übrigen Klöstern stand es nicht besser» – falls sie denn bewohnt beziehungsweise bewohnbar waren. In den damals 27 Zisterzienserklöstern Mittel- und Unteritaliens lebten nur 56 Zisterzienser, auf 11 Niederlassungen verteilt.[15]

Das Versagen der alten Kirche und der rasante Erfolg der Neugläubigen, die auch der Religionsfrieden nicht stoppen konnte, provozierten den Katholizismus zum Gegenstoß, wobei ihn mehr als die Reformation Luthers der Calvinismus aktiviert haben soll. Jedenfalls wollte man das an die Reformation Verlorene zurückgewinnen, hielt an der hierarchischen Ordnung ebenso fest wie am Zölibat und an der lateinischen Vulgata (vgl. 3. Kap.) – und griff schließlich vor allem im Süden von den Alpenländern und vom Herzogtum Bayern aus an sowie im Westen vom Erzbistum Köln.

Dabei verband sich mit der scharf antiprotestantischen Gegenreformation, marxistisch gesehen «Konterrevolution», mit Hilfe staatlicher Machtmittel da und dort eine gewisse Reform, eine mehr oder minder angestrebte «Erneuerung». Allerdings geschah dies wegen des geringen Engagements der meisten deutschen Bischöfe und des Widerstands der Domkapitel erst in den 1580er und 1590er Jahren in Hildesheim, Würzburg, Speyer, Paderborn, Münster. Ja in Konstanz und Bamberg kamen die Reformen erst im frühen 17. Jahrhundert, in vielen Diözesen, in Salzburg etwa, in Mainz, wo die Verhältnisse der Stifte noch Ende des 16. Jahrhunderts «geradezu niederschmetternd» waren (Brück), gar erst nach dem Dreißigjährigen Krieg «zum Tragen» – eine ebenso beliebte wie etwas vollmundige Formulierung angesichts doch weithin unerfüllter Desiderata des Konzils.

Im übrigen war man bei der katholischen Gegenoffensive nicht zimperlich. Wo immer es möglich und nötig war, erfolgte die Rekatholisierung mit Zwang, gewaltsam, durch «Säuberung» der Beamtenschaft, der Magistrate und Zünfte von Protestanten, durch Ausweisung von evangelischen Prädikanten und Lehrern, von notorischen Lutheranern, durch Ausscheidung von Traktaten, Büchern (die in Rom der heilige Ignatius gelegentlich dem Feuerofen anvertraute) sowie durch Visitationen und Bestallung von zuverlässigen katholischen Klerikern, besonders von Jesuiten, die sich im Reich schon seit den vierziger Jahren niedergelassen. Mehr noch als einige «Reformorden» wurde die Gesellschaft Jesu jetzt die Stoßtruppe der vielfach gar nicht erstrebten, ja auch nur erwünschten, zumal von Domkapitularen, Archidiakonen, nicht selten selbst und gerade von Bischöfen sabotierten Erneuerung, wurden die Jünger Loyolas die Speerspitze der Gegenreformation, ein Kampf, der teilweise bis zur Mitte des 17. Jahrhunderts dauert.[16]

6. KAPITEL

WELTWEITE JESUITENAGITATION

«Nicht das fromm in den Vordergrund geschobene ‹Seelenheil› der Menschen ist Endzweck des Jesuitenordens; sein Endzweck, überall und stets, im Kleinen wie im Großen, ist: *Beherrschung des Einzelmenschen, der Familie, des Staates, Erlangung bestimmenden Einflusses auf den Gang des Weltgeschehens. Und deshalb beschäftigt er sich intensiv mit Politik.*»
Paul Graf von Hoensbroech[1]

«Fast alle Könige und Fürsten Europas hatten *nur* Jesuiten als Lenker ihrer Gewissen, so daß ganz Europa *nur* von Jesuiten beherrscht zu sein schien».
Der Jesuit Cordara (18. Jh.)[2]

«Die Geheimnisse aller Regierungen von ganz Europa ... waren in ihren (der Jesuiten) Händen. Von einem protestantischen Lande zum anderen schlichen sie in Verkleidungen, als heitere Kavaliere, als einfache Bauern, als puritanische Prediger.»
Thomas Babington, Lord Macaulay of Rothley[3]

«Der Teufel, der Adel und die Jesuiten existieren nur so lange, als man an sie glaubt.»
Heinrich Heine[4]

Die Jesuiten hatten gelobt, «unter dem Kreuzesbanner für Gott zu streiten und dem Herrn allein und dem römischen Papst, seinem Vikar auf Erden, zu dienen», ja, jedem Befehl des Stellvertreters, wohin immer er sie schicken sollte, ohne Zögern zu folgen (sine ulla tergiversatione aut excusatione). Und in der Tat wurde die Gesellschaft Jesu (deren spanische Bezeichnung «Compañia de Jesús» ihr militärisches Gepräge veranschaulicht) das wohl wichtigste Werkzeug, mit dem das Papsttum seine gewaltigen Einbußen durch die Reformation wenigstens teilweise wettmachen, dem ständig vordringenden Gegner zumindest manche Eroberungen wieder abringen oder Rom auch ganz neue Gebiete hinzugewinnen konnte. Ihre stete Bereitschaft und Einsatzfähigkeit, ihre intensive Schulung sowie ihr unbedingter Gehorsam, ihre Unterordnung bis zur Vernichtung der persönlichen Eigenart schufen dafür gute Voraussetzungen.

Zunächst zwar war der neue Orden nicht zur Abwehr der Protestanten gegründet worden, stand bei ihm vielmehr die Ausbildung und Verbreitung der «Frömmigkeit», die Pfarrseelsorge, Volkskatechese, besonders die gewissenkontrollierende Beichte im Vordergrund. Doch bald schon wurde die Gesellschaft ein Hauptakteur der Gegenreformation und Restauration, mußte sie die «Ketzerei» bekämpfen, Luther, wie in der Kanonisationsbulle für Loyola vom Jahr 1622 steht, «*das scheußliche Ungeheuer* (monstrum teterrimum) *und die übrigen verabscheuungswerten Pestseuchen* (aliaeque detestabiles pestes), die inzwischen ganz Mittel- und Nordeuropa eingenommen hatten. Ist doch auch nach Crétineau-Joly, dem offiziellen Geschichtsschreiber des Ordens, geradezu sein «*Hauptzweck ... der Krieg gegen die Ketzerei in Europa*», während ihm «die Missionen nebensächlich (accessoires)» sind.

So überzogen die Propagandazentren der Jesuiten im 16. Jahrhundert die Länder, gab es ihre Kollegien schon früh in gewissen Habsburger Gebieten, in Oberdeutschland ebenso wie am Rhein, nisteten sie sich in Wien, Graz, Innsbruck ein, in München, Augsburg, Dillingen, Ingolstadt, Prag und Fulda, in Worms, Köln, Aachen, Bonn, Emmerich, Hildesheim, Neuss, Dortmund usw. – allein im deutschen Sprachraum im Jahr 1770 immerhin 136 Kollegien.

Politisch relevant wurde also das systematische Bekämpfen der Reformation, das Gewinnen von Andersgläubigen, das Gängeln vor allem auch der kommenden Generationen, kurz, das Erstreben der Alleinherrschaft der römischen Kirche, deren neuen Aposteln alle Mittel recht waren, auch und gerade die militantesten, einschließlich des «Tyrannen»mords. Daß sie dies weniger in die Viertel der Armut und des Elends trieb als zu den Schlüsselstellungen der Welt, an die Fürstenhöfe als Beichtväter, als Berater, Beeinflusser von Königswahlen, als «Stimmungsmacher», Prinzenerzieher, als Vergifter Unwissender auch an Schulen und Hochschulen, versteht sich von selbst.

Weniger bekannt dagegen, daß die Vorbedingung für den Universitätsbesuch, zumindest in Spanien, die «Reinheit des Blutes» (limpieza de sangre) war, ebenso für die Zulassung zu hohen Verwaltungsämtern und manchen Mönchsorden – schloß ja die Generalversammlung der Jesuiten in Rom 1593 alle Mitglieder jüdischer Abstammung auch aus der Gesellschaft Jesu aus, der Gesellschaft dessen, der selber Jude war. Und die 6. Generalkongregation forderte 1608 für die Aufnahme den «Nachweis der Blutreinheit bis zum fünften Grad einschließlich»[5]

Der junge Orden expandierte rasch in den papsttreu gebliebenen Ländern des romanischen Südens und in den Spanischen Niederlanden, wo die Behörden den römischen Gegenstoß nachhaltig unterstützten. Doch auch im Reich befestigten die Jesuiten im späteren 16., im frühen 17. Jahrhundert die katholische Konfession. Und sie errichteten Niederlassungen ebenso in Frankreich wie in Polen, in Ungarn, sie unterhielten bald Hunderte von Kollegien in Europa, ja wirkten bereits damals als Agenten des Papsttums in vier Kontinenten. Immer schneller wuchs der Orden. Beim Tod seines Stifters, im Sommer 1556, zählte er 1000 Mitglieder. Als 1565 Pater Laynez, der Nachfolger, starb, gab es schon 3500, im Jahr 1600 rund 8500, und 1640, nach einem Jahrhundert, 16000 Jesuiten.[6]

In Italien und Spanien

Der Einfluß der Gesellschaft zeigte sich zunächst in Italien, wo freilich auch andere ältere und jüngere Orden kirchliche Neubelebungen versuchten, Theatiner, Barnabiten, Somasker, Ursulinen, Kapuziner.

Erst kaum ein Dutzend, waren die Jesuiten bereits unter Paul III. im Mai 1538 in Rom tätig geworden, dann in Venedig, in Modena, «Spiritu Sancto, ut pie creditur, afflati», auf Antrieb, wie anzunehmen, des Heiligen Geistes; und so war die Sache auch sofort gesegnet. Noch unter diesem Kirchenhaupt, dem kinderreichen einstigen «Kardinal Unterrock», mit dessen Schwester Giulia bevorzugt Papst Alexander VI. koitierte (VIII 443 ff.!), kamen die Jünger des hl. Ignatius weit über Italien hinaus, erschienen sie schon in Marokko, Irland, Schottland, ja, in Pauls III. Todesjahr 1549, in der Neuen Welt, in Brasilien. Und bald waren sie nicht nur in vier Erdteilen präsent, sondern, vermutlich wichtiger noch, an vielen europäischen Fürstenhöfen, in Valladolid, Brüssel, Wien.[7]

In Italien gab es bis 1556, zum Todesjahr des Ignatius, Jesuitenkollegien bereits in fast zwanzig Städten, darunter Neapel, Perugia, Florenz, Bologna, Ferrara, Modena, Genua.

Muster und Vorbild für alle war das Collegio Romano. Von Ignatius als Reaktion auf die Reformation und als Instrument der Kirchenreform geplant und 1551 gegründet, ging daraus die gleichfalls von Jesuiten geleitete Gregoriana, die Päpstliche Universität, hervor, womit auch die Ewige Stadt Universitätsstadt wurde. Bis dahin hatte man sich in Rom mehr um andere Dinge gekümmert. Nun sollte der für die Universitäten entworfene Lehrplan kürzer und besser «die Wissenschaften» erlernen lassen, jene Wissenschaften selbstverständlich, «die für den Dienst Gottes und die Hilfe der Seelen notwendig sind».[8]

Und da geschahen denn auch schnell wunderbare Dinge durch die Jünger Jesu.

Als beispielsweise der Jesuit Silvestro Landini 1548 im Bistum Luni «die Pest der lutherischen Lehre» attackierte, glaubte der Bischof Isidoro Chiari, so bescheinigte er jenem in einem Zeugnis (auf derartiges drangen die Jesuiten), «nicht einen Menschen, sondern einen Engel Gottes in unserer Mitte zu haben». Und als 1549 der Jesuit Salmeron in Belluno lutherische Bücher in italienischer Sprache verbrennen ließ, worauf man gleich häufiger die Sakramente empfing, fühlte sich die gesamte Stadt durch ihn, laut einer urkundlichen Erklärung, «wiedergeboren und ganz erneuert».

In Palermo wurde seinerzeit der Jesuit Jerónimo Doménech Beichtvater des Vizekönigs Juan de Vega und seiner Gattin und wirkte so segensreich, daß Bischof Sebastiano de Aragón, der Inquisitor für Sizilien, samt seinen Kaplänen die «Geistlichen Übungen» machte, ja 1548 der hl. Canisius die ganze Insel «in sittlicher Erneuerung begriffen» sah. Und schon im nächsten Jahr stand in Palermo ein Jesuitenkolleg.[9]

Nach Spanien eilten die Loyolajünger Peter Faber (Le Fèvre) und Antonio Araoz Mitte der vierziger Jahre mit «warmen Empfehlungsschreiben» des schon zuvor heimgesuchten portugiesischen Königs Johann III. an den spanischen Erbprinzen Philipp in Valladolid. Und als dessen Hof nach Madrid verlegt wurde, folgte auch Araoz. Er war ein Verwandter Loyolas, der ihn 1547 zum ersten Provinzial der Gesellschaft für Spanien ernannte, zu deren besonderen Gönnern der päpstliche Nuntius Giovanni Poggio und der Großinquisitor Diego Tavera zählten.[10]

Zwar hatten die Jesuiten in Spanien und Portugal die starke Konkurrenz der Dominikaner gegen sich, gleichwohl aber dort den raschesten Zugang, die größte Resonanz. Kein Wunder, war Spanien doch das Vaterland ihres Stifters, kamen von daher auch dessen hauptsächliche Berater sowie die ersten Ordensgenerale. Überhaupt war die katholische Tradition auf der Pyrenäenhalbinsel am wenigsten angefochten, die Reformation somit am erfolglosesten.

In Toledo konnten die Jesuiten die Kinder auf den Straßen mit einem Handglöckchen zusammenläuten und – geradezu rattenfängerhaft – in die Kirche zum Religionsunterricht locken. Spürte man doch einmal kleine, dem Protestantismus zugeneigte Zirkel auf, wie 1557/1558 in Sevilla und Valladolid, schaltete man sie augenblicklich aus. Nicht nur Großinquisitor Fernando de Valdés griff da ein, sondern Paul IV. selbst, der seinerzeit, nur kurz vor seinem Tod, gegenüber dem französischen Gesandten äußerte, «die Häresie sei ein so schweres Verbrechen, daß, wenn ein Mensch auch nur wenig damit befleckt sei, es kein anderes Heilmittel gebe, als ihn sofort dem Feuer zu überliefern, unbekümmert, ob er auch den höchsten Rang bekleide.» Dreizehn Menschen fielen so am 21. Mai 1559 in Valladolid der großkirchlichen Heilsverbreitung zum Opfer, darunter drei Priester, fünf Frauen, ein Jude; ein unbelehrbarer «Ketzer» wurde lebendig verbrannt.

Es war dies ein Schicksal, das bekennende Protestanten auch unter Pauls Nachfolgern in Italien traf. Der heiliggesprochene Pius V, selbst übrigens, wie schon Paul, häufiger Besucher der Inquisitionssitzungen, veranstaltete in Rom ein Autodafé nach dem andern; bereuenden Neugläubigen schlug man gnadenweise den Kopf ab oder brachte sie an den Galgen, ehe man auch sie veräscherte.

In Portugal, wo man den Jesuiten gern das Inquisitionstribunal anvertraut hätte, Ignatius selbst auch sehr damit einverstanden war, interessierte sich der Kardinal-Infant und Großinquisitor Heinrich für ihre Anliegen «wie für seine eigenen». Und sein Bruder, Infant Ludwig, wäre am liebsten selbst Jesuit geworden.[11]

Besonders durch Johann III. nahm die Gesellschaft in Portugal einen enormen Aufschwung. Der König, unter dem ganze Heere schwarzer Sklaven und Mulatten schufteten, das von Steuern erdrückte Volk darbte und die Reichen in kaum vorstellbarem, von den «Kolonien» kommenden Luxus lebten (allein in Lissabon gab es 430 Juweliere), König Johann erbat sich nicht nur von Paul III. Jesuiten für Ostindien, sondern übergab ihnen auch selbst hundert am Hof erzogene junge Adlige zur «geistlichen Pflege». Er errichtete dem Orden 1541 in Lissabon, 1542 in Coimbra ein Kolleg und zahlte ihm jährlich mehrere Tausende von Dukaten.

1545 wurde einer der ersten Gefährten des Ignatius, der beim König hochangesehene Portugiese Simon Rodriguez de Azevedo Erzieher des Kronprinzen und im folgenden Jahr erster Provinzial von Portugal. Es stellten sich jedoch rasch «Mißstände» ein, Rodriguez wurde 1552 abgesetzt, und der neue Provinzial Diego Miron entließ 130, mehr als die Hälfte aller Mitglieder.[12]

In Frankreich und Deutschland

Verbissen, länger als ein Jahrzehnt, rangen die Jesuiten um die Gründung eines Kollegs in Paris, um ihre Zulassung in Frankreich – an ihrer Seite zwar Papst Pius IV., ebenso der französische König Heinrich II.; gegen sie aber der Erzbischof von Paris, Eustache du Bellay, alle Pfarrer der Metropole, das Parlament und die Universität, die Studenten für den Besuch jesuitischer Vorlesungen mit dem Verlust sämtlicher Rechte und Vorrechte bedrohte; wie auch ein Gutachten der Theologen, das schon den Namen der Gesellschaft anstößig fand, sie als «gefährlich für den Glauben» einstufte, als Verwirrerin des Kirchenfriedens, Zerstörerin des Ordensstandes, als mehr niederreißend denn aufbauend.

Man ging mit Pasquillen, Satiren, mit Steinen, mit Kanzelpredigten gegen sie vor, diese «Rotte von Finsterlingen». Doch nach vieljährigem Verbot wurden sie zugelassen und gründeten nun Jahr für Jahr noch unter Pius IV. Kollegien in Tournon, Rodez, Toulouse, Mauriac, Avignon, Chambéry, Lyon, und in den frühen siebziger Jahren weitere unter Pius V., als die Jesuiten Antonio Possevino und Oliver Manaräus 2500 Hugenotten und 4000 Calvinisten «bekehrten».

Am 1. September 1603 bestätigte das Edikt von Rouen – jener Stadt, in der man einst Jeanne d'Arc verbrannt (VIII 240ff.!) und 1572 fünfhundert Protestanten ermordet hat – elf bestehende Jesuitenniederlassungen in Frankreich. Und gleich im ersten Jahr nach Publizierung des Edikts gründete die Gesellschaft dort mehr als ein halbes Dutzend weiterer Stützpunkte.[13]

Für die Ausbreitung des Ordens und das Erstarken des Katholizismus im Reich – wo freilich auch das Luthertum (nicht so sehr der Calvinismus) rasch restaurative Züge annahm – war der Nymwegener Bürgermeisterssohn Petrus Canisius bedeutsam. Er bekam geradezu den inoffiziellen Ehrentitel eines zweiten Apostels Deutschlands, wurde aber auch offiziell hochgeehrt, 1925 kanonisiert, ja zum Kirchenlehrer erhoben, wie bisher von allen Päpsten nur zwei.

Der «fromme Niederländer», als kirchenpolitischer Berater eine zentrale Figur der Gegenreformation, für die er sich Bischöfe wie Athanasius, Ambrosius, Kyrillos wünschte, ausgefuchste Machtmenschen, denen der Erfolg über alles ging (vgl. I 366ff., 399ff., II 156ff.!), und Fürsten begehrte wie Konstantin, einen hochkarätigen Verbrecher (vgl. I 5. Kapitel!), Canisius traf in Mainz mit Petrus Faber zusammen, der ihn 1543, im Alter von 23 Jahren, in den Orden aufnahm. Aus dem väterlichen Erbe finanzierte der Heilige im folgenden Jahr die Kölner Jesuitenpflanzung, gründete zwischen 1556 und 1569 ein halbes Dutzend weiterer fester Sitze der Gesellschaft, zunächst in Prag und Ingolstadt, dann in München, Innsbruck, Würzburg, Hall. Canisius wurde durch Ignatius in Rom geschult, war Erzieher in Messina, Domprediger in Augsburg, Theologe in Ingolstadt, in Wien, auf dem Vatikanischen Konzil. Er unterhielt persönliche Beziehungen zu Pius IV., Pius V., Gregor XIII., er war Berater Kaiser Ferdinands in Innsbruck sowie Vertrauter der bayrischen Herzöge, unter denen der Jesuitenorden in Deutschland am raschesten gedieh (vgl. S. 187ff., 201ff.). Der Heilige bereiste West- und Norddeutschland, agierte auf deutschen wie polnischen Reichstagen und nahm auch an Religionsdebatten teil.

Einen enormen Einfluß im gegenreformatorischen Kampf gewannen seine Druckerzeugnisse; weniger die Schriftkommentare und Heiligenlegenden als die Katechismen, besonders der 1558 in Köln erschienene, noch zu seinen Lebzeiten vielübersetzte «Catechismus minor», der im deutschen Sprachraum über 200 Auflagen erreichte. Mindestens gleich große Bedeutung beim katholischen Angriff auf die «Ketzerei» hatten die zahlreichen, von Canisius eifrig gegründeten Kollegien, u.a. in Prag, in Fribourg, wo er 1597 starb, propagandistische Bastionen, mit denen er entscheidend zur Wiedererstarkung der römischen Kirche beitrug, der er allzeit loyal ergeben war.[14]

Unterstützt wurden die Jesuiten-Häuser im Reich durch das Deutsche Kolleg in Rom, seit 1580 Collegium Germanicum et Hungaricum, eine Gründung des Ignatius 1552 für die Unterbringung Studierender, nicht zuletzt der Söhne deutscher Adelsfamilien. Es war das erste römische Ausländerseminar und Vorbild für viele andere derartige Institute in Rom, ein Griechisches, Maronitisches, Englisches, Schottisches, Irisches Kolleg. Ihre Alumnen wurden vor allem zum Kampf gegen die «Ketzerei» gedrillt und mußten sich in der Regel eidlich verpflichten, nach der Ausbildung in das Land ihrer Herkunft zurückzukehren, wo sie nicht selten hohe kirchliche Positionen einnahmen, freilich auch in Henkershand enden konnten, gewöhnlich einer christlichen.[15]

In Polen und Schweden

In Polen war die Reformation mit Hilfe des Adels und der Magnaten eingedrungen, deren Macht gegenüber dem Königtum ständig wuchs. Andererseits war in kaum einem anderen Land der Protestantismus so gespalten, zersplittert in Lutheraner, Calvinisten, Böhmische Brüder, Antitrinitarier. Zwar garantierte 1573 die Warschauer Konföderation all diesen einen Zusammenschluß suchenden Gruppen Toleranz. Doch vorerst herrschte politische und religiöse Anarchie und förderte das Einsickern der Gesellschaft Jesu.

Papst Paul IV. schickte seine Nuntien, und er schickte sie samt Jesuiten. So erschien 1555 Nuntius Luigi Lippomano, Bischof von Verona, zusammen mit dem Jesuiten Salmeron, einem der ersten Ignatius-Gefährten, vor König Sigismund August in Wilna. 1558 kam Nuntius Mentuato, begleitet von dem Jesuiten Canisius, während des polnischen Reichstages in Petrikau, was Überwachung vermuten ließ und Protest auslöste. Pauls IV. Nachfolger Pius IV. lancierte gleichfalls die Jünger des Herrn. Und sein Legat Giovanni

Francesco Commendone, ein gewiefter, rastloser Diplomat, erreichte – nach Vorstellung bei Kaiser Ferdinand I. und König Maximilian II. in Preßburg – die Ausweisung aller aus Bekenntnisgründen eingereisten und für die Glaubensneuerung wirkenden Ausländer, erreichte auch die Annahme der Beschlüsse des eben endenden Trienter Konzils und damit den Anfang eines Umschwungs in Polen, wofür er zwei Jahre später, 1565, den Purpur bekam.[16]

Die zahlreichen antirömischen Glaubensrichtungen vermochten sich nicht zu einigen. Der hohe Adel neigte allmählich wieder der römischen Kirche zu, ihre Gotteshäuser wurden nicht mehr reformiert und die Schulen der Gesellschaft Jesu zunehmend besucht. «Unermüdlich arbeiteten die Jesuiten auf der Kanzel, im Beichtstuhl, in Religionsgesprächen, im Katechismusunterricht für Groß und Klein, in Volksmissionen wie in den Schulen und Seminarien. Sie lernten die litauische und lettische Sprache, pflegten das auf Kosten des Lateinischen sich ausbreitende Polnisch in Wort und Schrift und führten in ihren Barockkirchen den Triumph der in Rom begonnenen Glaubenserneuerung vor Augen».[17]

Ein nachhaltiger Förderer der Jesuiten war auch der Sohn eines eingewanderten Deutschen, Stanislaus Hosius, königlicher Gesandter in Prag, Wien, Brüssel, 1549 Bischof, 1561 Kardinal, Verfasser einer vielaufgelegten und vielübersetzten «Confessio catholicae fidei christiana». Klar erkannte Hosius die Bedeutung der Jesuiten, zumal ihrer Schulen, und übergab ihnen 1565 ein Kolleg in seiner Bischofsstadt Braunsberg, schnell beispielhaft für weitere Kollegien in Pultusk, Wilna, Posen, Plock (Plozk), Jaroslaw, Polozk, ein Zentrum katholischer Agitation.

Noch in Livland, um das man ein Vierteljahrhundert, von 1558 bis 1582, blutig kämpfte, hatte der Orden sich festgesetzt und weit im Nordosten, in Riga und Dorpat, Niederlassungen gegründet, auch die widersetzlichen Rigaer Bürger um 50000 Goldstücke geschröpft, bis ihn samt seinem polnischen Anhang Karl IX. vertrieb, wenig später schwedischer König.

Immerhin reihte sich im Osten, zumal in Polen, nun Jesuitenkolleg an Jesuitenkolleg, was dort beim Aufmarsch der katholischen Front von erheblicher Bedeutung war.[18]

Dabei sollte auch Schweden seine heilsgeschichtliche Rolle spielen, auch Schweden rekatholisiert, für Rom zurückgewonnen werden und keinesfalls nur aus religiösen Gründen.

Die Lage schien insofern günstig, als 1569 Gustav Wasas zweiter Sohn, Johann III. (1568-1592), nach Absetzung seines Bruders Erich XIV., in Schweden inthronisiert und mit der Schwester des letzten polnischen Jagellonenkönigs Sigismund II. verheiratet worden war, mit der katholischen Katharina, die sich bei ihrer Vermählung die alleinseligmachende Religionsausübung hatte verbriefen lassen. Und da König Johann auch den polnischen Thron gewinnen wollte, trieb er eine auf Versöhnung mit dem Katholizismus gerichtete Kirchenpolitik, und Papst wie Jesuiten, die damals vorzüglich harmonierten, versprachen sich viel von der Personalunion eines katholisch gewordenen Schweden mit Polen bei einem Angriff auf Rußland, ein uraltes kuriales Konzept.

So operierten im Schweden der siebziger Jahre unter Papst Gregor XIII. (1572–1585), dem eigentlichen ideologischen Haupt der römischen Restauration, einige Jesuiten, allerdings – auf Befehl des seine Protestanten fürchtenden Fürsten – verkleidet. Wie auch Ende Dezember 1577 der italienische Jesuit Antonio Possevino, Geheimsekretär seines Generals Mercurian, mit zwei Ordensbrüdern, wieder nicht als Jesuiten erkenntlich, sondern in weltlicher Kleidung nach Schweden kam, um den König zu «bekehren».

Possevino hatte anfangs, heißt es, Skrupel, sich derart in die Politik zu mischen, tat zumindest so. Doch bemerkenswerterweise nahm ihm Papst Gregor die Bedenken durch den Hinweis, wie sehr doch das politische Geschäft mit dem religiösen zusammenhänge! Das wußte freilich jeder Heilige Vater. Und nun gar der militante Kaufmannssohn Ugo Boncompagni, der die Katholische Liga gegen die Hugenotten mit stimulierenden Finanzspritzen versah, auch das Gemetzel der Bartholomäusnacht enthusiastisch gefeiert und persönlich die Verschwörung zur Ermordung der englischen Königin gefordert hat.

Während seines fünfmonatigen Aufenthaltes, so bekannte Possevino selbst, «sei kaum ein Tag ohne eine Unterredung mit dem König vergangen», was oft auch noch drei, vier Stunden dauerte.

Der Monarch wünschte Zugeständnisse, die Priesterehe, das Abendmahl in beiderlei Gestalt, das Verbot, die Heiligen anzurufen. Doch konnte ihn Possevino 1578 heimlich bekehren, zumal er seit der Vergiftung seines Bruders erst im Jahr zuvor unter schwerem Gewissensdruck stand. Da indes Possevinos Identität bekannt geworden war, verließ er im Mai 1578 als schwedischer Gesandter das Land, kehrte im nächsten Jahr aber zurück, inzwischen vom dankbaren Gregor als Apostolischer Vikar für ganz Skandinavien und alle angrenzenden Staaten mit weitgehenden Vollmachten ausgestattet.

Es zeigte sich jedoch, daß Johann III. vor allem aus Gründen der Staatsräson katholisch geworden war und es nun nicht mehr so gern bleiben, geschweige sein Land gleichfalls «bekehren» lassen wollte; hatte er ja auch im Februar 1585, bald nach dem Verscheiden seiner polnischen Frau, im Todesjahr Gregors, die sechzehnjährige Gunilla Bielke geheiratet, eine rührige Lutheranerin. Man bangte sogar um Johanns Sohn, den Kronprinzen Sigismund III. (Wasa), König von Polen (1587–1632) und von Schweden (1592–1599). Doch die Jesuiten, seine Erzieher, seine Beichtväter, machten einen strammen Katholiken aus ihm, der die Gegenreformation in Polen (nicht in Schweden!) zum Erfolg führte, der 1610 sogar Moskau besetzte und im Dreißigjährigen Krieg zu den Habsburgern stand.[19]

Eng befreundet waren die Jesuiten auch mit Stephan IV. Báthory, dem Fürsten von Siebenbürgen und König von Polen (1576–1586), wo die Rekatholisierung jetzt besonders rasch voranschritt. Militärisch hochqualifiziert, voller Abscheu gegen Rußland, das «barbarische Land», wie er gern sagte, war er ein scharfer Verfechter der Restauration und Gegenreformation über Polen hinaus, reizte ihn doch nichts Geringeres als die Eroberung Rußlands – damals innerlich zerrissen, in schwere Kämpfe auch außenpolitisch verstrickt –, um dann von einem polnischen Moskau aus das Osmanische Reich zu vernichten. Jesuit Possevino sah so in Báthory schon den neuen «Karl den Großen». Und Jesuit Arator, der Freund des Königs, meldete aus Rom, man erwarte von diesem, «daß er alle Russen und Tataren unter seinen Füßen zertrete» (omnes Moscos et Tataros sub pedibus contereret).

Sein Vormarsch gegen das «wilde Volk» im Sommer 1579, dieser scheinbare Siegeszug, wurde deshalb im Vatikan, trotz teilweise bestehender anderer Vernichtungswünsche, mit Sympathie begleitet und entschieden unterstützt, war die Kirchenunion, der Anschluß der russisch-orthodoxen Kirche an die römische, doch ein jahrhundertealtes Ziel des Vatikans und ist es noch.

Der Papst gebot den polnischen Bischöfen, das Unternehmen in jeder Weise zu fördern, ordnete Gebete für den König, die Soldaten, den Sieg an – man erinnere sich der kurialen Politik im Zweiten Weltkrieg –, und der Nuntius in Polen mußte rascher, zuverlässiger Frontberichte wegen die Invasoren in möglichster Nähe begleiten. Und nach der Einnahme von Stadt und Festung Polock (Polozk) am 9. September, ein «Zeichen», wie man auf jesuitischer Seite wußte, «der göttlichen Weisheit und Güte», schickte der dankbare Pontifex dem polnischen Herrscher als Ausdruck der Hochachtung und wohl auch weiterer Erwartungen ein in der Weihnachtsnacht geweihtes Schwert.

In Polock aber, diesem Vorposten gegen Rußland, beschloß Báthory sogleich nach seinem Sieg die Errichtung eines Jesuitenkollegs. Hatte er doch 1578 auch in dem weit nach Osten vorgeschobenen Wilna ein solches Kolleg gegründet, war überhaupt Polen unter ihm rasch zu einer eigenen Jesuitenprovinz geworden. Nicht zufällig hatte er beim Vormarsch ständig zwei Jesuiten an seiner Seite, seinen Beichtvater und seinen Hofprediger, und natürlich hegten diese Herren dieselbe Hoffnung, die ihr Ordensbruder Possevino dann in einem Brief vom 5. Mai 1581 an den Kardinalstaatssekretär Como so ausdrückt, daß nämlich «die Peitsche des Königs von Polen» (sarà la sferza del re di Polonia) die beste Art sei, den Katechismus, das heißt den Katholizismus in Rußland einzuführen. So wurde der Feldzug energisch fortgesetzt, jeder «Erfolg» an der Front mit einem Dankgottesdienst in Rom gefeiert, wenngleich man freilich im Spätsommer 1581 vor Pskov stecken blieb.[20]

Die Union von Brest

Was man aber durch Krieg nicht bekam, suchte man sich nun diplomatisch zu holen. Noch 1581 reiste Possevino mit vier Ordensgenossen im päpstlichen Auftrag zu Iwan IV. Groznyi (dem Schrecklichen, eigentlich: dem Furchtgebietenden), Großfürst von Moskau und Zar von Rußland. Doch der «schismatische Gewaltherrscher» dachte nicht im Traum an eine Union, und als man am 21. Februar 1582, bei einer Audienz im Kreml, die Wiedervereinigungsfrage besprach, kam es zum Eklat. Iwan IV. erinnerte an das üble Leben einiger Nachfolger des Apostelfürsten, und Possevino fand, es sei eben mit den Päpsten wie mit den Großfürsten, es gebe gute und schlechte. Da schrie Iwan, der Papst sei kein Hirte, sondern ein Wolf, und griff nach seinem Szepter, mit dem er erst unlängst den eigenen Sohn ermordet hatte. Zwar beruhigte er sich wieder, beharrte aber darauf, der Papst lasse sich wie Gott verehren – christliche Wölfe unter sich.[21]

Possevino scheiterte so mit seiner Wiederververeinigungsidee in Rußland wie zuvor in Schweden. Und auch die Unionsvorhaben im Orient unter Sixtus V. (1585–1590) mißlangen gänzlich. In Konstantinopel erlagen alle beteiligten Jesuiten 1586 der Pest, ebenfalls die sie ablösenden Kapuziner; ein Bekehrungsversuch beim Sultan hätte ihrem Führer fast das Martyrium beschieden.

Selbstverständlich bekämpfte die Gesellschaft auch in Polen die Orthodoxie. Man scherte sich zwar kaum um die einflußlosen Massen, wollte aber den ukrainisch-weißrussischen Hochadel umso hartnäckiger katholisch machen. Die wichtigsten Geschlechter, die Sluckyj, die Ostrožkyj wurden so scharf observiert, die häuslichen Verhältnisse genau ermittelt, lange Berichte verfaßt, kurz sämtliche Mittel angewandt, um dort wenigstens einige der Mächtigsten zu gewinnen.

Auch die 1595/1596 geschlossene Union von Brest (Weißrußland) der ruthenischen oder ukrainisch-weißrussischen Kirche mit Rom – heute durch die ukrainisch-katholische Kirche repräsentiert – war besonders von den Jesuiten vorbereitet worden, war vor allem ihr Werk und ihr Triumph, weshalb dann auch einer der Ihren, der wortgewaltige polnische Hof- und Reichstagsprediger Peter Skarga, die Lob- und Dankpredigt hielt. Natürlich sollte diese kirchen- wie staatsrechtlich abgesegnete Union, was gerade wieder die Jesuiten deutlich zu machen wußten, nur der erste Schritt der Latinisierung, der gänzlichen Unterwerfung der orthodoxen Kirche unter die römische sein, und zwar nicht nur die des ukrainisch-weißrussischen Volkes in Polen und Litauen, sondern mehr noch des großrussischen in Rußland.

Klemens VIII. (1592–1605), an Osteuropa und der Kirchenunion besonders interessiert, war glücklich über die Anerkennung des päpstlichen Primats durch die orthodoxen Bischöfe Polens. «Nichts ist uns lieber», jubelte er in einem Schreiben an den polnischen König vom 7. Februar 1596, «als die verirrten Schafe, die uns anvertraut sind, zum Schafstall zurückzuführen.» Ganz glücklich war er freilich nicht. Es entfaltete sich eine breite Opposition der ukrainisch-weißrussischen Bevölkerung gegen ihre verräterischen Oberhirten, diese «Wölfe im Schafpelz», die aus Opportunismus und Machtgier zu Rom überliefen. Leidenschaftlich rief der ukrainische Mönch Ivan Višenskyj: «Traut nicht dem römischen Papst und der ganzen verlogenen lateinischen Klerisei! Vertraut der friedlichen Heimat, nicht dem König und allen Anhängern des römischen Papsttums! Mißtraut ihnen heute, morgen und übermorgen! Traut ihnen auch in Zukunft nicht, und nicht in alle Ewigkeit.» Und die orthodoxen Bischöfe von Lemberg und Przemyśl trennten sich von den Unierten und beriefen eine eigene Synode nach Brest, wo man im Oktober 1596 feierlich die Kirchenunion erklärte und einander gegenseitig exkommunizierte, so daß sich fortan zwei ukrainische Kirchen durch Jahrhunderte massiv befehdeten.[22]

Die Versuche Roms aber, im Osten fest Fuß zu fassen und Rußland unter die päpstliche Oberhoheit zu zwingen, wurden fortgesetzt und gipfelten nur wenige Jahre später in einem kaum glaublichen Schurkenstück, und wieder mit Hilfe der Jesuiten.

Ein welthistorisches Schmierentheater
Rom setzt in Moskau einen falschen Zaren auf den Thron

Das Spektakel begann 1598 mit dem Tod des Zaren Fjodor I., Sohn und Nachfolger Iwans IV. Groznyi und dem Ende der alten Rurikiden-Dynastie (seit 862). Es ist die Zeit der Smuta, der Wirren, der schweren Hungersnöte und eines gewaltigen Bauernaufstandes, dessen (dann hingerichteter) Führer Iwan Issajewitsch Bolotnikow als erster in Rußland einen sozialen Umsturz versuchte, den Adel, Bojarenadel, Dienstadel und Klöster nur gemeinsam niederschlagen konnten.

In jenen Tagen tauchte ein Abenteurer auf, wahrscheinlich der entlaufene Mönch Grischka Otrepjew oder Hryszka, wie ihn die zeitgenössische Jesuitenchronik nennt, der sich aber als Dmitri Iwanowitsch, als Zar Iwans IV. jüngster Sohn ausgab, der freilich schon 1591 achtjährig unter nie ganz geklärten Umständen umgekommen war. In Verbindung mit dem Päpstlichen Nuntius Rangoni, dem Bischof von Krakau, Kardinal Bernard Maciejowski, und dem Jesuiten Lawicki machte der falsche Demetrius I. jetzt seinen Anspruch auf den russischen Thron geltend, ein Plan, den die Jesuiten sehr gefördert, anscheinend sogar ausgeheckt hatten. War doch der Betrüger selbst, Pseudo-Dmitri, wie seine Korrespondenz mit der Gesellschaft Jesu zeigt, ihre Kreatur. Und nachdem er römisch-katholisch geworden war und ihn König Sigismund III. (Wasa) 1604 als Zar auch anerkannt hatte, richtete er an Papst Klemens VIII. ein demütiges Unterwerfungsschreiben mit Hilferufen zur Erlangung seines «Reiches» – und zog samt einem Heer nach Moskau. «Zwei Jesuiten, darunter sein ständiger ‹Schutzengel› Lawicki, begleiteten ihn auf seinem Feldzug. Sie sorgten dafür, daß der falsche Zar nicht von dem von ihm beschworenen Weg abwich, der ihm von Rom und der polnischen feudal-klerikalen Clique vorgeschrieben war. Die Jesuiten waren aber auch bereit, ihn materiell zu unterstützen, wie der Holländer Isaak Massa, der am Anfang des 17. Jahrhunderts in Moskau weilte, zu erzählen weiß. Ihnen war, wie dem Papst, in dessen Auftrag sie handelten, für die Katholisierung Rußlands «kein Preis zu hoch» (Winter).[23]

Als der falsche Demetrius in Moskau thronte, hatte der Heilige Vater Klemens VIII. das Zeitliche schon gesegnet, doch der Heilige Vater Paul V. (1605–1621), vordem Inquisitor und gar nicht zimperlich, setzte den welthistorischen Schwindel fort. Im Sommer 1605 dankte er dem Kardinal von Krakau: «Du tust eine uns überaus angenehme Sache» und gratulierte «seinem geliebten Sohn Demetrius, Herrn von Rußland», herzlich zur Wiedererlangung des Throns.

Der Papst, der später Kopernikus auf den Index, einen ausgemachten Gauner aber auf den Zarenthron setzte, jagte bald ein Breve nach dem andern nach Moskau, sprach gern von «wunderbarer Gnade», nannte den neuen Fürsten dort einen «zweiten Konstantin» und drängte ihn am 10. April 1606: «weil Du bei Deinem Volke alles vermagst, was Du willst, so befiehl ihm die Anerkennung des Statthalters Christi! Deine frommen Gedanken segnen wir mit apostolischer Autorität».

So herrlich die Sache zur höheren Ehre Gottes in Rom und Krakau aber eingefädelt worden war, man hatte sich dabei doch etwas übernommen und die ja gewiß nicht kleine Rechnung ohne den Wirt gemacht. Der Kardinal aus Polen nämlich wollte auch seine Sippe in den Glanz des Zarentums stellen, suchte die Bande Rom – Krakau – Moskau noch enger zu machen und schloß kurzerhand zwischen seiner Verwandten Marina Mniszka und dem falschen Dmitri den heiligen Ehebund – ein freilich kurzes Glück. Provozierte doch der allzu arrogante Auftritt der Polen und ihre schier grenzenlose Beutegier die Moskauer Volkswut derart, daß bereits am 29. Mai 1606, vierzehn Tage nach der Krönung, der falsche Zar in der Gosse lag – und mit ihm jede Hoffnung des Heiligen Vaters auf Rußland.[24]

Doch kaum zu glauben: bald darauf wiederholte man das Gangsterstück. Wieder trat – an der Grenze Polens – ein falscher Demetrius auf. Wieder standen vor allem polnische und gegenreformatorische Kreise dahinter. Wieder führte man einen Feldzug bis Moskau, kam diesmal allerdings nur vor, nicht in die Stadt, die Zar Wassili IV. Schuiski hielt, ohne jedoch den zweiten falschen Dmitri schlagen zu können. Dieser residierte vor den Toren, im Lager von

Tušino, danach «Dieb von Tušino» genannt, und Marina erkannte den neuen Betrüger als ihren früheren Gatten an und schickte ihre Brüder mit einer entsprechenden Botschaft nach Rom, worauf die Kurie auch dieses Falschspiel mitspielte.

Doch als der schwedische König Karl XI. dem Großfürsten von Moskau 15000 Krieger zur Verfügung stellte und der König von Polen, provoziert durch den schwedischen Rivalen, nun die Hand nach Moskau ausstreckte, ließ der Papst den falschen Dmitri, dem bisher wieder Roms großer Beifall gegolten, augenblicklich fallen und erwartete Moskaus Eroberung jetzt vom Polenkönig. Es gebe kein «glorreicheres und verdienstvolleres Unternehmen», lockte der Kardinalstaatssekretär, und der Papst selbst stachelte den Polen immer wieder zur Einnahme von ganz Rußland auf, unterstützte ihn auch pekuniär, verlangte vom polnischen Episkopat gleichfalls seine finanzielle Förderung und befahl den Nuntius Francesco Simonetta wieder näher an den Kriegsschauplatz heran. «Es ging um die Entscheidung, ob ganz Europa der Gegenreformation erliegen oder diese hier entscheidend geschlagen werden würde» (Winter), wobei freilich, wie so oft, falls nicht meist, die Konfessionspolitik eine geringere Rolle spielte als die Machtpolitik.[25]

Im September 1610 gelangte das polnische Heer durch Verrat in den Kreml, und der Patriarch von Moskau, Hermogen, der sich weigerte, den polnischen König zum Zaren zu krönen, verhungerte im Februar 1612 im Kerker, gefeiert als «wahrer Hirte und Lehrer», als löwenhafter Verteidiger seiner Herde «gegen die Wölfe und Räuber».

Ein Jahr zuvor waren bei einem Aufstand in Moskau ganze Stadtviertel niedergebrannt worden und Tausende von Menschen in den Flammen umgekommen. Doch im Oktober 1612 besetzten russische Truppen den Kreml. Wenige Monate später wurde der junge Michail Fjodorowitsch Romanow Zar. Der polnische Ansturm und die kurialen römischen Unionsgelüste waren völlig gescheitert, wie weggeblasen, zurück aber blieb ein abgründiger Haß gegen Polen und seine Jesuiten, weil sie «den wahren Glauben zerstörten, den lateinischen Glauben und die Häresien im gesamten russischen Reich verbreiteten».[26]

In Südamerika und Indien

In Mexiko besaßen die Jesuiten am Ende der Regierungszeit Gregors XIII. (1572–1585) acht Niederlassungen und eine, so die Jahresberichte des Ordens, «unglaublich reiche Ernte».

Weiter im Süden stach bei der Ausbreitung des Christentums Manuel da Nóbrega hervor.

1549 als Superior zur Eröffnung der jesuitischen Brasilienmission aufgebrochen, wurde er in den fünfziger Jahren Provinzial für ganz Lateinamerika. Bereits damals hatte man in Brasilien vier Jesuitenpflanzungen geschaffen und hegte die schönsten Hoffnungen für die Bekehrung der «Wilden», wie Ludwig von Pastor sagt, während sie die dortigen Christen «Hunde» nannten und «wie Hunde» behandelten. «Man stellt Sklavenjagden (saltos) unter ihnen an, man lockt sie unter Vorwänden auf die Schiffe, segelt davon und verkauft sie. Um das Wohl der Sklaven aber kümmern sich die Besitzer wenig; sie werden ausgesaugt und nach ihrem Tode auf dem Schindanger verscharrt. Noch häufiger vergriff man sich an den Indianerinnen. Weiße Frauen waren aus Europa nur in geringer Anzahl herübergekommen, wirkliche Ehen mit Farbigen galten nicht als anständig, und so war denn die Folge dieser Zustände eine entsetzliche Sittenlosigkeit.» (Vgl. I. Kap., bes. S. 47 ff.)

Man versprach sich alles von der Machtfülle und Würde eines Prälaten. Doch gerade nach der Ankunft des Bischofs Pedro Fernandez Sardinha im Sommer 1552 und seiner portugiesischen Kleriker, ausgemachter Sittenstrolche, wurde es noch schlimmer, wurde alles bisher Erreichte wieder ruiniert. Der Bischof selbst fiel 1556, schreibt von Pastor, «den Wilden in die Hände und wurde aufgefressen.» Auch dies sicher: ad maiorem Dei gloriam.

Den Krieg gegen die verhaßten Protestanten setzten die Jünger Jesu natürlich in der Neuen Welt fort. 1560 vertrieb Nóbrega gemeinsam mit den Indios der jesuitischen Siedlungen die französischen Hugenotten aus Rio de Janeiro. Auch förderte er maßgeblich die portugiesische Kolonisationspolitik. Denn obwohl er zunächst den Indios die Freiheit versprach, zur Sklavenbefreiung auch die Einführung der Inquisition empfahl, erlaubte er schließlich «zwangsmäßige Eingeborenen-Reduktionen», die Verwendung all jener Indios zur Sklavenarbeit, die weder kolonisiert noch missioniert werden wollten.[27]

Hochgelobt wurden und werden noch oft die sogenannten reducciones (Reduktionen), die im 17. und 18. Jahrhundert gegründeten christlichen Indianerdörfer – Zusammensiedlungen unter missionarischer Regie, vor allem die Siedlungen in Paraguay. Am frühesten, um 1580, hatten die Franziskaner «Reduktionen» errichtet, während die der Jesuiten erst ab 1610 entstanden sind, allerdings stärker (nicht überall erfolgreich) als die der Franziskaner abgeschirmt gegen die gefürchteten «encomenderos», portugiesische Siedler, Landräuber und Sklavenjäger. 1732 beglückten in 32 Reduktionen 70 Jesuiten 140000 Guarani mit den Segnungen der europäischen Zivilisation, besonders des Christentums. Es gab Auseinandersetzungen, Konflikte, gab den «Krieg der Heilsbringer», der Jesuiten gegen Guarani-Schamanen, gab Sklavenjagden, bei denen man Dörfer reihenweise zerstört hat. Es kam zu wachsenden politischen Spannungen, und schließlich wurde die Gesellschaft Jesu 1767 aus allen dem spanischen König unterstehenden Gebieten ausgewiesen.

Die Reduktionen, zumal die der Guarani in Paraguay, galten als «glückliches Christentum», eine «Reduktion durch das Evangelium». Nicht nur die Jesuiten sahen darin «das Neuerwachen der urchristlichen Gemeinden»; selbst Voltaire sprach von einem «Triumph der Humanität». Doch übersieht all dies das Unmaß an Gängelei der Hilfsbedürftigen und Hilfeempfänger, das Unmaß an Unterordnung, an religiöser, sozialer, politischer Abhängigkeit von jenen, die immer und überall die Entscheidungsbefugnis hatten, ja noch behielten, waren die Gegängelten schon selbst kompetent. Räumt doch sogar das katholische Lexikon für Theologie und Kirche 1999 angesichts so vieler Glorifikationen ein: «Solche Urteile verkennen jedoch offensichtlich negative Seiten des Systems, das stark geprägt war durch den Paternalismus der SJ und das Aufzwingen bestimmter Formen öffentlichen und religiösen Lebens.»[28]

Auch bei der «Missionsarbeit» in Ostindien wurden gewisse «Fortschritte» am meisten durch die dort lebenden portugiesischen Christen behindert, die rücksichtslos die Einheimischen ausgebeutet, mitunter sich Hunderte von Sklaven gehalten haben und stattliche Harems.

Nikolaus Lancilotti, der mit Ignatius korrespondierte, meldet von der sogenannten Fischerküste, «es sei kaum zu beschreiben, welchen Schaden die Beamten anrichteten; was die Missionäre in vielen Jahren zu stande gebracht hätten, werde durch ihre Habsucht in wenigen Monaten zu Grunde gerichtet; es sei Gefahr, daß die sämtlichen 70000 Christen der Fischerküste wieder abfallen». Und der hl. Franz Xaver (Francisco de Jassú y Javier), ein baskischer Aristokrat und wieder einer der ersten ignatianischen Gefährten, der 1541 nach Ostindien, nach Goa, dann nach Hinterindien, Malakka, auf die Molukken gezogen, 1551 Provinzial der indischen Jesuitenprovinz geworden war, gestand König Johann III. von Portugal, «er ‹fliehe› nach Japan, um in Indien seine Zeit nicht zu verlieren; es sei ein ‹Martyrium›, zusehen zu müssen, wie alles wieder zerstört werde, was man mit großer Mühe aufgebaut».

Freilich waren auch die Jesuiten selber nicht nur als Prediger, Beichtväter, Seelenverführer aktiv, sondern, ebenso umtriebig, als Geschäftsleute. So heißt es in einem Bericht des Vorstehers der französischen Handelsgesellschaft zu Pondicherry, Martin: «Es ist eine ausgemachte Sache, daß nächst den Holländern die Jesuiten den stärksten und erfolgreichsten Handel in Ostindien treiben. Sie tun es darin den Engländern und anderen Nationen, selbst den Portugiesen zuvor ...»

Der «jesuitische Erwerbsinn» war derart einnehmend, daß mehrere Päpste dagegen vorgingen; so Urban VIII. – der freilich selbst einem skandalösen Nepotismus huldigte und noch in seinen letzten Lebensjahren um der Habgier seiner Neffen, der Barberini, willen, der reichsten Grundherren des Kirchenstaates, Krieg gegen Odoardo Farnese um dessen Herzogtum Castro führte (S. 366). Und Papst Klemens IX. hat das Handelsverbot noch in der Konstitution «Sollicitudo pastoralis» vom 17. Juni 1669 erneuert; gewiß auch für andere, jedoch nur allgemein erwähnte Orden, während die Gesellschaft Jesu insgesamt neunmal genannt wird.[29]

In Japan und China

Die Jesuiten mußten Hochkulturvölker wie Inder, Japaner, Chinesen besonders reizen, wobei sie klug genug waren, ebenso in Indien das Kastenwesen zu akzeptieren wie in China Konfuzius-Verehrung und Ahnenkult. Doch auch in Japan, wo sie unter Gregor XIII. (1572–1585) mehrere Niederlassungen gründeten, fehlte zunächst der Erfolg, und manche Übertritte zur allein wahren Religion mögen oft mehr durch die schon etwas älteren portugiesischen Handelsbeziehungen bewirkt worden sein. Als Ergebnis dreißigjähriger Arbeit und Gefahr resümiert 1580 ein Jesuit, «daß hin und wieder ein Krummer, Lahmer, Aussätziger sich bekehrte». Das gilt freilich nur für ein Teilgebiet. Insgesamt will der Orden in Japan Jahr für Jahr «einige tausend Seelen» gerettet haben, und gegen Ende des 16. Jahrhunderts sollen dort die Christen sogar auf 300000, bald auf das Doppelte und mehr angewachsen sein.

Doch es gab auch Verfolgungen, das blutigste Pogrom 1614 mit Tausenden von Martyrien. Und vorerst erntete Franz Xaver wohl mehr Gelächter und Verachtung als echtes Interesse für seine Botschaft des Kreuzes, mag er sie auch noch so leidenschaftlich vertreten haben. Als er 1551 Japan verließ, waren erst ein paar hundert Menschen gewonnen. Und kurz nach dem Betreten Chinas ist Franz Xaver gestorben, am 3. Dezember 1552 – und seine Leiche völlig unverwest geblieben, ja «noch heute nicht in Staub zerfallen ...»

Dieser Überlieferung dürfen wir ebenso vertrauen wie jenem wunderbaren Geschehen, das dem Apostel Indiens einst zwischen den Inseln Amboina und Boranura widerfuhr. Denn: «Damals geschah es, daß ihm sein kleines Crucifix, welches ihn auf allen Reisen begleitete, in das Meer fiel; nach Verlauf von 24 Stunden, als Xaver auf der Insel Boranura gelandet, schwamm ein Krebs, mit dem Crucifix zwischen den Scheeren, zu dem Gestade heran, stand vor Xaver damit still, der es auf den Knieen hinnahm, und kehrte dann wieder zurück.» Auch wir können dies so vertrauensvoll hinnehmen wie Franz Xaver sein Kreuz von dem findigen Krebs, wird es doch mitgeteilt in einem «Kirchen-Lexikon», das – so prangt es groß auf jedem Titelblatt des elfbändigen Werks – «unter Mitwirkung der ausgezeichnetsten katholischen Gelehrten Teutschlands» entstanden ist und überdies «Mit Approbation des hochwürdigsten Erzbischofs von Freiburg».[30]

Als die beiden Jesuiten Matteo Ricci, Gründer und (seit 1597) Oberer der neuzeitlichen Chinamission, und Michele Ruggieri aufgrund ihrer Sprachkenntnisse und ihres technisch-wissenschaftlichen Talents 1583 eine Aufenthaltsgenehmigung in China bekamen, reisten sie in buddhistischen Mönchskutten und paßten sich den Sitten und Bräuchen des Landes an, wo es nur ging. Insbesondere betonten sie Gemeinsamkeiten zwischen Christentum und Konfuzius-Verehrung, ja, interpretierten das Christentum als Erfüllung des Konfuzianismus. Ricci, seit 1601 in Peking, konnte Verwandte des Kaisers taufen und eine Kirche erbauen, der deutsche Jesuit Johann Adam Schall von Bell zum Mandarin erster Klasse aufsteigen und Direktor des Astronomisch-Mathematischen Amtes in Peking werden, das bis zum Ende des 18. Jahrhunderts in jesuitischen Händen blieb.

Aber trotz ihres zeitweiligen Einflusses auf den Kaiserhof blieb auch die Wirkung des Christentums auf China, wo es erstmals im Frühmittelalter durch syrische und persische Kaufleute über die Seidenstraße als Kirche der «Nestorianer», dann wieder im Spätmittelalter unter den toleranten Mongolenkhanen eingedrungen war, sehr gering. Immerhin vermochte es diverse Verfolgungen und Rebellionen zu überstehen und zählte um 1700, wenige Jahre nachdem die Kangxi-Kaiser der fremden Religion 1692 dieselben Rechte zugebilligt hatten wie dem Taoismus und dem Buddhismus, 300000 Mitglieder.

Jesuit Matteo Ricci, für die Chinesen, so heißt es, «der große Mann aus Europa», eröffnete also die neuzeitliche Christianisierung des Riesenreiches. Dabei «missionierte» er zunächst, indem er Christliches möglichst vermied, die Kirche nicht als Kirche erscheinen ließ, sondern nur als «Haus, in dem man predigt». Auch trat er anfangs weniger als Missionar denn als Gelehrter auf, der mit abendländischer Wissenschaft, mit Mathematik, Geometrie, Astronomie, Geographie, Philosophie, Musik imponiert, religiöse Angelegenheiten aber «äußerst vorsichtig» behandelt hat und «mit den Geheimnissen des Christentums noch zurückhielt». Den Buddhismus dagegen machte er fertig, Konfuzius schonte er.[31]

Die Anpassung an chinesische Riten war unter den Jesuiten zunächst umstritten. Riccis Nachfolger Niccolò Longobardi verwarf sie, doch gestattete dann die Gesellschaft die Opfer für Konfuzius, gewisse Arten der Ahnenverehrung, die Teilnahme an heidnischen Kulten u.a. Mehrere Orden jedoch, Dominikaner, Franziskaner, Lazaristen, bekämpften dies, und die Auseinandersetzung, der sogenannte Ritenstreit, verschärft durch Ordensrivalitäten und kirchenpolitische Kontroversen, dauerte über ein Jahrhundert fort, wobei auch die Päpste gegensätzliche Standpunkte eingenommen und verschiedene Seiten unterstützt haben. Paul V. erlaubte 1621 Annäherungen an den Konfuzianismus, mehrere seiner Nachfolger aber trafen gegenteilige Entscheidungen, so Klemens XI. 1704 und 1715. Ja Benedikt XIV. (der gute Beziehungen zu Friedrich II. von Preußen unterhielt und selbst von Voltaire geschätzt worden ist) forderte 1742 von jedem China-Missionar einen feierlichen Eid auf das Verbot – und Pius XII. hob 1939 alle Erlasse seiner Vorgänger wieder auf.[32]

Schein und Sein und erste Anfeindungen

Der neue Orden sollte zeitgemäß, den neuesten Verhältnissen angepaßt sein – Anpassung gehörte überhaupt zu seinen wichtigsten Verhaltensformen, Anpassung nach oben, nach unten, nach allen Seiten; nicht als Selbstzweck natürlich, sondern als Weg zum Erfolg, als Mittel zur Macht. So stellte man sich auf den jeweiligen Adressaten ein und zeigte sich scheinbar, je nachdem, mehr oder weniger adaptationsbereit.

In Irland sollten die ersten Jesuiten, nach einer dringlichen Ermahnung des Ignatius, den Iren sich «möglichst anbequemen und ‹allen alles werden›». Und um Analoges ging es auch, als man 1574 einige Patres nach Luzern delegierte und ihnen der oberdeutsche

Provinzial empfahl, sich der Einfachheit des Volkes in allem möglichst anzupassen. «Bei den Predigten sind tadelnde Ausdrücke zu meiden, Liebe und Bitte soll vorherrschen. Auch sollen die Beweise der Häretiker nicht durchgenommen, sondern die katholischen Lehren eingeprägt werden, solid, populär und kurz, nicht zu gelehrt. Dasselbe gilt von der Katechese. In ihren Forderungen sollen sie bescheiden sein, die Sprache gut lernen, Frauen außer der Beicht nicht leicht vorlassen. Mit den Priestern und dem Klerus überhaupt dürfen sie nicht streiten, auch deren Fehler vorerst nicht berühren. Durch die Tat sollen alle erkennen, daß sie nichts für sich, sondern nur das Heil der Seelen suchen.» Tatsächlich suchten sie nichts weniger als das Heil der Seelen, und nichts mehr als den Erfolg für sich.[33]

Vordergründig ging es aber immer um das Seelenheil, den schönen Schein. «Das Antliz, das die Gesellschaft Jesu der Welt zeigt, ist Schein: doch muß man das Gesicht sehen, das sich hinter den Kulissen verbirgt» (Tondi). Als der Jesuit Claude Le Jay am Hof des Herzogs Ercole II. von Este in Ferrara die in calvinistische Häresie verstrickte Herzogin Renata (Tochter Ludwigs XII., Schwägerin Franz' I. von Frankreich, die man als «Ketzerin» gelegentlich sogar gefangenhielt) «bekehren» sollte, wies ihn Ignatius an, «den Herzog als seinen wahren und einzigen Obern anzusehen.»

In Indien freilich glich man sich den Ärmsten der Armen an, ging der hl. Franz Xaver, der einstige navarresische Edelmann, mit bloßen Füßen und zerrissener Kleidung herum. Selbst als ihm ein König des Landes viel Geld gab, verteilte er es an die Armen – baute aber gleichwohl längs der Küsten fast fünfzig Kirchen!

Wurden Prunk und Pomp erwartet, konnte man auch damit dienen. Als Gregor XIII. noch in seinem Todesjahr 1585 eine Gesandtschaft japanischer Christen empfing, hatten sie die Jesuiten auch deshalb angeregt, um vor den Leuten aus dem fernen Osten aufzutrumpfen mit «der viel höher stehenden Kultur des Abendlandes und dem Glanz der katholischen Kirche».

Besonders sensibel sollte man selbstverständlich im Umgang mit Hochgestellten sein, sollte sich da erst gründlich informieren, ehe man zum Eigentlichen kam. Als deshalb 1547 der junge Juan de

Polanco SJ in Florenz die Errichtung eines Kollegiums verdarb, weil er Herzog Cosimo und die Herzogin allzu besserwisserisch belehren wollte, tadelte Ignatius, so etwas dürfe man «erst dann tun, wenn man bei solchen Herrschaften sich Zuneigung, Vertrauen und Ansehen verschafft hat», und demütigte ihn.[34]

Der Erfolg versprechende Schein war wichtig, das Mittel zum Zweck, zur Macht, worauf hier alles ausgerichtet war. Diente doch die gesamte Ordensverfassung «zur Beherrschung ganzer Gesellschaftskreise, Höfe und Staaten» (Brandi). Und noch mehr diente dazu ein rigoroses Gehorsamsprinzip, was so weit ging und geht, daß der Jesuit den Superior, «wer immer es sei, als den Stellvertreter unseres Herrn Christi ansehen», daß er der Stimme des Superiors folgen muß, «als sei sie die Stimme unseres Herrn Christi» (Konstitutionen Regel 31 und 34); was wieder so weit geht, daß der Jesuit etwas, das seinen Augen weiß erscheint, als schwarz erklären muß, wenn die Kirche es als schwarz erklärt. Eine totale Aufhebung also des eigenen Urteils, eine Vernichtung der eigenen Persönlichkeit, verbunden mit einer bis ins Kleinste gehenden und so gut wie alles aufdeckenden Kontrolle, verbunden mit der Pflicht sowohl zur Gewissensrechenschaft, der lückenlosen Offenlegung noch des Innersten gegenüber dem Superior, «zur höheren Ehre Gottes», wie es in der Regel 40 der Ordenskonstitutionen ausdrücklich heißt, als auch zum systematischen gegenseitigen Ausspionieren, zur dauernden Denunziation (Regel 9).

Der General, theoretisch zwar der höchsten Ordenskongregation unterstellt, war praktisch das absolute Oberhaupt, hatte eine enorme Machtfülle, eine faktisch uneingeschränkte lebenslange Regierungsgewalt. Er konnte jedes Mitglied der Gesellschaft wann und wohin schicken und wie lange er wollte, konnte jeden nach unkontrollierbarem Belieben ernennen und absetzen. Der Jesuit sollte unauffällig, leicht beweglich, sollte jederzeit und überallhin in Marsch zu setzen, der Ordensapparat somit rasch und effizient verfügbar, ein jederzeit mobiles Einsatzkommando sein, entweder in konfessionellen Problemzonen oder in ganz neu zu gewinnenden Gebieten; überall sollte die Gesellschaft «ihr Netz auswerffen und seelen zu gewinnen» suchen.

Es ging keinesfalls, wie bei vielen, wenn nicht den meisten Orden, um Askese, persönliche Vervollkommnung. Die Agenten des Herrn lebten häufig nicht in enger Gemeinschaft, operierten oft sehr auseinandergezogen, durch kein – nicht erst damals weithin verhaßtes – Mönchshabit gekennzeichnet, vielmehr nach Landesart gekleidet, auch nicht durch Vielbeterei oder besonderes Fasten behindert. Zur Gewinnung größerer Flexibilität schaffte Ignatius ja die Ordenstracht und das gemeinsame Chorgebet ab (S. 129f.), schließlich auch die zur Weltbeherrschung gänzlich unbrauchbare Armut.[35]

Die Jesuiten, die es an Ehrsucht – durch scheinbare Demut kaschiert – nicht fehlen ließen, die sich mit Vorliebe «geringste Gesellschaft Jesu» (minima societas Jesu) nannten, sammelten eifrig Zeugnisse, Gutachten über ihre Wirkungsstätten und -weisen, Zertifikate, Expertisen, Lobhudeleien von Fürsten, von Königen, Herzögen, von Universitäten, Bischöfen, Inquisitoren, um renommieren zu können, um besser gegen die Anwürfe ihrer Feinde gewappnet zu sein. Dabei kam es ihnen nicht nur zustatten, daß sie kraft ihrer intellektuellen Schulung besser qualifiziert waren als die meisten anderen Religiosen, sondern daß sie auch prinzipiell unabhängiger waren, daß sie als exemter Papstorden eine herausragende Stellung genossen. Und da sie ja zur speziellen Unterstützung der römischen Hierarchen geschaffen worden waren, erwiesen ihnen diese im allgemeinen auch ihre besondere Gunst.

Schon Paul III. hatte die Gesellschaft noch kurz vor seinem Tod (1549) von der Zinspflicht befreit – übrigens auf Betreiben der Jesuiten selbst, genauer des späteren dritten Ordensgenerals, des hl. Franz von Borja (Borgia), Urenkels Alexanders VI. (VIII 321ff.!). Der Herzog hatte sich 1546 im geheimen der Societas angeschlossen und ihr drei Jahre darauf Pauls wohltuende Bulle zugeschanzt, die ihr auch die Befreiung (Exemption) von aller bischöflichen Gerichtsbarkeit gebracht.

Julius III. gründete 1552 das Collegium Germanicum, dessen Stiftung Ignatius unermüdlich betrieben, da es Priesternachwuchs, möglichst adeligen, nach Deutschland schicken sollte und auch bereits in den ersten Jahren auf 60 Zöglinge kam. Mit der Finanzierung des Kollegs wollte Ignatius ursprünglich nichts zu schaffen haben, erhoffte aber bald dafür Geld von allen Seiten, von Prälaten, reichen Orden, weltlichen Fürsten.

Der Nachfolger Julius' III., Marcellus II. (1555), war mit Ignatius befreundet, hatte Jesuiten als Beichtväter und wollte einigen als seinen ständigen Beratern im Vatikan Wohnung geben. Pius IV. (1559–1565) empfahl den Orden Kaisern und Königen, mehrte seine Privilegien und rühmte seinen fruchtbaren Eifer, diese fast unglaublichen Fortschritte in kurzer Zeit.

Gregor XIII. (1572–1585), den man einmal einen wahrhaft «deutschen» Papst genannt, ihm auch «ein deutsches Herz» attestiert hatte, gilt als zweiter Gründer des Collegium Germanicum, dessen Neuerrichtung er 1573 mit 10000 Goldscudi jährlich dotierte. Er befreite es auch von allerlei Auflagen, unterstellte es direkt dem Papst und gründete noch ein Ungarisches, Englisches, ein Griechisches Kolleg in Rom. Und Klemens VIII. (1592–1605) erhob als erster Papst zwei Jesuiten, Francisco de Toledo und Robert Bellarmin, zu Kardinälen.[36]

Nicht zuletzt wegen seines Einflusses, seines brutalen Egoismus wurde der Orden von Anfang an und immer wieder stark angefeindet, auch von Katholiken, ja besonders in streng katholischen Ländern wie etwa Spanien.

So verhinderten 1548, gegen Ende des Pontifikats von Paul III., in Saragossa rivalisierende Religiose die Errichtung eines Jesuitenkollegs. Karmeliter, Franziskaner, Augustiner wehrten sich ebenso wie sämtliche Pfarrer der Stadt, sah sich der Weltklerus doch überhaupt durch den selbstsüchtigen Orden um seine zahlungskräftigeren «Kunden» gebracht, jenen wohlhabenderen Bevölkerungsteil, den die Gesellschaft aus den Pfarrkirchen in ihre Ordenskirchen zog.

Der Erzbischof von Toledo und Primas von Spanien, Juan Martínez Siliceo, soll die neuen Jünger Jesu «Ketzer» geschmäht haben. Und in Salamanca, wo man mit dem Finger auf sie zeigte und jeden für ehrlos hielt, der mit ihnen verkehrte, bekämpfte der Dominikanertheologe Melchior Cano, ein in ganz Spanien und bei Hof gefeierter Gelehrter (durch die Jahrhunderte immer wieder, ja mit seinem Hauptwerk «De locis theologicis», der Begründung der theologischen Methodenlehre, noch heute verlegt), erbittert die Jesuiten, die er schlicht Vorauskommando des Antichrist schimpfte – seinerseits immerhin Berater Karls V. und Philipps II. sowie Bischof und Dominikanerprovinzial; stritt er doch 25 Jahre sogar gegen seinen eigenen Ordensbruder Bartolomé Garranza, Erzbischof von Toledo, dessen Inhaftierung durch die Inquisition, den Generalinquisitor Fernando de Valdés, und Verurteilung durch Papst Gregor XIII. er schließlich noch erreichte.[37]

Die Jesuiten waren auch bei Karl V., der ihnen die Niederlande verschließen wollte, nicht sehr angesehen. Ja, selbst manche Päpste teilten diese Abneigung; besonders Paul IV. (1555–1559), der nicht nur gegenüber Spanien und den Spaniern, sondern auch gegenüber Ignatius seit ihrer ersten Begegnung 1536 in Venedig eine starke Antipathie hegte, die übrigens ganz gegenseitig war, so daß bei Carafas Papstwahl am 23. Mai 1555 dem Jesuitenchef, nach eigenem Bekenntnis, «alle Knochen im Leibe» gezittert hatten. Doch stellte er sich sofort um: zwei Tage später pries er «die hervorragenden Eigenschaften» des neuen Kirchenhauptes.

Vorübergehend überspielte offenbar auch Paul IV. seine Aversion, doch machte sie sein Verhalten immer wieder deutlich. So stellte er die finanzielle Unterstützung des Jesuitenkollegs ein, was, da ihm die meisten Kardinäle folgten, schlimme Auswirkungen hatte. Auch befahl er den Jesuiten ein nur dreijähriges Generalat und die Einführung des von Ignatius einst heftig abgelehnten Chorgebets. Bei dieser Gelegenheit nannte er den toten Ignatius einen «Tyrannen», die Jesuiten «Rebellen», den «Ketzern» nahe, und erwartete eines Tages einen Teufel aus ihren Reihen. Auch drohte er ihrer bevorstehenden Generalversammlung, daß sie ohne seine Bestätigung nichts bestimmen könne; «auf frühere päpstliche Gewährungen solle man nicht zu viel vertrauen, denn was ein Papst zugestehe, könne ein anderer Papst wieder aufheben»; ein bedenkenswertes Wort – und wirklich annullierte schon Pauls Nachfolger Pius IV. das gegen die Gesellschaft geschmetterte Dekret seines Vorgängers.

Später kam es zu einer Verschwörung innerhalb des Ordens, nachdem schon der erste spanische Provinzial Antonio Araoz die römische Ordensleitung kritisiert hatte, und 1586/1587 zitierte die spanische Inquisition 21 Jesuiten zu sich und warf vier davon zwei

Jahre in den Kerker, worauf man weniger von ihnen hörte, «als wenn sie in Indien wären». Damals ließ auch Sixtus V. (1585–1590), der einstige Inquisitor von Venedig (der als Papst Inzest mit dem Tod bedrohte, ebenso Abtreibung, Sodomie, Kuppelei und Ehebruch), aus Spanien einen Jesuiten kommen und auf der Engelsbrücke hängen. Entging doch selbst Franz de Borja, der frühere Herzog von Gandia und nachmalige Leiter der Ordensprovinzen in Spanien und Portugal, nur dadurch der Inquisition, daß er nach Portugal entwich.

In Spanien predigte seinerzeit der Dominikaner Alonso de Avendaño siebzehn Jahre gegen die Jesuiten, kanzelte sie als Häretiker, Heuchler, Pharisäer ab und bekreuzigte sich, wenn er einem begegnete. Spielte da auch persönliche Abneigung mit, kam es doch zwischen beiden Orden zu einer grundsätzlichen dogmatischen Gegnerschaft, als sie unter Klemens VIII. (1592–1605) im sogenannten Gnadenstreit, in der «größten dogmatischen Kontroverse» der Theologiegeschichte (Jedin), in aller Schärfe zusammenstießen, zeitweilig aber beide Lehren von der Kirche toleriert worden sind.[38]

Stete Indoktrination oder: cupido occupandi omnia

Galten die Dominikaner seit langem als der gelehrteste katholische Orden (selbst noch um die Wende zum 21. Jahrhundert unterstehen ihnen sechs Universitäten und sieben theologische Fakultäten), betätigten sich die Jesuiten mancherorts mehr als Seelsorger, Heiden- und Volksmissionare, als Katecheten. Sie aktivierten besonders das Wallfahrtswesen, die Heiligenverehrung, auch die Gebetsverbrüderung, denn das alles förderte wieder die «Frömmigkeit», das heißt hier die Anhänglichkeit an die römische Kirche, und es brachte Geld.

Trotz der Anfeindungen war die Gesellschaft angesehen, und nicht zuletzt deshalb, weil sie weithin das höhere Bildungswesen beeinflußt, ja zu einem maßgeblichen Propagandainstrument der Reform gemacht hat. Nicht nur die Päpste, auch viele Fürsten beriefen Jesuiten zur Erneuerung des Erziehungssystems. Und die Indoktrination der Jugend, der intellektuellen Schichten der Jugend (die «unteren» Schichten waren praktisch weit weniger interessant), wurde geradezu ihr Spezialgebiet, eine Hauptwaffe, mit der sie das Vordringen des Protestantismus im Reich wie außerhalb bekämpften.[39]

Die Jesuiten drillten vor allem den Nachwuchs der Catholica, einen in ihrem Sinn erneuerten Welt- und Ordensklerus, sie sorgten für Jugenderzieher, Volksprediger, für Schulen, wie Nikolaus Elgard, der Weihbischof von Erfurt, einmal sagte, «in denen Wissen und mehr noch Frömmigkeit gelehrt werde». Darauf kam es natürlich am meisten an, auf Pflanzschulen für die Funktionäre der Kirche. Seit der Jahrhundertmitte entstanden Jesuitengymnasien in Wien (1552), Ingolstadt (1556), Köln (1556), München (1559), Trier (1560), Mainz (1561), Dillingen (1564). Sie waren an Kollegien angeschlossen und hatten gewöhnlich über 500 Schüler.

Das jesuitische Schulwesen wurde durch Jahrhunderte gelobt, selbst von solchen, von denen man es weniger vermuten dürfte, von Francis Bacon (Baco von Verulam) oder Leibniz, während ein Kenner wie Paul Graf von Hoensbroech aufgrund vierzehnjähriger Ordenszugehörigkeit sich über das jesuitische Unterrichtssystem zu urteilen gezwungen sieht: «es ist schlecht», was er ausführlich dokumentiert. Man gewährte immerhin armen Schülern Konvikte, Freitische, Stipendien, hatte allerdings gern viele Zugänge aus dem Adel, um mit solchen Studenten einmal Schlüsselpositionen der Kirche zu besetzen, verhielt sich aber insgesamt schichtenneutral. Der Unterricht war kostenlos. Über dem alten Eingang des Collegium Romanum, der jesuitischen Musteranstalt, stand: «Schule für Grammatik, humanistische Fächer und christliche Lehre; gratis».

Falls dies je zutraf – später war die Behauptung von der «Unentgeltlichkeit des Unterrichts» eine glatte Lüge, war die Erklärung, «nicht um Gold, sondern aus Liebe zu Gott und den Nebenmenschen Schule» zu halten, ein «starkes, aber sehr gebräuchliches Stück jesuitischer Täuschung», versteht es der Jesuitenorden doch insgesamt, wie Hoensbroech hervorhebt, *«meisterhaft, aus seinen ‹geistlichen Verrichtungen› Geld und Gold zu gewinnen; kein im*

Erwerbsleben Stehender übertrifft ihn hierin an Geschick und auch nicht an Gier.»[40]

Im Jahr 1609 lehrten die Jesuiten allein in Mainz und Umgebung an 19 Schulen. Dabei wurden die Schüler nicht nur institutionell durch Sodalitäten vereinnahmt, sondern auch individuell und sollten dann natürlich als Multiplikatoren den jesuitischen Geist privat weiter vermitteln, ihre Familien und ihre Umwelt entsprechend instrumentalisieren. Auch das Jesuitentheater hatte so zu funktionieren, als Erziehungsmittel außerhalb der Schule, wobei man mit Vorliebe auf den Publikumsgeschmack abgestimmte Bibelmotive bot – Mixturen oft von Grausigem und Wunderbarstem.

Wie man sich überhaupt die Primitivität, den pseudoreligiösen Kitsch, den auch die Jesuiten in Umlauf setzten, kaum groß und grotesk genug vorstellen kann. Der Jesuit Rosignoli schreibt das Buch «Erbarmet euch der Seelen im Fegfeuer! Wunderbare Ereignisse aus dem Jenseits». Der Jesuit Terwekoren schreibt «Das Weihwasser des heiligen Ignatius von Loyola für alle Leiden der Seele und des Leibes». Der Jesuit Franz Cyprian wird 1637, nach Ostindien reisend, in den Himmel entrückt, kommt aber wieder. Ein Bild des Jesuiten Peter Canisius schwitzt 1633 in Quito (Ecuador) starken Schweiß aus. Ein Bild des Jesuiten Franz Xaver bewegt die Augen. Die Leiche des Jesuiten Johannes Berchmans macht eine Blinde auf beiden Augen wieder sehend. Derart Mirakulöses verbreiten die Jesuiten, wie die Mönche anderer Orden, in ungezählten «Erbauungsbüchern», und auch dies und tausend mehr natürlich «zur höheren Ehre Gottes».

Wen wundert's, daß sie auch in ihren Kirchen die schönsten Schätze, die großartigsten Reliquien horten und verehren lassen. In der Jesuitenkirche zu Ebersberg zum Beispiel: Stücke von den Windeln Christi, von seinem Schweißtuch, Partikel seiner Dornenkrone und einen Tropfen seines auf dem Ölberg vergossenen Blutes, einiges aus der Garderobe der hl. Maria, auch einen Zahn von Johannes dem Täufer, einen Finger des hl. Vinzenz, einen Schädel des hl. Sebastian, zwei Schädel von Gefährtinnen der hl. Ursula, kurz, so wunderbar es war: es war das Übliche. Und der Jesuit Agricola versichert, auch dies üblich, in seiner im Auftrag der oberdeutschen Ordensprovinz verfaßten «Geschichte» dieser Provinz, daß selbstverständlich für die Echtheit all dieser Heiligtümer «die glaubwürdigsten Zeugnisse vorhanden sind» (de quibus omnibus monumentis fide dignissima testimonia adsunt).[41]

Hartnäckig und erfolgreich drang die Gesellschaft Jesu aber auch im akademischen Bereich vor.

Denn wie die Protestanten im Laufe des 16. und frühen 17. Jahrhunderts Universitäten etwa in Marburg gründeten, in Königsberg, Jena, Helmstedt, Gießen, Straßburg, Altdorf, so bauten die Jesuiten ihre universitären Stützpunkte in Dillingen aus, in Olmütz, Würzburg, Paderborn, Molsheim. Dabei wurde – auf beiden Seiten – die Theologie gegenüber Philosophie und Philologie wieder unangefochten führend, erzog man rigoros konfessionell, sorgte zuerst für theologischen Nachwuchs, bildete Studierende für den Kirchen-, dann für den Fürstendienst aus.

1648 unterhielt man im Heiligen Römischen Reich 18 katholische Hochschulen, an 17 davon lehrten Jesuiten. Es gab auch ausgesprochene – meist aus sogenannten Kollegien hervorgegangene und dann häufig nicht voll ausgebaute – «Jesuitenuniversitäten». Die erste derselben, Dillingen, war 1551 vom Papst zur Universität erhoben und 1563 dem Jesuitenorden übertragen worden. Es gab Jesuitenuniversitäten in Ingolstadt, wo man (freilich nicht nur hier!) beständig über «Ehrgeiz und Eigennutz» des Ordens klagte, «über die Begierde der Jesuiten, alles an sich zu reißen: cupido occupandi omnia»; es gab Jesuitenuniversitäten in Paderborn, Bamberg, Würzburg, Freiburg, kurz in Osnabrück. Die Jesuitenuniversität Molsheim im Elsaß sollte dort nach dem Wunsch Pauls V. der Bekämpfung der «Häresiepest» dienen. Es gab aber auch Jesuitenuniversitäten in Prag, in Graz, Innsbruck und anderwärts. Und überall drückte man ihnen natürlich seinen Stempel auf; die Mainzer Universität erhielt geradezu «den Charakter eines erweiterten Priesterseminars» (Jendorff).

Nun betätigten sich die Jesuiten aber nicht nur als sogenannte Seelsorger, als Erzieher, Heidenmissionare, «Ketzer»bekämpfer, sondern sie fungierten auch als Nuntien (Diplomaten), als Visitatoren, auch als Militärkapläne, wie Diego Laynez oder Jerónimo Nadal oder Edmond Auger, der unter Pius V. (1566–1572) in Lyon fast 2000 Hugenotten wieder in die alte Kirche brachte, dann Feldpfaffe bei den Truppen des Herzogs von Anjou und 1575 Beichtvater des französischen Königs Heinrich III. wurde, eines eifrigen Förderers der Gesellschaft Jesu.[42]

Die Beichtväter-Bande

Beichtvater bei einem Fürsten war einer der begehrtesten, weil einflußreichsten Posten. Die Jesuiten arbeiteten überhaupt bevorzugt auf der Basis persönlicher Beziehungen. Mit wahrer Passion machten sie sich an Einzelne heran. Und am liebsten war ihnen die Individualseelsorge natürlich bei Mitgliedern höheren Standes, je höher, desto besser.

Kein Geringerer als Klemens VIII. (1592–1605) hatte einst als Kardinal Aldobrandini in Polen sich mit eigenen Augen überzeugt, «daß die Jesuiten zu viel am Hofe und mit den Adeligen verkehrten». Und eben das Amt des Fürsten-Beichtvaters erlaubte es ihnen, insgeheim in die Politik fast aller Länder Europas entscheidend einzugreifen, und dies schon wenige Jahrzehnte nach Gründung des Ordens.[43]

Am 6. Juni 1606 schrieb der französische Gesandte in Venedig, M. de Canaye, an seinen König Heinrich IV.: «Durch jesuitische Schriftstücke, die man in Bergamo und Padua aufgegriffen hat, ist erwiesen, daß die Jesuiten die Beichten dazu benutzten, um sich über die Fähigkeiten, die Gemütsart und die Lebensweise der Beichtenden, über die wichtigsten Angelegenheiten aller Städte, wo sie wohnen, Kenntnis zu verschaffen, und daß sie ein so genaues Verzeichnis von allen hätten, daß sie die Kräfte, die Mittel, die Verhaltnisse von jedem Staat und von allen Familien wissen.»

Doch auch und gerade dabei suchte man stets den Schein zu wahren. Schon auf dem Trienter Konzil gingen die abgeordneten Jesuiten Laynez, Salmerón und Le Jay abwechselnd jeden Tag seelsorgerisch zu den Armen vor der Stadt, als wäre es ihnen vor allem darum zu tun. «In große Angelegenheiten», meldeten sie im Juni 1546 ihrem General, «mischen wir uns nicht ein, außer soweit es uns aufgetragen wird.» Tatsächlich ging es ihnen – dort und immer und überall – um nichts mehr als um große Angelegenheiten![44]

Zwar erweckten die Jesuiten stets eifrig den Eindruck, sich nicht in Politik zu mischen. Ja, sie konnten scheinbar davor warnen, konnten sich auf ausdrückliche Anweisungen ihres Ordens berufen, dessen 16. Generalkongregation 1730 dekretierte: «Alle Jesuiten, von denen Fürsten politische Tätigkeit beanspruchen, sollen erklären, es sei ihnen durch ihre Satzungen verboten, sich mit solchen Angelegenheiten irgendwie zu befassen.» Und noch 1847 schrieb Ordensgeneral Johannes Roothaan dem Pariser «Courrier français»: «*Politik ist der Gesellschaft Jesu völlig fremd.* Sie hat sich nie einer Partei angeschlossen, möge diese heißen, wie sie wolle. Der Zweck und der Beruf des Ordens ist größer und erhabener als alle Parteien …» Scheinbar ganz treuherzig-unbefangen erinnert der General daran, vom Herrn zum Heil der Seelen, zum Dienst Gottes berufen zu sein, aber alles zu vermeiden, wovor «unser Beruf zurückschreckt.» Ja, ganz «nachdrücklich und ernstlich» untersagt er den Seinen, «sich in solche öffentliche Geschäfte einzulassen», befiehlt er ihnen, «daß sich keiner mische in die öffentlichen und weltlichen Geschäfte der Fürsten, die sich auf den Staat beziehen, und sich keiner unterfange, die Sorge für politische Dinge zu übernehmen.»

Da die Ordenssatzungen Jesuiten, die Berater von Fürsten sind, das Eingreifen in die Politik verbieten, kann dies die Gesellschaft nicht einfach erlauben. Ordensgeneral Aquaviva, der fünfte General, ein Neapolitaner, warnt so gleichfalls vor politischer Tätigkeit, indem er seinen Untergebenen gebietet, sie sollen «klug ablehnen …». Der Akzent liegt auf klug, denn der General fährt fort, «sie sollen den Fürsten suggerieren (suggerant), in *einigen* Dingen sich auch *an andere der Unsrigen oder an Auswärtige* zu wenden, wie es die Sache mit sich bringt, *damit es nicht den Anschein habe, als ob die Unsrigen alles leiteten*: ne videantur nostri omnia movere». Man sieht sofort, so ernst ist diese Warnung nicht gemeint.[45]

Wichtig war da, wie freilich in der ganzen Kirche, der schöne Schein, die Täuschung. Und dem kam gerade die Stellung besonders entgegen, der die Jesuiten überall begierig zustrebten, die Stellung eines Fürsten-Beichtvaters. Denn über sie konnte man zugleich am unauffälligsten und am wirksamsten politisch agieren, und dies auch noch an höchster Stelle.

Schon Ignatius von Loyola selbst hatte dem König von Portugal sowie den Herzögen Hercules von Ferrara und Cosimo von Medici Patres als Beichtväter zur Verfügung gestellt. Zwar sah sich der Orden schon bald genötigt, ein Fürsten-Beichtväterverbot zu erlassen, beschloß doch bereits die 2. Generalkongregation 1565, «weder Fürsten noch anderen weltlichen oder geistlichen Herren irgendeinen der Unsrigen anzuweisen, der ihrem Hofe folge und an ihm wohne, um das Amt eines Beichtvaters oder eines Theologen oder irgendein anderes Amt zu versehen ...» So ernst aber war auch dies wohl wieder nicht gemeint, fährt das Dekret ja unmittelbar darauf fort, «... außer für die ganz kurze Zeit von einem Monate oder zweien».

Und Ordensgeneral Aquaviva will zwar einerseits den Fürsten-Beichtvater nicht «in äußere und politische Geschäfte» verwickelt, will ihn nicht «als Tadler von Ministern und Höflingen» sehen; das Amt als solches freilich möchte er erhalten wissen, wenn nämlich die Gesellschaft Jesu vor ihm «nicht mehr fliehen kann, *weil wegen verschiedener Umstände die größere Ehre unseres Gottes und Herrn es zu verlangen scheint* ...» Nun, diese größere Ehre kann natürlich alles mögliche verlangen, und der Fürst hat dann nur «geduldig» anzuhören, «was immer der Beichtvater, *nach der Stimme des Gewissens*, ihm täglich (!) *einzuflößen* (suggerendum) für gut hält.»

Diese schlaue Formel vom «Gewissen» spielt für die Fürsten-Beichtväter fortan eine große Rolle. Nach außen zwar – es gab im Jesuitenorden für Fürsten-Beichtväter offizielle und geheime «Instruktionen» – weist man auf das offizielle Verbot politischer Betätigung hin, insgeheim aber kann und soll der Beichtvater dem Fürsten einflößen, «was immer das Gewissen ihm diktiert» (quidquid dictante sibi conscientia). Ordensgeneral Carafa beispielsweise erläßt eine für die Öffentlichkeit bestimmte «Enzyklika» gegen politische Betätigung der Jesuiten, erklärt aber in einem vertraulichen Schreiben vom 23. Mai 1648 dem Rektor des Jesuitenkollegiums in

Münster, Gottfried Cörler: «Was meine Enzyklika betrifft: die Unsrigen möchten sich nicht in Geschäfte des Krieges und des Friedens einlassen, *so war es nicht meine Meinung, dadurch zu verhindern, daß die Unsrigen im Beichtstuhle die Gewissen derjenigen, die sich mit Zweifeln an sie wenden*, leiteten, sondern nur, daß sie außerhalb der Beichte solche Dinge behandelten».[46]

In ganz Europa mischte sich die Gesellschaft Jesu strikt satzungswidrig in die Politik. Sie versuchte Schweden durch fortdauernde Bearbeitung des Königs katholisch zu machen (S. 168 f.) und ebenso – hier durch Krieg und krassen Betrug – das orthodoxe Rußland (S. 170 ff.). Unter Heinrich III. von Frankreich fördert der Jesuit Matthieu in Rom, Paris und Madrid nachhaltig den Herzog von Guise und die Liga. In Österreich mischt sich Pater Viller, einer der politisch aktivsten Jesuiten des Landes, massiv in die habsburgische Ehepolitik; der Jesuit Blyssem, Provinzial der österreichischen Ordensprovinz, ventiliert ebenso Maßregeln gegen die Türken wie gegen die «störrischen häretischen Untertanen» des Erzherzogs von Graz. Er schreibt ein Gutachten «über die militärisch-politische Frage, ob und wie die Burg zu Graz gegen die Protestanten zu besetzen sei», berät auch den Erzherzog betreffs «Übergabe des Zeughauses und der Artillerie an die Katholiken» oder über die «allmähliche, geräuschlose Vermehrung der Soldaten auf der Burg» und dergleichen mehr, weist es aber weit von sich, Politik zu treiben, versichert vielmehr kühl: «Ich enthalte mich aller politischen Ratschläge, sondern verhandle nur über das, was meines Amtes ist, d.h. was sich auf das *Gewissen* bezieht» – wobei sein Gewissen so feinfühlig ist, daß er seine satzungswidrigen Berichte nach Rom unter lauter Decknamen schickt.

Im Osten waren die Jesuiten nach der Abdankung Johann II. Kasimirs (September 1668) in die polnische Königswahl verstrickt, noch viel dramatischer im Westen in den Fall der Stuart, für die Jesuit Creighton dem Herzog von Lennox 15 000 Mann Truppen versprochen hatte, während seine Ordensbrüder, der Engländer Parsons und der Franzose Matthieu, eng mit dem Herzog von Guise kooperierten, der mit allen Mitteln den Sturz der britischen Königin Elisabeth betrieb.

Die Gesellschaft Jesu war sehr direkt am Dreißigjährigen Krieg beteiligt (S. 316). Noch kurz vor dessen Ausbruch putschte auch der Jesuit Maggio, der Beichtvater Kaiser Rudolfs II., diesen durch eine Denkschrift wie durch mündliche Vorstellungen mit äußerster Schärfe gegen die Protestanten auf. Und ebenfalls beteiligt waren die Jünger Jesu an der Revolution in Portugal in der Mitte des 17. Jahrhunderts, wo sie einen großen Einfluß auf die königliche Familie und den Hof hatten. «Keine Stelle», schreibt der Sekretär der französischen Gesandtschaft in Wien, Georgel, «wurde in der Verwaltung des Staates oder der Kirche ohne ihre Zustimmung und ihren Einfluß verteilt».[47]

Ähnlich verhielt es sich an vielen europäischen Höfen. Der Jesuit Cordara, 35 Jahre lang bis zur Aufhebung der Gesellschaft 1773 offizieller Ordens-Historiograph, behauptet sogar, «reges ac principes prope omnes Europae solis Jesuitis utebantur conscientiae arbitris» (fast alle Könige und Fürsten Europas hatten nur Jesuiten als Lenker ihrer Gewissen) – und manchmal sollen Regenten auch durch Drohungen gezwungen worden sein, die einflußreichen Stellen mit Jesuiten zu besetzen, die letzten Endes ja gar nicht zugunsten der diversen Herrscherhäuser operierten, sondern diese nur zur Realisierung ihrer eigenen Zwecke benutzten, also zur höheren Ehre Gottes – wenngleich man auch wieder, wie etwa der Jesuit Parsons, selbst den Papst betrügen konnte zugunsten des spanischen Königs. (Parsons führte zur möglichst ungestörten Abwicklung seiner Absichten mehr als ein Dutzend falscher Namen.)

Verschaffen wir uns einen kurzen, wenn auch sehr fragmentarischen Überblick.

Ignatius von Loyola selbst war Beichtvater der Herzogin Margarethe von Farnese, der Tochter Kaiser Karls V. Und er stellte die Patres Le Jay, Polanco und Pelletier den Herzögen Hercules von Ferrara und Cosimo von Medici als Beichtväter zur Verfügung sowie ebenfalls die Patres Gonzalez und Miron als Beichtväter dem König von Portugal. Jesuit Cheminot war Beichtvater des Herzogs Karl IV. von Lothringen, ebenso Beichtvater der Herzogin; Jesuit Bodler war Beichtvater des Herzogs Philipp Wilhelm von Neuburg und Jülich-Berg; Jesuit Mengin war Beichtvater des Herzogs Wilhelm von Bayern; Jesuit Vervaux Beichtvater Maximilians I. von Bayern; Jesuit Viller Beichtvater des Erzherzogs Karl von Steiermark; Jesuit Maggio Beichtvater Kaiser Rudolfs II.; Jesuit Lamormaini Beichtvater Kaiser Ferdinands II.; Jesuit Kampmiller Beichtvater der Kaiserin Maria Theresia; Jesuit d'Aubanton Beichtvater Philipps V. von Spanien (die Gesellschaft setzte die regelmäßige Ernennung eines Jesuiten zum königlichen Beichtvater in Madrid sogar durch einen Geheimartikel 1720 vertraglich fest); Jesuit Cloton war Beichtvater Heinrichs IV. von Frankreich, seine Tochter, die Herzogin Christine von Savoyen, hatte den Jesuiten Monod zum Beichtvater, von dem sein Biograph Raimond sagt, er beherrschte Paris, Madrid, Rom und Turin. Jesuit Caussin war Beichtvater Ludwigs XIII. von Frankreich; Jesuit La Chaise Beichtvater Ludwigs XIV. von Frankreich, ebenso der Jesuit Tellier (auch Letellier); Jesuit Warner, zugleich Provinzialoberer der britischen Jesuiten, war Beichtvater des Königs Jakob II. von England.[48]

Nicht in der Theorie, aber für die Praxis wurde die Institution der Fürsten-Beichtväter geschaffen – und das zeigt schon die tiefe Heuchelei, Verschlagenheit, Doppelzüngigkeit, die Unwahrhaftigkeit der Sache –, um Politik zu treiben, vor allem Politik, mochte man auch noch so sehr das «Gewissen» dafür vorschützen, die Seelsorge. Der Orden hatte auf diese und andere Weise die meisten Fürsten und politisch einflußreichen Männer Europas eher mehr als weniger in der Hand, und dies auf die unauffälligste Weise.

Der Jesuit Eduard Petre, am Sturz des Hauses Stuart besonders beteiligt, war seit Herbst 1687 Mitglied des Königlichen Geheimen Rats (Privy Council) und ein Günstling Jakobs II., der Petre zum Kardinal zu machen wünschte. Der toskanische Gesandte in London, Terriesi, berichtet am 22. Juli 1686 dem Großherzog: «Der *Jesuit* Petre, der ihn (den König) beherrscht, ist der Mann, ihn zu Extremen zu treiben, ohne an die Folgen zu denken; *er ist das primo mobile* in der *Regierung.*» Und meldet am 30. Dezember 1686: «Der Jesuit Petre beherrscht mehr als je den Geist seiner Majestät ...»

Welchen Einfluß der österreichische Jesuit Eberhard Nidhard in Spanien hatte, signalisiert schon die Aufzählung seiner Ämter und Aufgaben. Erst bereits Beichtvater am Wiener Hof, wurde er auch

Beichtvater der spanischen Königin, wurde spanischer Staatsminister, Generalinquisitor, Gesandter in Rom, Erzbischof und Kardinal. Im April 1667 schreibt der venezianische Botschafter zu Madrid, Marino Zorzi, an die Signoria, daß Nidhard «die spanische Monarchie regiere».

Ähnliches wird von dem Luxemburger Jesuiten Lamormaini im Hinblick auf Kaiser Ferdinand II. überliefert. Es heißt, Lamormaini tyrannisiere Ferdinand und die Fürsten, er habe den Kaiser so in seiner Gewalt, daß nicht der Kaiser, sondern die Jesuiten regieren. «Der Kaiser folgte dem Rat und dem Urteil seines Beichtvaters, ‹wie das Schaf dem Hirten› und weihte ihn, um sein Gewissen nach jeder Richtung sicher zu stellen, in alles, auch in die unbedeutendsten Kleinigkeiten ein» (Steinberger).[49]

Während man aber nach außen nur für das Eine, das not tut, zu sorgen schien, für die Seele, die ewige Seligkeit, für die ja auch heute noch so großmäulig wie vage herumgeisternden «christlichen Werte», ging und geht es, allen Bestreitungen zum Trotz, im Entscheidenden immer nur um Macht und Geld, ging und geht es, stets von neuem zu betonen, um Täuschung, den bloßen Schein, geht es darum, der Welt ein X für ein U vorzumachen, um desto sicherer jenes Sein zu bekommen, das man ohne den Schein kaum je bekommen hätte und schon gar nicht mehr bekommen würde.

Das ist in der ganzen christlichen Kirche so (und gewiß nicht nur da), bei den Jesuiten jedoch besonders, was zeitweise ihre großen Erfolge bedingte.

Sie umgaben sich, schon seit Ignatius, mit einer mystischen Aura, und war doch bloß Aftermystik (vielleicht ja ohnedies nur eine Tautologie). Sie taten alles, auch schon seit Ignatius, zur höheren Ehre Gottes, hatten indes für ihn selbst kaum noch Zeit und kürzten die tradierten Kontakte zu ihm. Sie ließen sich – und auch dies beginnt, wofür es genug Belege gibt, bereits beim großen Ordensstifter – generös von Frauen unterstützen, wollten dann aber wenig oder nichts mehr mit ihnen zu schaffen haben, ausgenommen adlige Frauen, reiche Frauen, einflußreiche Frauen oder auch einfach zu mißbrauchende, wie ja auch Ordensbrüder, Ordensschuler etc.

Viele geben sich gern asketisch, abgetötet, frönen aber insgeheim dem Wohlleben, nach außen freilich, so der Graf von Hoensbroech, «mit peinlichster Sorgfalt» abgeschirmt (denn woher sonst das Geld und immer wieder neues Geld!). Die armen Söhne des Loyola essen gerne gut – Jesuit Alighiero Tondi behauptet gar, aber das schon im fortschrittlichen 20, Jahrhundert: «Wer wollte, konnte den ganzen Tag essen. Es gab keinerlei Beschränkung» (außer in der Ordensregel 14: Papier). Sie essen nicht nur gern gut, sie reisen auch gern gut, leben gern in schönen Villen, genießen gern gepflegte Gärten. Dabei reden sie, und ebenfalls schon seit Ignatius, immer wieder über Armut und horten doch immer mehr Reichtümer, horten, während sie sich unentgeltlich, bescheiden geben, Geld, von allen Seiten Geld und Güter, ein riesenhaftes Grundeigentum.

Man kassiert – vielleicht nicht immer, doch meistens – Geld auch für «geistliche Dienste», für Exerzitien, Volksmissionen, Predigten, Festpredigten, Seelenmessen, kassiert an Wochenbetten, zumindest von Fürstinnen, und kassiert an Sterbebetten. Und kann auch gewiß nicht jeder, wie einst der zum Kardinal gemachte Jesuit Cienfuegos als kaiserlicher Gesandter in Madrid, jährlich über 70000 Goldgulden verprassen, auch Fürsten-Beichtväter zum Beispiel, arme Ordensleute doch, beziehen kein schlechtes Salär, in Spanien gelegentlich etwa 4000 Livres, in Frankreich über 6000 Livres; und sooft dort der Beichtvater bei Hofe aß, mußte man ihm eine Mahlzeit von sechs Gängen servieren. Der Beichtvater Ludwigs XIV., Jesuit La Chaise, bekam auch ein prächtiges Landhaus als Ruhesitz, übrigens dort, wo heute der nach ihm benannte berühmte Friedhof liegt: Père La Chaise.

Noch in Amerika besitzen die Jesuiten ausgedehnte Landgüter, riesige Schafherden, mitunter von 30000 Schafen, sie haben die größten Zuckerfabriken, haben Silberbergwerke. «Heiligster Vater!», schreibt am 25. Mai 1647 der Bischof Johann von Palafox aus Mexiko, «Ich fand in den Händen der Jesuiten fast alle Reichtümer, alle Liegenschaften, alle Schätze dieser Provinzen von Amerika.» Und noch im 20. Jahrhundert ist die Gesellschaft dessen, der nichts hatte, wohin er sein Haupt legen konnte, der wohl reichste katholische Orden, besitzt er beispielsweise die Bank of America, die größte Privatbank der Welt, mit 51 Prozent.[50]

7. KAPITEL

WITTELSBACHER UND HABSBURGER ALS TRÄGER DER GEGENREFORMATION UND DER KÖLNER KRIEG

«Für Toleranz war kein Raum ..., wo die Lebenswirklichkeit vom schieren Konfessionalismus (bis hin zum Bürgerkrieg!) bestimmt war.»
Michael Maurer[1]

«Von weittragenden Folgen für die konfessionelle Lage am Niederrhein war der Einzug eines Wittelsbachers ins Erzstift Köln. Neben den Wittelsbachern wurden die Habsburger die eifrigsten Vorkämpfer der Gegenreformation. Vor allem Ferdinand II. (1590–1637), der in Ingolstadt bei den Jesuiten erzogen war, betrachtete die Ausrottung der Ketzerei als seine Lebensaufgabe. Er eröffnete einen regelrechten Feldzug gegen seine evangelischen Untertanen. Binnen kurzer Zeit wurden Steiermark, Kärnten und Krain mit Gewalt rekatholisiert ... In Bayern arbeitete der ebenso fanatische Vetter Ferdinands, Maximilian I. (1598–1651), der spätere Große Kurfürst Bayerns, in demselben Sinne. Auch er war ein Jesuitenschüler.»
Walther von Loewenich[2]

«Die katholische Partei war erwacht, fest geeint, entschlossen und klug geführt, ging sie auf ihr Ziel los. Seit den achtziger Jahren setzte die gewaltsame Reaktion an vielen Stellen ein ... Als sichtbaren Wendepunkt darf man den Kampf um Köln 1582–1584 ansehen. Daß der Kurfürst Gebhard Truchseß von Waldburg bei einem Übertritt zum Protestantismus von seinen neuen Glaubensgenossen keine wirksame Unterstützung fand ... und daß spanische Truppen von den Niederlanden her eingriffen und den Abtrünnigen vertrieben, hat über die ganze Zukunft des Niederrheins und Westfalens entschieden. Köln blieb katholisch, und in der Folge verschwanden jetzt vor den spanischen Bataillonen auch die protestantischen Administratoren aus den westfälischen Bistümern. Man darf es sich einprägen: spanische Soldaten haben diesen Eckstein des katholischen Deutschlands eingemauert.»
Johannes Haller[3]

«Bonn, Neuß und Rheinberg hatten nun spanische Besatzungen. Und die spanische Zeit brachte über den Niederrhein noch viel mehr Elend als der frühere Kölner Krieg der Erzbischöfe. Die Entvölkerung des Landes nahm einen ungeheuren Umfang an. Plündern, Morden und Notzucht verwüsteten Land und Volk.»

Karl Brandi[4]

Die Bekämpfung des Protestantismus verschärfte sich seit der Mitte des 16. Jahrhunderts, als nach dem übereinstimmenden Zeugnis venezianischer Gesandter neun Zehntel der deutschen Bevölkerung schon protestantisch waren. Eine Generation später waren es noch sieben Zehntel, wieder eine Generation später, zu Beginn des 17. Jahrhunderts, stand der Katholizismus hochgefährlich und zum Kampf entschlossen da.

Der eigentliche Träger der Gegenreformation im Heiligen-Römisch-Deutschen Reich wurde Bayern. Seine Herzöge Wilhelm IV. (gest. 1550) und sein Bruder Ludwig X. (gest. 1545) widerstrebten der Reformation von Anfang an und verhinderten sie weithin durch frühe Zensurmaßnahmen. Dabei verflochten sich religiöse und realpolitische Motive. Ja, das Herzogtum, das großenteils zur Kirchenprovinz Salzburg (Salzburg, Chiemsee, Freising, Passau, Regensburg) gehörte, wo der Bruder der Bayernfürsten Erzbischof war, wurde geradezu das Musterbeispiel eines «geschlossenen Konfessionsstaates», allerdings weniger durch die Landeskirche und ihre Bischöfe als durch die landesherrlich gelenkte, auf umfassende römische Privilegien gestützte Kirchenpolitik. Man bediente sich überhaupt gern des Papsttums, auch der Reformorden, besonders der Jesuiten, ließ sich selbst aber weniger gern von Rom hereindirigieren, eine Religionspolitik, die da und dort, mutatis mutandis, noch lange die Zeiten prägt.

Als erstes Land hatte Bayern die Trienter Dekrete umgesetzt, auch bereits gegenüber dem päpstlichen Nuntius Giovanni Morone offen für Gewaltanwendung plädiert, sogar einige Hinrichtungen des Glaubens wegen verfügt, darunter die Tötung des aus Heimweh nach seinem alten Vater zurückgekehrten Wittenberger Studenten

Leonhard Käser. Und wie anderwärts vermengte sich auch dabei oft Konfessionelles mit dynastischen Interessen, den Machtbestrebungen eben des Hauses Wittelsbach, gingen die frommen Bayernfürsten, territorial auf drei Seiten von den Habsburgern, Alliierten und Rivalen zugleich, umklammert, gelegentlich durchaus auf Distanz zu Kaiser und Kirchenführern.

So hatten die bayrischen Herzöge längst sowohl antievangelische Maßnahmen eingeleitet wie, wider den anfänglichen Willen der Bischöfe, Visitationen, Pfarr- und Mönchsreformen durchgeführt, aber sie hatten sich auch die Kontrolle über Glauben und Disziplin der Geistlichen, Religiosen, über Klerus- und Klostervermögen gesichert, hatten die Kirchenpolitik zum eigenen Vorteil instrumentalisiert, ja durch einen Krieg (S. 232 ff.) das Erzstift Köln zu einer jahrhundertelangen Sekundogenitur ihres Hauses gemacht. «Konfessionelle Konfliktlagen nutzte Bayern konsequent für die Steigerung der eigenen Macht und der der Familie aus» (Körber) – wobei dies, wie gesagt, woanders selten anders war.

München als «deutsches Rom», Bayern als Polizeistaat

Herzog Wilhelm IV. mit seinem Lehrer und Berater Leonhard von Eck einer der Hauptverantwortlichen dafür, daß das Land katholisch blieb, hatte bereits 1542 die Jesuiten gerufen. Unter seinem Sohn und Nachfolger Albrecht V. (1550–1579) wirkten sie an den in Ingolstadt und München gegründeten Kollegien, und während die Bischöfe sich kaum engagierten, bestimmte der unter dem Druck seines evangelischen Adels und der Last hoher Verbindlichkeiten zunächst religiös eher unentschieden erscheinende Herzog dann die konfessionelle Richtung, trat er für die Kirchenreform ein.

Beeinflußt vor allem von den Jesuiten und seinem betont katholischen Kanzler Simon Thaddäus Eck (Stiefbruder und Zögling des bekannten Luther- und Zwingligegners Johannes Eck), begann Albrecht V. nach dem Augsburger Religionsfrieden (1555) die Rekatholisierung des Herzogtums, verschärfte sie nach dem Trienter Konzil und wurde, einen immer rigideren gegenreformatorischen Kurs steuernd, mit «Ketzer»riecherei, Erpressung, Denunziation der Gründer des frühneuzeitlichen bayerischen Konfessionsstaates, von dem 1615 der Hofhistoriograph Rader schreiben konnte: «tota regio nil nisi religio».

Doch obwohl Albrecht es für notwendig erklärte, zur Erhaltung der übrigen katholischen Lehren und Zeremonien «auch ein mitleidentliches Ein- und Nachsehen zu tun», wollte er bereits 1557 lieber «mit Weib und Kindern an den Bettelstab geraten, als noch weiter religiöse Zugeständnisse machen». Schließlich hatte schon Paul IV. an Albrecht besondere Erwartungen geknüpft und ihm noch im Jahr seines Pontifikatsbeginns 1555 ein Lob- und Dankschreiben geschickt. Pauls Nachfolger Pius IV. verlieh dem Bayern zahlreiche Privilegien, Kirchenzehnten, Nominationsrechte. Und Gregor XIII., ein Papst, der persönlich die Ermordung der englischen Königin betrieb, hatte zu ihm sein «meistes Vertrauen» unter allen deutschen Fürsten und suchte immer wieder seinen Rat. Bestand die bayerische «Staatskunst» doch durch die Jahrhunderte nicht zuletzt in einer engen Kooperation mit Rom, hin und wieder in blanker Hörigkeit. Gelegentlich fürchtete man aber auch Albrechts Übertritt (und, in seinem Gefolge, den ganz Süddeutschlands) zu den Neugläubigen.

Doch 1564 zerschlug der Herzog mit einem «Hochverratsprozeß», der offensichtlich der Abschreckung diente, die Häupter der Opposition, eine angebliche Adelsfronde der Protestanten, gewann er dem Katholizismus auch innerbayerische Enklaven zurück, gewann die Vormundschaft im evangelischen Baden. Zugleich förderte er die «Volksmission», führte «Religionsverhöre», strengste Zensur ein, ließ die Druckerpresse ebenso überwachen wie die Erziehung der Jugend. Die «Schulordnung der Fürstentümer Obern und Niedern Bayernlandes» von 1569 kontrollierte Lehrer und Schüler gleich rigoros. Und fortgesetzt bedrohte der Potentat alle Untertanen bei Widersetzlichkeit mit scharfen Strafen, während er sich selbst am kirchlichen Gebiet, am Klostervermögen vergriff und bereits ungehalten war über nur sehr vorsichtige, sehr höfliche kirchliche Beschwerden. So hatte er schon nach zwanzigjähriger

Herrschaft Bayern für den Papst gerettet, 1575 war es völlig rekatholisiert.[5]

Albrechts Sohn, Herzog Wilhelm V. der Fromme (1579–1598), wurde ganz von Jesuiten begleitet und geleitet, wofür er sie natürlich mit Wohltaten überschüttet hat, wie er überhaupt vielen «Heiligtümern», vor allem römischen, reiche Geschenke machte. Er soll (wie Gattin Renata) nie schwer gesündigt, soll wöchentlich wenigstens einmal gebeichtet und kommuniziert, täglich mindestens vier Stunden gebetet und obendrein mehrere Messen besucht, auch, nach jesuitischer Weisung, mittags und abends sein Gewissen erforscht haben. Dazu sammelte er eifrig Reliquien, u.a. vom Kurfürsten Brandenburgs gegen gute bayrische Flinten und englische Hunde eingetauscht, während der Pommernherzog zunächst zögerte, Heiligenreste herauszurücken «zur Bestärkung der Abgötterei». Erfährt man überdies, daß Herzog Wilhelm durch das Tragen härener Unterkleidung, durch Kasteiung und Geißelung sogar die mittelalterlichen Askesemeister überboten haben soll, wundert man sich wohl nicht, daß man seinen Hof ein Kloster, München das deutsche Rom genannt, daß er die Gegenreformation seiner Vorfahren und ihre innerkirchlichen Reformen intensiv fortgesetzt und seinen Nachfahren, trotz des Kumulationsverbotes, eine Fülle geistlicher Pfründen erworben hat, bis ihn eine enorme Verschuldung zur Abdankung zwang – dabei sprach ihn schon 1580 der Jesuitenprovinzial Hoffäus von der Zinszahlung frei, weil Gott das Zinsennehmen verboten habe.

Wilhelms Sohn und Mitregent Maximilian (1598–1651), Inbegriff eines Fürsten von Gottes Gnaden und des konfessionellen Absolutismus, auch vom Herrn mit einer gut fünfzigjährigen Regierung beglückt, nützte diese und machte Bayern zu einem klerikalen Polizeistaat, «zur eigentlichen Hochburg des religiösen und des politischen Katholizismus in Deutschland» (Brandi).

Maximilian ernannte Jesuiten zu seinen Beichtvätern, hörte täglich zwei Messen und betete stundenlang im Knien. Seine rechtgläubigen Schäfchen schottete er nicht nur möglichst von der «ketzerischen» Außenwelt ab (zum Beispiel durch das Verbot, auswärtige Protestanten zu heiraten oder durch die sehr erhebliche Erschwerung des

Studiums jenseits der Landesgrenzen), sondern er oktroyierte ihnen auch eine rigorose Sitten- und Kirchenzucht sowie strenge Strafen etwa bei Ehebruch, bei Verstößen gegen Fasten- und Abstinenzgebote, wobei er alles, von den Kochtöpfen bis zum öffentlichen Tragen von Rosenkränzen, durch amtlich beauftragte Spione, sogenannte «Aufstecher», überwachen ließ, die ihrerseits wieder «Oberaufstecher» kontrollieren sollten. «Ketzerische» Bücher wurden ausgemerzt, selbst in der herzoglichen Bibliothek nur verschlossen aufbewahrt und noch die Schlüssel dazu versiegelt! Alle Bediensteten, wie Beamte, Lehrer, hatten die Trienter Konzilserlasse zu beschwören, für den gesamten Hof war täglicher Messebesuch obligatorisch, für unkirchliches Verhalten gab es Geld- und Gefängnisstrafen, sogar das Fluchen wurde bedroht, in schweren Fällen mit dem Verlust eines Gliedes, ja des Lebens![6]

Nichts um «Gottes Lohn» allein

Allerdings wußten die Wittelsbacher mit ihrer Förderung des Katholizismus auch die ihrer dynastischen Interessen zu verbinden, die Bistümer von sich abhängig zu machen und dadurch ihre Hausmacht stetig zu stärken.

Nichts geschah um «Gottes Lohn» allein. So bemächtigte sich Herzog Albrecht nicht nur der kirchlichen Finanzquellen, sondern nötigte auch den Freisinger Bischof Moritz von Sandizell zum Rücktritt, um 1565 dem dortigen Domkapitel seinen eigenen Sohn, den gerade zwölfjährigen, schon früh mit vielen Pfründen bedachten Prinzen Ernst (1554–1612) als Administrator in temporalibus aufzuzwingen, was selbst Pius V. absegnete, obwohl es allen tridentinischen Reformgrundsätzen widersprach.

Und auch Papst Gregor XIII. – doch mit so viel angestammtem Familiensinn ausgestattet, daß er seinem Sohn Giacomo eine Grafschaft und ein Herzogtum kauft – billigte, allen Trienter Dekreten zum Hohn, die vielen Bischofsämter, die enorme Pfründenhäufung in der Hand des Bayern, der 1573 auch Bischof von Hildesheim wird, dessen früherer Oberhirte, Herzog Friedrich von Holstein, zwar in Rom bestätigt, sich aber allzu herrschaftlich gerierte, «fraß und soff», «nie in die Kirche ging» (von Pastor). Und 1581 wurde Ernst auch Oberhaupt des besonders reich dotierten Bistums Lüttich, ja, er brachte noch die benachbarten Reichsabteien Stablo und Malmedy an sich sowie 1585 das Bistum Münster. (Und war bereits als Fünfzehnjähriger für die Bischofssitze Minden, Halberstadt und Magdeburg vorgeschlagen worden.)

Ernst von Bayern, der schließlich über vier Bistümer und zwei Reichsabteien gebot, erklomm sogar noch einen Erzbischofsstuhl, allerdings nicht ohne Krieg, den sogenannten Truchsessischen oder Kölner Krieg, der seit Mai 1583 «mit furchtbaren Verwüstungen» (Lexikon für Theologie und Kirche) jahrelang am Niederrhein und in Westfalen wütete – der erste Krieg seit 1555 zwischen den Konfessionsparteien im Reich, ein Nebenkriegsschauplatz des niederländischen Freiheitskampfes (S. 241 ff.). Bayern rettete dadurch nicht nur die nordwestliche Eckbastion des deutschen Katholizismus, nicht nur die katholischen Reste in Norddeutschland, es verhinderte auch eine protestantische Mehrheit im Kurfürstenkolleg, ja ein drohendes protestantisches Kaisertum, kurz, den Ruin der alten Kirche und die Alleinherrschaft des Protestantismus in Deutschland.[7]

Einige Bischöfe Kölns hatten mit der Reformation sympathisiert und ihren Sprengel zu protestantisieren gesucht. So die Kurfürsten Erzbischof Hermann von Wied und, zwei Jahrzehnte später, Erzbischof Friedrich von Wied. Hermann, der als erster Oberhirte im deutschen Reich die Reformation einführen wollte, wurde 1546/1547 exkommuniziert und abgesetzt (schlicht «unwissend», wie er nun eben war, theologisch «gänzlich ungenügend» und «nicht einmal des Lateinischen mächtig»: Ludwig von Pastor). Auch Hermanns Verwandter Friedrich von Wied verweigerte die Ablegung des tridentinischen Glaubensbekenntnisses und dankte ab. Und dessen Nachfolger Graf Salentin von Isenburg resignierte 1577 und heiratete.

Das Kölner Domkapitel aber soll bereits mit den aufständischen Niederländern über die Säkularisierung des Hochstifts verhandelt haben. Es war protestantisch infiltriert, gleich so manchem freilich, dem Straßburgs zum Beispiel, was im «Straßburger Kapitelstreit» zu Doppelbesetzungen und Waffengängen der konkurrierenden Bischöfe führte. In Köln mißlang 1577 jedoch Albrechts V. Versuch, seinen Sohn Ernst auch auf den rheinischen Erzstuhl zu bringen. Selbst der Beistand Philipps II. von Spanien, Kaiser Rudolfs II. und Papst Gregors XIII. samt seinem doch so erfolgreichen Nuntius Bartolommeo Portia, nach Torquato Tasso klügster aller Nuntien, vermochte da nichts.

Erzbischof wurde seinerzeit Gebhard Truchseß von Waldburg (1577–1583), ein Neffe des Augsburger Bischofs Kardinal Otto Truchseß von Waldburg, eines eingefleischten Protestantenfeindes, des einzigen Reichsfürsten übrigens, der am 23. März 1555 gegen den Friedensschluß protestiert hatte.[8]

Es ist vielleicht nützlich, hier einmal den kontinuierlichen Fortgang des Berichts, die große Linie des Dargestellten und noch Darzustellenden zu unterbrechen, um durch die, wenn auch geraffte Betrachtung der Lebensbilder zweier Prälaten dieser Zeit – beide nicht nur damals hochgefeierte katholische Persönlichkeiten –, uns manche Eigenheiten der Epoche noch näher zu bringen, deutlicher zu machen.

Otto Kardinal Truchsess von Waldburg Bischof von Augsburg und «Protektor der deutschen Nation»

Die Waldburg waren ein schwäbisches, den staufischen Ministerialen zugehörendes Geschlecht mit dem Stammsitz bei Ravensburg. Seit 1526 nahmen sie das Reichstruchsessenamt erblich ein, wurden hundert Jahre später in den Reichsgrafenstand erhoben und 1803 gefürstet. Unter Ottos Vorgänger Christoph von Stadion (1517–1543), womöglich mit Jakob Fuggers Hilfe ins hohe Amt gelangt, griff die Reformation rasch im Bistum aus. Um 1527 gewannen die Zwinglianer, nach 1530 die Lutheraner die Oberhand, und Bischof Stadion, wohl zu weich, gelegentlich fast evangelisch,

Befürworter von Laienkelch, Priesterehe, deutscher Liturgie, wurde 1537 samt seinem Klerus aus der Stadt vertrieben.

Von Weichheit kann bei dem Nachfolger Otto Truchseß von Waldburg (1543–1573), einem Vetter des berüchtigten Georg, des «Bauernjörg», nicht die Rede sein. Er war so papsttreu wie katholisch, galt als Reformer, wurde in Dutzenden von Büchern altgläubiger Zeitgenossen als Wächter und Hirt Germaniens gefeiert, als zweiter hl. Augustinus. Und noch im 20. Jahrhundert nennt man ihn frömmer, ernster, tiefer als die meisten Prälaten seiner Zeit, preist ihn Ludwig von Pastor als «eine der stärksten Säulen der katholischen Kirche Deutschlands». Kam Otto doch, trotz höchster Fürsprecher, nicht auf den Kölner Erzstuhl, weil er dort den Domherren «viel zu fromm, zu geistlich» war «und in Religionssachen zu eifrig».[9]

Im «heiligen Turm» des Dillinger Schlosses («Turris sacra Dilingana») und anderwärts verwahrte der Fromme eine ungewöhnliche Menge von Reliquien, selbst solche von Seltenheitswert, wie mehrere Häupter von «Märtyrerjungfrauen» – und Jungfrauen schätzte Otto spätestens seit ihm, dem Domherrn, «maylendische junckfrewlin ... vil rub (Ruh) unnd weyl» raubten. Später bekämpfte er dafür desto intensiver in Augsburg die Konkubinen seines Klerus und tilgte Hinweise auf die Vaterschaft eines Geistlichen noch auf Grabsteinen aus, ließ auch einer weiteren Jungfrau in Loreto, seiner Lieblingswallfahrtsstätte, mit großen Kosten eine Kapelle errichten.

Nach Studien in Tübingen, Dole, Bologna und Padua trat der Truchseß, nicht von ungefähr schon als Student befreundet mit dem Papstnepoten Kardinal Alessandro Farnese, 1537 in den diplomatischen Dienst der Kurie. Und gerade zwei Monate in Rom, ernannte der einst von Alexander VI. geförderte Heilige Vater Paul III. («Kardinal Unterrock»: VIII 338, 443) den strebsamen Schwaben bereits zu seinem camerarius secretus, zum Päpstlichen Geheimkämmerer.

Damals sandten der Kaiser und Girolamo Aleander, der Wiener Nuntius, wärmste, von Otto selbst angeregte Empfehlungsschreiben nach Rom, und nun begann für den «Reformer» der Segen vergoldeter Gnaden, der zeitlebens anhielt (bald auch für seine Nepoten).

Otto errang die Anwartschaft auf Pfründen in den Bistümern

Speyer, Würzburg, Eichstätt, Konstanz bis zu einem Gesamtertrag von jährlich 1000 Goldgulden. Noch 1538 heimste er die Speyrer Domkantorei, 1540 die Domdekanei von Trient ein, ohne damit verbundenen Pflichten auch nur annähernd nachzukommen. Statt dessen bevorzugte er ein aufwendiges Dasein, führte er ja schon als Domherr in Pavia ein so genußsüchtiges, kostspieliges Leben, daß ihn sein Vater daran erinnerte, «nicht des Fortunatus oder Fuggers Säckel» zu haben. Dafür geht er dann als Bischof gegen das Betteln sowie das ihm besonders fatale Wirtshaussitzen (zumal von Schuldnern!) vor und stellt mit dem ihm eigenen Ton gegenüber Untergebenen fest, «daß nicht wenige Untertanen statt zu arbeiten faulenzen, fressend und saufend in den Wirtshäusern sitzen, Weiber und Kinder auf den Bettel schicken, um das erbettelte Almosen wieder zu versaufen». Er verbietet alle Gastereien in der vierzigtägigen Fastenzeit, verbietet Zechen und Tanzen auch während des Gottesdienstes morgens wie abends, erlaubt schließlich Tanz und Saitenspiel nur noch bei Hochzeiten, schärft Prozessionen und Gebete zur Abwehr der Türkengefahr ein, was so weit geht, daß beim Läuten der «Türkenglocke» um zwölf Uhr jeder, was immer er gerade tut, niederknien und beten muß.[10]

Kaum hat Otto 1543 die Nachricht vom Tod des Augsburger Oberhirten erhalten, setzt er Himmel und Hölle in Bewegung, um Bischof zu werden. Er jagt Eilpostbriefe an den Papst, den Kardinalnepoten Farnese, an König Ferdinand, den Kaiser, die bayerischen Herzöge, die Bischöfe von Trient, Salzburg und «ander mer» – erklärt aber unmittelbar danach, all diese Herren hätten ihn ohne sein Zutun, aus eigener «Bewegnis», gefördert; ja zwanzig Jahre später will er den Bischofsstuhl überhaupt nur auf Drängen des Domkapitels angenommen haben! (Nicht von ungefähr waren seine Beichtväter und Berater meist Jesuiten.)

Nach seiner Wahl empfing Otto, in Pracht und Prunk verliebt wie Ungezählte seinesgleichen, überall die notorischen Huldigungen. So ließ er sich beispielsweise unter dem Schloß Rettenberg im Allgäu von 1650 Männern «mit irer wer und harnasch» (sein ausdrücklicher Wunsch) in Schlachtordnung sowie mit acht oder zehn Blaskapellen samt Freudenschüssen hofieren «wie vnnderthonen wol zustatt». Von den Bauern, die er ausbeutet und mit Strafen bedroht, mit zwei Ochsen beschenkt, zusammen 40 Gulden wert, spendet er den Spendern – bald als «Wohltäter der Armen und Waisen» gepriesen – 20 Gulden. Wahl und Regierungsübernahme («mit groser herrlichkeit») kosten 30000 Gulden.

Auf dem Reichstag in Speyer 1544 ernennt Karl V. den Bischof zum kaiserlichen «Generalkommisär» für Deutschland, was ihm jährlich 13000 Gulden einträgt. Der Papst erhebt ihn noch im selben Jahr zum Kardinal. Und schon im nächsten vermittelt Otto in Worms dem Herrscher für den Feldzug gegen die Schmalkaldener Geld und Truppen des Papstes, auch die Erlaubnis, kirchliche Einkünfte für Kriegszwecke zu verpulvern. Otto selbst erbittet zur Finanzierung seiner Aufrüstung die Ausschreibung eines Zehnten, die Verpfändung der hochstiftischen Güter bis zu 30000 Gulden sowie Breven, um geistliche wie weltliche Fürsten in den Krieg locken zu können, den Otto leidenschaftlich propagiert. Und gibt sich während allem dem «far amore» hin, Freund Kardinal Christoph von Madruzzo versichernd, «jede Vorsicht» walten zu lassen; im übrigen kenne er keine bessere Rache für die «Gerüchte», als mit einer hübschen Augsburgerin anzubinden.

Inzwischen laufen die Kriegsvorbereitungen weiter, tut der Bischof manchmal mehr dazu, als selbst dem Regenten lieb ist. Er beschleunigt den Abschluß des kaiserlich-päpstlichen Bündnisses, zieht den Markgrafen Albrecht Alcibiades von Brandenburg-Kulmbach, diesen besonders begabten Mordbrenner, ins katholische Lager, ruft die Prälaten auf, Gold und Silber für das nahende Blutvergießen zu spenden, verlangt selbst immer mehr Geld dafür, so daß ihm schließlich das eigene Domkapitel erklärt, seine «Kriegstreiberei» mache ihn bei hoch und niedrig verhaßt.

Der Konflikt nahm im Bistum Augsburg seinen Anfang, und Otto führte dem Kaiser vier Fähnlein Fußvolk sowie 200 Reiter zu, wurde Oberproviantmeister des Feldheeres, und seine Schulden sollen während des Krieges auf 350000 Gulden gestiegen sein. Doch heimste er von den oberdeutschen Städten und Herren, den Verbündeten der Schmalkaldener (Ulm, Augsburg, Ravensburg, Herzog von Württemberg etc.), derartige Entschädigungsgelder ein, daß ihm, nach Bezeugung seines Kapitels, noch 164000 Gulden zu eigenem Nutzen verblieben.

Am 7. August 1546 zieht der Kardinal mit seinem ganzen, zehn Jahre lang aus Augsburg verwiesenen Klerus in die Stadt ein, die ihm als Schadenersatz 95000 Gulden erstatten muß. Natürlich erhält er wieder alle früheren «Rechte» für seine Priester und die Gerichtsbarkeit über sie, auch sämtliche Augsburger Kirchen, kurz, das «Zunftregiment» löst eine patrizisch-aristokratische Herrschaft ab, im gesamten Bistum beginnt eine rigorose Rekatholisierung.

Als es zum Fürstenaufstand kommt, treibt der Kardinal vergeblich zu einem Gegenschlag. Und vergeblich auch protestiert er auf dem Augsburger Reichstag 1555 gegen die Gleichberechtigung des katholischen und protestantischen Glaubens, den mühsam errungenen Religionsfrieden, ja sucht die geistlichen Fürsten dagegen derart aufzustacheln, daß ihn König Ferdinand wissen läßt, «ein kaiserlicher Reichstagskommisär habe eine andere Aufgabe als die Gemüter zu erhitzen».

Inzwischen starben Julius III. und Marcellus II., trat Paul IV. an. Und da sich Otto infolge seiner Hetze in Deutschland, wie er selbst sagt, seines Lebens nicht mehr sicher fühlt, übersiedelt er 1559 nach Rom, wo er im Herbst beim Konklave sogar 13 Stimmen (von gut 40) erhält, freilich auch einen schweren Zusammenstoß mit dem künftigen Pius IV. hat, den er jedoch gleich nach dessen Wahl in Briefen an Kaiser Ferdinand und Bayernherzog Albrecht in hohen Tönen preist, nicht zuletzt gewiß, weil er, der Hochverschuldete, vom neuen Heiligen Vater auch neue einträgliche Posten und Pfründen erhofft.

Stets seinem großen Ziel der «Wiederaufrichtung der Kirche in Deutschland» verpflichtet, drängt der Kardinal in den Jahren 1560/1562 zu einem weiteren Krieg, propagiert er beim Papst, bei Herzog Albrecht, König Philipp eine schlagkräftige katholische Liga, um die «Ketzerei» in Deutschland auszurotten. Doch als Herzog Christoph von Württemberg ihn und den Konstanzer Kardinal Markus Sittig von Ems-Hohenems im Januar 1562 öffentlich als Kriegstreiber brandmarken läßt, erklärt Otto, weder der Papst noch der deutsche Klerus hege Angriffsabsichten wider die Evangelischen

– und wünscht noch im selben Jahr vom französischen Hof Bekehrung der Hugenotten oder Vernichtung.

Jede Niederlage dieser «Ketzer» bejubelt er, feiert den verheerenden Sieg der königlichen Streitmacht und der päpstlichen Hilfstruppen über sie am 3. Oktober 1569 bei Moncontour als Werk der göttlichen Vorsehung und beglückwünscht 1572 den französischen König Karl IX. zum großen Pariser Blutbad, zur «Bartholomäusnacht».

1573 stirbt Otto – «fein christlich und mit guter vernunft». Und am 29. März 1602 fordert der Papst den Augsburger Bischof Heinrich von Knöringen, übrigens einen Verwandten Ottos auf, «ein würdiges Denkmal für den verstorbenen Kardinal und Protektor der deutschen Nation zu errichten, auf daß dadurch viele, besonders Deutsche, zum Tugendstreben angeeifert würden». Und noch 1576/1577 streitet Ottos Nachfolger Bischof Marquard vom Berg mit dem Salzburger Erzbischof Johann Jakob Khuen-Belasy länger als ein Jahr um zwei Truhen mit Silbergeschirr, die Otto 1559 dem Salzburger gegen ein Darlehen verpfändet hatte. Im übrigen war vom Berg nicht nur, wie Vorgänger Otto, ein eifriger Pfründenjäger, er sei auch, meldet Nuntius Bartolommeo Portia 1575 nach Rom, der «Ketzerei» verdächtig und öffentlicher Konkubinarier. Und zumindest letzteres hat wohl von dem Bischof, dem wir uns jetzt noch zuwenden wollen, um ein weiteres Lebensbild jener Tage etwas zu detaillieren, bisher niemand behauptet.[11]

Julius Echter von Mespelbrunn Fürstbischof von Würzburg und Herzog von Franken Porträt eines «hervorragenden Humanisten» (Meisner)

Noch ehe der in Franken bis heute Berühmte – aus dem wunderschönen Stammschloß der Echter im Spessart – die Protestanten bekämpfte, ging ihm damit sein Nachbar im Norden, der Fuldaer

Fürstabt Balthasar von Dernbach voran, nicht sehr erfolgreich, doch mit aller Energie, und dies obwohl er selber lutherischer Herkunft und in Hessen lutherisch herangewachsen war. Doch seit seiner Wahl 1570 zum Abt durch die Benediktinerpröpste griff der damals erst Zweiundzwanzigjährige die Neugläubigen an, verbot er das Einführen ihrer Bücher, verbot ihre Kirchenlieder im Gottesdienst, verbot schließlich jede Polemik gegen die alte Religion, jede Einmischung in seine Regierung. Er eröffnete 1572 ein Jesuiten-Seminar, hatte auch einen Jesuiten als Beichtvater, führte wieder Prozessionen und andere katholische Bräuche ein, suchte vor allem seine Kleriker und Mönche sittlich zu heben und die Trienter Vorschriften durchzusetzen. «Am meisten aber wirkte Balthasar selbst durch das Beispiel seines reinen Lebens und seiner Gottesfurcht». Dies betont kein anderer als der Historiker der Päpste, und von Pastor attestiert dem jungen Abt zudem «Charakterfestigkeit, Entschiedenheit, Ausdauer, Klugheit, Milde, verbunden mit tiefer Frömmigkeit und religiösem Eifer, in hohem Grade ...»[12]

Unbestreitbar und unbestritten ist auch, daß der Erzabt den Papst auf seiner Seite hatte, wie Rom überhaupt bereit schien, ihm Diözesanrechte einzuräumen. Doch hatte er andererseits die evangelischen Ritter seines Hochstifts gegen sich und allmählich, je länger desto mehr, auch sein eigenes unbeständiges, von protestantischen Gedanken durchsetztes Domkapitel. Mit beiden jedoch, den Rittern wie dem Kapitel, führte der Würzburger Bischof Julius geheime Verhandlungen, während dem Fürstabt auch der Stadtrat, die Zünfte entgegentraten, zumal protestantische Potentaten, der Kurfürst von Sachsen, die beiden hessischen Landgrafen, sie ermahnen ließen, «bei der reinen Lehre» auszuharren.

Mit den Gegnern des Abtes aber, mit dieser im wesentlichen neugläubigen Front, mit den protestantischen Rittern des Fuldaer Gebietes, zu denen er schon früh Kontakt suchte, verband sich jetzt Julius Echter von Mespelbrunn, der Fürstbischof von Würzburg, und er tat dies wohl weniger, um im Fuldischen den Protestantismus auszurotten, als aus territorialen Gründen, um sich die Erzabtei botmäßig zu machen, sie dem eignen Hochstift zu unterstellen; kurz, es ging um nichts so sehr als um eine gewaltige Gebietserweiterung.

Auch Götz von Pölnitz, der doch wenig zur Verteidigung Echters unterläßt, spricht von der «Verschwörung zwischen der Würzburger Regierung und der fuldischen Opposition ... Ohne Unterlaß reisten geheime Gesandtschaften», spricht von der «Übertretung jener Gesetze der Staatsmoral, denen er als Priester niemals hätte zuwiderhandeln dürfen» – sieht Echters Haltung aber «schon dadurch historisch einigermaßen erklärt ..., daß sie einem jener Zeit eigenen, rücksichtslosen politischen Denken auf den Erfolg entsprang ...»

Daß der Bischof bei kleineren Eingriffen erst recht rücksichtslos war, wird kaum jemand wundern. So nahm er noch den Jesuiten Grund und Boden und Gebäude weg, um seine Universität errichten zu können. Und ebenso wenig scherte er sich um den Einspruch Kaiser Rudolfs II. oder gar um das Geschrei der Juden – Vorgänger Friedrich von Wirsberg hatte sie schon «ein für alle mal» aus dem Bistum vertrieben –, als er sein vielgerühmtes (Julius-) Spital ausgerechnet auf dem Gelände des ehemaligen Judenfriedhofs zu bauen beschloß. Der Prälat war enorm ehrgeizig. Zwar verzichtete er, halb Deutschland damit beeindruckend, auf das Kardinalat, jedoch verzichtete er, wie auch andere diesbezüglich resignierende geistliche Herren, aus rein politischem Kalkül; seine Pläne, in Mainz Erzbischof zu werden, scheiterten.[13]

Julius Echter, am 1. Dezember 1573 achtundzwanzigjährig mit 11 von 22 Stimmen zum Bischof gewählt, hatte zunächst die Protestanten wenig behelligt, fast geschont, vielleicht flüchtig selbst seinen Übertritt erwogen; während Abt Balthasar, entschlossener Verfechter der Gegenreformation, von Anfang an die Neugläubigen attackierte und bald jeden aus seinem Hof entfernte, der sich weigerte, das Tridentinische Glaubensbekenntnis abzulegen. Er schritt gegen unsittliche Stiftsherren ein, ließ auch die «schöne Maid» des Dechanten verhaften, andererseits aber in Hammelburg, seiner zweitgrößten Stadt, den evangelischen Gottesdienst, neben dem nun wieder eingerichteten katholischen, durchaus bestehen.

Dabei spitzten sich die Dinge immer mehr zu.

Bischof Julius nahm die Koadjutorwürde an, angeblich «um die Gefahr für den Abt zu mindern», dessen Wohnung er doch eines Nachts überfallen, dessen Gesinde er entwaffnen, dessen jesuitischen Beichtvater er einkerkern ließ, indes man ihn, den Abt selbst, den ganzen folgenden Tag zur Abdankung drängte: «Wenn euer Herr nicht einwilligt, so wird es heißen: ‹Friß Vogel oder stirb›; wenn sie noch einmal wiederkommen müßten und der Abt nicht willfährig werde, so wollten sie ihn in so viel Stücke zerhauen, als er Blutstropfen in den Adern habe, sie wollten ihn niederschlagen wie einen tollen Hund.»

Am Abend des 23. Juni 1576 tritt Balthasar von Dernbach, ganz zweifelsfrei zu Recht in Fulda Fürstabt, auf einem vorbereiteten Schriftstück die Administration des Stiftes an Bischof Julius ab, den man dort wenige Tage darauf in kanonischer Form wählt, installiert, worauf er durchs Land reitet, sich von seinen neuen Untertanen, immer den besiegten Gegner an der Seite, huldigen läßt, bis es diesem am 12. Juli gelingt, auf Mainzer Gebiet zu flüchten, wo er seine Resignation widerruft und die katholischen Reichsstände um Hilfe bittet.[14]

Inzwischen hatte Kaiser Maximilian II. bereits am 28. Juni 1576 die Wiedereinsetzung des Abtes befohlen. Und Papst Gregor XIII. schickte im September eine ganze Flut von Breven über die Alpen und drohte Bischof Julius mit dem Kirchenbann. Auch das katholische Deutschland war empört. Seine Fürsten protestierten in Straßburg, Speyer, Mainz, Köln, Trier, in Münster, Osnabrück, Paderborn gegen Echter, gegen sein, so Bayernherzog Albrecht V. in einem Schreiben an den Bischof, «unziemliches und widerwärtiges Werk». Allgemein sahen sie durch ihn, der gemeinsam mit Protestanten einen katholischen Abt abgesetzt hatte, um dessen Territorium zu kassieren, ihre Sache verraten.

Echter aber wollte sein «wohlerworbenes Recht» auf das Stift ohne richterlichen Spruch keinesfalls preisgeben, koste es, was es wolle. Und es kostete ihn – der allerdings reich war dank einer versierten Finanzpolitik, die ihn auch rücksichtslos die Wälder der Rhön abholzen ließ, brauchte er Geld – zunächst einmal für den kaiserlichen Hof ein Geschenk von 12000 Gulden, dann über das Nürnberger Bankhaus Imhof eine Summe von 50000 Gulden, schließlich eine Bürgschaft über 150000 Gulden. Und da auch Fuldas Ritter und Stiftsherren, überhaupt die Ritter Frankens, die insgesamt 4000 Reiter und mehr aufbringen konnten, sich gegen den Abt stellten, ebenso die Räte des neuen Kaisers Rudolf II., schleppte sich der Streit hin, alle Verhandlungen scheiterten; bis der Reichshofrat endlich Dernbachs Kapitulation für nichtig erklärte und der Entrechtete, nach sechsundzwanzigjähriger Demütigung, am 7. August 1602 wieder in alle Rechte und Würden eingesetzt, in sein Fürstentum zurückkehren und dort auch 1606 als Fürstabt sterben konnte.[15]

Ganz anders als mit den Protestanten im Gebiet der Abtei Fulda sprang Bischof Julius, seit 1609 einer der eifrigsten Förderer der Liga von Anfang an, mit den Protestanten seines Bistums um, freilich erst nachdem er mit protestantischer Hilfe seine Territorialgelüste im Norden gestillt hatte. Zu seiner Bischofswahl konnte er sich noch durchaus von Protestanten gratulieren lassen. Ja, sein eigener Kanzler, Balthasar von Hellu, einer der «gerissensten Diplomaten», war evangelisch und durfte es bleiben. Erst Mitte der achtziger Jahre begann Echter sein Reich systematisch von Neugläubigen zu «säubern», zwang er Schwankende durch Androhung eines Blutgerichts zur Ablegung der Ohrenbeichte und der Kommunion nach dem allein selig machenden Ritus. Dabei führte er gelegentlich jedwedes Unheil im Hochstift auf den Protestantismus zurück, behauptete er, aus der neuen Lehre sei «alles Unglück, Unfriede, Mißtrauen, böses Leben, Ungehorsam, Aufruhr und Zwietracht, Neid und Haß erwachsen», sei «das geistliche Leben gänzlich ausgerottet» worden.

Während seine Kommissionen, vor allem Jesuiten, die Landgemeinden visitierten, suchte er gewöhnlich die Städtchen heim – Hofheim, Dettelbach, Gerolzhofen, Volkach, Karlstadt, Haßfurt, Münnerstadt, Neustadt an der Saale, Mellrichstadt – und vertrieb alles, was dem protestantischen Glauben nicht abschwören, nicht wieder katholisch werden wollte; nicht ohne die um Haus und Hof Gebrachten noch zusätzlich durch eine «Nachsteuer» von zwei Prozent ihres Vermögens zu schröpfen. An einem einzigen Tag läßt er so in seiner Residenzstadt, immer noch rund zur Hälfte evangelisch, fast hundert protestantische Prediger mit ihren Frauen und Kindern Knall auf Fall vertreiben und ihre gesamte Habe beschlagnahmen, auch jeden ihr Schicksal teilen, der für sie Partei ergreift, wobei «viele bei dieser gewaltsamen Prozedur ums Leben kamen» (Meisner). Und analog geht er in den Landstädtchen vor, in Münnerstadt, Karlstadt, Dettelbach, Dutzende und Aberdutzende von Familien jagt er aus Glaubensgründen davon. Dabei handelt er «wider alle Satzungen des Religionsfriedens», fehlt ihm «für eigentliche Protestantenverfolgungen jegliche Rechtsgrundlage» (von Pölnitz), verstößt er auch gegen das Reichsrecht, als er über die freie Reichsstadt Schweinfurt, die einmal etwa fünfhundert von ihm vertriebene Familien aufnimmt, eine Lebensmittel- und Brennholzsperre verhängt.[16]

Bei solchen und ähnlichen gegenreformatorischen Aktionen sucht der Oberhirte nach außen Rückhalt beim Kaiserhaus, auch bei Herzog Wilhelm V. von Bayern dem Frommen (S. 204), der ihn geradezu ermuntert, in seinem Tun nur «rüstig» fortzufahren. Und stützt sich nach innen auf seine landesherrliche Gewalt, auf stärkere, teils «bis zum Äußersten» bewaffnete Festungen sowie einen aufgerüsteten Truppenbestand. Zum Zeichen der Herrschaft schon bei deren Beginn mit dem Schwert dekoriert, führt Echter 1578 die Allgemeine Wehrpflicht ein, 1587 ordnet er seine Landwehr völlig neu. Er befiehlt alljährliche Musterungen, gibt Richtlinien für Rekrutierungen und Mobilmachung. Wenn irgend möglich überwacht er das Exerzieren und Üben seiner Streithaufen persönlich. 1610 rüstet er wieder auf. Und noch kurz vor seinem Tod beschäftigt ihn nichts mehr als Militär, Offiziere, Festungen, feste Plätze in der Rhön, im Spessart, Steigerwald, noch 1617, in seinem Todesjahr, fällt er in benachbartes Gebiet ein, natürlich nur um dort die «Ordnung» wiederherzustellen.

Gegen Übeltäter war Julius Echter alles andere als zimperlich, gestatteten ihm doch sowohl die «Bambergensis» von 1507 wie die «peinliche Halsgerichtsordnung Karls V.» von 1532 wie auch seine eigene «Halsgerichts-Ordnung» von 1580 schon für geringe Vergehen so mancherlei, etwa Abhacken von Fingern, Händen, Armen, Absäbelung der Ohren, Nase, Zunge sowie mannigfache Folterungen, wobei es auch nicht an zuschauenden, die gottgesegnete Sache überwachenden und vielleicht sogar genießenden Geistlichen fehlte.[17]

Seinen Klerus suchte der Prälat zu reformieren, besonders mit Hilfe der Jesuiten, die ihn in Köln einst jahrelang indoktriniert hatten, dann dem Bischof auch den Beichtvater stellten. Mehr oder weniger ging er gegen die in Sexuallust, in kaum vorstellbare Freß- und Sauforgien versunkenen Klöster vor, deren Mönche und Nonnen, wie im vielsagend benannten Kloster Himmelspforten – gleich am Fuß seines Schloß- und Festungsbergs gelegen und *«besser nit als ein gemein Haus* (Hurenhaus) *beschrien»* –, nicht nur paarweise speisten, *«sie trieben es auch»*, so ein Zeitgenosse, *«in den Zellen, wie es ihnen gerade ankam»*, alles, wie gesagt, gleich zu Füßen des Bischofsitzes «Auf Unserer Lieben Frauen Berg». Ebenso behinderte der Gestrenge eifrig das weitverbreitete Konkubinat, duldete es aber, war ein Konkubinarier dogmatisch glaubensfest! Wie er ja, ganz nach dem Beispiel der Päpste, auch opportunistisch das Dirnentum tolerierte.

Der Bekämpfung der «Ketzerei» und der Festigung des eigenen Glaubens diente auch die Errichtung einiger Volksschulen und Gymnasien, ebenso die 1582 gegründete Universität, deren theologische und philosophische Lehrstühle er den Jesuiten übertrug, auf die er sich immer wieder stützte.[18]

Bei allem Schönen, das Julius Echter schuf, den schönsten Triumph seines gottgewollten Wirkens erreichte der Gefeierte durch die unerbittliche Vernichtung der Hexen.

Das paßte zu seinem Asketentum.

Zwar liebte der Fürstbischof Luxus und Pracht, zwar stattete er seine Bauten verschwenderisch aus, genoß er das Repräsentieren, das Gepränge bei Umzügen, glanzvolle Familienfeste, tagelange Lustbarkeiten, aber auch den Aufwand bei sogenannten Gottesdiensten. Echter mochte die Schaustellung des eigenen Reichtums hohen Gästen gegenüber, liebte auch großspuriges Auftreten an fremden Höfen, wie etwa in Wien, wo er einmal mit einem Geleit von sechzig Pferden erschien. Doch privat, persönlich – und das betonen bischöfliche Biographen in solchen Fällen häufig – sei er ganz bescheiden, schlicht, geradezu ein spartanisch lebender Mensch gewesen, der selbst das Lachen als nutzlos und Gott ärgernd verachtete und sich immer wieder «in den Nächten» mit einem ganzen Arsenal von

Instrumenten gegeißelt habe, schrecklicher als irgendein absoluter Herrscher seiner Zeit.

Wie auch immer, etwas Schmallippiges, Sauertöpfisches meint man dem Herrn schon physiognomisch anzumerken. Jede Art von «Körperlichkeit» war ihm zuwider. Auch wuchs er, vom Hauskaplan erzogen, in einer reinen Männerwelt auf, ja ursprünglich sollten sowohl sein Vater Peter III. Echter von Mespelbrunn als auch seine Brüder Kleriker werden. Und Frauen gegenüber ging der Bischof auf äußerste Distanz, selbst was die eigene Sippschaft betraf. Eine nächste Verwandte jagte er unmittelbar nach seinem Amtsantritt – eine seiner ersten «Regierungshandlungen» – mit ihren Kindern aus seinem Schloß «Auf Unserer Lieben Frauen Berg» – nur weil sie eine Frau war! Auch um seine vier Schwestern kümmerte er sich, generös formuliert, kaum, ebensowenig um die Mutter – «sie wurde in seinem ganzen Leben so gut wie nicht mehr erwähnt» (Meisner). Erst in ihren letzten Stunden kam der verlorene Sohn und spendete ihr «persönlich» die Sterbesakramente. Echters frauenfeindliches Verhalten erinnert über die Zeiten hin fast an den Ungeist jener antiken Mönche, die nicht einmal die eigene Mutter ansahen, die Frauen sogar mit Steinen bewarfen, wie unliebsames Vieh.[19]

So war der Fürstbischof und Herzog von Franken prädestiniert zum Weiberfeind. Als erster verfolgte er in seinem Hochstift systematisch Hexen, ja ihre Verfolgung erreichte am Ende seines Regiments «einen makabren Höhepunkt» (Weiß), obwohl damals mancher das fürchterliche Unrecht dieses Jahrhunderte währenden Wahnsinns geahnt oder auch klar erkannt hat.

Selbst der eigne Bruder, Dietrich Echter, äußerte anno 1600: *«Lieber Keller, wie balden khun Inn solchn Sachen, ainem menschen Unrecht geschehen.»* Und als sich 1611 die Schöffen des Zentgerichts Remlingen auf Befehl des Grafen Wolfgang zu Castell weigerten, Angeklagte hinzurichten, der Bischof aber sein heilsames Justizwerk nicht durch den Grafen behindert sehen wollte, war dieser zwar einverstanden mit der Tötung durch Hexerei Behafteter, betonte jedoch, *«daß in solchen verborgenen Fällen* den armen Leuten, die ja auch Gottes Kreatur und nach seinem Ebenbild erschaffen seien, Unrecht geschehen könne …»[20]

Ähnlich hatte bereits 1526 Philipp der Großmütige, Landgraf von Hessen, «in dieser Sache» nicht zu eiliges Vorgehen geboten und es «ein zweifelig Ding» genannt, da durch Verfolgung «vielen Leuten könne Unrecht geschehen». Und 1589 notierte der Kölner Ratsherr Hermann Weinberg über die «Zauberei»: «Etliche glauben gar nicht daran, halten es für Phantasie, Träumerei, Tollheit, Dichtung, Nichtsnutzigkeit.» Auch habe er selbst nie «ein Weib gesehen, das imstande wäre, Hasen, Hunde, Katzen, Mäuse, Schlangen, Kröten zu machen, mit einem Bock durch den Schornstein zu fliegen ...» Sang ja auch Hans Sachs schon:

> «Des teuffels eh und reutterey
> Ist nur gespenst und fantasey ...
> So du im Glauben Gott erkennst
> So kann dir schaden kein Gespenst».

Natürlich dachte die große Mehrheit der durch Tradition und Zeitgeist Verdummten anders, aber eben nicht jeder. Und als der durch seine «Essais» berühmte Michel de Montaigne 1580 in den Ländern eines reichsfreien Fürsten von diesem mit einem Dutzend Hexen konfrontiert worden war – «zum Verweis meiner Ungläubigkeit», meinte der Philosoph als ein Mann, der sich das Urteil nicht durch Voreingenommenheit bestricken lasse: «Am Ende und auf mein Gewissen hätte ich ihnen eher Nieswurz als den Giftbecher verordnet. *Captisque res magis mentibus, quam consceleratis visa similis* (Und die Sache sah eher nach Verrücktheit als nach Verruchtheit aus, Livius VIII, 18)».

Gab es doch auch bereits einige Aufsehen erregende, gegen den Wahn polemisierende Publikationen, die der belesene Bischof gekannt haben müßte, wie die des mehrmals eingekerkerten und zum Widerruf gezwungenen katholischen Theologen Cornelius Loos, der die Hexenprozesse eine neuerfundene Alchymie, nämlich die Kunst nannte, aus Blut Gold zu machen. Bekannt auch die 1563 erschienene, von der Kirche indizierte Schrift «De praestigiis daemonum» des Agrippa-von-Nettesheim-Schülers Johann Weyer, Leibarzt des Herzogs Wilhelm V. von Cleve. Und in einigen deutschen Ländern, in der calvinistischen Kurpfalz, in den erasmianischen Herzogtümern Jülich-Kleve-Berg lehnten gegen Ende des 16. Jahrhunderts die Regierungen Hexenhinrichtungen generell ab.[21]

Doch Autoren und Werke, die für die gejagten Frauen eintraten, ließen Julius Echter kalt. Rühmte man das «Bißthumb Würtzburg» ja gerade weil sein «Bischoff» da «das hexenbrennen im Franckenlandt angefangen / wie er dasselbe fort treiben / und das Ungeziffer gentzlich außrotten wil / und allbereit zu Geroltzhoffen starcke Brände gethan ...» Wie auch, laut einer anderen zeitgenössischen Quelle, «ihro Fuerstl. Gn. verordnet / vnd den beampten anbefohlen» habe, «hinfuehro alle Wochen / vff Dienstag ausserhalb wenn hohe Festtage einfallen ein Brandt zuthun / vnnd alle vnd jedesmal / 25. oder 20. oder zum allerwenigsten / vnd weniger nicht / als 15. vff einmal inzusetzen / vnnd zuverbrennen / vnnd solches woellen ihro Fuerstl. Gn. durch das gantze Bißthumb continuiren vnd forttreiben ...»

Nicht das aufgehetzte Volk, der Bischof war es, von dem die Initiative zu den Pogromen ausging, der mit zunehmendem Alter und sich steigerndem Starrsinn auch forcierend, der stets energischer auf das große Brennen einwirkte, der Säumige anspornte, Verzögerungen rügte, zu hohe Rechnungen auch, der die «Henkersfreudenmahlzeiten» gar verbot, alles natürlich aus «Fürsorge gegenüber seinen Untertanen», ein seelsorgerisches Unterfangen weithin als «Musterbeispiel einer gut funktionierenden Hexenjagd» (Weiß) gerühmt, in Westfalen auch «wirzburgisch werck» genannt.

Ja, der Bischof war es, der mit auswärtigen Amtsbrüdern kontaktierte, der «Amtshilfe» leistete, die Hexenjagden ergiebiger zu machen suchte, der die Gerichte durch «Hexenkommissare» überwachen, der Angeklagte selbst nach damaligem Recht wider Recht aburteilen, der sogar Tote ausgraben und verbrennen ließ, wie die plötzlich im Gefängnis gestorbene (immer eine Teufelstat!) Schultheißin Margaretha Scheubenaßin vom Amt Stollberg, da sie *«der Erden nicht würdig»* sei.

Der Bischof war es, der Minderjährige, Kinder von zwölf, zehn Jahren, noch jüngere, nicht nur als Belastungszeugen gegen ihre Eltern und sonstige Verwandte fungieren, sondern der ihnen auch selbst den Prozeß machen ließ; wobei schließlich, Ironie der Geschichte, gerade der von ihm, Julius, errichtete Prachtbau, das Juliusspital, als «Hauptgefahrenherd» für hexereiverdächtige Jugendliche galt.

Im übrigen glaubte man wie eh und je jeden Schwachsinn, etwa daß schon Drei- und Fünfjährige sich scharenweise bei Hexentänzen orgiastisch mit ihren Höllenbuhlen verlustieren. Der Pakt mit dem Bösen machte die Hexen hochgefährlich und zu jedem Teufelskunststück fähig, weshalb man sie in Würzburg auch während ihrer Befragung auf einer roten, mit eingemeißelten Kreuzen versehenen Sandsteinplatte stehen ließ, um ihr unsichtbares Entweichen zu verhindern – mit ständigem Erfolg![22]

Zwar begannen die Hexenbrände im Würzburgischen, den Archivalien zufolge, recht eigentlich erst um die 1590er Jahre, so in der Residenzstadt selbst oder in Gerolzhofen (wo dann «Zentgraf und Schöffen andauernd betrunken bei den Verhandlungen» sind). Doch häuften sich die gräßlichen Geschehen und kulminierten in Echters letzter Lebenszeit.

Allein das Amt Rothenfels verzeichnet in 15 Jahren fast hundert Hexenopfer. Nur im würzburgischen Freudenberg fallen 1616 fünfzig Unglückliche dem Grauen zum Opfer. Im kleinen Gerolzhofen werden bloß im September 1616, ein Jahr vor Echters Tod, 99 Menschen, zwischen 1616 und 1619 über 260 Menschen verbrannt oder auf andere Weise ums Leben gebracht. Und bald gibt es da, zur Erleichterung der schweren Arbeit, spezielle Verbrennungsöfen («Vorläufer von Auschwitz») – und denselben Fortschritt, hier aus Ersparnisgründen, zur Drosselung des großen Holzverbrauchs, im nahegelegenen bambergischen Zeil (wo die Prozeßakten freilich, wie auch sonst so oft, fast völlig verschwunden sind).

Am 11. Juni 1617, ein Vierteljahr vor Echters Tod, läßt er von der Domkanzel verkünden, daß in seinem Namen innerhalb eines Jahres mehr als 300 «Hexen» und «Ketzer» verbrannt worden seien – nicht enthalten in dieser Zahl die im Gefängnis oder unter der Folter Umgekommenen; wie überhaupt die Zahlen der Hexenprozesse in Franken insgesamt unbekannt, viele Protokolle bisher weder übersetzt noch ausgewertet, viele andere vermutlich vernichtet worden sind.[23]

Natürlich war der Fürstbischof von Würzburg und Herzog von Franken kein Unmensch.

Zwar gestattete er den Angeklagten keine Verteidiger, zwar ließ er auch wenig glaubhafte Bezichtigungen als Indizien gelten, zwar ließ er sogar von den Richtern (wegen allzu absurder Anklagen) Davongeschickte wieder einfangen und abermals foltern, ließ er auch Fluchthelfer töten, ließ er besonders bösartige Zauberinnen und Zauberer vor ihrer Liquidierung noch mehrfach mit glühenden Zangen zwicken ... – aber der pastor bonus, dieser «zweifellos» «so hervorragende ... Humanist» (Meisner), war auch voller Mitleid mit seinen Opfern. Hatte man sie fast kaputt, zu einer Masse nur noch zuckenden, stöhnenden Fleisches gemacht, ließ er sie manchmal von Ärzten, von Barbieren behandeln, bloß um sie, leidlich fit, halbwegs gesund kuriert, erneut auf die Folter zu spannen. Auch wurden sie vor ihrer Einäscherung, pures Mitleid der Christenmenschen, «gnadenweise» gewöhnlich erst stranguliert oder geköpft. Hat man sie jedoch lebendig verbrannt, hängte man den Verurteilten zur Verkürzung der Prozedur, auf oberhirtliche Weisung, Schießpulversäckchen um. Auch bestand der Prälat auf professionellen Henkern, perfekten Halsabschneidern und Verheizern, «damit zu anbrechendem Feuer die Armen nicht noch ander gequält» würden.

Na also, milder ging's nicht. Und vor ihrer Himmel- oder Höllenfahrt ließ ihnen der Bischof die Sakramente spenden, damit sie, vorm Erwürgen, vorm Enthaupten, nicht in Verzweiflung oder gar in Todesangst fielen. So viel Rücksicht! Nicht wenigen freilich kam dies Zartgefühl gar nicht mehr zugute: sie brachten sich im Kerker selber um. Bischof Echter hatte sich «immer wieder mit der außergewöhnlich hohen Zahl der ‹Entleibungen› zu befassen» (Weiß). Und Selbstmordern konnte er auch über den Tod hinaus nicht helfen, während er für das Seelenheil der anderen regelmäßig und innig gebetet hat.

Echters Freund und Nachfolger Johann Gottfried von Aschhausen, bereits Bischof von Bamberg, führte das gottgefällige Werk fort. Hatte er doch gleich zu Beginn seiner Regierung in Würzburg 1618 «in allen Kirchen ein mehrtagiges Gebet zur Ausrottung des Hexenwesens» befohlen, einerseits; freilich auch, andererseits, feinfühlig wie Freund Echter, für das Seelenheil der Verbrannten ein jährliches «Seelengedächtnis», ja, in seinem Testament «eine dauernde Seelenmeßstiftung» verfügt.[24]

Während so die «fränkischen Hexenbischöfe» zusammen mit Bayern, mit seinen «zwei frömmsten Fürsten, die je über das Land geherrscht» (Soldan-Heppe), mit Wilhelm V. und Maximilian I. (S. 204 f.), den nachtridentinischen Katholizismus festigten und in Mitteleuropa die Speerspitze der wieder erstarkenden Papstkirche bildeten, trat das katholische Nachbarland der Habsburger an ihre Seite, womit wir mit unserer allgemeinen Geschichtsbetrachtung fortfahren.

Habsburg rettet Österreich für das Papsttum

Anders als in Bayern setzte sich in den österreichischen Erblanden, wo der Augsburger Religionsfriede nicht galt und die berüchtigtsten Verfechter des Satzes «cuius regio eius religio» saßen, der alte Glaube nur unter großen Unruhen durch.

Kein Wunder. Die Verhältnisse waren verworren, die alte Kirche wurde verachtet. Durchreisende Nuntien, Morone, Mignarelli, Legaten Pauls III., fanden Österreich erschreckend verwahrlost, verwaist, die Kirchspiele fast ohne Geistliche, die Klöster verödet, von Mönchen verlassen. In der Abtei Wilten traf Kardinallegat Aleander außer dem Abt nur noch einen Ordensmann an. Die Gesandten des Papstes waren entsetzt, sprachen von Ruin, großem Chaos, und selbstverständlich wußte die protestantische Propaganda die himmelschreienden Zustände zu nutzen. Doch trotz fallweise enormer Konzessionen wünschten die Landesherren, die in den habsburgischen Erblanden die Bistümer meist mit Kandidaten des Hauses Habsburg besetzten und persönlich mehr oder minder fromme Katholiken waren mit gelegentlich politisch bedingter Distanz zu den Päpsten, keine lutherische Landeskirche. So wurde aus einem bereits halbprotestantischen Gebiet, in dem neugläubige Adelige und Städte den Ton angaben, wieder ein katholisches gemacht, in Tirol und den Vorlanden noch in der ersten Jahrhunderthälfte.

Die österreichischen Erblande hatte 1521/1522 Kaiser Karl V. vom Gesamtreich separiert und seinem jüngeren Bruder Ferdinand I. übergeben, dem loyalen zeitweiligen Stellvertreter im Reich. Seit den frühen zwanziger Jahren herrschte er über diese österreichischen Länder, wurde 1526 König von Ungarn, von Böhmen und nach Abdankung Karls dessen Nachfolger. Als Reichspolitiker verhielt er sich zu den Protestanten seit Mitte des Jahrhunderts eher vermittelnd, als Landesfürst förderte er in den Erblanden die katholische Kirche, besonders die Jesuiten durch Gründung zahlreicher Kollegien, Berufung des Petrus Canisius (S. 165 f.), ohne jedoch das Anwachsen des Protestantismus verhindern zu können.

1564 teilte er die habsburgischen Territorien unter seinen drei Söhnen auf. Der Älteste, Maximilian II., in der deutschen Linie das Haupt der casa d'Austria und spätere Kaiser, bekam neben Böhmen und Ungarn das Herzogtum Österreich ob und unter der Enns (Ober- und Niederösterreich) mit Wien als Hauptstadt; Erzherzog Ferdinand erhielt Tirol und die Vorlande, Vorderösterreich, mit Innsbruck als Hauptstadt; Erzherzog Karl regierte in Graz über Innerösterreich (Steiermark, Kärnten, Krain und Görz).[25]

Zunächst wurden Lutheraner, wenn auch eher de facto als de iure, geduldet, standen Adel und Bürger doch fast geschlossen und selbstbewußt wider den «papistischen Götzendienst» und zu Priesterehe, Laienkelch, Änderungen im Kanon. In Wien, wo der katholische Einfluß an der Universität zu schwinden begann und viele Schriften Luthers gedruckt worden sind, wunderte sich 1554 Petrus Canisius, daß es in der Donaustadt noch keine Martyrien treu gebliebener Katholiken gegeben. Und noch 1571 brachten dort die Protestanten im niederösterreichischen Ständehaus Spottbilder an, darunter (zumindest im 20. Jahrhundert noch zu sehen) ein Schwein mit einem Rosenkranz im Maul. Allerdings war das evangelische Kirchentum in Österreich (mit einer Minderheit von Calvinisten) nicht formell durchorganisiert, ohne Superintendenten, ohne Konsistorium, ohne Ausbildungsstätten für heranwachsende Theologen.

Im Zentrum des Protestantismus, in Oberösterreich, dem alten Land ob der Enns mit der Landeshauptstadt Linz, bekannten sich um die Wende zum 17. Jahrhundert 50 Prozent des Landvolkes, 75 Prozent der Städter und 85 Prozent des Adels zur Wittenberger Reformation. Innerösterreich war fast ganz protestantisch geworden, also: Steiermark, Kärnten, Krain, die Grafschaft Görz, die Territorien Österreichisch-Friaul, Österreichisch-Istrien, Triest, eine Ländergruppe, die größtenteils zu den Diözesen der Erzbischöfe von Salzburg und der Patriarchen von Aquileja gehörte.

Doch auch in Böhmen, wo der Utraquismus, die Forderung des Laienkelches, besonders verbreitet war, griff das Luthertum beträchtlich aus, in Ungarn, dessen Adel weithin calvinistisch wurde, in Siebenbürgen, seit der Schlacht bei Mohács (1526) autonomes Fürstentum unter osmanischer Oberherrschaft und somit außerhalb des unmittelbaren habsburgischen Machtbereichs. Indes wurden hier auch Katholiken, Antitrinitarier, Täufer und andere Splittergruppen toleriert, einerseits weil der «Landesherr», der Wojwoda, zu schwach war, andererseits der Sultan keine Bekehrungsabsichten hegte, der Islam überhaupt lieber seinem Machtbereich einzugliedern als seine Religion durchzusetzen sucht.

Die Politik der Habsburger aber war zunächst von konfessionellen Rücksichten und Zugeständnissen geprägt, da sie, finanziell und militärisch abhängig, die Steuergelder ihrer Völker zum Kampf gegen die Türken brauchten, insbesondere jedoch die Verteidigungsbereitschaft des ungarischen Adels, an dessen unruhiger Grenze zu den Osmanen, trotz offiziellen Friedens, ein unentwegter Kleinkrieg herrschte.[26]

Als Kaiser Ferdinand I. 1564 starb, wurde sein Sohn, der lebensfrohe Maximilian II. (1564–1576), dem er freilich wenig zutraute, sein Nachfolger.

Der neue Regent, dessen persönliche Beziehung zur Religion nie restlos geklärt worden ist, tendierte durchaus zu konfessionellem Ausgleich, einem friedlichen Mittelweg, woran aber längst nicht mehr zu denken war. Aus politischen Gründen – Rücksicht auf die Kaiserwürde, die spanische Erbfolge, die Gewährung der Türkenhilfe, für die das Wohlwollen des Papstes wichtig war – blieb er zwar formal katholisch und beteuerte 1566 zum Regierungsbeginn Pius' V.: «Niemals werden wir es an unserem kindlichen Gehorsam gegen Deine Heiligkeit und an den Dienstleistungen ermangeln lassen, die von dem Schützer und Verteidiger der Kirche erwartet werden dürfen; nichts von allem, was zum Vorteil und Nutzen der Christenheit unserseits kraft kaiserlichen Amtes geschehen soll und kann, werden wir unterlassen.»

Maximilian aber ging damals bereits ein Jahrzehnt nicht mehr zur Kommunion, hielt den Heiligenkult für götzendienerisch und nannte, als sein zeitweiliger Hofprediger Martin Eisengrein, ein gutkatholischer Mann, am Schluß einer Predigt Maria und alle Heiligen anrief, dies «nicht zeitgemäß». So schrieb ihm einst der Herzog von Bayern: «Ich bitte Euer Majestät bei Gott – denn höher kann ich nicht bitten –, Sie wolle doch einmal die Augen Ihres Gemüts auftun und sich gegen uns Katholischen also erklären, daß wir nach langem herzlichen Begehren einmal mit gutem Grund wissen mögen, was wir doch an Euer Majestät in causa religionis haben.»

Maximilian, nichts weniger als überzeugt katholisch, mißtraute der theologischen Dogmatik, erachtete jeden religiösen Streit für zwecklos und gewährte dem niederösterreichischen Adel und seinen Untertanen 1571 durch die von den Ständen erkaufte Religionsassekuration freie Religionsausübung. Er duldete auch, freilich nur mündlich, was nicht rechtsverbindlich war, die «Confessio Bohemica», das gemeinsame Bekenntnis der Utraquisten, Böhmischen Brüder und Calvinisten, ließ sich jedoch für seine Nachsicht auch «Unsummen» zahlen.

Gelegentlich befürchtete die Kurie den Übertritt des Kaisers zur Augsburger Konfession, sogar seinen Zug gegen Rom, weshalb der Papst sich durch den Hauptmann seiner Schweizer Garde, Jost Segesser, bereits nach Truppenhilfe umsah für den Fall, daß der Heilige Stuhl «angerennt würde». Sicher sympathisierte dieser Habsburger mit der evangelischen Bewegung und begünstigte sie als Landesfürst in Österreich. Er berief den lutherischen Theologen David Chyträus aus Rostock, verkehrte mit protestantischen Fürsten, harmonierte mit ihnen politisch und persönlich, hatte selbst viele Protestanten an seinem Hof, besaß auch eine «lutherische Bibliothek» und soll noch auf dem Sterbebett die Sakramente verweigert haben und als Protestant gestorben sein.

Der Papst aber, der zartsinnige Pius V., der einstige Generalinquisitor und spätere Heilige, der «Ketzer» unnachsichtig verfolgte und sämtliche Juden, beiseite die wenigen, die er kommerzieller Gründe wegen brauchte, aus dem Kirchenstaat trieb, der Papst konnte sich bei dem «betrügerischen Doppelspiel», das der «schlaue Kaiser» spielte, mitunter vor Schmerz «der Tränen nicht erwehren» (von Pastor) und bereute die Hilfe, die er dem Monarchen gegen die Türken geleistet.[27]

In Wirklichkeit hatte Maximilian II. bei seinem Tod Österreich und das Reich durch seine Neutralitätspolitik gegenüber dem Streit der Konfessionen noch halbwegs beruhigt zurückgelassen. Doch der Protestantismus expandierte weiter, und der Katholizismus reorganisierte und festigte sich.

Während aber viele Menschen Österreichs sich in der zweiten Hälfte des 16. Jahrhunderts anscheinend mehr oder weniger «spontan» der Reformation anschlossen, die «Protestantisierung» vollzogen, wobei den Städten und dem Landadel eine besondere Bedeutung zukam, während also die «Gemeindereformation», die nicht ausgesprochen obrigkeitliche Reformation, eine gewisse, wenn auch noch wenig erforschte Rolle spielte, wurde die katholische Konfessionalisierung, die Bekehrung der Untertanen zum «alleinseligmachenden» Glauben, so betont der Wiener Historiker Thomas Winkelbauer, «wohl ausschließlich durch Überredung und Zwangsmaßnahmen ‹von oben› auf den Weg gebracht und schließlich durchgesetzt», also durch das mehr oder minder systematische Zusammenwirken der Herrenschicht, des Landesfürsten, der Bischöfe, des Pfarr- und Ordensklerus sowie der adeligen Grundbesitzer.[28]

Nach dem Tod des Kaisers (1576) aber griffen die Habsburger, gedrängt mehr vom Papsttum als vom Episkopat und gestützt auf ein immer noch beträchtliches altgläubiges Potential, die evangelische Bewegung stets schärfer an; treibende Kräfte dabei der päpstliche Nuntius Alfonso Visconti, der Passauer Bischof Urban von Trenbach und insbesondere sein Offizial, der spätere Wiener Oberhirte Melchior Klesl, ein konvertierter Bäckerssohn, den Rudolf II. Ende Februar 1590 zum Gegenreformator ernannte.

Noch am wenigsten von Maximilians beiden Brüdern war augenscheinlich Erzherzog Ferdinand II. (1564–1595) engagiert, der über Tirol und die bis Freiburg im Breisgau reichenden Vorlande herrschte. Zwar bekannte er einmal, «daß ich ein katholischer Fürst bin und mit Gottes Hilfe bleiben will; es könnte mich auch Gott höher nit strafen, als daß er von dem katholischen Glauben mich ließ abfallen»; ja er erklärte, er sei «die Kirche zu defendieren gesonnen, und sollt es auch mein Blut kosten.» Doch diese Gefahr bestand gerade in Tirol kaum. Da nämlich hier, anders als in den sonstigen Landesteilen, Adel, hoher Klerus und bürgerliche Oberschicht gegen die Reformation zusammenhielten, auch das Luthertum im Gefolge des Bauernkrieges ziemlich ausgerottet war, bildete das Konfessionswesen schon gegen Mitte des Jahrhunderts zumindest kein Landtagsthema mehr. Gleichwohl erließ Ferdinand II., doch bald in dem Ruf stehend, den Klerus mit Steuern zu bedrücken und überhaupt in dessen Rechte einzugreifen, 1566 ein mehrfach erneuertes Religionsmandat und stellte 1585 seine Untertanen vor die Wahl: Annahme des katholischen Glaubens oder Auswanderung.[29]

Ferdinands Bruder Karl II., Erzherzog von Innerösterreich (1564–1590), dem Zentrum der österreichischen Gegenreformation, griff noch härter durch. Und ebenso setzte sein Sohn und Nachfolger, Erzherzog Ferdinand III. (1595–1637), der nachmalige Kaiser Ferdinand II., den gegenreformatorischen Kurs kompromißlos fort – ganz im Unterschied zu den selten sehr religiös gesinnten, selten sehr reformwilligen Bischöfen, die manchmal die Weihe mieden und eine schriftliche Bestätigung der Reformdekrete sogar ausdrucklich verweigerten. Von klein auf streng religiös erzogen, von Jesuiten jahrelang in Ingolstadt prinzipienfest herangedrillt und «lebenslang geistlich betreut» (Lexikon für Theologie und Kirche), schwor Ferdinand bei einer Romfahrt in Loreto, die «Ketzerei» in seinen Ländern vertilgen zu wollen.

Karl II., Ferdinands Vorgänger und Vater, machte zunächst zwar den Neuglaubigen noch Zugeständnisse, gewährte wegen ständiger Türkenbedrohung dem steirischen Adel 1572 die sogenannte Religionspazifikation, die Zusicherung freier Konfessionsausübung – «Der Türk ist der Lutherischen Glück», nun ein geflügeltes Wort der Katholiken –, verband sich aber, gestützt durch eine 1573 von Rom neu errichtete, an den Höfen in Graz, Innsbruck, München, Salzburg akkreditierte oberdeutsche päpstliche Nuntiatur, 1579 in einem gemeinsamen Programm mit Bayern, dem er schon durch seine Ehe mit Maria von Wittelsbach, seiner Nichte (!), verbunden war, und attackierte das nicht durch ständische Privilegien geschützte Luthertum.

Besonders Sixtus V. (1585–1590), «der eiserne Papst», der nicht nur Tausende von Straßenräubern öffentlich hinrichten ließ, sondern auch für Inzest, Kuppelei, Abtreibung, Sodomie und Ehebruch den Tod befahl, trieb den Erzherzog, dessen Sohn Leopold Bischof von Passau und Straßburg, dessen Sohn Karl Bischof von Breslau wurde, zu schärferem Vorgehen an. Dabei bediente sich der Heilige Vater seines Grazer Nuntius Gian Andrea Caligari, dem freilich in seinem Übereifer die Ausschaltung des Protestantismus noch viel zu langsam ging, so daß er 1587 seine Abberufung erbat – zu früh, wie sich zeigte.

Hof und Verwaltung nämlich wurden bald «gesäubert», die Protestanten aus dem Stadtrat gejagt, evangelische Gottesdienstbesuche verboten. Mit Hilfe nach Graz berufener Jesuiten – ihr dortiges Kolleg war 1585 Universität geworden – und mit slawischen «Räuberbanden» aus den dalmatinischen Gebirgen warf man in Steiermark und Krain einen großen Aufstand lutherischer Bauern nieder, ließ ihren «Kaiser» Ilia mit einer glühenden Krone krönen, andere Revoltierende köpfen, hängen, von Felsen zu Tode stürzen, ließ «ketzerische» Schulen, Kirchen schließen, zerstören, Friedhöfe aufwühlen, Leichen schänden, lutherische Katechismen, Gebet- und Gesangbücher konfiszieren, in Graz, wo die Jesuiten anno 1600 fünf Fässer mit katholischem Propagandamaterial erhielten, im selben Jahr 12000 Bibeln und sonstige Satansschriften verbrennen, gegnerische Prediger einkerkern, verjagen, die Bürger gewaltsam und systematisch katholisch machen.

Allein zwischen 1599 und 1600, als Ferdinand das scharfe Vorgehen seines Vaters fortsetzte, sollen aus Kärnten und der Steiermark

5000 Protestanten «ausgewandert» sein. Und seit dem frühen 17. Jahrhundert setzten die Habsburger Protestantismus mit Verrat, mit Rebellion und Chaos gleich. «Kurz nach der Jahrhundertwende war das evangelische Kirchenwesen Innerösterreichs fast völlig beseitigt. Die Zeit des Geheimprotestantismus begann» (H. R. Schmidt). Zwar hielten sich noch lange protestantische Gemeinden in Österreich, aber bis 1781 waren ihnen Gottesdienste verboten. Und bis dahin, mehr als zweihundert Jahre, betrieben die Habsburger die Rekatholisierung im Dienst ihrer Dynastie.[30]

Zu Vertreibungen und Aufruhr kam es auch in einem geistlichen Fürstentum, das sich zwischen Österreich und Bayern erstreckte, dem Erzstift Salzburg, unter Wolf Dietrich von Raitenau.

Bereits sein Vorgänger Jakob hatte die Kurie bekümmert. «Schon viele Jahre», meldete Nuntius Giovanni Delfino 1575 Kardinal Galli, dem Staatssekretär Gregors VIII., «genieße der Erzbischof seine großen Einkünfte, aber man höre nie, daß er eine Kleinigkeit zum Dienst der Kirche verwende.»

Mit dem Nachfolger hoffte man besser zu fahren. Über seine Mutter mit den Medici und hohen Kurialen verwandt, wie dem dann heiliggesprochenen Kardinal Karl Borromeo, wurde Dietrich in Rom im Haus seines Onkels, des Kardinals Marcus Sitticus Altemps, und fünf Jahre im Collegium Germanicum, dem Haus der Jesuiten, erzogen. Mit elf Jahren kassierte er die erste geistliche Pfründe, mit fünfzehn wurde er Dompropst in Basel, bald darauf Kanoniker in Salzburg, mit achtundzwanzig Jahren war er Herr des Erzstifts, eines der vornehmsten überhaupt, und dies auch noch zwei Jahre vor dem kanonisch gebotenen Alter.

Die Kurie erblickte in Dietrich von Raitenau «einen wahren Streiter Gottes», und Papst Sixtus V. ermunterte ihn in einem Glückwunschschreiben, «die Blitze der Ketzer» zu brechen «und die tödlichen Geschosse der Ungläubigen auf diese selbst» zu lenken. Zu Beginn seines Regiments engagiert sich der Erzbischof auch energisch für die katholische Konfessionalisierung. Schon 1587 erläßt er ein «Reformationspatent», wonach jeder in seiner Residenzstadt, der nicht katholisch werden will, binnen wenigen Wochen das Land verlassen muß (der Landesverweis wird im 17. und 18. Jahrhundert eine häufig verhängte Strafe). Der Metropolit jagt aber nicht nur Hunderte alteingesessener protestantischer Familien in das benachbarte Österreich, sondern bedrückt auch seine Untertanen mit Steuern und Auflagen und feiert jahrzehntelang üppige Feste mit seinen Mätressen, bis der Nachbar Maximilian von Bayern, geleitet von wirtschaftlichen Interessen (Salzproduktion und Salzhandel) sowie strittigen Hoheitsansprüchen nach der Besetzung Berchtesgadens durch den Erzbischof, in Salzburg einmarschiert und ihn samt «seinem Harem und seinen Schätzen» (Vehse) gefangennimmt; 1612 wird er abgesetzt und bis an sein Lebensende 1617 auf Hohensalzburg gefangengehalten.[31]

Einen weiteren und größeren Krieg gegen einen Kirchenfürsten aber hatte Bayern schon einige Jahrzehnte früher vom Zaun gebrochen.

DER KÖLNER KRIEG «ZUR PROPAGIERUNG DES HEILIGEN EVANGELIUMS»

Die Vorgeschichte des Konflikts führt uns zu jenem Bischof zurück, an dessen Person er sich unmittelbar entzündet hat, dem Neffen des Augsburger Kardinals Otto Truchseß von Waldburg, zu Gebhard Truchseß von Waldburg, einem Mann, dessen Leben, zumindest in manchen Zügen, ebenso an den Salzburger Seelenhirten erinnert wie sein Verhältnis zu Rom, wo man bald über ihn nicht minder besorgt war, wie dann über Dietrich von Raitenau.

Da aber Gebhard – übrigens ein persönlicher Freund Julius Echters von Mespelbrunn, der ihn an der Kurie erfolgreich gefördert hatte – alsbald das Tridentiner Glaubensbekenntnis beschwor, die Jesuiten begünstigte und die Calvinisten bedrohte, auch überall sehr katholisch auftrat, ja erklärte, lieber den Kopf verlieren als sich von der katholischen Kirche trennen zu wollen, ignorierte Rom sein anrüchiges Vorleben, ignorierte, daß er, wenn das Gemunkel denn stimmt, «tyrannischer Weise zwei oder drei Menschen erschossen, erstochen und umgebracht» (von Weinsberg) haben sollte, ignorierte auch seine Trunksucht, die überdies, wie Nuntius Giambattista Castagna dem Kardinalssekretär andeutete, ein beinah landesüblicher Brauch sei, und bestätigte seine Würde. (Auch der Bischof von Münster, Minden und Osnabrück, Franz von Waldeck, war ein Säufer, und er nicht allein. Hatte das Laster im Klerus doch eine gewisse Tradition, mußten Bischöfe ja schon der Merowingerzeit sternhagelvoll vom Altar getragen werden oder sie soffen sich buchstäblich um den Verstand: vgl. IV 269 f.).

Auch Erzbischof Gebhard ging nicht in sich, jedenfalls nicht im Sinne Roms. Vielmehr bestand, während er sein «gottselig christliches Werk», das «Werk Gottes selbst», zu vollenden strebte, seine «Haupttätigkeit» angeblich weiter in wüsten, regelmäßig im Vollrausch endenden Gelagen – «schier jeden Tag voll und besoffen». Zugleich begann er immer mehr die «Irrtümer des Papsttums» zu erkennen. Und da ihn außerdem sein «Gewissen» drängte, ein Fräulein adligen Standes zu ehelichen (deren Familie mitgedrängt hat), bemächtigte sich der geistliche Kurfürst 1582 seiner Residenzstadt Bonn, gewährte seinen Diözesanen am 16. Januar 1583 Religionsfreiheit, sagte sich selbst vom Katholizismus los, verkündete seinen Übertritt zur Confessio Augustana und heiratete am 2. Februar in Bonn (wo er allein für seinen Hofstaat zweihundertsechzig Pferde brauchte) die schöne Gräfin Agnes von Mansfeld, eine lutherische Stiftsdame aus Gerresheim, mit der er seit einigen Jahren, etwa seit seiner Wahlbestätigung aus Rom, ganz öffentlich ein Liebesverhältnis unterhielt.[32]

Doch während Erzbischof Gebhard so durch den gütigen Gott sich der «Finsterniß des Papstthums» entrissen und der Säkularisation des Erzstifts nahe wähnte, während man Gerüchte über seine – von Pfalzgraf Johann Casimir genährte – Absicht hörte, Calvinist zu werden, und er durchaus meinte, als ein vom Glauben seiner Väter Abgefallener sowie als Ehemann auch Kölner Kirchenhaupt bleiben, «ein Weib und ein Erzbistum zugleich» haben zu können (was sich ja Joachim Friedrich von Brandenburg, Administrator des Erzbistums Magdeburg, schon 1570 geleistet hatte), sah dies der Heilige Vater ganz anders. Wäre mit einem protestantischen Erzbischof von Köln doch die Mehrheit der Kurfürsten protestantisch geworden, hätte sogar der nächste Kaiser Protestant sein können.

Gregor XIII. (1572–1585), dessen Regierung den Höhepunkt der eigentlichen Gegenreformation bildet, ein Papst, der den Jesuitenorden förderte, gern so verschwenderisch wie giftig mit Bannflüchen um sich warf, auch den politischen Meuchelmord billigte, erklärte nun in der von allen Kardinälen unterzeichneten Absetzbulle vom 1. April 1583 Gebhard Truchseß, wenngleich schon von selbst aller Rechte verlustig, «als einen offenkundigen Häretiker, Eidbrüchigen, Rebellen und Exkommunizierten wie ein faules Glied vom Leibe der katholischen Kirche getrennt sowie aller Würden, Pfründen und Ämter entsetzt». Papst Gregor rief Bayernherzog Wilhelm V. zum Eingreifen auf und empfahl dem Domkapitel, in dem nur eine Minderheit dem Erzbischof anhing, Ernst von Bayern als Nachfolger zu wählen, hatte der sich doch früher schon einmal um den Erzstuhl beworben.[33]

Nun also schlug die Stunde des Bayernherzogs, des Bischofs von Freising, von Hildesheim, von Lüttich, den der Papst jetzt, trotz des tridentinischen Verbotes der Kumulation, der Anhäufungen von Bischofsämtern, auch für den Kölner Erzstuhl in Vorschlag brachte (und wenig später bekam er noch das Fürstbistum Münster dazu). Nachdem Ernst, der erste Jesuitenzögling unter den hohen deutschen Prälaten, seine Rivalen durch Geld «abgefunden», Papst Gregor beträchtliche Summen an das Domkapitel gezahlt hatte («Nie», äußerte Nuntius Malaspina, «habe ich käuflichere Leute gefunden als in diesem Kölner Kapitel»), wurde der Herzog im dritten Wahlgang am 23. Mai 1583 von der Kapitelmehrheit zum Erzbischof von Köln gewählt – und bis 1761 drückten Wittelsbacher diesen Bischofsstuhl.

Zwar war Herzog Ernst, der Eröffner dieser Reihe, zunächst ungern dem Kölner Wahlansinnen gefolgt. Einer Liebschaft wegen hatte er Bayern nur schwer verlassen und «gar geringe Lust, sich in ein solch' Meer von Nöthen und Drangsalen zu stürzen»; war er ja überhaupt bloß widerwillig Geistlicher geworden und so wenig zölibatär eingestellt wie sein entlassener Vorgänger. Er lebte «mehr als ärgerniserregend lüderlich», liebte wüste Gelage, Jagd und Weiber offenbar von Jugend an, und noch als Kölner Erzbischof soll er sich «zwei oder drei Liebhaberinnen» gehalten haben «öffentlich vor den Augen der ganzen Welt ohne alle Scheu» (Theiner). Doch gerade unter ihm, auf den die Jesuiten «einen mächtigen Einfluß» ausübten, so wundert sich von Pastor, nahm «die katholische Reform einen großen Aufschwung».[34]

Was aber kümmerte die Moral seine Heiligkeit, ging es darum, das Kölner Erzstift samt vielen Territorien des Reiches, dem seine Aufmerksamkeit ganz besonders galt, für den Katholizismus zu retten. Der Papst bestätigte den Bayern in all seinen Pfründen und jagte immer neue Gesandte in die Welt, wirkte ein auf den Kaiser, den König von Spanien, die deutschen katholischen Fürsten, das Kölner Domkapitel. Ringsum warb er für Ernst von Bayern (1583–1612) um Hilfe, gelegentlich auch bereits um Waffenhilfe, und ringsum trafen, trotz seiner eigenen schlechten Kasse, auch seine Gelder ein, noch im März 1583 immerhin 100 000 Gulden in Wien, bis zum Herbst 90 000 Gulden in München. Und während er ebenso eindringlich wie raffiniert den katholischen Potentaten verdeutlichte, wie eng die Interessen des Hauses Habsburg und des Hauses Wittelsbach mit den Interessen der katholischen Religion, das heißt mit seinen eigenen zusammenhingen, agitierte im anderen allerchristlichsten Lager Pfalzgraf Johann Casimir, ein gleichfalls ganz uneigennütziger Fürst, der sich selbst als «Werkzeug Gottes zur Beförderung von dessen Ehre und Glorie» sah, als «christlicher Kämpe», der «durch den Krieg für den Frieden sorgen müsse», bekanntlich die Sorge des Christentums zu fast allen Zeiten. Johann Casimir wandte sich an die Königin von England, den König von Dänemark, an mehrere Kurfürsten um Gelder zur Truppenwerbung «in dieser so kundbaren, christlichen und gerechten Sache», sei sie doch «zur Ehre Gottes und Fortpflanzung und Erweiterung seines Wortes und Reiches».

Fast noch eifriger wider das «Geschmeiß des römischen Antichristes» und für Erzbischof Gebhards «reine und heilige Sache» warb der calvinistische König Heinrich von Navarra, erklärte sie in den Jahren 1583/1584 «für wichtiger als irgend eine, welche sich seit Jahrhunderten in der Christenheit begeben», ja kannte keine, so beteuerte er Johann Casimir, «von größerer Bedeutung für den Ruin des Papstthums».

Auf katholischer Seite trat als einziger Reichsfürst Wilhelm V. der Fromme mit einem bayrischen Heer in den Kölner Krieg ein, sieht man etwa davon ab, daß jetzt auch Fürstbischof Julius Echter von Mespelbrunn seinem kurfürstlichen Freund in den Rücken fiel – wie vordem schon dem Fuldaer Fürstabt –, daß er die Kriegsoperationen der Wittelsbacher mit «Gulden und Soldaten» förderte, mit mehr als 40000 Gulden, wobei die eigenen Domherren die wahre Höhe der Gelder gar nicht kannten, ja nicht einmal ahnten, wie sehr ihr Bischof «daran das Verdienst besaß, daß die katholischen Truppen am Niederrhein das Feld behaupteten ...» (von Pölnitz). Die entscheidende Unterstützung freilich bekamen die Bayern durch Philipps II. Generalstatthalter in den Spanischen Niederlanden Alexander Farnese, Herzog von Parma und Piacenza. Dieser hatte bereits die Rückgewinnung der südlichen Niederlande für Spanien erreicht und suchte nun in wechselvollen blutigen Verwicklungen den ganzen Niederrhein heim – der erste Krieg seit 1555 zwischen den Konfessionsparteien im Reich. «Die Bevölkerung litt namenlos» (Brandi).[35]

Erzbischof Gebhard war nach dem Heranzug der Spanier noch am Tag seiner Hochzeit von Bonn ins Westfälische geflohen, worauf er dort Gewissens- und Bekenntnisfreiheit verkünden, Bilderstürme veranstalten, Altäre zertrümmern, Kirchen ausrauben, die Katholiken unterdrücken ließ, alles «zur Propagirung des heiligen Evangeliums»; indes im Kölnischen, zur Propagierung derselben Frohen Botschaft, das Heer von Erzbischof Ernst – «ein liebenswürdiger Charakter» (von Pastor) – durch spanische Söldner verstärkt, am 7. Dezember 1583 die Burg Godesberg ruiniert, die Besatzung abgestochen, dann Ende Januar 1584 Bonn, den Hauptwaffenplatz des erzbischöflichen Vorgängers, von der meuternden Besatzung erkauft, zwei calvinistische Prediger ersäuft hat und zwanzig Bürger gehängt.

Sehr christlich führte man sich 1586 auch bei der Eroberung von Neuss auf. Es hatte die Reliquien des hl. Quirin verfeuert und unter dem Kommando von Friedrich Kloet den spanischen Belagerern lange widerstanden. Zuletzt freilich wurde die böse Stadt halb niedergebrannt, ein Teil der Bürger und die Besatzung, angeblich an die 1500 Menschen, teilweise vor den Augen des Erzbischofs, grauenvoll umgebracht, auch der reformierte Prediger Christophorus Fesser, erst unlängst in Neuss eingesetzt, liquidiert, seine Leiche am Fenster aufgehängt, dann verbrannt, Kommandant Kloet, schwerverwundet, im Bett erwürgt. Im selben Jahr ermordeten die Spanier auch 700 Einwohner Berchems auf ihrer Flucht nach Köln.

Gebhard hatte seinen ganzen Schatz verloren, konnte selbst aber in die Niederlande zu Wilhelm von Oranien entkommen, während man den «kleinen Krieg» um Köln «höchst grausam» (Menzel) weiterführte, Gebhards Truppenreste im März 1584 bei Burg an der Yssel schlug, schließlich auch das Herzogtum Westfalen um seine Kriegsmacht gebracht und natürlich nirgends mehr den Protestantismus geduldet hat. Im Frühjahr 1585 warb noch einmal König Heinrich von Narvarra bei Elisabeth von England für Gebhards «fromme, für die ganze Christenheit so überaus wichtige Sache». Doch die Königin, früher einmal «angelegentlichst» am deutschen Religionskrieg interessiert, schickte dem Gescheiterten lediglich ein «Almosen» (2000 Taler) und rührte für ihn keinen Finger. Die Kämpfe aber zogen sich noch bis 1590 hin, nach manchen «bis in das 17. Jahrhundert hinein» (Forsthoff).[36]

Der Triumph der katholischen Restauration ist zuerst weder dem Herzog Wilhelm von Bayern, dem Bruder des neuen Erzbischofs, zuzuschreiben, noch gar dem Kaiser, sondern «in erster Linie der Initiative der päpstlichen Regierung». So urteilt J. Hansen (laut Pastor «bester Kenner» der Materie): «Die Kurie griff in die kölnischen Wirren von vornherein mit großer Entschiedenheit und Sicherheit ein, und ihre Politik ließ sich durch kein Hindernis aus der Bahn bringen ... Wie die Kurie es war, die den Herzog Ernst wider seinen Willen veranlaßte, nach Köln zu gehen und seine Kandidatur zu betreiben, wie sie ihn zu bewegen wußte, dort zu bleiben, trotzdem er mehrmals, verzweifelnd am Erfolg, sich wegbegeben wollte, so verstand sie es auch, die kraftlose und unselbständige kaiserliche Politik in ihrem Sinne zu lenken.»

Der Krieg der Erzbischöfe um das geistliche Fürstentum Köln

war nach jahrelangem Plündern und Brennen, Tiere- und Menschenabschlachten und Scheußlichkeiten aller Art beendet, nach einem Elend, das die Leiden des Dreißigjährigen Krieges, wie nicht ich zum erstenmal bemerke, schon dreißig Jahre früher vorweggenommen hatte.

Im Unterschied zu den Konfessionskämpfen im Reich spielten sich die in Westeuropa, in Frankreich, den Niederlanden, in Schottland und England, noch deutlich militanter, noch blutiger und grauenvoller ab.[37]

8. KAPITEL

STAATSTERROR IM WESTEN DIE NIEDERLANDE, FRANKREICH, ENGLAND UND SCHOTTLAND IM SPÄTEREN 16. JAHRHUNDERT

«... wo man die Waffen immer aufs neue in die Hände nahm, in den Niederlanden ... In allen politischen Dingen zeigten sich die Spanier glimpflich, unerbittlich aber in den kirchlichen. Es war nicht daran zu denken, daß den Protestanten eine Kirche, nur ein privater Gottesdienst gestattet worden wäre: die Prediger, die man ergriff, wurden gehenkt. Man führte mit vollem Bewußtsein einen Religionskrieg.»
Leopold von Ranke[1]

«Die offizielle *Regierungspolitik* vertrat die unerbittliche *Bekämpfung der Häresie*, der Täufer, Calvinisten, der Ketzer innerhalb der gefestigten Kirche. Um der Dinge Herr zu bleiben, griff die Regierung zu barbarischen Methoden».
Handbuch der Europäischen Geschichte III[2]

«Die Hugenottenkriege setzten ein, die Frankreich schwerste Blutopfer und den Verlust des tüchtigsten Teiles seiner Bewohner bringen sollten.»
Ernst Mengin[3]

«Wenn die Reformierten auch anfangs einige Erfolge erzielen, so läuft der Bürgerkrieg doch mit der ihm innewohnenden Logik ab: von Jahr zu Jahr wird er grausamer. Mit wachsender Erbitterung und immer größerem Fanatismus wird gekämpft, gemordet, gemetzelt, werden die Städte ausgehungert.»
Julien Coudy[4]

Seit Philipps Abwesenheit stützte sich die Königin immer mehr auf Reginald Pole, der als päpstlicher Legat am 20. November 1554 in Dover gelandet war. Nun wurde Marias Religionspolitik mit einer weitaus schärferen Gangart als bisher vorangetrieben ..., nahm die Verfolgung der Protestanten immer militantere Formen an. Schon seit Februar 1555 brannten in England die Scheiterhaufen und bis November

1558 hatten an die 300 Menschen als Ketzer den Feuertod erlitten. Diese grausamen Ereignisse brachten Maria den Beinamen «die Blutige» ein. Später nannte man sie auch die «katholische» oder die «spanische» Maria.»

Marita A. Panzer[5]

«Wenn wir Shakespeare als bedeutendsten Dramatiker der Zeit betrachten, so finden wir in der Königin Elisabeth die größte Schauspielerin der Epoche. Da Elisabeth Latein, Spanisch, Französisch und Italienisch perfekt beherrschte, liebte sie lange und ausführliche Unterhaltungen mit den Botschaftern fremder Nationen. In diesen Gesprächen erfuhr sie mehr als sie selbst verriet und bewies auch auf diese Weise, daß es in ihrer Zeit kaum jemanden gab, der ihr in den Künsten der Täuschung, Ausflucht und des Lügens gewachsen war.»

Richard Bruce Wernham[6]

Terror in den Niederlanden

Die Niederlande waren durch dynastische Zufälligkeiten entstanden, durch eine Reihe von Todesfällen 1477 an das Haus Habsburg gekommen und mit Spanien verbunden worden. Zur Zeit Karls V., selbst ein geborener Niederländer, blühte die Industrie des Landes, zumal der Außenhandel, aber auch die heimische Güterproduktion – allein in Antwerpen, einer der reichsten Städte des Kontinents, fuhren schließlich im Hafen Tag für Tag fünfhundert Schiffe ein und aus, an der Börse machten fünftausend Händler ihre Geschäfte, waren die Niederlande doch überhaupt bis dahin «der beneidenswürdigste Staat in Europa» (Friedrich Schiller). Karl V., dessen ganze niederländische Regierungsgeschichte, so Schiller wieder, «beinahe nur ein fortlaufendes Verzeichnis eingeforderter, verweigerter und endlich doch bewilligter Steuern» war, Karl kassierte 1 500 000 livres, die Hälfte seiner gesamten Einkünfte, nur von den drei Millionen Einwohnern dieser Provinzen, denen er aber keinerlei Religionsfreiheit gewährte, vielmehr verteufelte er, wie die römische Kirche, jede «Ketzerei».

Die reformatorischen Neuerungen waren schon früh aus den Nachbarstaaten eingedrungen, aus Deutschland lutherische und täuferische Ideen, aus der Schweiz, aus Frankreich Vorstellungen Zwinglis und Calvins. Und die Abwehr dieser wie aller «Ketzereien» führte zu einer rücksichtslosen Verfolgung, zeitweise im Fanatismus der Mönche, besonders der Dominikaner gipfelnd, deren einer beteuerte, er vergrübe am liebsten seine Zähne in Luthers Kehle und ginge mit dessen Blut im Mund zum Abendmahl.[7]

Es kam zu ersten Märtyrern des neuen Glaubens. Am 1. Juli

1523 endeten in Brüssel die Augustiner Hendrik Vos und Jan van Esch im Scheiterhaufenfeuer. Im folgenden Jahr wurde der geflohene Augustiner Hendrik van Zutphen, ein Schüler und Freund Luthers, in Holstein liquidiert. Und bald hat man Jahr für Jahr aus religiösen Gründen geköpft, verbrannt, ertränkt, Calvinisten und vor allem Täufer, deren sozialrevolutionäre, Obrigkeit, Ehe, persönlichen Besitz verwerfende Bewegung sich rasch ausbreitete, in manchen holländischen Städten schon mehr als die Hälfte der Einwohnerschaft betrug. Beim Kampf um ein westfriesisches Kloster, das man 1535 überrumpelt, dann verteidigt hatte, starben achthundert Menschen, auch durch den Beschuß mit schwerer Artillerie. Und als im selben Jahr Täufer das Amsterdamer Rathaus erstürmten und wieder verloren, riß man aus Rache den Rädelsführern Zungen und Herzen heraus und schleuderte sie den Toten, den Sterbenden ins Gesicht.[8]

Gerade die Täufer wurden unerbittlich verfolgt, auch später noch. Jan de Zwartes Familie beispielsweise, meist Weber in Hondschoote, stellte von 1558 bis 1567 dem Täufertum nicht weniger als achtzehn Märtyrer – und allem Anschein nach rottete «die katholische Obrigkeit schließlich die ganze Familie aus» (Parker).[9]

Blutopfer niederländischer Christen unter dem Kaiser

Jahrzehntelang hatte Karl V. in Übereinkunft mit dem Papsttum durch seine Religionsedikte, die sogenannten Plakate, und durch die Inquisition die niederländischen Häresien bekämpft, ihre Unterdrückung immer wieder verschärft und noch wenige Jahre vor seinem Rücktritt in einem seiner schlimmsten Erlasse am 25. September 1550 befohlen: «Niemand darf irgendein Buch oder eine Schrift des Martin Luther, des Johann Oecolampadius, Ulrich Zwingli, Martin Butzer, Johann Calvin oder anderer von der heiligen Kirche verworfener Ketzer drucken, abschreiben, vervielfältigen, aufbewahren, verheimlichen, verkaufen, kaufen oder verschenken; –

niemand darf die Bilder der heiligen Jungfrau oder kanonisierter Heiliger zerbrechen oder sonst beschädigen; – niemand darf in seinem Hause Conventikel oder gesetzwidrige Zusammenkünfte halten oder Versammlungen beiwohnen, in welchen die Anhänger der obengenannten Ketzer lehren, taufen und Verschwörungen gegen die heilige Kirche und die allgemeine Wohlfahrt stiften.»

Ferner verbietet das Dekret den Laien die Teilnahme sowohl an öffentlichen wie geheimen Gesprächen oder Disputationen «über die Heilige Schrift, besonders über alle zweifelhaften oder schwierigen Lehren.» Ebenso untersagt der Herrscher das Verbreiten irgendeiner «ketzerischen» Meinung «heimlich oder öffentlich» und bestimmt, alle sich dagegen Vergehenden als Störer des Staates und der allgemeinen Ruhe folgendermaßen zu bestrafen: «die Männer mit dem Schwert, die Weiber sollen lebendig begraben werden, wenn sie nicht in ihren Irrtümern verharren; verharren sie darin, alsdann sollen sie mit Feuer zu Tode gebracht werden; alles ihr Eigentum soll in beiden Fällen der Konfiskation durch die Krone unterliegen. Wir verbieten jedermann, irgendeinen Menschen, welcher im allgemeinen Verdachte der Ketzerei steht, zu beherbergen, zu bewirten, ihm Nahrung, Feuer oder Kleidung zu reichen, oder ihn in anderer Weise zu unterstützen; – und jedermann, welcher eine solche Person anzuzeigen versäumt, soll selbst den oben genannten Strafen verfallen.»[10]

Die Verluste der niederländischen Protestanten wurden unter der Herrschaft Karls auf 50000 und weit mehr Menschen geschätzt, von dem venezianischen Gesandten am Kaiserhof (anno 1546) auf 30000. Von Zehntausenden von Opfern spricht auch Schiller. Belegt sollen allerdings «nur» etwa 1300 Hinrichtungen sein. Doch hatte schon Karl die spanische Inquisition in die Niederlande geholt, rauchten schon unter ihm die Scheiterhaufen, und gelegentlich hackte man einem Delinquenten, wie dem Calvinisten Bertrand Le Blas in Tournai, erst beide Hände ab, bevor man ihn verbrannte – wenn man auch immer wieder und noch heute «die Arbeitsweise der geistlichen Inquisitoren in Spanien» zu idealisieren sucht, die fürchterlichen Torturen gar als «Fabeln», «Märchen», «Unsinn» hinstellt und die «Billigung der Kirche» bestreitet. «Schneiden und brennen wurde nur von der weltlichen Strafverfolgung praktiziert, von der sich das Vorgehen der Inquisition positiv abhob ...» (van der Lem)[11]

König Philipp II. – «Alles unter dem Gesichtswinkel des kirchlichen Interesses ...»

Als Kaiser Karl am 25. Oktober 1555 in Brüssel die damals siebzehn niederländischen Provinzen seinem Sohn Philipp II., dem nachmaligen König von Spanien (1556–1598), übertragen hatte, wurden diese Landstriche immer mehr eine Art Schlachtfeld; war Philipp doch felsenfest entschlossen, das Testament des Vaters, die rücksichtslose Beseitigung der Häresie, zu vollstrecken, somit nicht nur deren Fortschreiten zu hemmen, sondern sie gänzlich auszurotten; wobei der spanische Augustiner Lorenz von Villavincencio dem frommen König riet, notfalls auch 50000 Hinrichtungen nicht zu scheuen, obschon 2000 wohl zum Ziel führten.

Gewiß verflochten sich mit den religiösen, den religionspolitischen Konflikten sozialökonomische, führten die Niederlande auch einen nationalen Befreiungskampf, vielleicht den grandiosesten der europäischen Geschichte, einen erfolgreichen überdies, bei dem auch viele Katholiken, Laien wie Priester, ohne ihre Kirche zu verlassen, mit den Protestanten sympathisierten, weshalb es, besonders in der ersten Hälfte des 16. Jahrhunderts, oft schwer war, in den sehr heterogenen Gruppen zwischen Katholiken, protestantisierenden Katholiken und Protestanten scharf zu trennen. Und wurde die niederländische Inquisition auch 1566 aufgehoben, es gab noch wirksamere Tribunale zur Eindämmung der «Ketzerei». Ja, es kam die Zeit, wo «die *Kirchenfrage* die *Politik zu beherrschen* begann», wo die «*Ketzerverfolgung* ... offiziell auf der Tagesordnung» stand. «Sie wurde schnell zum brennenden Problem, das alle anderen in den Hintergrund drängte» (Handbuch der Europäischen Geschichte). Gestand doch Philipp selbst, daß er auch dort, wo er politische Rebellen politisch zu bekämpfen scheine, in Wahrheit die «Ketzerei», den «Nährstoff des Aufruhrs» bekämpfe und austilgen wolle.

Der Bürgerkrieg bzw. Unabhängigkeitskrieg wurde zum Religionskrieg und brachte Philipp den Tiefststand seiner Macht, «die vielleicht schlimmste Niederlage seines Lebens» (Bihlmeyer/Tüchle). Es kam zur Trennung der Niederlande, die südlichen blieben habsburgisch und katholisch, die nördlichen wurden protestantisch und führten zu der von Spanien getrennten Republik der Vereinigten Niederlande (seit 1596), für das Papsttum künftig «Missio Hollandica», Missionsgebiet ...[12]

Philipp II., von dem Schiller sagt, «Egoismus und Religion sind der Inhalt und die Überschrift seines ganzen Lebens», hatte schon früh die Jesuiten geholt und 1559 gemeinsam mit Papst Paul IV. durch eine Umstrukturierung der niederländischen Kirche (statt vier nun 18 Diözesen, darunter 14 Neugründungen) die Häresie schärfer zu kontrollieren, die Reformation zu stoppen gesucht. Dabei sollten – eine der bezeichnendsten Novitäten – je zwei Domherren jedes Bistums die Inquisitoren in ihrer Diözese sein.

Doch weder das Bistumsprojekt, beim Adel wie beim Volk unbeliebt, noch ein härterer gegenreformatorischer Kurs konnten die Ausbreitung des Protestantismus, hier hauptsächlich des Calvinismus, hindern. Auch nicht die Generalstatthalterin Margareta, die Philipp bei seinem Abschied in den Niederlanden zurückließ, die Herzogin von Parma, seine Halbschwester, eine uneheliche, doch später legitimierte Tochter Karls V., ein Mitglied somit des Herrscherhauses und, wie der Vater, in den Niederlanden geboren. Erst recht kein förderlicher Missionar der katholischen Sache wurde ihre an sich stärkste Stütze, der Bischof und nachmalige Kardinal Antoine Perrenot de Granvelle, der «Mann des Königs» im Brüsseler Staatsrat und eigentliche Regent, doch als Verfechter des spanisch-habsburgischen Zentralismus so verhaßt, daß ihn Philipp 1564 abberufen mußte.

Der König, der schon 1559 die Stammlande seines Hauses für immer verlassen hatte, um fortan einsam und mißtrauisch scheu in der Abgeschirmtheit seiner Schlösser, im Escorial zumal, zu thronen, wo er den Blick von seinem Schlafzimmer auf das «Allerheiligste» im Hochaltar der Kirche genoß – und seine Mätressen, wo er fast mehr Energie auf die Verteidigung der katholischen Kirche verwandte als auf die Weltmachtstellung eines Reiches, das Spanien, Spanisch-Amerika, Portugal, die Niederlande, Burgund, Mailand, Neapel und Sizilien umfaßte. «Seine kirchliche Devotion war schrankenlos. Täglich besuchte er die Messe, an den Festtagen auch die Predigt und Vesper. Der Beichtvater war sein ständiger Berater und übte auf ihn den größten Einfluß aus; er nahm an allen Geschäften Anteil, da der König alles unter dem Gesichtswinkel des kirchlichen Interesses zu betrachten und zu prüfen pflegte» (Rachfahl). Freilich lehrte ihn auch die Erfahrung, «daß ein Wechsel der Religion außer dem Schaden, der dem Dienste Gottes dabei zugefügt wird, zugleich weltlichen Umsturz nach sich zieht; oft benutzen die Armen, Müßigen und Vagabunden diese Gelegenheit, um die Güter der Reichen anzutasten.»[13]

Bei seiner Abreise am 25. August 1559 aus den Niederlanden lag Philipp nichts so am Herzen, als die Alleinherrschaft der alten Kirche zu sichern, seine Fürsorge schien schier unerschöpflich. Auch vergaß er nicht, der Herzogin noch kurz vor seiner Einschiffung in Vlissingen – letzte Maßnahme im Land der Väter – zu befehlen, einige in Middelburg eingekerkerte «Ketzer» auf die Folter zu spannen und nach Mitschuldigen zu forschen, wie überhaupt der Schwester einzuschärfen, die Inquisition zu aktivieren und sie erfolgreich zu machen.

Nach seiner so ersehnten Heimkehr aber dankte Philipp gleich dadurch dem Himmel, daß er ein Autodafé feiern und zwölf Protestanten verbrennen ließ, einige davon bei lebendigem Leib. Generalinquisitor Valdés forderte die Majestät dabei auf, mit der Königlichen Rechten am entblößten Degen zu schwören, «daß Sie dem heiligen Amte der Inquisition und ihren Dienern allen nötigen Schutz und Schirm gegen die Ketzer und Abtrünnigen leihen wird, sowie gegen alle diejenigen, von denen sie verteidigt und begünstigt werden, nicht minder gegen jedermann, der mittelbar oder unmittelbar die Wirksamkeit des heiligen Amtes hindern sollte, daß Sie fernerhin alle Untertanen und Landeskinder zwingen wird zum Gehorsam und zur Beobachtung der apostolischen Vorschriften und Verordnungen ...» etc. etc.[14]

In den Niederlanden vor allem nahm so die Gewaltherrschaft der Spanier zu, wuchs die Glaubensverfolgung, die Ausbeutung des Volkes zumal zur Finanzierung von Philipps gewaltige Summen verschlingenden Kriegen gegen Frankreich, aber auch zum Unterhalt der flandrischen Streitkräfte, die monatlich rund 300000 Gulden aus Spanien erhielten, indes schätzungsweise viermal soviel brauchten. Dazu kamen die Exzesse der Soldaten, ihre Mißhandlung der Menschen, die Zurücksetzung Einheimischer bei der Vergabe höherer Ämter, die Flüchtlinge, auf 50000 bis 500000 geschätzt.

Kurz, die vom Hochadel auf breitere Adelsschichten und viele Städte sich ausweitende, auch mit protestantischen Zirkeln verbindende Opposition brachte immer größere Unzufriedenheit, den wachsenden Widerstand des Prinzen Wilhelm von Nassau-Oranien, der Grafen Egmont und Hoorn, auch des niederen Adelsverbundes der «geuzen» – ein Name, der von jenen 400, nach anderer Lesart fast 600 Rittern herrühren soll, die am 5. April 1566 in Brüssel eine die Religionspolitik betreffende Bittschrift überreichten, durch ihre Vielzahl jedoch die Regentin erschreckten, sodaß der regierungstreue Graf Charles de Barlaymont bemerkte: «Rassurez-vous, Madame, ce n'est qu'un tas de gueux» (Beruhigen Sie sich, Madame, es ist nur ein Haufen Bettler). Die Unzufriedenen übernahmen damals die Bezeichnung gueux/Bettler, und später nannte man alle, Adlige, Kaufleute, Fischer, die von der alten Religion zur neuen übergingen, Geusen, «Buschgeusen» im Land, «Meergeusen» an der See, und alle Geusen wollten, so stand auf ihren Hüten, «lieber türkisch als päpstlich» sein.[15]

Der Bildersturm

Im August 1566 begann von Westflandern aus und auf zwölf Provinzen übergreifend ein barbarischer Bildersturm der Calvinisten. «Eine rasende Rotte», schreibt Friedrich Schiller, «von Handwerkern, Schiffern und Bauern, mit öffentlichen Dirnen, Bettlern und Raubgesindel untermischt, etwa 300 an der Zahl, mit Keulen, Äxten, Hämmern, Leitern und Strängen versehen, nur wenige darunter mit Feuergewehr und Dolchen bewaffnet, werfen sich, von fanatischer Wut begeistert, in die Flecken und Dörfer bei St. Omer, sprengen die Pforten der Kirchen und Klöster, die sie verschlossen finden, mit Gewalt ...»

Bisher eine verfolgte Minderheit, plötzlich Verfolger, ergießen sich krakeelende calvinistische Haufen übers Land, gelegentlich noch von Gassenkindern ermuntert, dagegen kaum gestört, ja nur sehr selten bekämpft, etwa außer Landes gepeitscht oder gar gehenkt, einmal drei in Antwerpen, einmal 22 auf der Stelle bei Grammont. Von Ort zu Ort ziehen sie, von Stadt zu Stadt, zumindest anfangs aufgestachelt, angetrieben von Predigern. Und spielte bei den Aktionen gewiß auch die soziale Lage, das «hongerjaar» 1566, eine Rolle, erfolgten, in Gent beispielsweise, auch Angriffe auf Getreidespekulanten, bestand selbst unter Prädikanten und Konsistorien keine vollständige Übereinstimmung in der Beurteilung dieser ikonoklastischen Attacken – «es gibt Beweise dafür in Hülle und Fülle, daß Prediger und Konsistoriale leitend bei den Exzessen zugegen waren und wohl gar selbst Hand mit anlegten, daß die Kirchenschänder in ihrem Solde arbeiteten, und es war nicht nur der Pöbel ...» Und, bedeutsamer noch, man vernichtete all die kirchlichen Dinge nicht in einem Anfall von Vandalismus, von Anarchie, sondern als *Corpora delicti* eines falschen, eines fluchwürdigen Glaubens, als verdammte Zeugnisse der Götzenanbetung, als Beleidigungen Gottes; «das Grundmotiv des bei weitem größten Teils der Tumultuanten war religiöser Art» (Rachfahl).

Sie erbrachen Kapellen, Prioreien und Abteien, sie schlugen alles kurz und klein, zertrümmerten Altäre, Statuen, Bilder des Herrn und der Heiligen. Man demolierte Kruzifixe und Monstranzen, Kanzeln und Chorgestühl, Taufbecken und Orgeln. Man zerschmetterte, verbrannte, stahl ungezählte Kunstschätze – allein der Schaden in der Antwerpener Marienkirche wurde auf 400000 Goldgulden beziffert. Man trat geweihte Hostien, Fahnen, Meßgewänder in den Dreck, schmierte sich die Stiefel mit heiligem Öl, vernichtete berühmte Büchereien, durchwühlte Gräber, riß halbverweste Leichen hervor, man mißhandelte Priester, Mönche, Nonnen, verjagte sie.

In wenigen Tagen waren die meisten Kirchen und Ordenshäuser jener Gegenden des heutigen Belgien geplündert und verwüstet, gab es in Antwerpen, wo man die Kathedrale ausgeraubt, wo sich kein Priester mehr auf die Straße traute, gab es weithin in Flandern keine katholischen Gottesdienste mehr, waren dort, nach Bezeugung der Regentin, an die 400 Kirchen und Klöster zerstört, insgesamt aber 5000 «gesäubert» worden, wobei nicht wenige Christentempel, so ein Augenzeuge, «Viehställen ähnlicher sahen als Gotteshäusern».[16]

Margareta reagierte mit Scheinzugeständnissen, Wortbrüchen, Truppenrekrutierungen; doch im nächsten Sommer war der Katholizismus erneut die allein anerkannte Religion, und die Statthalterin beanspruchte mit aller Entschiedenheit, Ruhe und Ordnung wieder hergestellt zu haben.

Herzog Alba und sein Schreckensregiment

König Philipp aber hatte Rache geschworen, Rache «bei der Seele meines Vaters». Am 5. November 1566 spornte er die Inquisition zu kraftvollem Vorgehen an, und im nächsten Jahr setzte er Herzog Alba mit zehntausend Mann in Marsch, Fußknechte und Reiter, dazu Feldkapläne und, wie es hieß, mehr als 2000 Huren: meist «Elitetruppen» aus Spanien und Italien, von denen der Papst übrigens auf ihrem Weg nach Norden, sozusagen im Vorbeigehn, gern das «ketzerische» Genf liquidiert gesehen hätte, «ein Unternehmen», wie der ein Jahrhundert später heiliggesprochene Pius V. durch seinen Nuntius dem Herrscher vorstellen ließ, «glorreich für den König und nützlich für die Religion ...» Und bald wünschte der nimmersatte Hierarch von Alba auch ein Gutachten, wie er «gegen den Fürsten von Oranien vorgehen konnte, um sich seines Fürstentums zu bemächtigen».[17]

Fernando Álvarez de Toledo, Herzog von Alba, war früh in den Dienst Karls V. getreten und dann Teilnehmer an vielen Kriegen seines Herrn, 1525 an der Schlacht von Pavia, 1527 am Feldzug nach Ungarn, 1535 an der Eroberung von Tunis (VIII 445). Bald danach wurde er erster militärischer Berater Karls, für den er 1542 Katalonien und Navarra verteidigte, 1547 bei Mühlberg gegen die Schmalkaldener siegte (VIII 448 f.). Ein Jahrzehnt später bekämpfte er als Vizekönig von Neapel und Generalkapitän in Italien päpstliche und französische Truppen. Und nun, nach dem Bildersturm, sollte der erfolgreiche Feldherr in den Niederlanden jede Opposition gegen Philipp und seine Herrschaft zerschlagen, sollte er, laut einer geheimen Instruktion, Land und Leute unterwerfen, damit es «in allen Provinzen einen König gibt und Brüssel die Hauptstadt ist, wie Paris in Frankreich».[18]

In den Niederlanden, wo Alba Ende August 1567 in Brüssel eintraf, Philipps Schwester Margareta bald nur noch nominell regierte und dann, gedemütigt und tief verletzt, das Land verließ, setzte Alba einen «Rat der Unruhen» (Conseil des Troubles) ein, vom Volk «Blutrat» genannt, doch noch in unseren Tagen als «Kodifizierung und Humanisierung der Strafgerichtsbarkeit» gepriesen, als «eine Leistung von Format» (van der Lem). Tatsächlich stützte der Blutrat ein sechsjähriges Schreckensregiment, für die Niederländer der Inbegriff verhaßter Fremdherrschaft.

Der Herzog kontrollierte alles, besonders aber die Finanzen und die Religionsausübung. Er saugte die Bevölkerung durch kaum erschwingliche Steuern aus und schröpfte den oppositionellen Adel und andere Begüterte durch Vermögenseinziehung, durch möglichst unverkürzte Konfiskation des Besitzes. An die 9000 nur in den Aufstand von 1566/1567 mehr oder weniger involvierte Personen verurteilte der «Blutrat» zum teilweisen oder gänzlichen Verlust ihrer Habe; über tausend wurden liquidiert. Der «eiserne Herzog» ließ den Grafen Egmont (einst im Krieg gegen Frankreich für Philipp Sieger bei Saint-Quentin und bei Gravelingen) sowie den Grafen Hoorn (langjähriger Kommandeur von Philipps persönlicher Leibwache) am 9. September 1567 durch ein Sonderkommando heimtückisch verhaften, neun Monate einkerkern und am 5. Juni 1568 vor dem Stadthaus in Brüssel köpfen, wobei er Mitleid mimte, vorgab, aus Schmerz über das Todesurteil des Königs erkrankt zu sein, und log, alles versucht zu haben, es zu mildern, ja bei der Hinrichtung Tränen vergoß, «so dick wie Erbsen.» Zuvor aber hatte sich Kaiser Maximilian II. bei ihm und Philipp mehrfach für Freilassung oder Begnadigung der beiden Grafen verwandt.

Niemand und nichts war vor Albas Willkür, seinem Terror sicher, nicht hoch, nicht nieder, nicht ganze Magistrate, ganze Städte, über die sich da und dort feste Zwingburgen erhoben. Es kam zur massenweisen Verbrennung «ketzerischer» Bücher, kam zur Ausweisung, zur Flucht von Tausenden. Rund 60000, viele Kaufleute und Handwerker darunter, entwichen während Albas Despotie ins Ausland, flohen nach England, nach Emden und Wesel, nach Genf und Straßburg. Es kam zu Sippenhaftungen, Verschleppungen nach Spanien, wo etwa der Bruder des Grafen Hoorn, Montigny, im Oktober 1570 heimlich erwürgt worden ist. Es kam zu Massenverhaftungen, Massenexekutionen. Staatsmord reihte sich an Staatsmord, durchs Schwert, durch Galgen, Feuer. Und da immer wieder Todgeweihte (welch euphemistisches Wort) sich noch auf ihrem letzten Weg zu ihren Überzeugungen, ihrem Glauben bekannten oder, mit Alba selbst zu sprechen, «da uns mitgeteilt wird, daß einige verstockte Delinquenten, wenn sie zum Tode geführt werden, nicht aufhören, den Namen Gottes blasphemisch auszusprechen und ihr Gift auszustreuen, so wollen und ordnen wir an, daß man solchen Leuten bei ihrer Hinrichtung den Mund verstopft, so daß sie nicht mehr reden können.» Der Tyrann rühmte sich der Tötung von 18600 Menschen während seiner Herrschaft, «meist wegen der Religion», waren nach dem Gesetzbuch des «Blutrates» doch fast alle Niederländer des Todes schuldig.[19]

Noch wenige Monate vor seiner Abberufung, im August 1573, stachelte Alba den König auf, «sich von der Illusion zu befreien, daß irgend etwas in diesen Provinzen jemals durch Milde erreicht werden könnte». Und drängte im Dezember auch seinen Nachfolger Don Luis de Requesens, vorzugehen «ohne alle Instrumente der Gnade, Milde, Unterhandlungen oder Gespräche mit Waffengewalt ..., bis jeder Widerstand gebrochen ist.» Beide Herren wiesen auch sämtliche Versöhnungsversuche von dritter Seite zurück: 1568 vom Kaiser, 1572 von den Franzosen, 1573 von den Engländern und dem Erzbischof von Köln.

Es ist bezeichnend, daß in einer Untersuchung der deutschsprachigen Publizistik zum «Achtzigjährigen Krieg» (1566–1648) von fast 500 berücksichtigten Flugschriften nur ein Viertel dezidiert politische oder theologische Themen herausstellten, dagegen rund die Hälfte aller Drucke hauptsächlich «militärische» Begebenheiten! (Man vergleiche damit die spätere Historiographie.)[20]

So wurden fort und fort Städte überfallen, unter unerhörten Greueln geplündert, Mecheln drei volle Tage lang, ähnlich Zutphen. Ein Kommandeur Oraniens hörte das Wehgeschrei der Opfer über viele Meilen hin, Zutphen wurde dem Erdboden gleichgemacht, ebenso Naarden, wo sich die Einwohner gehorsam und unbewaffnet in der Großen Kirche versammelten und die Spanier sie niederstachen – nach Albas Siegesmeldung an den König «entkam keiner Mutter Sohn». Das hungernde Haarlem ergab sich nach siebenmonatiger Belagerung und der Zusicherung des königlichen Kommandanten, niemandem werde ein Haar gekrümmt. Die ganze Garnison, mehrere Magistratsbeamte, insgesamt 2000 Menschen wurden niedergemetzelt, den Überlebenden 200 000 Gulden als Kriegsentschädigung aufgezwungen. Von den 18 000 Einwohnern Leydens starben 6000, die meisten an Hunger und Pest.

Natürlich rächten sich die Neugläubigen. Es kam zu einem blutigen Vernichtungskrieg. Vor Haarlem, dem «Friedhof der Spanier», sollen 8000 der Ihren umgekommen sein. Die Geusen schlachteten bevorzugt Priester und Mönche, so in Leyden, Enkhuizen, Alkmaar oder in Gorkum, wo sie 19 Geistliche und Ordensleute erst gräßlich torturierten, dann nachts in einer Scheune hängten, ihre abgeschnittenen Nasen und Ohren als Trophäen auf den Hüten tragend – Christen unter sich. (Es erinnert an den Umgang katholischer Kroaten gegen Mitte des 20. Jahrhunderts mit vielen Hunderttausenden freilich oft noch entsetzlicher hingemordeter orthodoxer Serben; aber schließlich: lernt man nicht dazu im Lauf der Zeit, im Lauf der Heilsgeschichte?)[21]

Alba scheiterte mit all seiner Grausamkeit. 1573 fordert und erhält er seine Entlassung. Er wird abgelöst von Don Luis Requesens, dieser von Don Juan d'Austria, Philipps II. einzigem Bruder, dieser von Alexander Farnese von Parma – alles in wenigen Jahren: Triumphe und Niederlagen, Belagerungen, Blutbäder, Gefechte, Plünderungen, Meutereien, Staatsbankrotte. Die Geusen siegen auf der Schelde, die Grafen Ludwig und Heinrich von Nassau, der Prinz Christoph von der Pfalz sterben bei Nimwegen, in der Schlacht auf der Mokerheide. Es kommt zum Massaker in Oudewater durch die königliche Soldateska und zur Ausraubung und Ausmordung Antwerpens gleichfalls durch die «Spaanse furie», «eine der schaurigsten Greueltaten des 16. Jahrhunderts» (Parker), kommt zur Pazifikation von Gent, zur Ersten Union von Brüssel, das Wilhelm von Oranien 1577 triumphal empfängt. Am 15. März 1580 aber ächtet ihn Philipp II., der Todfeind, dessen loyaler Diener er zunächst war, wie schon zuvor der Karls V.; am 10. Juli 1584 wird er nach mehreren Tötungsversuchen in Delft ermordet.[22]

Die Spanier hatten auf seinen Kopf einen Preis von 25 000 Scudi gesetzt, und einer, der ihn gern verdient hätte, doch zuvor ergriffen wurde, der Biscayer Jauregny, führte unter seinen Papieren Gebete bei sich, in denen er Christus zur Begünstigung des Mordes anfleht, doch kulant dem Himmel nach vollbrachter Tat auch Gewinnbeteiligung verspricht: «der Mutter Gottes von Bayonne ein Kleid, eine Lampe, eine Krone, der Mutter Gottes von Aranzosu eine Krone, dem Herrn Christus selbst ein reicher Vorhang.»

Leopold von Ranke, anscheinend die weitgesteckten Möglichkeiten eines frommen christkatholischen Gemüts verkennend, erzählt dies und zweifelt, «ob es eine größere Blasphemie gibt ...» Dabei spricht er gleich von dem tatsächlichen Attentäter, dem Burgunder Balthasar Gerard, der, martyriumssüchtig und von einem Trierer Jesuiten angefeuert, Oranien im Juli 1584 niederschießt; und während er, gemartert unter den Verwünschungen des Volkes, seinen Geist aufgibt, schreibt Ranke, «hielten die Domherren in Herzogenbusch ein feierliches Tedeum für seine Tat.»[23]

Solch feierlicher Lobpreis Gottes für eine edle «Tat», woran es die Gotteskinder nie ließen mangeln, wurde freilich recht häufig und stets aus vollem Herzen angestimmt; so nur wenige Jahre zuvor in

Rom, wo es am heiligsten ist, in der Mitte einer Kette von Konflikten, die das katholische Frankreich zur Ausrottung des Protestantismus betrieb.

Terror in Frankreich

Zur selben Zeit, als in den Niederlanden der Religionskrieg wütete, bekämpften sich Katholiken und Protestanten auch in Frankreich. Da dieses als Nachbarland direkt an Deutschland und die Schweiz grenzte, wurde es bald vom Luthertum, dann stärker vom Calvinismus heimgesucht, nicht so sehr die breiten als die gebildeteren Schichten und der Adel.

Schon 1520 gab es reformatorische Einflüsse in Paris, Lyon, Avignon und anderen Städten. Die erste Maßregelung der Anhänger der neuen Lehre, der «hérésie luthérienne», begann bereits früh unter König Franz I. Auf Betreiben der Sorbonne und des Parlaments wurden Luthers Schriften 1521 verworfen, ihre Verbreitung bei Todesgefahr verboten. Und schon 1523 verbrannte man vor dem Brüsseler Rathaus die ersten evangelischen Märtyrer, die Antwerpener Augustinermönche Hendrik Vos und Jan van Esch, in Paris den Augustinerpater Jean Vallière, einen Freund Luthers. Andere folgten.

Nach einer antikatholischen Plakataktion, der «affaire des placards» 1534, kam es zu weiteren Nachstellungen. Im Januar 1535 verbrannte man, wieder in der Hauptstadt, bei einer «Feuer»prozession mehrere «luthériens» bzw. «évangéliques» im Beisein des Königs; andere flohen zu Hunderten, darunter Calvin. In Meaux, dem Ort der ersten evangelischen Kirche Frankreichs, folterte und verbrannte man im Oktober 1546 vierzehn Menschen lebendig, acht riß man zuvor die Zunge aus. Und um dieselbe Zeit wurden in Aix-en-Provence die zunächst tolerierten Waldenser zu Tausenden verstümmelt, getötet oder auf Galeeren verbannt, ihre Kinder als Sklaven verkauft, ihre Siedlungen zerstört. (Urheber des Massakers von Lubéron 1545: der Kardinal François Tournon.)

König Franz I. starb seinerzeit. Aber sein Sohn und Nachfolger Heinrich II. (1547–1559), ein strenger, seit 1553 mit Katharina von Medici verheirateter Katholik, geht die Hugenotten systematischer an, ja sucht die «Ketzerei» völlig auszurotten. Er läßt die stetig wachsende Bewegung durch Polizei und Spitzel überwachen, durch radikale Edikte (von Châteaubriant, von Compiègne) immer mehr bedrängen. Und bereits zu Beginn seiner Regierung etabliert er die «Chambre ardente» (Feuerkammer) des Pariser Parlaments, ein Sondergericht für Häretiker, das Hunderte von sogenannten Rechtssprüchen fällt, darunter eine große Zahl von Todesurteilen. Selbst Mitglieder des Gerichtshofes sterben auf dem Scheiterhaufen.[24]

Wie barbarisch es da zugeht, zeigt der Brief des Eustachius von Knobelsdorff, eines katholischen deutschen Studenten, an seinen Lehrer Georg Cassander in Brügge, geschrieben im Sommer 1542, also noch vor Errichtung der «Chambre ardente». Knobelsdorff, gebeten um Mitteilung seiner «Erfahrung» über die zum Scheiterhaufen verdammten Lutheraner, erwähnt die Verbrennung von «acht Individuen ... bei lebendigem Leib», weil sie «den Päpstlichen Stuhl verleumdet hätten».

Das erste Opfer, so der Berichterstatter, war «ein ganz junger Mann», ein Schusterssohn, kaum zwanzig Jahre alt, dem man wegen seiner Verweigerung des Widerrufs die Zunge abschnitt. «Ohne eine Miene zu verziehen, hielt der Jüngling seine Zunge dem Messer des Henkers hin, er streckte sie heraus, so weit er nur konnte. Mit einer Zange zog der Henker sie noch weiter heraus, schnitt sie ab und schlug sie dem armen Sünder ein paarmal links und rechts ins Gesicht. Die Umstehenden, so heißt es (o Frömmigkeit der Franzosen!), bückten sich nach der noch zuckenden Zunge und warfen sie dem Jüngling an den Kopf. Dann stieß man ihn auf einen Karren und führte ihn zum Richtplatz.»[25]

Während die französischen Könige aber zur Festigung ihrer Macht im Inland den Protestantismus verfolgten, begünstigten sie die Protestanten in Deutschland gegen das Haus Habsburg. In Frankreich schlossen sich die Neugläubigen, im Jahr 1558 etwa 400000, unter dem starken Einfluß Calvins und von Genfer Kanzelrednern unterstützt, zu Gemeinden zusammen und gaben sich im Mai 1559 auf ihrer ersten Nationalsynode in Paris ein calvinistisches Glaubensbekenntnis, die Confessio Gallicana, und eine entsprechende Kirchenverfassung, womit die französische Hugenottenkirche entstanden war – 1562 gab es etwa zwei Millionen réformés in Frankreich bei einer Gesamtbevölkerung von 20 Millionen.

Es handelte sich freilich weniger um eine Volksreligion, um eine Kirche der breiten Massen, als um städtische Bürger, um Geschäftsleute, Lehrer, Ärzte, Juristen, um Kreise des Adels, auch der Hocharistokratie. Bourbonen, aus einer Seitenlinie des Königshauses, gehörten ebenso dazu wie die Brüder Coligny aus dem Haus Châtillon oder der Kardinal Odet, der 1563 abgesetzte Erzbischof von Toulouse.

Im Herbst 1561 scheiterte während einer Nationalsynode der französischen Bischöfe in Poissy bei Paris in Gegenwart des Hofes ein Religionsgespräch zwischen altgläubigen und reformierten Theologen. Angeregt von Katharina von Medici, hatte es zwischen beiden Konfessionen vermitteln sollen, blieb aber ohne Beschlußfassung. Zwar gewährte schon im Januar 1562 das Edikt von St-Germain-en-Laye den Hugenotten erstmals freie Religionsausübung, wenn auch nur außerhalb der Städte. Doch duldete es immerhin als erstes europäisches Edikt eine zweite Konfession in einem Staat. Bereits wenige Wochen darauf aber, am 1. März, erfolgte das Massacre de Vassy (Champagne), jenes von den Haudegen des Herzogs Franz von Guise während eines hugenottischen Gottesdienstes verbrochene Blutbad, das 74 Menschen das Leben gekostet, etwa 100 verwundet und dem Herzog die Bezeichnung «Schlächter von Vassy» eingetragen hat.

Doch metzelte man auch anderwärts die «Ketzer» nieder, in Cahors, Toulouse, Amiens. In Sens luden die Glocken der Kathedrale drei Tage lang zur Ermordung der Hugenotten ein. In Tours schleppte man sie, zwei und zwei zusammengebunden, in ein Schlachthaus und brachte sie auf verschiedene Art um, Metzeleien, die in den Ersten Hugenottenkrieg führten (1562–1563). Worauf freilich weitere sieben solche Kriege – Religion und Politik stets eng verschränkt – folgten, durch fremde Truppenkontingente verstärkte Bewegungskriege, offene Feldschlachten, Belagerungen, koordinierte Einsätze von Kavallerie und Infantrie, bis zum Achten, dem letzten, längsten und auch schwersten Konflikt (1585–1598).[26]

Im Dritten Hugenottenkrieg schlug man sich besonders blutig bei Moncontour, 1569.

Papst Pius V., einst brutaler Generalkommissar der Inquisition, doch heiliggesprochen, hatte Geld sowie ein Hilfskorps von 4500 Mann geschickt und Katharina von Medici recht heiligväterlich belehrt: «In keiner Weise und aus keinem Grund muß man gegen Gottes Feinde Schonung üben». Vielmehr trieb der Stellvertreter Christi zu weiterem Kampf, «bis sie alle massakriert sind», und forderte auch über die Gefangenen ein «strenges Strafgericht», ja «bis zu deren völliger Vernichtung …» So wurden in einer sehr kurzen, aber verheerenden Schlacht die meisten Protestanten, die den Katholiken in die Hände fielen, abgestochen, wurden «kaltblütig ganze Regimenter, nachdem sie die Waffen weggeworfen und sich ergeben, niedergehauen» (Browning). Insgesamt tötete man bei Montcontour 6500 bis 10000 Hugenotten und verlor selbst angeblich «nur» 600 Krieger. In Paris aber feierte der Hof das Gemetzel sogleich mit großem Gefolge durch ein Tedeum und ein paar Tage darauf mit einer allgemeinen Prozession. In Rom frohlockte man nicht minder und stellte einen halben Wald zugeschickter Beutefahnen als Siegeszeichen in die Kirche des heiligen Johannes vom Lateran.

Und bald hatte man am Tiber noch mehr Grund zum Jubeln. Eskalierte die christliche Bruderliebe doch zwischen dem Dritten und Vierten Hugenottenkrieg in besonders eindrucksvoller Weise.

Die Bartholomäusnacht oder die sogenannte Pariser Bluthochzeit

Nach dem Tod Heinrichs II. (1559), der nur minderjährige Kinder hinterließ, die letzten Valois, führte die Königinmutter Katharina von Medici, die «Ausländerin», für die unmündigen Könige Franz II. und Karl IX. die Regentschaft.

Geschickt und schwer durchschaubar, doch zunächst noch auf

Entspannung bedacht, sucht sie zwischen den rivalisierenden Guise und Heinrich von Navarra zu vermitteln. Der kränkelnde Franz stirbt bereits im nächsten Jahr, Ende 1560. Der ihm auf den Thron folgende, damals neun Jahre alte Karl IX. betreibt die Aussöhnung von Katholiken und Hugenotten durch Vermählung seiner Schwester Margarete von Valois mit dem Calvinisten Heinrich von Navarra, Heinrich IV. Zugleich gewinnt das Haupt der Hugenotten, Admiral Coligny, immer mehr das Ohr des jungen Monarchen, während dessen ehrgeizige Mutter, zwischen den Parteien und Hofcliquen lavierend, ihre Macht zu verlieren fürchtet und sich nach langer Schaukelpolitik auf die stärkere Seite schlägt. Vier Tage nach der Hochzeit, als viele hugenottische Adlige noch in Paris weilen, sucht sie Coligny zu beseitigen. Doch das Attentat mißlingt, Coligny wird lediglich verwundet, und da der König nach den Schuldigen fahnden läßt, die Königinmutter aber ihre Bloßstellung fürchtet, beschließt sie die Ermordung aller in Paris versammelten Hugenotten und überredet zuletzt den König selbst dazu.[27]

In einem Gespräch Katharinas und des Herzogs von Anjou, des späteren Heinrichs III., mit Karl IX. am Abend des 23. August 1572 im Louvre, so berichtet der Herzog, sei im König plötzlich eine «wunderbare und seltsame Wandlung» vorgegangen. Katharina hatte ihm gerade klargemacht, wie leicht und sicher man jetzt die Rebellen bekriegen könne, habe sie doch «alle in den Mauern von Paris wie in einem Käfig zusammengepfercht». Töte man aber den Admiral nicht, müsse man nur neue Bürgerkriege gewärtigen, würden er und die Seinen doch mit allen Mitteln auf Rache sinnen; also müsse man ihnen zuvorkommen, bevor man selbst überrumpelt werde. Kurz, schließlich sei der König aufgesprungen, habe ihnen Schweigen geboten und wutentbrannt «Tod und Teufel» fluchend geschrien, «wenn wir es schon für richtig hielten, den Admiral umzubringen, sei es ihm recht, aber dann sollten auch alle andern Hugenotten in ganz Frankreich daran glauben, nicht einer solle übrigbleiben, der ihm nachher mit Vorwürfen kommen könne, und wir sollten sofort den Befehl dazu erteilen.»

Eines der ersten Opfer war der Admiral Gaspard de Coligny, Herr von Châtillon. Es gibt verschiedene Versionen über sein Ende.

Anscheinend aber wurde er, vor seinem Bett kniend, erschlagen, erstochen, und dann, als der Herzog von Guise vom Hof des Hauses her fragte, ob die Arbeit getan sei, befehlsgemäß aus dem Fenster geworfen. «Und der Admiral, der noch nicht tot war, krallte sich mit den Händen an einem Stück Holz fest, das er mit sich hinabriß. Man sagt, daß sie ihm mit einem Taschentuch das Blut aus dem Gesicht gewischt hätten, um ihn zu erkennen, und auch, daß der Herzog ihm Fußtritte in den Leib versetzt hätte, bevor er wieder auf die Straße lief, um überall die Leute anzuspornen, zu einem guten Ende zu bringen, was so glücklich begonnen hätte.» (Später warf man den Toten in den Fluß, zog ihn wieder heraus, trennte ihm noch ein Ohr ab, stach ihm ein Auge aus, schnitt ihm die Nase weg, die Geschlechtsteile, schleppte ihn an den Füßen durch die Stadt und hängte ihn auch an den Füßen am Galgen auf.)[28]

Inzwischen war man längst dabei, «zu einem guten Ende zu bringen, was so glücklich begonnen», hatten überall die Glocken in Paris im Morgengrauen zwischen drei und vier Uhr Sturm geläutet – es war der 24. August, ein Sonntag, der Tag des hl. Bartholomäus, das Wetter schön und warm, und das Mordgeschrei des katholischen Pöbels (Kennzeichen: ein weißes Kreuz am Hut) erfüllte die Stadt. Man hatte verbreitet, die Hugenotten hätten beschlossen, den König und den gesamten Hof umzubringen, und jetzt komme man nur ihrem Anschlag zuvor.

So metzelte man unter der Regie der Guise in ganz Paris ohne Rücksicht auf Alter und Geschlecht die Hugenotten nieder, mißhandelte, verstümmelte, vergewaltigte; überall unaufhörliches Schießen, überall, so ein Augenzeuge, «die Klagerufe und Schreckensschreie der zu Tode Gequälten, das Gebrüll der Mörder, die Leiber, die man aus dem Fenster warf, mit Hohngelächter und sonderbarem Gepfeife durch den Kot zog». In allen Straßen wurde getötet, geplündert. Bald gab es keine Gasse, auch die allerkleinste nicht, in der nicht das Blut floß, «als habe es stark geregnet». Ringsum ein einziges Brüllen: «Mord, Mord, nieder mit den Hugenotten!» «Schlagt sie tot, schlagt sie tot!» «Tötet, tötet alles; der König befiehlt es!»; einige Priester bestanden darauf, «alles niederzumachen bis hinab zu den Säuglingen.»[29]

Tatsächlich massakrierte man auch Kinder, erdolchte sie, schmiß sie ins Wasser, neun- oder zehnjährige Knaben schleiften ein Wikkelkind mit einem Gürtel um den Hals durch die Straßen. Andere Kinder wurden gerädert; alte Menschen manchmal kaputt gemacht, indem man ihren Kopf gegen Mauern schlug. Auf Karren fuhr man endlos tote Männer, Frauen, Kinder an die Seine und warf sie in den Fluß.

Der piemontesische Hauptmann Annibale von Coconnas rühmte sich, seinerzeit bis zu dreißig Hugenotten vom Volk losgekauft zu haben, nur um sie ganz nach persönlicher Lust und Laune ins Jenseits zu befördern. Ja, ein anderer Katholik, allgemein der «Golddrahtzieher» genannt, prahlte, er habe an einem Tag mit eigener Hand achtzig Hugenotten umgebracht; «gewöhnlich aß er mit blutverklebten Händen und Armen und behauptete, es sei für ihn eine Ehre, denn dieses Blut sei das Blut von Ketzern.»

Zogen doch selbst die Spitzen des Staates, post festum genußvoll promenierend, ihr Vergnügen aus der Leichenschau. Der König etwa, indem er beim Betrachten des aufgehängten Admirals einige Gefolgsleute tadelte, die sich die Nase zuhielten, «denn der Geruch eines Feindes ist ein feiner Geruch». Oder die Königinmutter, die es drängte, die Leiche des Herrn Soubise zu sehen, «weil sie wissen wolle, warum er unfähig gewesen war, seiner Frau beizuwohnen.»[30]

Nun, uns interessiert die Zahl der Opfer mehr, wird sie auch nur annähernd genau nie festzustellen sein: in der Pariser Bartholomäusnacht und den folgenden Tagen etwa 2000 bis 3000 oder 3000 bis 5000; in den Provinzen, in Orléans, Bourges, Lyon, in Rouen, Toulouse u. a., während der nächsten vier Wochen vielleicht 12000 bis 20000 Hugenotten. Große Scharen fliehen; sie gehen ins Elsaß, nach Deutschland, England, sie suchen in Holland, Dänemark, Schweden Zuflucht. «Die Bartholomäusnacht hat mehr als 30000 Opfer gekostet» (Handbuch der Europäischen Geschichte). Und noch hundert Jahre später, noch nach 1685, verlassen 200000 Hugenotten Frankreich.[31]

Natürlich ging es bei der Bluttat, bei der Christen Christen tausendweise massakrierten, ging es bei den acht Hugenottenkriegen durchaus nicht um den Glauben allein. Zwar haben sie als Religionskriege begonnen – wie überhaupt die französische Reformation ursprünglich sozusagen rein religiöser Natur war –, wurden aber bald auch aus politischen, militärischen, aus höchst persönlich-opportunistischen Gründen geführt; das hängt immer noch untrennbar zusammen. Die Macht der französischen Krone, die Zukunft ganz Westeuropas stand auf dem Spiel. Große auswärtige Staaten waren involviert, vor allem Spanien und England, aber auch deutsche protestantische Länder. Die französischen Katholiken werden von Italien, den Päpsten, besonders von Spanien mit Geld beziehungsweise Söldnern unterstützt, die französischen Hugenotten von England und vorzugsweise von einigen deutschen Fürsten. Doch fechten Deutsche auch auf Seite der Katholiken.[32]

Gregorianische Freudengesänge und pures Entsetzen

Ein besonderes Interesse, das versteht sich von selbst, hatte das Papsttum an diesen Kämpfen. Doch gerade von der Vorbereitung der größten, berüchtigtsten Abschlachtung, der Pariser Bluthochzeit, soll der neue Papst, Gregor XIII. (1572–1585), nichts gewußt, soll keinerlei vorheriges Einvernehmen zwischen ihm und der «ränkevollen Mediceerin» bestanden haben, die Kurie vielmehr von dem grausigen Vorfall völlig überrascht gewesen sein. Ungezählte Apologeten werden nicht müde (wir kennen die Methode aus der Hitlerzeit: «der Führer weiß das nicht!»), den Heiligen Vater rein zu waschen.

Ludwig von Pastor bietet sein ganzes Vertuschungsvermögen über nahezu dreißig Seiten (oft im Kleindruck) auf – vergeblich, immer wieder schimmert die Realität hindurch. Denn selbst ein Pastor kann nicht übersehen, daß der päpstliche Nuntius Kardinal Antonio Maria Salviati «durch Katharina von ihrem Projekt unterrichtet worden» war, freilich, wie seltsam, mit der Auflage, «das Mitgeteilte vor jedermann, selbst vor dem Papst geheimzuhalten.» Warum aber berichtet die Königinmutter, versiert, so der venezianische Gesandte Giovanni Michieli, wie Leo X. und alle Medici, in der «Kunst der Verstellung», dem Päpstlichen Nuntius das geplante Komplott, wenn er es gegenüber jedermann, ja ausgerechnet auch gegenüber dem Papst, verschweigen soll?

Dabei brannte der immer wieder die Fortsetzung des Bürgerkrieges fordernde und fördernde Gregor XIII. nur so auf den Untergang der «Ketzer». So gestand er seinerzeit Charles de Guise, dem Kardinal von Lothringen: «Für die Erhöhung des katholischen Glaubens wünschten Wir nichts mehr als die Vernichtung der Hugenotten.»[33]

Wie von Pastor leugnet, daß der Papst etwas von der vorbereiteten Ermordung der Protestanten wußte, bestreitet er auch, daß sie in erster Linie katholischen Interessen, ja, daß sie überhaupt «religiösen Motiven entsprang». Nein, betont er, «durchaus nicht religiösen». Dem Papst aber ließen Katharina und Karl IX. am 27. August mitteilen, «alles sei im Interesse der Religion geschehen, und es werde in dieser Hinsicht noch vieles andere folgen, denn im Laufe der Zeit beabsichtige die Königin nicht nur das Edikt von Saint-Germain zu widerrufen, sondern auch auf dem Wege des Rechts den katholischen Glauben in seiner alten Observanz wiederherzustellen.» (Und am 19. November beteuerte Katharina dem Papst brieflich abermals, «alles Bisherige sei nur im Interesse der Religion geschehen.») So fand denn der Kardinal von Lothringen zum Ruhm der katholischen Gesinnung Katharinas und des Königs «kaum Worte genug».

Gregor XIII. aber riß die Nachricht von dem Pariser Massenmord zu dem Geständnis hin, so berichtet der Kardinal von Como am 8. September, «daß man in diesen von so vielen Umwälzungen betroffenen Zeiten keine bessere und großartigere Kunde hätte wünschen können ... Noch an demselben Morgen ... begab sich Se. Heiligkeit mit dem ganzen Cardinalcollegium nach der Kirche des heil. Marcus, um das Tedeum singen zu lassen und Gott für eine so glückliche, dem christlichen Volke geschenkte Gnade zu danken. Auch heute morgen ist Se. Heiligkeit in Procession zur Kirche des heil. Ludwig gegangen.»

Nicht genug, der Heilige Vater veranstaltet aus Freude über das

Massaker in Paris öffentliche Lustbarkeiten, er schreibt in einer Bulle ein allgemeines Jubiläum als Dank an Gott für die Niederwerfung der Hugenotten aus, er läßt das Ereignis auch durch ein Fresko Vasaris in der Sala Regia «verewigen», ja prägt auf einer Festmedaille einen hugenottenschlachtenden Engel und rückseitig sein eigenes Bild. Und wie schon sein Vorgänger, der hl. Pius V., die Bekämpfung der Hugenotten forderte, «bis sie alle massakriert sind», so verlangt auch Papst Gregor die «völlige Ausrottung» des Protestantismus in Frankreich. Gott und den König bat er, auf dem beschrittenen Weg «weiter zu wandeln» und das Land «von der hugenottischen Pest» zu säubern.[34]

Der Historiker der Päpste freilich belehrt uns, daß die gregorianischen Freudengesänge gar nicht den verübten Greueln als solchen galten, sondern der Befreiung der französischen Katholiken aus den Klauen ihrer Todfeinde. Zwar kann von Pastor die so oft bezeugte Freude des Papstes nicht abstreiten, betont aber, sie sei keineswegs «ungeteilt», sei «in gewissen Grenzen gehalten» gewesen, im Gegenteil, Gregor habe bei der Nachricht von der Bartholomäusnacht «Entsetzen ergriffen», er habe «Tränen vergossen» und auf die Frage eines Kardinals, warum ihn das Fiasko der Feinde Gottes und des Heiligen Stuhles so betrübe, geantwortet: «Ich weine über das unerlaubte und von Gott verbotene Verfahren des Königs.»

Ach, der gute Papst!

Dabei hat niemand die Hugenottenkriege so geschürt wie das Papsttum, niemand jeden Vergleich so verdammt, so jede Waffenruhe beklagt, von Pius V. über Gregor XIII. bis zu Sixtus V. (1585–1590). Denn wie seine Vorgänger, hat auch der fünfte Sixtus immer wieder zum Krieg gehetzt, wollte er ihn schnell und energisch, «ehrlich und ernsthaft» geführt wissen, dann auch, aber nur dann, dem König Geld und Truppen geben. «25 000 Fußsoldaten und 8000 Reiter in Unserem Solde», ja, sein «eigenes Blut».

Doch Heinrich III., der letzte Valois, von Natur friedfertig, wollte das Land befrieden, war dem Papst zu lax. Und der Papst ist darüber erregt, bekümmert, er verfällt «in Melancholie», vermag «weder zu schlafen noch zu essen». Geld und Kanonenfutter will er dem König spendieren, aber nur, wenn auch «die Ketzer und Rebellen zu Paaren getrieben» werden. «Denn wenn Wir ihm helfen, so geschieht es, damit er die Ketzer ausrotte, und nicht, damit er mit ihnen Frieden schließe.»[35]

Zwar war auch König Heinrich III. kein Unschuldslamm. Just zum heiligen Weihnachtsfest 1588 läßt er sowohl Heinrich von Guise als auch dessen Bruder Kardinal Ludwig ermorden, Heinrich am 23., den Kardinal am 24. Dezember – bevor er, König Heinrich III. selbst, einige Monate später, am 1. August 1589, von dem Dominikaner Jacques Clément umgebracht wird, und – bereits nach den Kriegen – auch König Heinrich IV.

Gewiß, die Verbrechen, Grausamkeiten, Racheaktionen am laufenden Band geschehen auf beiden Seiten. Und gerade ein Mann wie Pastor wird nicht müde, immer wieder die Schandtaten der Hugenotten zu benennen, zu geißeln, sie gelegentlich fast lustvoll zusammenzufassen. «Jedermann in Rom kannte die Greueltaten, die sie seit Jahren in Frankreich und den Niederlanden vollführt hatten, indem sie, sobald sie die Gewalt in ihre Hände bekamen, die wohlhabenden Katholiken systematisch ausraubten, die herrlichsten Kathedralen entweder ausplünderten oder niederrissen, die Gräber schändeten, konsekrierte Hostien mit Füßen traten oder den Pferden als Futter vorwarfen, wehrlose Nonnen schändeten und zahlreiche Priester und Ordensleute ermordeten. Was eine vertierte Mordlust an Qualen nur aussinnen konnte, wurde an Katholiken, nur weil sie dem Glauben treu bleiben wollten, verübt: Lebendigbegraben, Verbrühen mit siedendem Öl, Herausreißen der Zunge, Ausweiden bei lebendigem Leib und noch Scheußlicheres. Von den Jagden, die man z. B. in Béarn auf katholische Priester wie auf wilde Tiere gemacht, waren nach Rom ebenso glaubwürdige Nachrichten gelangt wie über den Abgrund bei Saint-Sever, in welchen die Calvinisten 200 katholische Priester hinabgestürzt hatten.»[36]

Und wie regierte man jenseits des Kanals?

Terror in England, Schottland und Irland

In England setzte sich nach den – so romantisch benannten – Rosenkriegen, dem blutigen Ringen der Häuser Lancaster und York um die Königskrone, 1485 die Tudor-Dynastie durch; sie löste das seit 1154 herrschende Königshaus Plantagenet ab. Sein in der Manneslinie letzter Repräsentant, Richard III., der jüngere Bruder Eduards IV., war nach dessen Tod 1483 Protektor der beiden Königssöhne, riß aber die Krone selbst an sich.

Er ließ seine Gegner einkerkern oder hinrichten, auch die minderjährigen Neffen für illegitim erklären und 1489 zu den «Prinzen im Tower» machen, aus dem sie nie mehr auftauchten – man spricht u. a. von Ersticken und Einmauern. Zwei Jahre später freilich verlor er, «good king Richard», selber Krone und Leben gegen den Sohn von Edmund Tudor, Earl of Richmond, Heinrich VII., in der Entscheidungsschlacht von Bosworth (Leicestershire), worauf das Haus Tudor (bis 1603) das Regiment ergriff.[37]

Man kann nicht sagen, daß es im «libertären» Staat der Tudors humaner zuging. Hier wie dort rivalisierende Ansprüche sogenannter Obrigkeiten, derer, die laut Paulus doch sämtlich vom lieben Himmelsvater sind: nicht endende Machtgier, Kabalen, Schlachten, Lügen, Verschwörungen, Aufstände, «Säuberungs»aktionen, man intrigiert und inhaftiert, man raubt, man hängt, enthauptet, foltert, man geht in einer Schlacht «verschollen» oder in der Haft. «Bemühungen um Anerkennung» nennt's die Forschung, «Konsolidierung», «Stabilisierung», «Herrschaftssicherung», kurz: man stellt «die Ordnung» wieder her.

Heinrichs Sohn und Thronfolger Heinrich VIII. (1509–1547), beim Regierungsantritt nicht ganz achtzehnjährig, ist gebildet, musisch veranlagt, poetisch, er komponiert Lieder, sogar zwei Messen, er schreibt und spricht fließend Latein, Französisch, versteht etwas Italienisch und Spanisch, ist aber auch ruhmversessen, zur Grausamkeit tendierend, von despotischer Natur. Bei allem jedoch: «ein tieffrommer Mann» (Erbe); «sehr religiös», wie der venezianische Botschafter in einem geheimen Memorandum seinem Dogen meldet. Er «hört drei Messen am Tage, wenn er zur Jagd geht, und manchmal fünf an den anderen Tagen».

Der Welt hat sich der König mit seinen Frauen eingeprägt sowie durch die Trennung der englischen Kirche von Rom.

Heinrich und sein Eheglück

Heinrich VIII., mit sechs Frauen verheiratet, ließ sich von zweien scheiden, zwei ließ er köpfen, eine dritte, Jane Seymour, war 1537, kurz nach der Kaiserschnittgeburt des späteren Eduard VI., mit 28 Jahren im Wochenbett «zu Gott gegangen»; immerhin konnte es den Gatten trösten, daß wenigstens der Prinz bei guter Gesundheit war. Und da man bei der ersten Ehefrau auch Giftmord unterstellte, ein Gerücht bloß wegen zu hastiger Einbalsamierung, wundert es wohl kaum, begehrte eine weitere Favoritin, die sechzehnjährige Herzogin von Mailand, erst «eindeutige Sicherheitsgarantien» vor ihrem Eintritt in die Riege auserwählter Häupter. Hätte sie zwei Hälse, äußerte sie, dürfte der König von England gern über einen verfügen.

Heinrich hatte 1509 Katharina von Aragonien geheiratet, die fünf, sechs Jahre ältere Tochter Ferdinands des Katholischen, eine Tante Karls V. Da Katharina die Witwe von Heinrichs früh verstorbenem Bruder Arthur war, hatte Papst Julius II. schon 1503 die Befreiung vom Hindernis der Schwägerschaft ersten Grades erteilt. (Das Verbot der Schwagerehe bestand in England bis 1907.) Nach langjähriger, zunächst harmonischer Ehe und der Geburt von fünf Kindern, von denen aber nur eines, die spätere Maria I. die Katholische (Bloody Mary), am Leben blieb, hoffte der enttäuschte Vater noch nach Marias Geburt am 18. Februar 1516, «es werden durch die Gnade Gottes Knaben folgen». Es folgten freilich nur Fehlgeburten, Verstimmungen, Heinrich war schließlich an Katharina völlig desinteressiert, versicherte auch, seit 1524 nicht mehr ehelich mit ihr verkehrt, vielmehr religiöse Skrupel gehabt zu haben, Blutschandegefühle, redete auch, angeregt offenbar von Kardinal Thomas

Wolsey, der Unglücklichen ein – vergeblich allerdings –, sie habe «die ganze Zeit ihrer Ehe in Todsünde gelebt», und suchte in Rom Dispens zu erhalten.[38]

Der fromme König, der sich später, einen Tag nach Katharinas Tod, auf einem Ballvergnügen amüsierte, nahm Frauenkontakte, ohnedies oft vom Primat der Politik bestimmt, persönlich nicht so tragisch. Er hatte auch außereheliche Affären, hatte u.a. Mary Boleyn als Mätresse, die ältere Schwester Anne Boleyns, jener Hofdame, in die er sich seit Frühling 1526 so folgenschwer verliebte. Himmel und Hölle setzte er in Bewegung, um die Ehe mit der gar anhänglich lauteren Katharina annullieren zu lassen. Die Bibel wurde herangezogen, jedes denkbare Motiv, jede Überredungskunst bemüht, scheinheilig schamlos die «Heiligkeit des Ehebandes» betont, um die Scheidung zu erreichen, noch die Möglichkeit oder Unmöglichkeit der Bigamie ventiliert, vor allem aber die «Ungültigkeit» der Dispens Julius' II. von 1503 geltend gemacht.

Man arbeitete mit Druck, List, Heuchelei, mit oft schier endlosen Konferenzen, mit Gesandten, Interventionen von Fürsten, mit Erpressungsversuchen, Bestechungen. Man erbat und erzwang Gutachten von Bischöfen, Rechtsgelehrten, von den führenden Universitäten Europas, von Köln, Bologna, Ferrara, Padua. Es kam gar zu einer «Scheinbulle» des lange lavierenden Klemens VII. (1523–1534), eines entscheidungsscheuen, schwankenden, diplomatisch verschlagenen Mannes, der weder die Gültigkeit von Heinrichs Ehe noch deren Ungültigkeit bestätigte, bis er den König dann doch exkommuniziert und seine Scheidung sowie Neuvermählung für ungültig erklärt hat.

Nach kaum drei Jahren aber bezichtigte Heinrich seine große Liebe der Hexerei, durch die sie ihn verlockt, warf ihr Teilnahme an einem mörderischen Komplott sowie Ehebruch in fünf Fällen vor, auch Inzest mit ihrem Bruder Lord Rochford, und ließ alle angeblichen Nebenbuhler am 17. Mai 1536 liquidieren. Zwei Tage danach starb Anne Boleyn selbst durch den besonders versierten Kopfabspalter von Calais – ein spezieller Gnadenerweis des Gatten –, der sich anderntags mit Annes Hofdame Jane Seymour verlobt und sie zehn Tage später «in aller Stille» geheiratet hat.

Nach Janes Tod im Wochenbett folgte Anna von Kleve, die Schwester des Herzogs, damals 23 Jahre alt. Doch vermochte Heinrich vier Nächte lang nicht, sie «fleischlich» zu erkennen», fand «keinerlei Lust» an ihr, an der «Schlaffheit ihres Fleisches», ihren «Hängebrüsten», und verstieß sie nach wenigen Monaten, immerhin sozusagen lebend, um sie im Sommer 1540 durch die wohl leichter entflammbare neunzehnjährige Hofdame Katharina Howard zu ersetzen, die er 1542 köpfen ließ, hatte sie doch, den fast üblichen «Hochverrat» einmal beiseite, laut offizieller Anklage «ein abscheuliches, niedriges, fleischliches, wollüstiges und heuchlerisches Leben» vor ihrer Ehe geführt, «wie eine gewöhnliche Hure, mit verschiedenen Personen», sollte aber, so das bei ihrer Hochzeit öffentlich abgelegte Gelübde, nur bei Heinrich immer «frisch und munter im Bett und bei Tisch» sein. Und auch für die sechste und letzte Frau des Monarchen, die im Juli 1543 geehelichte, politisch desinteressierte Witwe Katharina Parr, hatte er schon 1546 die wohl tödliche Anklage unterschrieben, starb aber selbst zuvor, fünfundfünfzigjährig, im nächsten Jahr an Gicht und monströser Fettleibigkeit, Folgen ganz kolossaler Freß- und Saufgier durch Jahrzehnte.

Dazwischen Aufstände, Konflikte, Raubzüge im Inland, Münzabwertungen, Steuererhöhungen, Kriege mit Schottland, mit Frankreich, riesige Summen, fast zwei Millionen Pfund verschlingend, die Aufstiege und Untergänge auch vieler dem Thron Naher und Nächster, Triumph und Elend etwa des durch die Kirche groß gewordenen Thomas Wolsey.

Der ebenso macht- wie geldgierige, überaus einflußreiche Lordkanzler und Kardinal, Sohn eines Metzgers, wurde schon unter Heinrich VII. königlicher Kaplan, dann Bischof von Tournai, Bischof von Lincoln, 1514 Erzbischof von York und 1518 «Legatus a latere» (Päpstlicher Sonderbevollmächtigter), der zeitweise auch als papabile galt und nach der Tiara strebte, dazu die englische Kirche zur eigenen Bereicherung ausbeutete, das Staatskirchentum förderte, die königliche Zentralgewalt. Gerade durch Heinrichs Ehescheidungssache («the king's great matter») verlor er jedoch fast alle seine Ämter, auch sein beträchtliches Vermögen und wohl nur deshalb nicht auch seinen Kopf, weil den «Großen Kardinal», 1530 bereits auf dem Weg zum Kerker bzw. zum Schafott, der Tod ereilte.

Dafür stieg Thomas Cranmer, erst Hauskaplan der Boleyn, dann Sekretär des Königs und servil bis in die Knochen, 1532 zum Erzbischof von Canterbury auf (mit päpstlicher Ernennungsbulle vom 21. Februar!). Als solcher befürwortete er, der eben seinerzeit auf einer Deutschlandreise Beziehungen zum Luthertum geknüpft, auch heimlich geheiratet hatte, eifrig alle Ehescheidungen und Neuvermählungen Heinrichs, endete aber 1556 unter Maria I. der Katholischen, wie einige hundert Protestanten, als «Ketzer» im Scheiterhaufenfeuer.[39]

Heinrich VIII. wird «höchstes irdisches Haupt der Kirche von England»

Dem König war das Papsttum zunächst durchaus verpflichtet.

Schon 1521, als man in London Schriften Luthers verbrannte, hatte Heinrich, theologisch und humanistisch gebildet, die «Assertio septem sacramentorum» verfaßt, eine Verteidigung der katholischen Sakramentslehre gegen Luther, wofür ihm Leo X. den Ehrentitel «Defensor fidei», «Verteidiger des Glaubens» verlieh, Klemens VII. die Goldene Rose. Und als Luther besonders unflätig replizierte, ließ Heinrich neue Widerlegungen des Wittenbergers durch Bischof John Fisher von Rochester schreiben, im Sommer 1535 geköpft, sowie durch den damals gleichfalls geköpften Thomas More, der den Reformator seinerseits mit Schimpfkanonaden eindeckte, gegen die Lutheraner auch den «Dialogue Concerning Heresies» schleuderte. Und noch 1527 beim Sacco di Roma (S. VIII 438 ff.) hatte sich Heinrich für die Befreiung des gefangenen Klemens VII. engagiert, der schließlich – nach manchen Konzessionen – die Ehe des Königs mit Anna Boleyn für null und nichtig erklärt und über ihn die große Exkommunikation verhängt hat.

Aber nun wurde der Verteidiger des Papsttums zu dessen Gegner. Nur um seinen Willen durchsetzen, seine Leidenschaft stillen zu können, ging der wütende König aufs Ganze. Denn in der Tat war es, wie Kardinallegat Lorenzo Campegio am 18. Februar 1529 dem Staatssekretär Jacopo Salviati in einem zumeist chiffrierten Schreiben meldete, «eine höchst eigene Sache um diese Liebschaft des Königs: er sieht nichts und denkt nichts als an seine Anna; keine Stunde kann er ohne sie sein, und es ist zum Erbarmen, wie das Leben des Königs, Bestand und Untergang des ganzen Landes an dieser einen Frage hängt.»[40]

Mit dem Papsttum war England seit fast einem Jahrtausend verbunden, die Beziehung aber bereits seit dem 14. Jahrhundert gelokkert. Und nun, in den frühen dreißiger Jahren, ging alles Schlag auf Schlag, so daß Heinrich bald prahlen konnte, jetzt König und Papst zu sein. 1531 ließ er sich zum Oberhaupt der Kirche von England proklamieren. 1532 erfolgte die Unterwerfung des allzeit willfährigen Klerus («Act for the submission of the clergy to the king's majesty») und das Verbot kirchlicher Zahlungen an Rom («Act of Annates»). 1533 wurde die englische Kirche juristisch endgültig von Rom getrennt und dem Staat integriert, die Reformation somit staatsrechtlich vollzogen. Im gleichen Jahr kam es zur Eheschließung mit Anne Boleyn und der Nichtigkeitserklärung der ersten Ehe des Königs durch den zum Erzbischof von Canterbury gemachten Thomas Cranmer sowie zur Nichtigkeitserklärung der Exkommunikation Heinrichs durch Papst Clemens VII. Am 3. November 1534 machte die Suprematsakte, das Oberhoheitsgesetz, Heinrich VIII. zum «höchsten irdischen Haupt (supreme head in earth) der Kirche von England». Die Akte bekräftigte den Titel und die Fassung von 1531, enthielt aber nicht mehr deren bedeutsame Einschränkung «soweit es das Gesetz Christi erlaubt» (as far as the law of Christ allows). Der König war jetzt tatsächlich eine Art papa in regno suo.[41]

Zwischen 1535 und 1540 wurden sämtliche Klöster und Chorherrnstifte, annähernd 950, aufgelöst und ihre Besitzungen – schätzungsweise ein Zehntel des bestellbaren Bodens – zugunsten der Krone eingezogen, wurden überhaupt die Kirchen durch drastische Steuern geschröpft. Im ganzen Norden erhob sich dagegen eine von breiten Bevölkerungskreisen unterstützte, die alten Kirchenverhältnisse wieder erstrebende Mönchsrevolte, die «Pilgrimage of Grace» (Gnadenwallfahrt), die allerdings ein sehr ungnädiges Ende nahm

– mit reihenweise nur so rollenden Köpfen, Hunderten von Exekutionen nach der monatelangen Niederwerfung der Erhebung. Direkt nahm der König daran nicht teil; «aus sicherer Entfernung jedoch bestimmte er in Einzelfällen sogar die Anzahl der Hinrichtungen» (Baumann) – von den unter ihm angeblich exekutierten 72 000 Dieben und Räubern ganz zu schweigen.[42]

Die Trennung vom Papsttum bedeutete für Heinrich VIII. indes keinesfalls die Hinwendung zu Luther. Er hatte diesen ja selbst attackiert und durch andere attackieren lassen. Sein Kampf galt der Kurie, galt dem Papst oder, wie es jetzt hieß, der angemaßten Gewalt des «Bischofs von Rom». Und ließ Heinrich auch bis 1540 sämtliche Klöster aufheben, an nicht wenigen Lehren und Bräuchen der alten Kirche hielt er fest, ja bedrohte ihre Preisgabe mit schweren Strafen, nicht zuletzt der Strafe des Scheiterhaufens.

Zwar war die stark obrigkeitlich geleitete Reformation in England mehr politisch als religiös geprägt, doch kümmerte sich Heinrich auch später eingehend um die Glaubensrichtlinien, arbeitete selbst an deren Erstellung mit, etwa an dem Erlaß der «Sechs Artikel» 1539, der ganz offensichtlich Elemente katholischer Dogmatik konservierte. So waren im sogenannten Altarssakrament unter der Form von Brot und Wein der wirkliche Leib und das wirkliche Blut Christi gegenwärtig. Leugner dieses Artikels waren glattweg zu verbrennen. Außer der Transsubstantiation sollten auch die Ordensgelübde beachtet, auch die privaten Messen, die Ohrenbeichte, das Zölibat beibehalten, Verstöße dagegen mit langer Haft, im Wiederholungsfall mit dem Tod bestraft werden. Noch 1542, fünf Jahre vor seinem Hingang, ließ der König alle englischen Bibelübertragungen außer der Great Bible von 1539 verbieten sowie sämtliche protestantischen Schriften.

Selbst der mächtige, aus dem Mitarbeiterstab Kardinal Wolseys und dem Parlament 1535 zum königlichen «Generalvikar in kirchlichen Angelegenheiten» avancierte Thomas Cromwell, der Sohn eines Schmieds, der dem Luthertum nahestand und die Trennung von der Papstkirche inspirierte, wurde schließlich in den Tower geworfen und im Juli 1540 – ohne Gerichtsverfahren – wegen angeblichen Hochverrats und als «Ketzer» getötet. «Hauptvorwurf» gegen ihn:

«daß er ein verabscheuungswürdiger Häretiker sei, der ketzerische Literatur verbreitet, Ketzern die Predigtlizenz erteilt und insgesamt seine schützende Hand über die Häretiker gehalten hätte.»[43]

Obwohl Heinrich VIII. offiziell mit der Papstkirche brach, hielt er, wie schon bemerkt, an vielen ihrer Lehren und Riten fest. Doch unter seinem minderjährigen, protestantisch erzogenen, erst im letzten Testament vom 30. Dezember 1546 zum Nachfolger bestimmten Sohn Eduard VI. (1547–1553), aus der dritten Ehe mit Johanna Seymour, machte die durch Erzbischof Cranmer von Canterbury vorangetriebene, von unterschiedlichen Strömungen, von Luther, Zwingli, Calvin beeinflußte englische Reformation große Fortschritte.

Die Privatmessen, die Transsubstantiation, das Zölibat wurden abgeschafft, die Altäre durch Kommuniontische ersetzt. Eingeführt wurde auch eine neue Liturgie in englischer Sprache, ebenso ein von Cranmer ausgetüfteltes protestantisches Glaubensbekenntnis voller Kompromißformeln in 42 Artikeln, die Eduard VI. am 12. Juni 1553 unterschrieb. Protestantische Geistliche kamen vom Festland, auch John Knox war schließlich häufig in Windsor und Westminster tätig. Man handelte selbst in den Kirchen, trieb Pferde und Maulesel hinein, «sogar blutige Raufereien und Todschläge fanden dort nicht selten statt» (von Pastor). Wie auch immer, die englische Kirche erhielt unter dem minderjährigen Fürsten eine deutlichere protestantische Doktrin, erhielt nicht nur einen anderen theologischen, sondern auch einen veränderten liturgischen und organisatorischen Status.

Kurz bevor Eduard fünfzehnjährig im Sommer 1553 an Tuberkulose starb, bestimmte er die älteste Tochter von Henry Grey, dem Herzog von Suffolk, eine Großnichte Heinrichs VIII. und Urenkelin Heinrichs VII., Lady «Jane Grey and her heirs male», zur Nachfolgerin. Seine Halbschwestern aber, Maria, die Tochter Katharinas von Aragonien, und Elisabeth, die Tochter Anne Boleyns, erklärte er für illegitim. Doch Jane Grey, protestantisch, hochgebildet, ohne Machtambitionen, ging nur als «The Nine Days Queen» in die Historie ein, landete bald, samt den eigentlichen Drahtziehern, allen voran ihr Protektor und Schwiegervater John Dudley, der Herzog von Northumberland, und ihr Gemahl Guildford Dudley samt Parteigängern im Tower und auf dem Schafott.

Die Exekution der ganz schuldlosen, den Übertritt zum Katholizismus standhaft verweigernden und kaum faßlich gefaßt sterbenden sechzehnjährigen Königin am 12. Februar 1554 gehört zu den scheußlichsten, vermutlich auch darum oft literarisch, u. a. von Christoph Martin Wieland, verarbeiteten Justizmorden der englischen Geschichte, im besonderen ihrer Cousine und Nachfolgerin.[44]

Maria die Katholische, die Blutige (1553–1558)

Maria I. die Katholische, auch Maria die Blutige, Bloody Mary und Mary Tudor oder die spanische Maria genannt, war das einzige überlebende Kind aus der Ehe Heinrichs VIII. mit Katharina von Aragonien. Zwar wurde Maria nach der Geburt ihrer Halbschwester Elisabeth (I.) durch Anne Boleyn 1534 von der Thronfolge eliminiert sowie schweren Demütigungen, ja Benachteiligungen ausgesetzt und nur durch die scharfe Intervention ihres Vetters Kaiser Karls V. gerettet, der sie immerhin lieber «tausend Tode» sterben sehen wollte, «als daß sie ihren und meinen Glauben verriete». Doch erlangte Maria nach dem Ableben ihres protestantischen Bruders Eduard VI. die Krone, wenn auch nicht ganz ohne Gottes Hilfe und den Einsatz eines Heeres von 20000 Mann; worauf der hohe Adel, die Mitglieder des Kronrats, die meisten derer, die eben noch Jane Grey den Treueid geleistet, schnell zur neuen Königin Maria übergingen. Sogar der Anführer der Besiegten, der Herzog von Northumberland, soll ihr unter Tränen öffentlich gehuldigt haben.[45]

Maria, wiederum hochgebildet, auch sehr arbeitssam, war streng katholisch erzogen worden und teilte daher nicht im geringsten die religiösen Ansichten Eduards.

Doch während sie einst gegenüber dem Vater nicht nur die Ehe ihrer Mutter, sondern auch ihren Glauben und ihr Gewissen verleugnet und Heinrich als Oberhaupt der englischen Kirche anerkannt hatte, bekannte sie jetzt vor Eduard ihre Überzeugungen, ließ auch während seiner Regierung in ihrer Hauskapelle die Messe zelebrieren, die dann an ihrem Hof angeblich sechs bis sieben Mal pro Tag gefeiert worden ist. Jedenfalls begann gleich nach ihrem Amtsantritt 1553, im fernen Rom von Julius III. mit Freudentränen begossen, die Rekatholisierung Englands, ihr wichtigstes politisches Ziel. Das von ihrem Vater «in die Sünde geführte Land» sollte wieder kompromißlos katholisch, der Papst wieder das Oberhaupt der englischen Kirche werden, wobei ihre Hauptsorge der Reform des Klerus galt.

Katholisch gesinnte hohe Geistliche kehrten aus dem Exil oder Gefängnis auf ihre Sitze zurück, neue Prälaten wurden geweiht; Stephen Gardiner, der Oberhirte Winchesters, unter Eduard fünf Jahre im Tower, avancierte zum Lord Chancellor. Protestantische Bischöfe kamen hinter Schloß und Riegel, Hugo Latimer, Bischof von Worcester, flog in den Tower, dito Thomas Cranmer, der Erzbischof von Canterbury, und nicht nur dieser Maria tiefverhaßte Protestant endete auf dem Scheiterhaufen. Das Zölibat trat erneut in Kraft und betraf ein Viertel oder ein Fünftel der Priester, besonders ihre «Weiber». Die Universitäten Oxford und Cambridge restituierten die katholischen Statuten. Noch am 21. Dezember 1553 führte man durch Parlamentsbeschluß die Messe wieder ein. Drei Monate darauf hatte der Landadel in knappster Frist die Altäre der Dorfkirchen wieder aufzurichten. Kurz, fast die ganze jahrzehntelange antirömische Gesetzgebung wurde aufgehoben und der Papst erneut Oberhaupt der englischen Kirche. Hocherfreut bekundete Julius III. durch Breve vom 10. Juli 1554 der eifrigen Fürstin seine Anerkennung.[46]

Während ausländische Protestanten nun die Insel verließen, auch John Knox vor der «verfluchten Jezabel», der «gottlosen Maria», aufs Festland floh, trieben inländische Agitatoren zu Komplotten und Erhebungen. Aber, meint der Historiker der Päpste, Ludwig von Pastor: «Marias erste Regierungshandlungen trugen den Stempel jener Milde, die sich überall offenbarte, wo sie dem eigenen Urteil und dem eigenen Herzen folgte.»

So ließ die noch Unblutige von sieben vor Gericht gestellten Rebellen «nur drei» liquidieren. Bald aber wurden es mehr. Zumal unter dem Einfluß des Päpstlichen Legaten Kardinal Reginald Pole, der zur endgültigen Wiederherstellung der Herrschaft Roms über die englische Kirche gegen Ende 1554 in Dover landete und im März 1556 zum Erzbischof von Canterbury aufstieg, nahm Marias Religionspolitik inquisitorische Züge an. Die Henker bekamen wieder Arbeit, damit, schrieb die Königin, die sogar an eine Ehe mit dem Kardinal gedacht haben soll, «der Ruhm Gottes vermehrt und das Reich mit größerer Ruhe regiert» werden kann. Also wurde, so Pole, eine «große Menge von Dornsträuchern und Gestrüpp» ins Feuer geworfen, ja er selbst der «Ketzerei» beschuldigt und um seine Legation gebracht.

Nach der gefährlichen Verschwörung des Thomas Wyatt in Kent endeten die Rädelsführer auf dem Blutgerüst, darunter natürlich auch Wyatt, wegen seines «Eifers für Gottes Wahrheit» von den Seinen als Märtyrer gefeiert, ferner Charles Brandon, der Herzog von Suffolk, und dessen Bruder Thomas Grey. Außerdem ließ die milde Maria fünfzig fahnenflüchtige Soldaten hängen. Und da auch die alten «Ketzergesetze» wieder erneuert, auch neue Gesetze «notwendig» wurden, nur durch den «Fanatismus der Protestanten» (von Pastor), flammten bald überall wieder die Scheiterhaufen. Und während man im Januar 1555 aus dem Tower politische Gefangene entließ, behielt man die protestantischen Prediger dort, verurteilte auch etliche zum Feuertod.

Zwar verbrannte man in vielen Diözesen angeblich keinen einzigen Häretiker; andere Bischöfe aber schritten brutal gegen sie ein, John White von Lincoln etwa, John Christopherson von Chichester, John Hopton von Norwich, Robert King von Oxford. Bischof Bonner von London verhörte und verurteilte 120 Angeklagte. Auch unter Kardinal Pole, Erzbischof von Canterbury, wurden im November des Jahres 1558 Protestanten hingerichtet, obwohl er doch, so die Katholiken Wetzer/Welte, «vornehmlich den Weg der Milde» einschlug und sich «den Maßregeln der Härte» widersetzte. Auch fünf protestantische Bischöfe starben durch den Henker. Bleiben ja selbst nach dem so gern beschwichtigenden und schönredenden Apologeten von Pastor «noch etwa 200 übrig, die wegen ihrer protestantischen Ansichten einem schrecklichen Tode verfielen.» Freilich muß Pastor «zur Ehre der Regierung» sagen, «daß sie sich nicht mit den Grausamkeiten befleckte, die unter Elisabeth in so ausgesuchter Weise gegen die Katholiken zu Anwendung kamen.»[47]

Nicht wenige katholische Historiker und Theologen vor und nach von Pastor haben eine ähnliche Auffassung vertreten. Doch die communis opinio schätzt Heinrichs VIII. zweite Tochter Elisabeth I. anders ein.

Elisabeth I. (1558–1603), die «geborene Herrscherin»

Schon zu ihrer Zeit, als sie selbst eine Reihe von nationalhistorischen Geschichtsschreibern beschäftigte (deren Werke Shakespeare für seine Geschichtsdramen benutzt), verherrlichten sie Dichter und Tonkünstler als Feenkönigin, Mondgöttin, «unsterbliche Schäferin». Man zog geradezu Parallelen zur heiligen Gottesmutter und sprach von einem «protestantisierten Marienkult». Selbst Papst Sixtus V. schrieb bewundernd: «Was für eine tapfere Frau. Sie trotzt den zwei größten Königen (= von Frankreich und Spanien) zu Land und zu See … Es ist bedauerlich, daß Elisabeth und ich nicht heiraten können, unsere Kinder würden die ganze Welt beherrschen.»

Aber das ihr zuteil werdende Lob hatte auch manchen Makel zu überspielen, ein gleich zweifaches Legitimitätsdefizit, das ihres Geschlechts und das ihrer Geburt, den problematischen Rechtstitel als Königin. Hatte sie das Parlament ja zunächst wiederholt gesetzlich bastardisiert und vom Thron ausgeschlossen; das Erbfolgeproblem verfolgte sie während ihrer ganzen Regierung.[48]

Immerhin – noch heute glänzt Elisabeth I. als «Ikone», als «Lichtgestalt» der englischen Geschichte. Noch im 21. Jahrhundert wählten sie in einer Umfrage von BBC Radio 4 einunddreißig Prozent von rund 10000 Hörern zur «bedeutendsten britischen Monarchin aller Zeiten» – worauf ihr freilich, wohl etwas unangemessen, mit siebenundzwanzig Prozent, die heute amtierende Königin folgt.

Zwar sahen und sehen auch viele Historiker in Elisabeth I. die «geborene Herrscherin». Doch was heißt das? «Geborene Herrscherinnen» sind Siegerinnen, Siegerinnen sind Vernichterinnen und müssen dies, um fort und fort zu siegen, sein.

In einer Welt, in der die Köpfe bloß so rollten – und niemals in der englischen Geschichte rollten mehr –, überstand Elisabeth nur als versierte Taktikerin, Meisterin der «inneren Emigration», außer Vorsicht auch Verstellung praktizierend, Heuchelei, Verschlagenheit, wie das eben zu einer «erfolgreichen», das heißt «guten» Politik gehört. Der spanische Gesandte Feria meldete so lapidar wie anschaulich nach Hause: «Alles an ihr ist Falschheit und Eitelkeit» und vermutete, sie habe «hunderttausend Teufel im Leibe», obwohl sie ihm dauernd erzähle, «sie würde unendlich gern Nonne, um in einer Zelle ihre Zeit mit Beten zu verbringen ...» Man kann es gefälliger sagen: «Die Kunst des Politikers, Worte zu gebrauchen und deren Bedeutung zu verbergen, beherrschte sie perfekt. Über öffentliche Fragen und persönliche Beziehungen bedeckte sie Bogen um Bogen mit ihrem kräftigen Gekritzel, ihre Sätze windend wie ein verknäulter Schlangenhaufen über ihre geheimen Schlußfolgerungen, hinweisend, andeutend, versprechend, verneinend und schließlich vom Thema weggleitend, ohne mehr gesagt zu haben als ihrem Vorsatz entsprochen hatte» (Mattingly).

Elisabeth war kaum durchschaubar. Sie verbarg ihre Absichten vor jedermann, trieb die Schauspielerei und Selbstinszenierung zur Täuschung anderer, ihrer Partner, ihrer Gegner, des gesamten Volkes, bis zur Vollkommenheit, bloße Kompromißpolitik weit übersteigend.

Im Sinne eines protestantisch geprägten Humanismus gründlich erzogen und auch entschlossen, dereinst als Königin die anglikanische Kirche wieder herzustellen, die marianischen Religionsgesetze zugunsten der Neuerer zu revidieren und einen gemäßigten Protestantismus verbunden mit einem rigiden antipäpstlichen Kurs durchzusetzen, gab sie sich gleichwohl während der Regierung ihrer katholischen Schwester als Katholikin. Sie wohnte der Messe, der Vesper bei, gewann sogar einen im September 1555 ausgeschriebenen päpstlichen Ablaß, und Maria bestätigte denn auch auf ihrem Sterbebett die fünfundzwanzigjährige Halbschwester als ihre Thronerbin, vorausgesetzt, daß sie katholisch bleibe.

Bei ihrem Krönungszug aber posierte sie bereits mit der englischen Bibel, die sie dann auch offiziell wieder einführen ließ, beging indes die eigentliche Krönungszeremonie bei einem Hochamt nach römisch-katholischem Brauch, wie überhaupt auch jetzt der tradierte Kirchenritus unverändert fortbestand, sogar die «Ketzer»prozesse zu Beginn ihrer Regierung im Dezember 1558 eingestellt und die Verurteilungen der letzten Jahre überprüft worden sind.

Mit durchdringendem politischem Scharfblick begabt, wollte Elisabeth zunächst innen- und außenpolitisch sondieren, vor allem die katholischen Staaten nicht provozieren, sondern sie glauben machen, wenigstens im wesentlichen wie bisher fortzufahren, indem sie die evangelische Lehre mit katholischem Ritus verschmolz. Ließ sie doch noch 1560 durch ihre Gesandten in Spanien verbreiten, sie sei «im Herzen noch katholisch gesinnt», und beteuerte damals auch dem spanischen Botschafter in London, Bischof Alvaro de la Quadra, «so katholisch zu sein wie der Gesandte selbst», ja, rief Gott zum Zeugen an, «daß sie dasselbe glaube wie alle Katholiken in ihrem Reiche».[49]

Denn wenn Elisabeth auch fraglos die protestantisch-nationalenglische Kirche begünstigte, so war sie doch viel zu klug, um dem britischen Katholizismus mit einem Schlag den Garaus zu machen. Vielmehr baute sie auf seine allmähliche Isolation, einen kontinuierlich andauernden Zermürbungskrieg, etwa durch empfindliche Strafsteuern oder personalpolitische Disziplinierungen. So ersetzte sie zwischen 1559 und 1561 alle ihrer Vorgängerin ergebenen Bischöfe durch Protestanten. Ohne daß es im ersten Jahrzehnt ihrer Regierung zu einer systematischen Katholikenverfolgung kam, verschwand ein Prälat nach dem andern im Tower oder in sonstigen Gefängnissen, wobei protestantische Prediger bereits drängten, daß man «die eingesperrten Wölfe» töten müsse. Und allmählich wurden die «Papisten» auch intensiver überwacht sowie härteren Sanktionen ausgesetzt; «Ketzerei» (heresy) konnte geradezu als Hochverrat (treason) ausgelegt werden.

Diese Entwicklung aber provozierte nur den Widerstand der Altgläubigen, was wiederum die Reaktion der Regierung verhärtet hat. «Die Verfolgungen und Strafen wurden grausamer» (Klein), auch

Torturen vor dem Töten ausgeübt, was Elisabeth allerdings untersagt haben soll, während die Katholiken Wetzer/Welte es in ihrem «Kirchen-Lexikon» als «Regel ansehen, daß, wer ins Gefängnis kam, auch der Folter unterworfen wurde.» Der letzte katholische Bischof Englands, Thomas Watson von Lincoln, starb 1584 nach 26jähriger Haft.

Die Regentin selbst schien übrigens in Glaubensfragen durchaus skeptisch distanziert zu sein und von Religiosität – ihre persönliche Position ist schwer zu bestimmen – wenig tangiert; bezeichnend, daß es unter all ihren Beratern nur einen einzigen, zudem als Geistlicher unprofilierten Kirchenmann gab.

Die ersten verschärften antipapistischen Erlasse wurden 1562 verabschiedet, vier Jahre nach Elisabeths Thronbesteigung. Für Verweigerung des Suprematseides drohte Amtsverlust, und dieser traf fast alle Bischöfe aus der Zeit Marias der Katholischen, während der weitaus größte Teil des Klerus den Eid geleistet hat – das Volk wurde gar nicht gefragt. Jede Intervention zugunsten ausländischer Herrscher oder Prälaten (was vor allem auf den Papst zielte) wurde als Hochverrat geahndet, im dritten Übertretungsfall mit der Todesstrafe, und seit 1581 galt jeder katholische Geistliche in England als Hochverräter. Von den etwa 600 dort unter Elisabeth bekannten Priestern wurden 130 hingerichtet, geköpft, ausgeweidet angeblich, gevierteilt, ebenso mehr als 60 Laien, Männer und Frauen, wegen ihrer Romkontakte.[50]

Elisabeth I. schlug jede sich andeutende Konkurrenz von vornherein nieder, zumal sie selbst einst mehrfach bastardisiert worden und ihr Thronerbe durchaus nicht eindeutig war. Als beispielsweise Lady Catherine Grey, eine Schwester der nach Heinrichs VIII. Testament thronfolgeberechtigten «Neun-Tage-Königin», von Hertford, Earl of Seymour, ein Kind erwartete, ließ Elisabeth die heimlich geschlossene Ehe für nichtig erklären und beide in den Tower werfen. Auch als Elisabeths Gegner Maria Stuarts Verheiratung mit dem Herzog von Norfolk betrieben, ein schon weit gediehener, vor der Königin zunächst verheimlichter Plan, ließ diese den freilich auch in der Ridolfi-Verschwörung verstrickten Herzog wiederholt in den Tower stecken und schließlich am 2. Juni 1572 exekutieren.

Daß Elisabeth, ungeachtet ihrer vielen, meist taktisch bedingten, das heißt politisch gebrauchten oder mißbrauchten Heiratskandidaten (gelegentlich werden namentlich zwölf Freier angeführt) und doch wohl auch mancher Liebhaber, gern die durchaus zu ihren Schauspielauftritten passende Rolle der «Virgin Queen» spielte, ist ebenso evident wie die Tatsache, daß auch dabei manchmal, mehr oder weniger mysteriös, Blut floß. So zum Beispiel bei ihrer berüchtigten, von ganz Europa verspotteten Affäre mit Lord Robert Dudley, dem späteren Earl of Leicester, dessen Gattin eines Tages mit gebrochenem Genick am Fuß des Treppenhauses von Schloß Cumnor Place, ihrem Wohnsitz, lag, sicher mehr in seinem Interesse als in dem der Königin. Und bevor er seine zweite Frau vergiften konnte, hatte diese ihn umgebracht, während seinen Stiefsohn, den Grafen von Essex, einen weiteren Galan der Königin, diese am 25. Februar 1601 liquidieren ließ, da er die irische Krone zu begehren schien. Über allem aber konnte Elisabeth I. «die Gnade» preisen, «die der Herr ihr verliehen habe, daß es nämlich ihre Freude sei, als Jungfrau zu leben und zu sterben» – und noch im fernen Nordamerika nannte man die älteste englische Kolonie zu Ehren der jungfräulichen Königin – Virginia (S. 45).[51]

Schottland und Maria Stuart

Weniger Wert auf den Anschein der Jungfräulichkeit legte die «Königin der Schotten», die so ambitionierte wie leichtlebig leidenschaftliche Maria Stuart, die auch sonst immer mehr zu Elisabeth in Gegensatz trat.

Gleich nach ihres Vaters Tod wollte Heinrich VIII. die Hand der damals gerade sechs Tage alten Thronerbin durch mehrere Feldzüge für seinen Sohn gewinnen, um beide Königreiche zu vereinen. Allein 1543, im Jahr seiner letzten Eheschließung, sollen 192 schottische Städte, Kirchen, Burgen sowie 243 Dörfer zerstört und niedergebrannt, ähnlich die dortigen Landstriche auch in den folgenden Jahren verheert worden sein, während zugleich die Reformation mehr und mehr in Schottland einzudringen begann, zunächst in Form des Luthertums, dann, vor allem durch John Knox, des Calvinismus. Alle Katholiken waren für das zungengewandte rhetorische Naturtalent Teufel und Götzendiener, das heißt Leute, dies entnahm Knox der Bibel, die notfalls gewaltsam umzubringen waren. Zwar hatte man schon, während der Reformator noch im Exil war, die Katholiken verfolgt. Doch nun kam es unter seinen und anderer Brandreden zu förmlichen Bilderstürmen, vernichtete man Bibliotheken und Handschriften, zertrümmerte Heiligenstatuen und legte Kirchen und Abteien in Schutt und Asche, vertrieb Priester und Mönche.[52]

Gleichwohl blieb Rom zeitweise merkwürdig untätig. Selbst ein so großer «Ketzer»jäger wie Paul IV. (1555–1559) schritt nicht ein. Dabei konnte er protzen, sein Arm sei «bis zum Ellbogen in Blut getaucht», begünstigte er unter allen klerikalen Institutionen am meisten die Inquisition, seine «Lieblingsbehörde», deren wöchentliche Sitzungen er ungern versäumte, deren treibende Kraft er wurde. So scharf wie möglich wollte er sie gehandhabt, natürlich auch die Folter angewandt sehen. Exkommunikationen und Autodafés lösten einander ab. Noch Kardinäle warf er im Zweifel über ihre Rechtgläubigkeit ins Gefängnis. Verstieg sich sein Haß gegen alles «Ketzerische» ja bis zu dem Schwur: «Selbst wenn mein eigener Vater Häretiker wäre, würde ich das Holz zusammentragen, um ihn verbrennen zu lassen.»

Doch nein, sogar dieser beinharte Unmensch machte keinen Versuch, in Schottland einzugreifen. Erlaubte ja noch Pius V. nach dem Sturz der Stuart seinem Nuntius in Madrid keine Schritte zu ihren Gunsten, erklärte vielmehr, nicht zu wissen, «welche von den beiden Königinnen die bessere sei, Maria oder Elisabeth», und erhoffte gerade damals Elisabeths «Bekehrung».

Am 1. August 1560 führte das schottische Parlament, das sogenannte Reformationsparlament, per Gesetz, doch ohne königliche Genehmigung, den Calvinismus ein und verbot noch im selben Monat den katholischen Gottesdienst. Wer sich widersetzte, wer Messe las oder ihr beiwohnte, wurde schwer bestraft: beim erstenmal mit Auspeitschung und Vermögensverlust, beim zweitenmal mit Verbannung, beim drittenmal mit dem Tod. Nur in der Kapelle der Königin war künftig die Messe erlaubt.

Von Frankreich aus hatte damals Franz II. mit einem starken Heer in Schottland landen wollen, starb aber am 5. Dezember 1560, worauf sich seine Witwe in friedlicher Absicht zur Rückkehr entschloß, zur Heimkehr in ein wildes, aufgewühltes Land, ein Land, in dem man, nach einer zeitgenössischen Quelle, von 105 schottischen Königen 56 erschlagen hatte.[53]

Maria Stuart war die Urenkelin Heinrichs VII. und die Tochter König Jakobs V. von Schottland, in dessen Sterbejahr 1542 sie geboren wurde. Auf Betreiben ihrer Mutter Marie de Guise, der Tochter des Herzogs von Lothringen, die für sie das nördliche Inselreich regierte, wurde sie seit ihrem sechsten Jahr am Pariser Hof, durch seine Genußsucht berüchtigt, katholisch erzogen. Siebzehnjährig heiratete sie den Dauphin, bald König Franz II., und kehrte nach dessen frühem Tod 1561 neunzehnjährig nach Schottland zurück, wo ihre Mutter inzwischen als Regentin abgesetzt, gleichfalls gestorben und der Protestantismus als Staatsreligion eingeführt worden war.

1565 heiratete Maria Stuart ein zweites Mal. Entgegen dem dringenden Wunsch Elisabeths, die ihr den eigenen Liebhaber Lord Dudley als Gemahl vorgeschlagen, vermählte sich Maria mit ihrem Cousin, dem neunzehnjährigen schottischen Lord Henry Darnley, einem geistlosen Schönling, der, wie sie selbst, von einer Schwester Heinrichs VIII. abstammte, somit gleichfalls ein Stuart-Aspirant auf Englands Krone war. Ein Jahr später tötete Darnley vor Marias Augen ihren Privatsekretär und Vertrauten, zugleich auch ein Agent der Kurie, David Rizzio. Und als Darnley selber 1567 durch Lord Bothwell, wahrscheinlich gebilligt, wenn nicht angestiftet von Maria, in einer Februarnacht vor Edinburgh mit einem ganzen Haus in die Luft gesprengt wurde, ging Maria, gegen den Willen ihres Beichtvaters, doch mit Zustimmung von drei Bischöfen, eine dritte Ehe ein, heiratete sie bereits drei Monate darauf – nach protestantischem Ritus – den Königs- und Gattenmörder, mit dem sie, nach Aussage ihrer Feinde, schon zu Lebzeiten ihres zweiten Mannes ein ehebrecherisches Verhältnis hatte. Sie floh, während in Schottland der Bürgerkrieg ausbrach und Bothwell nach Dänemark entwich, wo er starb, zugunsten ihres von Darnley gezeugten Söhnchens, des späteren Königs Jakob VI. von Schottland (dann König Jakob I. von England/Schottland), 1568 nach England, wo Elisabeth sie 18 Jahre gefangenhielt und schließlich hinrichten ließ.[54]

Irland – Kopfpreise auf katholische Priester wie auf den Kopf eines Wolfes

In Irland, auf der «Grünen Insel», waren die Verhältnisse kaum weniger verheerend.

Die folgenschwere Entwicklung dort begann im 12. Jahrhundert durch Hadrian IV. (Nicholas Breakspear), den Sohn eines Mönchs, bis heute der einzige englische Papst (VI 499 ff.). Beauftragte doch der herrschgierige Pontifex in der – früher häufig unecht genannten – Bulle «Laudabiliter» den englischen König Heinrich II. (1154–1189), Irland, natürlich mit römischen Lehensansprüchen, seinem Reich anzugliedern und damit auch die seinerzeit 36 irischen Diözesen noch fester an Rom zu binden. Bis Mitte des 13. Jahrhunderts war so, nach «ruinösen Kriegen» (Lexikon für Theologie und Kirche), Irland zu drei Viertel von England erobert und derart ein Unglück heraufbeschworen, das bekanntlich noch lange dauerte.

Im 16. Jahrhundert eröffneten die englischen Könige eine neue Unterwerfung des Landes. Einige seiner einflußreichsten Magnaten, vor allem solche, die nach der Oberherrschaft zu streben schienen, wurden dabei beseitigt. Nachdem schon Eduard IV. 1468 den Grafen Desmond hatte töten lassen, liquidierte 1534 auch Heinrich VIII. mehrere Mitglieder des jahrzehntelang tonangebenden Hauses Kildare. Und obwohl Irland ganz überwiegend katholisch war – der Anteil der Protestanten an der Bevölkerung überstieg nie ein Viertel – und ein Bollwerk der römischen Kirche blieb, anerkannte das irische, von eingewanderten Engländern oder ihren Abkömmlingen dominierte Parlament 1536 die englischen Reformationsgesetze und Heinrich VIII. als geistliches Oberhaupt, 1541 auch als irischen König. Und seitdem diente die Glaubensverfolgung zur politischen Unterjochung der Iren durch Jahrhunderte.[55]

Natürlich bedingte die brutale Reanglisierung eine Reihe langjähriger Erhebungen anglo-irischer Herren; zunächst von 1559–1567 die des Shane O'Neill, Lord of Tyrone, in Ulster. Von 1569 bis 1583 rebellierten die Desmonds in Munster. Und damals, als Papst Gregor XIII. den spanischen König Philipp II. «unermüdlich» (Seppelt), aber vergeblich zum Krieg gegen England drängte, eilte auch ein kleines Geschwader unter dem «Obersten und General Seiner Heiligkeit» Bastian San Joseppi den Iren zu Hilfe, ein Unternehmen, das freilich gänzlich mißglückte und mit einer Abschlachtung der päpstlichen Helden endete. Auch drei Grafen Desmond kamen bei der Revolte ums Leben, die Südirland «mit Leichen und Trümmern» bedeckte.

Von 1594 bis 1603 erfaßte dann der Aufstand des Hugh O'Neill, Graf von Tyrone, fast ganz Irland. Der Rebell operierte lange erfolgreich, Papst Klemens VIII., schickte ein Breve nach dem andern, an O'Neill, an den Klerus, die Großen des Landes, an auswärtige Fürsten, schickte Ablässe für den Glaubenskrieg, Glückwünsche zu den Siegen, Aufstachelungen zu weiterem Kampf, «damit das Königreich Irland dem Joch der Irrgläubigen fortan nicht mehr unterworfen sei und Christi Glieder die gottlose Elisabeth nicht länger als Regentin haben möchten». Nur mit einem größeren Heer von 20000 Mann konnte diese die Empörung niederkämpfen.

Nach dem Ende der Tudors steigerten sich die Bedrückungen, die Drangsale noch. Viele Hunderttausende Acres Land wurden konfisziert, englische und schottische Protestanten planmäßig angesiedelt. Das irische Volk aber, allmählich systematisch entrechtet und wirtschaftlich verelendet, verlor außer den staatlichen, den bürgerlichen Rechten auch die religiösen, sein Kirchenvermögen fiel an die anglikanischen Geistlichen, denen die Altgläubigen auch Zehnten und Stolgebühren zu zahlen hatten. Das Errichten von Schulen war Katholiken verboten, jedes Amt ihnen verwehrt, ihr Klerus wurde deportiert, geächtet, auf den Kopf eines Priesters derselbe Preis ausgesetzt wie auf den Kopf eines Wolfes. Und Tausende von Iren endeten als Sklaven in Westindien.

Erst während der Aufklärung, im späteren 18. Jahrhundert, hob man einige der drückendsten Strafgesetze (Penal Laws) auf.[56]

Aus all den konfessionellen und machtpolitischen Interessenkonflikten, den steten Unruheherden, Erhebungen, Kämpfen in den Niederlanden, in Frankreich, auf den Britischen Inseln und darüber hinaus, wuchs allmählich die große Katastrophe des 17. Jahrhunderts hervor.

9. KAPITEL

DIE SCHLAMMSCHLACHT VOR DEM GROSSEN KRIEG
VOM PUBLIZISTISCHEN SCHLACHTFELD ZUM MILITÄRISCHEN

«Diesem Vernichtungskriege ging ein hundertjähriger Federkrieg voraus von einer Bitterkeit und Gehässigkeit ohne Gleichen in der Geschichte irgend eines Volkes.» «Fast alle schriftstellerischen Erzeugnisse trugen die Ausbrüche eines furchtbaren Hasses zur Schau: die Presse war zu einem wahren Fluche der Zeit geworden. In stets steigendem Grade streuten ‹die unzählbaren Scribenten› allenthalben ‹Mißtrauen, Argwohn, Neid und Feindschaft› aus, wühlten alle Leidenschaften auf und schienen keinen andern Zweck mehr zu verfolgen, als ‹Fürsten, hohe Herren und Volk aufzuhetzen und zum Schwerte zu stimuliren›.»
Johannes Janssen[1]

«Die Religionsstreitigkeiten des 16. Jahrhunderts waren, vermittelt oder unvermittelt, im Leben fast jedes Menschen präsent. Sie haben die Wahrnehmung der Religion und der sie tragenden Kirchen geprägt, genauso wie das menschliche Miteinander. Sie haben sich manifestiert in allen erdenklichen Medien – in der Predigt, auf dem Theater, im Flugblatt, im Lied, im Katechismusunterricht und in Büchern.» «Den Streitschriften kommt bei der Beurteilung und Darstellung der Konfessionalisierung eine wichtige Funktion zu. Legen sie doch beredt Zeugnis von den zunehmenden Spannungen und Konflikten ab, und zwar sowohl in gesellschaftlicher wie auch in medialer Hinsicht ... Trotzdem ist besonders die katholische Religionspolemik des 16. Jahrhunderts jenseits der katholischen Kirchengeschichtsschreibung in weiten Teilen unerforscht geblieben».
Kai Bremer[2]

«Inzwischen hatte der Haß unter den einander bekämpfenden Religionen an Bitterkeit zugenommen.» «Die Gebildeten mißbrauchten ihre Schaffenskraft zur Verfassung unflätiger Bücher, die von einem kritiklosen Publikum mit Freuden begrüßt wurden. Die Calvinisten forderten alle wahren Gläubigen zur Gewalt auf und fanden besonderen Gefallen an den mehr blutrünstigen Psalmen. Aber auch die Katholiken und Lutheraner waren nicht frei von Schuld, und Gewalt galt überall als Beweis wahren Glaubens. Die Lutheraner griffen die Calvinisten in den Straßen Berlins an; katholische Priester in Bayern gingen bewaffnet, um sich verteidigen zu können; in Dresden hielt der Mob das Leichenbegängnis eines italienischen Katholiken auf und riß den Leichnam in Stücke; in den Straßen von Frankfurt am Main kam es zu einer Prügelei zwischen einem protestantischen Pastor und einem katholischen Priester, und die calvinistischen Gottesdienste in der Steiermark wurden häufig durch Jesuiten unterbrochen, die verkleidet unter der Gemeinde anwesend und so geschickt waren, daß sie den Gläubigen als Ersatz für deren Gebetbücher Breviere in die Hände spielten.»

Cicely Veronica Wedgwood[3]

Reformation und Gegenreformation entzündeten sich im Laufe des 16. Jahrhunderts immer mehr aneinander und gegeneinander. Die religiösen Spannungen spitzten sich zu, die konfessionellen Konflikte, Zwietracht, Streitsucht, Verwilderung, sie wuchsen von Jahrzehnt zu Jahrzehnt. Das zeigen nicht nur die bekannteren Kämpfe im Kontext der Konfessionalisierung, in Aachen etwa, der Kölnische Krieg, der Straßburger Stiftskrieg, das Hausen der Spanier und Holländer seit vielen Jahren am Niederrhein und in Westfalen wie in Feindesland. Bei den einen wie den andern hatten diese Unternehmen den Charakter von Raub-, Versorgungs-, ja von Entspannungszügen, von «Freizeitgestaltung» für die Truppe. War die Besoldung der Soldaten nicht mehr gewährleistet, versprach man ihnen gelegentlich, sie sollten «zwey oder drei wochen … ausgeführt werden und uff den armen leuten ligen» – «unsäglich ist», schrieb 1597 der Xantener Stiftsherr Wilhelm von Breuers, «was wir heute von den holländischen, morgen von den spanischen Truppen zu erdulden haben, wie sie brandschatzen, rauben und brennen; große Strecken weit liegt der Boden völlig uncultivirt, sehr viele Bauern sind entlaufen; Hunger und Noth drückt Unzählige darnieder; pestartige Krankheiten raffen im Lande Tausende dahin …; obgleich wir mit den Kriegen der Spanier und der Holländer Nichts zu thun haben, werden wir die Beute des Krieges.» Eine andere christliche Quelle nennt die Greuel der Soldaten «so gar tyrannisch …, das kein Türck und Unchrist sich so grausam anstellen könte».[4]

Doch mehr noch als diese eher punktuell, lokal begrenzten blutigen Auseinandersetzungen beherrschte ein anderer Krieg die Zeit und zumal die deutsche Bevölkerung (etwa 16 bis 17 Millionen Menschen), der mediale, zunächst – selbst von Luther und Heinrich VIII. – noch in lateinischer Sprache geführte Krieg, der Propagandakrieg, die sogenannte Kontroverspolemik. Ausgehend vielfach von der Predigt und der akademischen Debatte, sorgte dieser Streit für die Popularisierung, die Emotionalisierung der etwas zähen Theologenthemen und -texte, und hatte auch meist eine politische Dimension, indem er für ein Fürstenhaus warb oder eines bekämpfte.

Der Glaubensdisput, oft so unbeholfen grobschlächtig wie penetrant rechthaberisch, nahm immer mehr zu, nahm darüber hinaus so groteske Züge an, daß Theologen und Historiker späterer Zeiten die theologia polemica, diese «Religionsstreitigkeiten», eine häufige zeitgenössische Bezeichnung, als allzu absurd, als «pathologisch» nicht gern näher ins Auge faßten, obwohl sie doch, wie man nun betont, von einer «überragenden Bedeutung ... für die Zeitgenossen» waren (Pohlig), im Grunde das publizistische Vorspiel, das Heraustrommeln des Dreißigjährigen Krieges. Zeigt sich doch immer wieder, damals, vorher, heute noch: am härtesten, unerbittlichsten ringt man stets «um das Monopol der Glaubens- oder Weltanschauungsvermittlung» (Wolgast) – oder schützt dergleichen wenigstens vor.[5]

Wie Christen aber nur um des Friedens willen Kriege führen, so tragen sie auch den Religionsstreit bloß des religiösen Friedens wegen aus. Der katholische Reichshofrat Georg Eder, der 1580 in seinem umfangreichen Buch «Das guldene Fluess» nur «Catholici» und «Schismatici» kennt und das öffentliche Disputieren, den theologischen «Wortzanck» verwirft, da er den «gemainen Pöuel/ vnnd ainfältigen Layen» lieber nicht überfordern, lieber unaufgeklärt lassen möchte, signalisiert «ain gewisser/ beständiger Religionsfrid» als Ziel –, doch freilich nicht etwa ein «friedliches Nebeneinander», keine Multi-, sondern eine Monokonfessionalität, eine «Gleichschaltung» der Gewissen. Sei hier ja – die sattsam bekannte, typisch römisch-katholische Praxis – «das Ende aller Disputation vnnd Tractation von Glaubenssachen fürnemblich dahin zudirigiern vnnd zurichten/daß die Secten widerumben zu der Gemainschafft Catholischer Kirchen tretten/vnd derselben die wider Gott vnd Recht abgetrungene Religion vnd Kirchengüter widerumben zustellen.» Dieser Glaubenszwang aber wurde von sensiblen Zeitzeugen schlimmer als die grauenvollen Kriegserfahrungen, «ärger als der todt» empfunden, «grimmer den die pest/ undt glutt und hungers noth ...» (Andreas Gryphius).

Der katholische Konfessionsstreit setzt die mittelalterliche «Ketzer»bekämpfung konsequent fort, die Stigmatisierung, die Verteufelung des Andersgläubigen um jeden Preis. Rekatholisierung bedeutet dabei gewöhnlich die erzwungene Durchsetzung des katholischen Glaubens als allein gültige Konfession, übrigens manchmal auch dort, wo man sich während der Reformation vom Katholizismus losgesagt hatte.

Doch ging es keiner Seite zunächst und hauptsächlich um das Überzeugen der Gegner, deren Argumente man – angeblich oder wirklich – ohnedies nicht ernst nahm, sondern vor allem um die Formierung und Festigung der eigenen Leserschaft, der eigenen Konfessionsgemeinde. Nicht zuletzt auch sollten die vielen Lükken schlecht ausgebildeter Kleriker, besonders katholischer, mit oft nur wenigen Grundkenntnissen in Theologie und im Lateinischen, durch besser informierte Amtsbrüder gestopft, ihr Niveau gehoben werden, waren sie doch viel geeignetere Multiplikatoren als die Laien. Kurz, alles in allem erstrebten die Streitenden eine gesellschaftlich-politische, eine «kollektivierende Wirkung des Streites» (Georg Simmel).[6]

«... so gräulich ausgekotzte Rotz- und Schmachklumpen»

Dieser Streit nun, geführt in den verschiedensten Medien, in Flugblättern, Postillen, Traktaten, Sendbriefen, Satiren, Parodien, Bildproduktionen, wurde auch in den vielfältigsten Formen meist zwischen Theologen, selten von Laien, zum wenigsten von katholischen Laien ausgetragen, die in aller Regel viel zu unbedarft waren. Man konnte sofort oder erst nach langer Zeit replizieren, konnte eine Attacke auch gänzlich ignorieren, vielleicht weil man sie gar nicht kannte oder nicht zur Kenntnis nehmen wollte. Man konnte, wie oft zu Beginn der Reformation, einzeln antworten oder, wie oft später, in Gruppen. Kontrahenten konnten einen Streit abbrechen, weil das Thema erschöpft, weil man ermüdet war oder einfach keine Lust mehr hatte. Auch konnte später zwischen den Streitenden ein neuer Streit begonnen oder ein alter fortgesetzt werden, wobei das Erstaunen über die abermalige Wortmeldung gelegentlich groß war, wie das des Jesuiten Scherer, hatte der doch dem Kontroversisten «sein vnwarhaffte Goschen dermassen zerkloppet vnd zerblewet ..., daß der nun mehr kaum einem Menschen/ geschweige einem Doctori gleich sihet.»[7]

Je bekannter ein Jesuit war, je gefährlicher, desto häufiger, giftiger wurde er angefallen, wobei man den Gläubigen jede Unverschämtheit zumutete, jede Absurdität.

Von dem Kontroverstheologen, dem Jesuiten-Kardinal Robert Bellarmin, von Protestanten gern «blutdurstig» gescholten, wie die Jesuiten insgesamt, von Katholiken als «Muster aller Tugend» gefeiert, 1923 selig-, 1930 heiliggesprochen, im Jahr darauf – höchste Ehre für einen Katholiken überhaupt – zum Kirchenlehrer erhoben, von diesem Hochberühmten schrieb 1614 «Eine wahrhaftige neue Zeitung», er habe sich «fürstlich in Pracht und genugsam epicurisch in Essen und Trinken und sodomitisch in seiner Keuschheit und Leben verhalten. Denn er hat stetig auf der Streu stehen gehabt vier artliche Geisen, die er zu seinem Willen gebraucht und dieselben jedesmal mit den allerköstlichsten Geschmeiden, Edelsteinen, Silber und Gold geziert vor sich bringen lassen. Ueberdieß hat er bei sechzehnhundertzweiundvierzig Weibspersonen beschlafen und Unzucht mit ihnen getrieben. Darunter auf die fünfhundertdreiundsechzig Eheweiber gewesen, mit solchen er zweitausendzweihundertsechsunddreißig Mal die Ehe gebrochen, und darunter achtzehn welscher Grafen und Herren Weiber, fünfzehn von hohem Geschlecht, die er Jungfrauen befunden und durch Zauberei, wie er dann derselben Kunst stattlich erfahren, zu seinem Willen gebracht; die er nicht als Jungfrauen befunden, hat er heimlich mit Gift und Schwert hinrichten oder bei nächtlicher Weile in die Tiber werfen lassen ...»[8]

Ein prominenter Konvertit (ein erst seit dem späten 18. Jahrhundert gebräuchlicher Begriff), der «Judas» Friedrich Staphylus, einstiger Melanchthon-Schüler, zieht in einer Kontroverse zu Beginn der sechziger Jahre gegen Jacob Andreae, den Tübinger Theologen und Kanzler der Universität, vom Leder, wobei beide gezielt mit Verfälschungen arbeiten, Staphylus den Lutheraner einen Wortverdreher nennt, unverschämten Predikanten, schließlich schlicht «Sau» heißt, in Verwendung seines Zusatznamens Schmidel auch ironisch als «liebe Schmidische Saw» apostrophiert, hingegen Andreae dem Gegner Lüge auf Lüge nachsagt, ihn auch «Lügenmaul» schimpft, «abtrinnigen Buben», ihn gar im Vorwort schon als «Saw/ja eine grobe/dicke/feißte Saw» vorstellt – Kontroverstheologie. Oder: Christen unter sich. Gottesgelehrte unter sich.[9]

In der Schrift «Ob der Bapst zu Rom der Antichrist sey» unterstellt Jesuit Georg Scherer («ein grober Esel» für einen Gegner, «der in der H.Schrifft nichts versteht: sonder/wie ein Blinder/ an den Wänden tappet», Verbreiter auch «vil grewlicher lugen vnd calumnias»), Scherer unterstellt 1585 Luther «nicht Reformation/sondern Deformation/nit Verbesserung/sondern Verböserung ..., nit allein nichts restituiert vnd zu recht gebracht/sondern das vnderst zu oberist/vnd das oberist zu vnderst gekehrt/alle ding verwirret/vber vnnd vnder einander geworffen» zu haben, und dies «so wol in Politischen als Geistlichen Sachen», kurz, Luthers Lehre sei «auff einem faulen Grund erbawet», woraus nun eben «allerley Secten vnnd Schwermer/ wie die Maden auß einem faulen Käß notwendig wachsen ...»

In einer Zeit, die Glaubens- und Sittenpostulate zusammensah, die die «Fortpflanzung der heiligen katholischen Religion» sowie die «Erhaltung guter Polizey» als ein «Gesamtziel» verstand, im Jahr 1588 muß ein Katholik «die prädikantischen Bösewichter und andere ketzerische Scribenten ... dem gemeinen Mann fürmalen, wie sie sind, nämlich Erzlügner, Wölfe und Katzen.» Sie sind, so ein weiterer Papist, «Katzen und Wölfe zugleich und zerreißen sich auch unter einander wie Katzen und Wölfe». Sie «kommen in Schafskleidern», weiß auch Aegidius Albertinus, seit 1593 am Münchner Hof bedienstet, «sind aber inwendig reißende Wölfe. Sie wenden die evangelische Freiheit vor; inmittelst aber vertreiben sie alle Tugend aus der Welt, eröffnen allen Liederlichkeiten die Thür, lassen allen Lastern den Zaum schießen ..., so kommen sie in einer Schafshaut, als begehrten sie die in der Kirche eingerissenen Mißbräuche aufzuheben; inmittelst aber und unter demselben Schein thun sie nichts Anderes als Altäre niederreißen, Priester würgen, die heilige Kirchenzier schänden ...»[10]

Dabei kämpfen an allen Fronten «wahre Christen» – aber verdammen und verteufeln sich gegenseitig. Ehrabschneidungen und Verleumdungen erreichen einsame Höhen, dito die jeweils schönsten Tugendbekundungen. Denn daß man in jedem Lager wahrhaftig bis zum äußersten ist, versteht sich von selbst.

1583 publiziert Jesuit Georg Scherer seine «Gewisse und wahrhaffte Newe Zeytung auß Constantinopel». Darauf folgt 1584 die Entgegnung der protestantischen «Elite» Württembergs, ein «Warhafftiger Bericht/Auff die vnuerschembten Luegen/mutwilligen Verkeerungen/hönisch gespött vnnd gräuliche Lösterungen Georgij Scherers/eines Jesuiters ...» Und im nächsten Jahr erklärt dieser wieder in seiner «Gelinden Antwort» die «Kranckheit» der Lutheraner so unheilbar, daß «weder Doctor noch Artzt/weder Balbierer/Bader noch Scherer mehr helfen können».[11]

Gemeinsam stritten Jesuiten nur mit Jesuiten, doch nie Seite an Seite mit den Mitgliedern anderer Orden; wohl aber kam es vor, daß sie gegen diese – «die Konkurrenz untereinander ist unverkennbar» (Herzig) – polemisierten, gegen die Dominikaner oder gegen die Kapuziner, einige Jahre vor ihrer Gesellschaft gegründet, dieser aber zu Beginn des 17. Jahrhunderts als Diplomaten und an den Höfen an politischer Intriganz noch überlegen. Zwar suchten die Jesuiten, falls irgend möglich, überall die erste Geige zu spielen, dabei gern betont bescheiden, doch nicht von ungefähr als besonders hoffärtig geltend, einzig und allein, wie der gelehrte Kapuziner Valerian Magni unter dem Pseudonym Friedrich Treumann 1647 «Allen christlichen Potentaten» zur «Warnung» schrieb, «auf weltlichen Dominat/Hoheit und Reichtum» aus, wobei sie «alle andere Geistliche neben ihnen ... verachten und gering ... schätzen».

Die Jesuiten beanspruchten auch spezielle «Seriosität» für ihre Streitschriften. Während die der Protestanten zum Beispiel meist ohne Widmungen blieben, prunkten die der Ignatiusjünger mit Dedikationen an Hochgestellte, an Fürsten, Bischöfe, sie renommierten mit dem kaiserlichen Druckprivileg oder auch durch einen mehr oder weniger ausführlichen Hinweis auf die Ordenszensur.[12]

Ganz allgemein hielten die Protestanten im späteren 16. Jahrhundert «das Geschlecht der Jesuiten nicht von Gott, sondern vom Teufel erweckt», sahen sie in ihnen «die allerärgsten und abgefeimtesten Verräther und Verfolger Christi». Wer diesen Teufeln traut, beteuert der Theologe Mengering, «ist des Verstandes nicht mächtig; wer sie nicht haßt, liebt Gott nicht, und wer gar mit ihnen sich einläßt, verfällt ewiger Verdammniß im schwefelichen Pfuhl». Und Theologe Martin Chemnitz wettert: «Diese Schalksbuben werfen ihre so gräulich ausgekotzte Rotz- und Schmachklumpen aus ihrem faulstinkenden Wanst und Maul», um das Wort Gottes damit «zu beflecken, vernichten, verstoßen, verwerfen ...» Die Jesuiten sind «des Teuffels Postbotten», «des Teuffels Blaßbälg», sind allesamt «Diebe und Mörder, wüthende Hunde und Bestien, Neronianer, geile Böcke», sie unterstehen Satan direkt, der unmittelbar durch sie wirkt. Und schließlich hatte ja auch, wie man dichtete, schon «Lutherus ... gerathen:/Man soll die Jesuiter braten ...»

Zur Vertreibung aus Glaubensgründen kam es allerdings in protestantischen Territorien kaum, wenn man dort auch fast überall in Deutschland streng und lange auf der ausschließlich lutherischen Kirchenhoheit, der unbedingten Anerkennung des Staatskirchentums bestand und Andersgläubige von einer gleichberechtigten Teilnahme am öffentlichen Leben strikt ausschloß.[13]

«... DAS REICH DES ANTICHRISTES ..., DIE GROSSE MUTTER DER HUREREI»

Der Protestantismus hatte zunächst stark an Boden gewonnen, so daß in Deutschland um 1570 schätzungsweise sieben Zehntel der Bevölkerung neugläubig waren. Freilich wurden die Protestanten immer mehr und vehementer durch diverse Flügel, durch Lehrdifferenzen gespalten, durch den Äpinischen Streit, den Kargischen, den Majoristischen Streit, den Synergistenstreit, den flacianischen Erbsündenstreit, den synkretistischen Streit oder den besonders scharf ausgetragenen kryptocalvinischen Streit, wobei es zu Vertreibungen, jahrelangen Einkerkerungen und Hinrichtungen kam.

Dies nutzten die insgesamt weniger zersplitterten, die evangelische Uneinigkeit schon lange genußvoll geißelnden Katholiken, deren Widerstandswille seit den sechziger Jahren ohnedies erwacht, deren Schlagkraft durch das Trienter Konzil (3. Kap.) und die neuen Reformorden gewachsen war. Die römische Kirche stoppte nun den Vormarsch ihrer Widersacher, gewann da und dort sogar Verlorenes durch gewaltsame Rekatholisierungen zurück. Und ihre gelehrten Kader griffen auch publizistisch in die Schlacht ein, voran die Jünger des Loyola, die auf katholischer Seite auch als erste vermehrt deutschsprachige Streitschriften unters Volk zu streuen begannen, wenn auch lange Zeit, bis gegen 1585, fast nur Übersetzungen und kaum selbständige deutschsprachige Polemiken.[14]

Von den Protestanten wurde jedweder Katholizismus als «Abschaum aller Abgötterei und Gotteslästerung» hingestellt, als «eine Herberge für Sodomiter, Diebe und Ehebrecher», als papistische «Synagoge des Teufels und den Satelliten des Satans». Ja, daß die «eingefallene, gestürmete Papstkirche» durch «neue Tüncher und Bauleute» wieder erstand, gleichsam auferstand, konnte man sich nur als «Tücke und Arglist» des Bösen erklären.

Vor allem über das Papsttum, «den römischen Antichrist, die babylonische Hure und das ganze abgöttische papistische Geschmeiß» fällt man denn auch durch den gesamten Rest des Jahrhunderts in bester Luthertradition her. Cyriakus Spangenberg schimpft 1562 die sogenannten Stellvertreter Christi «Abgöttische, Zauberer, Lügner, Mörder», ihre Arbeit sei «Fressen und Saufen, Weiber und Jungfrauen schänden»; der damalige Papst Pius IV., ein «Teufelskopf», ein «rotziger Rattenkönig», liege zu Rom auf der Engelsburg «wie eine Mastsau auf dem Säustall». Schließlich, so der kursächsische Hofprediger Matthias Hoe 1606, sei da doch «immer ein böser Bube, ein Ehebrecher, ein Sodomit, ein Mörder, ein Zauberer nach dem andern zu Rom gefolgt und Papst worden», wobei er auf Paul III.

verweist, der sich in vielfachem Inzest «wie eine Sau im Koth umhergewälzt» und seine Mutter und Schwester umgebracht habe.[15]

«Alles, was vom Papst und Papisten ausgeht», konstatiert 1588 ein protestantischer «treuer Diener am Wort», «ist Dreck und Stank und blutdürstig und mit Blut besudelt», die Kirche des Papstes, so 1589 der Theologe Jacob Heerbrand, «eine abtrünnige, verlaufene Ehehure, eine Haushure, eine Betthure, eine Schlüsselhure ..., dagegen die gemeinen freien Huren, Buschhuren, Feldhuren, Landhuren, Heerhuren schier heilig sind».

Georg Miller, Pfarrer, Superintendent und Professor der Theologie zu Jena, schmettert gleich eine ganze Serie von «Papstpredigten» herunter, die er 1599, zwei sächsischen Herzogen gewidmet, auch im Druck veröffentlicht, eine Demonstration, daß das ganze Papsttum «aus Lügen, Mord, Schand und Raub zusammengestücket» sei. In jeder Predigt führt er einen anderen Papsttyp vor, den «Lügenpapst», den «Mordpapst», den «Schandpapst», den «Schindpapst» etc. Und natürlich ist die Gegenwart nicht besser als die Vergangenheit, berichtet Miller doch auch, daß die Päpste in den letzten dreißig Jahren, zwischen 1550 und 1580, immerhin neunhunderttausend Menschen durch Mord und Blutvergießen umgebracht hatten, «unter welcher Summa neununddreißig fürstliche Personen, hundertachtundvierzig Grafen, zweihundertfünfunddreißig Freiherren, hundertvierundvierzigtausendfünfhundertundfünfzehn vom Adel und siebenmalhunderttausendsechzig von anderen gemeinen Leuten sollen gewesen sein». Doch wolle der Papst mehr, wolle «alle evangelischen Königreiche und Fürstenthümer auf einmal im Blutbade», ja wolle, «ein eingefleischter Teufel» eben, «die ganze Christenheit in ihrem eigenen Blute schwimmen» sehen.[16]

Geschwächt wurden die Protestanten nicht nur durch die wieder erstarkende Papstkirche und die eigenen Grabenkämpfe, sondern auch durch das Vordringen der Calvinisten in Deutschland und Österreich, in Frankreich, Polen, Böhmen, Ungarn.

«Christus Jesus mit den Christen,/ Der Teufel mit den Calvinisten»

Man hatte den Lutherischen Angst vor dem «calvinischen Gift», der «calvinischen Seuche» gemacht, hatte die Calvinisten, dies gehörte sozusagen zur Seelsorge der Wittenberger, vielfach als «leibhaftige Teufel» hingestellt. Ja, der lutherische Senior und Pfarrer Zacharias Faber wollte zweihundert, notfalls dreihundert Beweise dafür erbringen, daß «die calvinische Lehre viel ärger» sei, als «die Lehre des Teufels». Denn wie der kursächsische Oberhofprediger Matthias Hoe 1614 von den Calvinisten sagte: «Die drei L: lügen, leugnen, lästern sind bei ihnen das täglich Brod.»

Der Streit zwischen Lutheranern und Calvinisten wurde von Jahr zu Jahr übler, bösartiger. Gegen Ende des 16. Jahrhunderts begeiferten sich Prediger beider Konfessionen auf der Kanzel als Hundsbuben, Hunde, Henkersknechte, Saukerle, Blutsäufer, Herrgottsfresser und dergleichen. Den Christus der Lutheraner beschimpften calvinistische Eiferer als «einen ohnmächtigen Hirngötzen, Wolf, Mörder, Baal und Esel». Und auf lutherischer Seite höhnte man den «calvinischen Herrgott»: «Gleichwie ein Wucherstier oder Brüllochse für kein Hurer noch Ehebrecher mag gehalten werden, wenn er schon auf alle Kühe springt, also will der Calvinisten Gott engelrein und heilig sein, wenn er schon die verruchten Buben und verlorenen Höllenriegel zu allerlei Sünde, Schande, Laster nach seinem Muthwillen reizt, lockt und treibet.»[17]

Natürlich blieb es bei bloßer Polemik der «Elite» nicht. Wer ein «recht lutherisches Herz» hatte, stürmte, wie 1593 in Leipzig, Wohnungen von Calvinisten, raubte sie restlos aus, jagte Calvinisten auch in Berliner Straßen. In gewissen Gegenden Polens aber riskierten lutheranische Pastoren ihr Leben, im Kanton Luzern, im Schwarzwald verbrannte man protestantische Kaufleute, in Böhmen, Österreich, Bayern zeigten sich katholische Geistliche nur bewaffnet.

In der Oberpfalz, deren Bevölkerung seit 1538 mehrmals die Konfession wechseln mußte, bevor Kurfürst Maximilian von Bayern 1628 das protestantische Bekenntnis kriminalisierte und die bedingungslose Rekatholisierung aller Untertanen verfügte, wobei er mit Hilfe der Jesuiten, des Papstes, mit Zwangsmaßnahmen wie Geldbußen, Körper-, Haftstrafen, Vertreibungen vorging, allein in Amberg auch weit über zehntausend protestantische Bücher verbrennen ließ – in der Oberpfalz suchten Calvinisten 1592 die Stadt Neumarkt durch Aushungern zu «bekehren». Und als, im selben Jahr, in Tirschenreuth der calvinistische Oberhauptmann Valentin Windsheim mit seinen Landsknechten drohte, wurde er von Lutheranern «nach Verdienst elendiglich ermordet»; erst grausam gemartert, dann durch den Ort geschleift, schließlich «ohne Jemands Erbarmen abgeschlachtet», selbst noch die Leiche mißhandelt; «auch die Weiber haben ob solch gräulicher Mordthat eine sonderliche Lust gehabt». Ähnlich wurde, gleichfalls 1592, zu Nabburg der Calvinist Sebastian Breitschedl von der lutherischen Bürgerschaft mit angeblich dreihundert Wunden zugerichtet, ehe man ihn wie ein Stück Vieh weit vor der Stadt verscharrte.[18]

Auch beim «calvinistischen Krieg» in Kursachsen floß Blut. Kanzler Doctor Nicolaus Krell, ein Calvinist, ging gegen viele Seelsorger der Lutheraner mit solcher Schärfe vor, «daß dergleichen Persecution und Execution in vielen hundert Jahren nicht erhört worden». Einen lutherischen Pfarrherrn ließ er drei Tage lang, noch dazu in falschem Verdacht, so entsetzlich foltern, daß selbst der Henker Mitleid zeigte; doch habe Krell diesen «immer wieder angefrischt». 1591 freilich, als sich der 31jährige Kurfürst Christian I. zu Tode gesoffen, wurde der Calvinismus in Kursachsen beseitigt, Kanzler Krell auf dem Königstein gefangengesetzt und im Herbst 1601, heruntergekommen durch ein zehnjähriges Kerkerelend, fast schon halbtot, selbst geköpft. Die verwitwete Kurfürstin Sophie ließ das in Dresden bereits aufgestellte Blutgerüst wieder abbrechen und, dem hochadligen Auge näher, erneut aufrichten, um so das Schauspiel in Gesellschaft einiger Hofdamen besser genießen zu können.[19]

Während des Krell-Regiments hatte es auch andere Aufführungen, beinah metaphysische gegeben, höllische und himmlische Vorstellungen: Frauen, die Kinder mit Knebelbärten gebaren oder Kröten. Auch sah man häufig in Blut getauchte Schwerter am Himmel, ebenso die blutübergossene Gestalt Christi, und hörte am hellen Tag großes Wehgeschrei aus den Wolken. Zudem «gingen etliche Gespenster, wohl sieben Fuß hoch, bei währendem Gottesdienst durch die Kirche in Zwickau. Der leibhaftige Satan selbst erschien Vielen, jung und alt, in gar verschiedenen Gestalten, mit und ohne Hörner, in Eilenburg an einem Sonntag Nachmittag mit brennenden Hörnern auf dem Markte, machte gräuliche Gewitter, drehte Kindern den Hals um, so daß alle Welt in Noth und Schrecken.»

Der Teufel spielt eben stets mit in der christlichen Heilsgeschichte, ja diese lebt von ihm mehr als von ihren sonstigen Versatzfiguren. Konnte man das protestantische Volk doch sogar glauben machen, die Jesuiten hätten Klauen und Bocksfüße.[20]

Wie die Calvinisten die Lutheraner fast mehr haßten als die Papisten, so waren manchen Lutheranern die Calvinisten noch verhaßter als die Katholiken, ja man erklärte, daß «Calvinisten nicht Christen seien, sondern getaufte Juden und Muhamedaner», «Christschänder», und immer wieder «leibhaftige Teufel». Konnte man doch zwanzig, vierzig und mehr Eigenschaften der Wölfe, «welche ganz genau auch den Calvinisten zu eigen sind», weshalb «selbst ein Kind einsehen» müsse, «daß sie aus dem Teufel» seien. «Eingefleischte Wölfe», nannte sie denn auch der Jenaer Professor Johann Friedrich Celestinus und versicherte, wer deren «gräuliche schreckliche Wolfsklauen» nicht gewahre, verstehe «ganz und gar Nichts vom christlichen Glauben» und sei «selbst seiner Vernunft und natürlichen Verstandes nicht mächtig».

Kein Wunder, wenn man um 1600 in Kursachsen meinte: «Lieber papistisch als calvinistisch». Oder wenn 1607 der calvinistische Hofprediger Fabronius vom «gemeinen» hessischen Volk schrieb, kein Türke, kein Jude, kein Heide, kein Papst werde so verabscheut und verfolgt wie die Calvinisten. «Christus Jesus mit den Christen,/Der Teufel mit den Calvinisten.» Die Calvinisten ihrerseits freilich waren gleichfalls gespalten, u.a. in Supralapsarier und Infralapsarier, in Gomaristen und Arminianer, wobei auch hier die Gomaristen auf der Dordrechter Generalsynode 1618/1619 die Arminianer als «Ketzer» erklärt, verbannt, eingekerkert, manche sogar hingerichtet haben.[21]

«Um Christi Liebe ... kommt mit euren Hellebarden, Kanonen und Büchsen ...» oder: «Deutschland in seinem eigenen Blut ersäufen»

Der kaum überschaubare große Federkrieg tobte desto toller, je näher man dem großen Vernichtungskampf kam, die Propaganda wuchs ins Ungemessene, die Zahl der Streitschriften, wurde gelegentlich geklagt, habe «gleichsam die Sonne verfinstert». «Wer das mit erlebt hat», äußert der «Einfältige Lay» 1617, ein Jahr vor Ausbruch des Krieges, «muß fürwahr sich wundern, daß wir nicht schon lange zum allgemeinen Blutvergießen gekommen, denn es ist über alle Maßen, wie sich die Scribenten, so man nach vielen Hunderten zählen kann, einander verläumden, verfluchen und verteuflen, und Fürsten, hohe Herren und Volk aufhetzen, aufsätzig machen und zum Schwerte stimuliren, daß es nicht genugsam zu sagen ist. Da gilt Nichts mehr, was den Vorfahren heilig und ehrenwürdig war, wird Alles in den Koth gezogen, verlästert, vermaledeit; die hohen Häupter werden ungestraft angetastet und execrirt; jedweder Scribent will allein Recht haben und sein Glaube allein macht selig, was aber sein Widersacher sagt, ist Alles vom Teufel und wird er selber in den stinkenden Höllenpfuhl verwiesen, woraus er hervorgekrochen; betiteln wol gar jeden Widersacher, daß er noch sei ärger und boshaftiger, denn der Teufel und Belzebub.»[22]

Im beginnenden 17. Jahrhundert stachelt man immer von neuem im protestantischen Lager zum blutigen Religionskrieg auf. «Der Papst und seine Buben», heißt es in der Widmung einer 1603 in Mühlhausen erschienenen Schrift, «sind allein reich, haben alles Geld und Gut an sich gerissen mit Gewalt, Falschheit und Lügen ... Warum setzt ihr euch nicht mit Gewalt wider die reißenden Wölfe, große Diebe und Räuber, als da sind die Papisten. Thut euere Augen auf, es ist Zeit ...» Und, hetzt ein weiteres Opus aus demselben Jahr: «Sehet ihr denn nicht, ihr teutschen Brüder allzumal, was euch bevorsteht ... so wahr Christus lebt, die Pfaffen und ihre Fürsten, Jesuiter und Suiten haben sich zu solch großer Blutschlacht in Deutschland verbündet und geschworen, es ist noch geheim, aber wahr ... Auf, ihr lieben teutschen Brüder, feiert nicht mehr; es gilt Gottes Ehre und Christi Wort und euer Seligkeit. Auf, rufe ich, auf, die Pfaffen und Jesuiten und ihre knechtischen Fürsten werden in ihrem Verbündnuß euch alle eines Tages überfallen: um Christi Liebe und sein rosenfarbenes Blut bitte ich euch, kommt mit euren Hellebarden, Kanonen und Büchsen den Buben zuvor.»[23]

Immer wieder beschuldigt man die Jesuiten, die «jesuiterischen Stinkböcke», dies «höllische Otterngezücht», auf ein großes Blutvergießen, einen Krieg hinzuarbeiten. So warnt 1585 Lucas Osiander, Hofprediger des Herzogs Ludwig von Württemberg, «vor der Jesuiten blutdürstigen Anschlägen» – Blutdurst: die ihnen ständig nachgesagte Sucht – und läßt keinen Zweifel daran: «wenn die Jesuiter das Deutschland in seinem eigenen Blut ersäufen könnten, sie würden es und werden es auch ...»

Für den württembergischen Hofprediger sind die Loyolaapostel Geschöpfe Satans, «Blaßbälg» des Teufels, Kriegstreiber. «Wie nun ein Trommeter/der im Krieg oder in einem treffen/lermen blaset/eben dafür gehalten würdt/als ob er selbsten Hand anleget/ob er gleich in der Hand nicht ein Büchsen/Spieß/oder andere Wöhr/sonder ein Trommeten führet: Also sein auch die Jesuiter besser nicht zuachten/ dann als wann sie selbst im Harnisch/mit Büchsen/Spiessen/vnnd andern Wöhren wider die Lutherischen daher zögen.»

Ein steirischer Prediger verkündet 1603, «wie die Jesuiten zu Graz die allergrausamsten und mörderischten Rathschläge ertheilet», «wie grausam und menschenmörderisch sie in Würzburg agiret ... Dem Kaiser liegen sie täglich in den Ohren, daß er sollt ein allgemein Blutbad unter allen Evangelischen anrichten, währenddem sie selbst mördern mit Gift, Dolch und was nur Namen hat. Wollen das ganze römische Reich umstürzen und in seinem Blute ersäufen.»

Auf der anderen Seite wuchs auch die Furcht vieler Katholiken vor einem allgemeinen Konflikt, vor «der Kriegsfurie», wobei hier natürlich nicht die Jesuiten, sondern «die Lutherischen Predicanten/sambt ihrem Anhang ... mit Blutdurstigen Anschlägen und Practicken vmbgehen.»[24]

«Die Menschen», schreibt Volker Press, «sahen das Unheil kommen und redeten es auch herbei» – vor allem, darf man ergänzen, die Pfaffen.

10. KAPITEL

DER DREISSIGJÄHRIGE KRIEG BEGINNT

«Ein Letztes aber bleibt doch das Entscheidende. Im tiefsten Grunde auch noch aller Kämpfe des neuen Jahrhunderts schlummerte die religiöse Idee ... Der Ketzerbegriff des Mittelalters, im Grunde eine Kategorie des Individuellen und Geistigen, wirkte in der Verbindung mit nationalen und politischen Gegensätzen zu einer furchtbaren Vergiftung alles Menschlichen, zu einer Entfesselung schrankenlosester Roheit.»

Karl Brandi[1]

«Wir seyen gejagt worden wie das gewildt in wäldern. Einer ist ertapt und übel geschlagen, der andere gehauwen, gestochen, der dritte gar erschoßen worden, einem sein stückhle brot und kleider abgezogen und genommen worden.»

Hans Heberle,
Schuhmacher und Chronist (1597–1677)[2]

«Die Häuser seind verbränt/die Kirchen seind zerstört/Die Dörffer seind verkehrt/der Vorrhat ist verzehrt/Mann siht der Länder trost die grossen Stätt verbrennen/Die Herrligkeit deß Lands mag keiner mehr erkennen/ Durch Krieg/ raub/ mord und brand wird es zur wüsteney/ Das freye Römisch Reich wird jetzt zur Barbarey».

Anonyme zeitgenössische Flugschrift[3]

«Am 26. August, zwei Tage vor der Kaiserwahl in Frankfurt, wählte man in Prag den Pfälzer zum König. Das bedeutete den Kampf auf Leben und Tod gegen Habsburg. Dieses mußte alles daransetzen, Böhmen wiederzugewinnen, wenn es nicht auch Österreich mit allen Nebenlanden verlieren wollte, die Kaiserkrone natürlich mit inbegriffen ... Und in der Tat, es ist gar nicht auszudenken, was die Folgen eines Sieges der Evangelischen gewesen wären. Man stelle sich nur vor, was das bedeutet, Österreich protestantisch, die Habsburger vertrieben, aus Deutschland verdrängt! Dieses Geschlecht, das

bis auf unsere Tage nichts als Unheil und immer das größte Unheil über das deutsche Volk gebracht hat –»
Johannes Haller[4]

«In einer Hinsicht bestand kein Unterschied zwischen den Konfessionen, dem Katholizismus, dem Luthertum und dem Calvinismus; eine jede wurde vom Fürsten dazu benutzt, seiner Herrschergewalt Nachdruck zu verleihen. Für die Habsburger ging dies noch an, denn sie ließen sich in allen Angelegenheiten unbeirrbar vom Absolutismus leiten, aber bei den Fürsten, die nach Freiheit riefen, war es ein schreiender Widerspruch, denn sie verlangten vom Kaiser, was sie ihren eigenen Untertanen verweigerten.»
C.V. Wedgwood[5]

Union und Liga
Die christlichen Brüder formieren sich

Ein Jahrzehnt vor Beginn des Krieges, am 14. Mai 1608, schlossen sich unter Führung des calvinistischen Kurfürsten Friedrich IV. von der Pfalz (1583–1610), eines kränkelnden und fast notorischen Säufers, im ansbachischen Ahausen mehrere süd- und westdeutsche Länder auf zehn Jahre zur protestantischen, in Wirklichkeit überwiegend calvinistischen Union zusammen: Kurpfalz, Württemberg, Baden, Ansbach, Kulmbach-Bayreuth, Pfalz-Neuburg. Mit ihnen verbündeten sich bis Februar 1610 sechzehn Reichsstädte, darunter Straßburg, Ulm, Nürnberg, sowie Hessen-Kassel, Kurbrandenburg, Pfalz-Zweibrücken und Öttingen.

Dieser Union trat am 10. Juli 1609 die vom Bayernherzog Maximilian (1598–1651) geführte katholische Liga gegenüber, die, anders als jene, im Dreißigjährigen Krieg zeitweilig noch eine beträchtliche Bedeutung gewann. Maximilian, ein äußerst dominanter, ebenso von Eifer für die Kirche wie für die Vermehrung seiner Fürstenmacht geprägter Wittelsbacher, förderte vehement die Gegenreformation, kooperierte eng mit Jesuiten und Kapuzinern, merzte, so hieß es, effizienter als alle die «Ketzerei» aus, wobei er nie den eigenen Vorteil vergaß. Der Herr über fast eine Million Untertanen bestrafte Ehebruch mit dem Tod, schickte alljährlich Menschen auf die Galeeren, besuchte Hexenprozesse, bei denen gefoltert wurde, und unterhielt ein stehendes Heer. Die Liga, recht eigentlich sein Werk, löste er später auf und gründete sie neu.

Ein solches Bündnis der katholischen Potentaten hatten die Päpste schon seit längerem erstrebt, den ersten Anstoß bezeichnenderweise die drei geistlichen Kurfürsten 1603 gegeben, um eine Streitmacht – «allein zur defension» (Gründungsurkunde) – von 20000 Söldnern finanzieren zu können. Nun verbanden sich auf neun Jahre in der Liga Kurmainz, Kurköln, Kurtrier, die Bischöfe von Würzburg, Konstanz, Augsburg, Regensburg, Passau sowie der Fürstabt von Kempten und der Fürstpropst von Ellwangen. Und bald kamen weitere Oberhirten von Bamberg bis Straßburg sowie schwäbische Prälaten und Adlige dazu, jedoch nicht die miteinander hadernden Habsburger.

Die Union nannte als Ziel: Schutz des Friedens und ihrer Rechte; die Liga: Erhaltung des Friedens und der «wahren catholischen religion». Die Bundesakten beider sahen ein Heer und Finanzbeiträge vor. Auch gewann Bundesoberst Maximilian den General Johann Tserclaes von Tilly. Und noch im August 1610 versprachen Philipp III. von Spanien und der Papst eine Förderung der Liga auf drei Jahre mit insgesamt rund 1,5 Millionen beziehungsweise 300000 Gulden.

Da die Gefahr eines Konfliktes groß war, suchten beide Allianzen Rückhalt im Ausland, die Union an England, Frankreich, Holland, die Liga an Spanien und Lothringen, und so taumelte man unter allseitigem Mißtrauen und gelegentlichen Aufständen von Krise zu Krise in den Krieg.

1607/1608 lösten Tumulte in der schwäbischen Reichsstadt Donauwörth, wo die Protestanten, in erdrückender Mehrheit, die Alleinherrschaft begehrten, nach Einmischung des Bayernfürsten, die Verhängung der Reichsacht aus. In aller Eile rückten seine Truppen heran, vollzogen, reichsrechtlich ganz klar Sache eines schwäbischen Kreises, die Exekution und begannen die Katholisierung der Stadt. 1609 erhielt sie Maximilian zum Pfand und verleibte die zur Zahlung der geforderten 255403 Gulden unfähige faktisch seinem Herzogtum ein.

Eine Rebellion in Böhmen 1609 schmälerte zunächst zwar das Ansehen des Kaisers, doch die Fronten dort blieben bestehen, die Spannungen, ja sie mündeten bald in neue Zerwürfnisse, Zusammenstöße. Und während man im ganzen Westen rüstete, in Frankreich, Spanien, Österreich, im Reich, bekannte der Heilige Vater

Paul V. (1605–1621) dem spanischen Botschafter im August 1609, einen Monat nach Gründung der Liga, «er wolle mit allem Geld, das er habe, zu Hilfe eilen, wenn man gegen die Ketzer Eisen anwende.» Ja, noch im selben Jahr versicherte der Papst wiederholt, er gedenke der Liga «nicht bloß mit Geld, sondern auch mit Truppen zu Hilfe zu eilen.»

Am Niederrhein verursachte 1610 der Tod des geisteskranken Herzogs Johann Wilhelm, katholischer Gebieter der gemischtkonfessionellen Herzogtümer Jülich, Kleve, Berg, der Grafschaften Mark und Ravensberg, einen internationalen Streit um die in der Tat extrem verwickelte Erbfolge.

Die Länder des unglücklichen Fürsten waren von strategischer Bedeutung für die protestantischen wie spanischen Niederlande. Der Kaiser beanspruchte die provisorische Landesregierung für sich und verfügte die Sequestration. Aus dem Reich drangen zwei protestantische Thronbewerber vor, Kurfürst Johann Sigismund von Brandenburg und Pfalzgraf Wolfgang Wilhelm von Pfalz-Neuburg. Beide «Possedierenden» wollten gemeinsam regieren, zerstritten sich jedoch der Einkünfte wie der Religion wegen und wechselten jeweils den Glauben. Der Brandenburger trat zum Calvinismus über, der Pfalzgraf heiratete eine Schwester des Bayernherzogs und wurde – von diesem auch höchstpersönlich katechisiert – katholisch. Nun stieß von den südlichen Niederlanden noch Ambrogio Spinola dazu, der schlachtbegierige Genueser Feldherr des spanischen Heeres, von den nördlichen Niederlanden kam Prinz Moritz von Oranien. In Paris stand Heinrich IV., der einstige Hugenottenführer, seit 1593 aber katholisch, doch liiert mit deutschen Protestanten, bereits auf dem Sprung zum Marsch an den Rhein; nur seine Ermordung durch einen katholischen Fanatiker verhütete einen europäischen Krieg.[6]

François Ravaillac, ein glaubenseifriger Franzose Anfang dreißig, haßte Heinrich IV., den antispanischen Katholiken, als Hauptfeind der Kirche und erstach den gerade für die fünfzehnjährige Gattin des Prinzen Condé entbrannten, fast sechzig Jahre alten König am 14. Mai 1610 in Paris, als dieser mit seinem Wagen in einer engen Straße steckenblieb. Ravaillacs Geburtshaus wurde dem Erdboden gleichgemacht, seine Verwandtschaft aus Frankreich bei Todesstrafe verwiesen, er selbst entsetzlich gefoltert und öffentlich gevierteilt. Da der Täter seine Hinterleute nicht verriet, die Richter nach Mitschuldigen nicht einmal zu fragen wagten (!), ist darüber nichts Sicheres bekannt. Die meisten verdächtigten allerdings den spanischen Hof und die Jesuiten, «fanatische Priester», wie noch Ranke schreibt, während das katholische Handbuch der Kirchengeschichte die Jesuiten entlastet.

Nach fast allgemeiner Einschätzung jedenfalls verhinderte seinerzeit der Mord den Ausbruch des Krieges, der wenige Jahre später das Reich zum Schlachtfeld Europas machte und mit einem Zwischenfall in Böhmen begann.[7]

Der Prager Fenstersturz (23. Mai 1618)

Böhmen gehörte zum Reichsverband, seine Königskrone, seit 1526 in den Händen der Habsburger, war jedoch nicht erblich, sondern eine Wahlkrone und nicht zuletzt deshalb von Bedeutung, weil der böhmische König als siebenter, wenn auch nicht stets gleichberechtigter Kurfürst über eine Stimme bei der Kaiserwahl verfügte. Dem Kolleg der Kurfürsten, dem ranghöchsten Gremium im Reich, gehörten die drei geistlichen Fürsten von Mainz, Köln und Trier an sowie die vier weltlichen von der Pfalz, von Sachsen, Brandenburg und eben Böhmen.

Das Land war klein, doch besaßen seine Herren die Oberhoheit über die Nachbarländer, die Herzogtümer Schlesien und Lausitz sowie die Markgrafschaft Mähren, alle aber mit eigener Hauptstadt, Gesetzgebung und Gerichtsbarkeit. Böhmen war reich durch seinen Handel, seine Landwirtschaft, seine Edelmetalle hatten einen beachtlichen Ruf, ebenfalls sein Glas, seine Fischzucht. Wegen seiner Gutswirtschaft nannte man es später im Westen nicht ohne Neid «Paradies des Adels». In dem beschränkten Territorium lebten im frühen 17. Jahrhundert nicht weniger als vierzehnhundert meist lutherische Adelsfamilien, die freilich aus Furcht vor der unduldsamen calvinistischen Minorität zur habsburgischen Regierung standen.

Verhältnismäßig geringe Probleme gab es unter Maximilian II., der 1562 römischer und böhmischer König, 1564 Kaiser geworden war. Denn Maximilian blieb zwar aus dynastischen Gründen und unter dem Einfluß seiner streng katholischen Gattin, seiner Cousine Maria, der Tochter Karls V., katholisch, neigte aber deutlich dem Protestantismus zu (S. 226f.), dessen Adel er in den Erblanden 1568 durch die «Religionskonzession» die Praktizierung der Augsburger Konfession auf seinen Gütern gestattete, ebenso 1575 dem Adel Böhmens.

Maximilians Sohn und Nachfolger, der allmählich an immer neuen Depressionsschüben leidende Kaiser Rudolf II. (1576–1612), förderte zwar die Gegenreformation, mußte aber unter dem Druck einer drohenden allgemeinen Erhebung im sogenannten Böhmischen Majestätsbrief vom 9. Juli 1609 den Nichtkatholiken, den Böhmischen Brüdern, den Lutheranern, Religionsfreiheit, auch den Herren, den Rittern und königlichen Städten die Erlaubnis gewähren, Kirchen und Schulen einzurichten. Gleichwohl erfolgten in all den Jahren Zusammenstöße von Katholiken und Protestanten, erfolgte ein stets stärkerer Druck auf den evangelischen Adel, feuerte man dessen Geistliche zugunsten katholischer, ging man gegen die Kirchen der Neugläubigen in Braunau und Klostergrab vor. Und nachdem der einst von Jesuiten in Ingolstadt erzogene, jedem Kompromiß feindliche, entschieden katholische Erzherzog Ferdinand von Steiermark, der nachmalige Kaiser, am 6. Juni 1617 durch Wahl der Stände, doch gegen die heftige Reaktion sowohl protestantischer Kreise wie mancher des Adels, König von Böhmen geworden war, ein Jahr später auch König von Ungarn, kam es anläßlich eines nach Prag berufenen Protestantentages, aus Erbitterung über die Mißachtung der vorgebrachten Beschwerden, zu einer regionalen Rebellion, aus der dann der große europäische Krieg sich entwickelt hat – in einem Land, dichter als andere Staaten mit Städten besiedelt, darunter so bekannte Handelsplätze wie Frankfurt/Oder, Frankfurt/Main, wie Leipzig, Nürnberg, Augsburg, insgesamt einundzwanzig Millionen Menschen von mehr als zweitausend gesonderten Behörden beherrscht.[8]

In Böhmen war Erzherzog Matthias am 23. Mai 1611 auf den

Thron gewählt, sein schon bald sterbender Bruder Rudolf abgesetzt, der Katholizismus weiter gestärkt worden; zum Beispiel hatte man allein dem Gericht des Prager Erzbischofs 132 Pfarrgemeinden unterstellt. Auf dem Hradschin, der Burg nun des Kaisers Matthias (1612–1619) regierten seine Statthalter, und am 23. Mai 1618 wurden die Grafen Jaroslav Martinitz und Wilhelm Slavata, beide unduldsame Altgläubige und besonders verhaßt, von den Delegierten der Ständeversammlung unter Führung des Calvinisten Graf Thurn und des Lutheraners Graf Schlick «jammerlich» aus dem Fenster «gestierzet».

Fensterstürze waren in Prag seit der Hussitenzeit nicht mehr so ungewöhnlich; man sprach geradezu von der «böhmischen Methode». Auch fielen die Herren zwar vierzehn Meter tief in den Burggraben, aber, natürlich ganz unbeabsichtigt, auf lauter Kehrichthaufen, auf Mist, und so ist Graf Martinitz, laut Slavatas Lebenserinnerungen, «nachdem er im Herabfliegen unaufhörlich den Namen ‹Jesus, Maria› gerufen, so leise auf die Erde gesunken, als wenn er sich setzen täte».

Nicht genug des Wunderbaren: «Etliche fromme glaubwürdige Leute» – die Glaubwürdigkeit der Bezeuger mirakulöser Geschehnisse ist notorisch – «haben auch ausgesagt, daß sie damals ... die allerseligste Jungfrau Maria gesehen, wie sie den Herrn mit ihrem Mantel in den Lüften erhalten und auf die Erde getragen hat. Graf Martinitz hat dies nicht selbst gesehen, aber es kam ihm während des Falles vor die Augen, als wenn sich der Himmel öffnete und ihn Gott zu ewigen Freuden aufnehmen wollte.»[9]

Daraus wurde nun, darf man sagen, leider?, nichts. Und auch Graf Slavata, der noch vor dem Sturz im Fenster des Hradschin das Zeichen des hl. Kreuzes geschlagen und zerknirscht gebetet hatte: «Herr sei mir Sünder gnädig», blieb vorerst vom Ewigen Leben, darf man sagen: verschont? Gleichwohl ließ er eine Exvoto-Weihegabe malen, auf der ihn Engel von dannen tragen ...

Ja, Wunder über Wunder. Auch Philipp Fabricius, der Sekretär, der den beiden via böhmische Methode, via «Defenestration» Entfernten augenblicklich und wieder «fleißig zu Gott» rufend folgte, machte sich in der Stille des Burggrabens auf und gelangte über viele Fährnisse nach Wien, «wo er S. Maj. und anderen Herren von den Prager Begebenheiten Bericht abgestattet» – schließlich mit dem beziehungsreichen Prädikat «von Hohenfall» nobilitiert worden ist.[10]

Der Böhmische Krieg

Die böhmische Erhebung, deren größten personellen Teil der Kleinadel stellte, breitete sich rasch aus, zumal sie nicht allein die Religion, die Konfession betraf, es nicht nur um Katholiken, Protestanten, sondern auch um soziale, patriotische Motive, um machtpolitische Interessen der führenden Kriegsgegner ging, um Ständetum und monarchische Herrschaft, um einen Fürsten, der nicht «princeps modificatus», der «princeps absolutus» sein wollte. Die Revolte ergriff im Sommer auch die Nebenländer Schlesien, die Lausitz, 1619 Mähren, ja Ober- und Niederösterreich, sogar das freilich schon halb protestantische und durch dauernde Kämpfe bereits ruinierte Ungarn – wie dann nach zwei Kriegsjahren auch Böhmen ruiniert war, die reichste habsburgische Besitzung.

In Prag hatte sich inzwischen eine protestantische, aus 30 Direktoren bestehende Ständeregierung konstituiert. Ihre Armee drang unter dem Grafen Heinrich Matthias Thurn bis Wien vor, drang dort, zusammen mit Bethlen Gábors, des Fürsten von Siebenbürgen Haudegen, schon in die Vororte ein, in die durch Flüchtlinge und Verwundete überfüllte, von Hungersnot und Pest heimgesuchte Stadt. Doch im Frühjahr wurden die Böhmen von kaiserlichen Streitkräften mit dem Beistand spanischer Truppen und päpstlicher Gelder wieder zum Rückzug gezwungen, ohne freilich aufzugeben.[11]

Vielmehr hatten die Insurgenten durch die Böhmische Konföderationsakte vom 31. Juli 1619, «diese hochnothwendige Christliche Union ... allein zur Beförderung Gottes Ehren», nun eine ständisch strukturierte Verfassung, die zwar entschieden das Prinzip der Glaubensfreiheit hervorhob, «die freye Ubung der Religion», doch die

Protestanten nach Strich und Faden begünstigte. Insbesondere hat die Akte die Jesuiten bekämpft, ihnen das Eindringen «nun und zu ewigen Zeiten/in diese unirte Lande» verboten; wo sie aber «noch vorhanden/oder heimlicher Weise einschleichen möchten», sollten sie «gantzlich abgeschafft (werden).»

Die «Confoederatio bohemica» rief alle Länder der deutschen Habsburger zum Beitritt auf, und schon am 16. August schlossen sich ihr die nieder- und oberösterreichischen Stände an. War man doch selbst und gerade in Steiermark, in Kärnten «zum größten Teil», wie der venezianische Gesandte schreibt, «nicht aus freiem Willen, sondern durch Gewalt katholisch» und «gegen den Kaiser schlecht gestimmt, am meisten gegen die Jesuiten». Indes hatten die Aufrührer wohl ebensoviele nationale und politische Beweggründe wie religiöse, ja viele Zeitgenossen hielten die Religion nur für einen Deckmantel der Rebellen.

Am 22. August setzten die Böhmen Ferdinand II. wegen Bruch des Kroneids und sonstiger Rechtsbrüche als ihren (seit 1617) amtierenden König ab und erhoben am 26./27. August 1619 den calvinistischen Kurfürsten Friedrich V. von der Pfalz, das Haupt der Union, mit großer Mehrheit (100 gegen 46 Stimmen) zum neuen böhmischen König; worauf das Te Deum laudamus erscholl, böhmisch und deutsch, sowie Geschützdonner – «Freudenzeichen». Der Hofprediger Friedrichs hatte diesen bestürmt, die Krone anzunehmen, sah er darin doch «einen Fingerzeig Gottes».

«Es ist ein Ruf von Gott, dem ich mich nicht verschließen darf», bekannte denn auch der nun an der Moldau residierende neue Herr dem Herzog von Bouillon, seinem Onkel, einem skrupellosen protestantischen Intriganten, «mein einziges Ziel ist, Gott und seiner Kirche zu dienen.» Als Schwiegersohn Jakobs I. von England und Schottland, als Neffe des Prinzen Moritz von Oranien, Statthalters der Niederlande, als Vetter Gustav Adolfs von Schweden sowie als Verwandter anderer Einflußreicher schien Friedrich von der Pfalz der richtige Mann. Der geistliche Kurfürst von Köln freilich, leiblicher Bruder des Bayernherzogs, hatte für diesen Fall bereits «einen 20-, 30- und 40-jährigen Krieg» prophezeit.[12]

Nur einen Tag aber nachdem Friedrich die Wenzelskrone (mit

einem Dorn von der Dornenkrone Christi!) angenommen, am 28. August 1619 wurde Ferdinand II., der abgesetzte Böhmenkönig, für Gegner die «einfältige verjesuitete Seele», der «Erzfeind der evangelischen Religion», in Frankfurt einstimmig zum römischen Kaiser gewählt – mit obligatorischem Te Deum laudamus, mit Glockengeläut und, gehört es doch eng zusammen, nicht ohne daß auch wieder «die groben Geschütz um die Stadt losgebrennt worden».

Erst recht war die feierliche Zeremonie dort am 9. September, das Aushändigen eines blanken Schwertes, die Überreichung von Scepter und Apfel, die Krönung mit der alten Kaiserkrone durch alle drei geistlichen Kurfürsten (Accipe coronam Regni etc.), ganz in das religiöse Ritual eingebunden, in Messe, Gloria, Benediktion, Sakramentsempfang, Te Deum laudamus abermals (das selbstverständlich ebenso der Feind in Prag zu schmettern wußte, zum Beispiel noch im selben Jahr «in allen Kirchen» bei der Geburt von Friedrichs Sohn, und selbstverständlich auch «mit 15 Stücken Freudenschüß»).

Papst Paul V. aber, der durch seine Nuntien in ständiger Verbindung mit dem erzherzoglichen Hof in Graz gestanden (wo sie fast ein halbes Jahrhundert, bis 1622, residiert), der 1617 Ferdinand «zwei kostbare Reliquienschreine» spendiert, dann wiederholt zur Kaiserwahl gedrängt, auch entsprechende öffentliche Andachten befohlen, der selbst deshalb am Grab des hl. Petrus und anderwärts gebetet hatte, Paul V. sandte dem neuen Imperator, bald Prototyp des Absolutismus seiner Zeit, ein langes, herzliches Glückwunschschreiben und versäumte nicht, gegenüber den Kardinälen zu betonen, «daß man von der außerordentlichen Frömmigkeit des Erwählten und seinem hervorragenden Eifer für den Apostolischen Stuhl die größten Vorteile für die katholische Kirche erwarten dürfe».[13]

Im kalten Sommer des Jahres 1620 und im folgenden Frühherbst rückte das Ligaheer, 25 000 Mann stark, mit Maximilian von Bayern, einem entfernten Vetter seines Gegners, des Kurfürsten Friedrich von der Pfalz, mit dem Grafen Tilly und, seit dem 8. September, der kaiserlichen Armada über Österreich nach Böhmen vor. Papst Paul, der die Liga mit hohen Summen stützte, hatte den Kaiser gebeten, die Erhebung «mit allen Kräften» niederzuschlagen, erwartete er davon doch eine «unermeßliche Schwächung der protestantischen Macht in Deutschland». Und Maximilian, für viele Bayerns größter Herrscher überhaupt, jedenfalls ein enorm ehrgeiziger und machthungriger Potentat, der mindestens ebenso für den eigenen Profit agierte wie für die Interessen Roms, hatte den faktisch von ihm abhängigen und systematisch den Krieg vorbereitenden, doch dafür eben die Hilfe Bayerns und der Liga benötigenden Kaiser am 8. Oktober 1619 in München nahezu erpreßt durch eine Reihe schwerwiegender Zugeständnisse: den alleinigen Oberbefehl, Erstattung sämtlicher Kosten, Überlassung aller Eroberungen im Reich samt jedweden Rechten und Einkünften als Eigen und – in einem Geheimabkommen – die erbliche Übertragung der Kurwürde des Pfälzers auf ihn, Maximilian, das Haus Bayern.

Vom Erwerb der Kurwürde ist in dem Münchner Vertrag, der Grundlage für das vorerst sehr erfolgreiche Kooperieren Habsburgs und der Liga, so wenig die Rede wie in der Präambel von irgendeinem Gebietsgewinn. Dagegen beschwört diese Präambel gleich wiederholt die «Catholische Religion», spricht wiederholt vom «Catholischen Defensionswesen», beteuert, daß man «dem gemeinen Wesen zum besten/führen», «die gemeine Wolfarth allen privatis vorziehen» wolle, und dies selbstredend «im Nahmen des Allerhöchsten».

Die Geistlichen hatten schon längst die Werbetrommel gerührt, «um einerseits», so meldet der Gesandte Venedigs, «ihren eigenen Besitz zu sichern, andererseits dem Heere des Kaisers in Österreich zu Hilfe zu kommen». Jesuitenprediger und Kapuziner feuerten die auf Prag Vorgehenden an, ihre zwölf größten Kanonen trugen die Namen der zwölf Apostel Jesu, und die besondere Schutzheilige ihres Befehlshabers Tilly, vom Volk der «geharnischte Mönch» genannt, die Jungfrau Maria, war stets, wie Kaiser Ferdinand einmal bei Rangstreitigkeiten feierlich erklärte, der eigentliche und einzige Oberbefehlshaber seiner Armeen. In Deutschland hatte man öffentliche Gebete der Katholiken anberaumt, und die Jesuiten lasen Woche für Woche Tausende von Messen zur Förderung der guten Sache.[14]

Allmählich zeigten sich die Spuren des Krieges, den viele mit einem neuen Kreuzzug verglichen: verödetes Land, verlassene Dörfer, abgebrannte, in Flammen stehende Höfe, Reste geschlachteter und verhungerter Tiere. Im ligistisch-kaiserlichen wie im böhmischen Heer brachen Fieberepidemien aus, in letzterem, einem besonders bunt zusammengewürfelten Haufen, drohte wegen ausstehender Löhnung Meuterei. Deserteure knüpfte man am Galgen auf, und König Friedrich, dem «Ruf von Gott» folgend, verpfändete nicht nur seine Juwelen, sondern erpreßte von Katholiken wie Juden auch bares Geld. In Prag, seiner Residenz, ging es angeblich zu wie in Sodom und Gomorrha, schwelgte man sich durch Bälle und Bankette, badete der junge Monarch splitternackt vor versammelten Hofdamen in der Moldau. Auch wurden die Kirchen «gesäubert», von allem «abgöttischen Wesen» befreit, besonders erbarmungslos der Veitsdom und der große Jesuitentempel; ja, der königliche Hofprediger verwertete die Reliquien als Brennmaterial.[15]

Unter diesen Umständen kam es am 8. November 1620 am Weißen Berg (Bilá hora) vor Prag zur Schlacht.

Feldgeschrei der katholischen Streiter: «Sancta Maria»; vor der Metzelei sangen sie das «Salve Regina», und der «wie ein Heiliger» verehrte spanische Karmelit Domenico a Santa Maria hatte ihre Fahnen geweiht und trieb unter Vorzeigung eines von Calvinisten geschändeten Marienbildes zum Angriff. (Das Bild führte, wie auch anders, zum Sieg, wurde bald darauf als «Madonna della Vittoria» in Rom, nicht ohne päpstlichen Beistand, ein beinah vergöttertes Kultobjekt – und ging 1833 bei einem Brand zugrunde.) Durch diese einzige Schlacht, so Ranke, waren die Gewalt des pfälzischen Friedrich und alle seine Entwürfe beendet. «In einem Moment, unmittelbar nach der größten Gefahr, war das katholische Prinzip in dem oberen Deutschland und in den österreichischen Provinzen allmächtig.»

Nach dem Sieg «im Namen Gottes», wie Herzog Maximilian aus dem sich nahezu kampflos ergebenden Prag dem Kurfürsten Johann Georg I. von Sachsen schreibt (der seinerseits aus Landgier zum Kaiser übergegangen und in die Lausitz eingefallen war), beraubte man die reiche Stadt, deren «überaus betrübten und elenden Zustand» noch am 30. November ein Prager festhält: das fortdauernde «Plündern und Morden», erst in den Häusern der Direktoren und Reformierten, dann unterschiedslos überall; «gleiches Rauben ist auch auf den Gassen. Es verrät ein Nachbar den andern, die Soldaten haben angefangen, die Einheimischen aber, so sich auf soldatisch verkleiden, machen das Garaus, desgleichen tun auch die Franzosen, Polakken und Deutsche und ist noch kein Aufhören ...» Wo jedoch «nichts ist, so sind sie ihres Halses nicht sicher ...»

Viele Calvinisten und Lutheraner, Prediger der Reformation paßten sich gleich an, traten mit Brevier, mit Rosenkranz auf oder suchten in katholischen Klöstern ihr Revoluzzertum vergessen zu machen. Hehrstes Vorbild, ein Pfaffentypus der Jahrtausende: Dikastus, Pfarrer an der Teinkirche. Kein anderer als er hatte Friedrich V. zum König gekrönt, und jetzt verdonnerte er den eben noch Gefeierten von Predigt zu Predigt als Feind des Vaterlands, während er dem Kaiser Sieg und Heil wünschte.

Pfalzgraf Friedrich aber, der, von seinen Verbündeten im Stich gelassen, nicht viel länger als einen Winter die Krone getragen und so als «Winterkönig» verspottet wurde, hatte gerade noch nebst Gattin und Söhnchen seiner Auslieferung zu entfliehen vermocht, zunächst nach Schlesien, dann ins holländische Exil. Durch dieses «sonderbare Verhängnis Gottes» büßte er außer Land und Leute auch «ein sehr großes Gut von Kleinodien» ein, Geldschätze, wichtige Dokumente etc., hoffend freilich, wie er am 15. November 1621 aus Breslau den Führern der Union mitteilt, «das Verlorene durch Gottes Hilf zu recuperieren und wieder zu erlangen.»[16]

Vorerst freilich stand Gott der Gegenseite bei. Und Maximilian kostete seinen Triumph aus, das Elend der Geschlagenen, die Unterwerfung zu Prag. Und sein Beichtvater schwelgte mit; aus «nächster Nähe» und «freudigen Herzens» delektierte ihn «das Schauspiel des besiegten Irrglaubens.» In München aber genoß der Herzog weiter, genoß die Begrüßung der Untertanen, den Segen des Bischofs am Tor der Frauenkirche, in der ihn gleich seelenvergnügt der Chor umschmetterte: «Saul hat seine Tausend erschlagen, David aber seine Zehntausend.» Und dankte Gott, all die Erschlagenen vor Augen, die so nützlichen Opfer von einst und nun; zumal ihm der Kaiser für seinen Kriegsdienst bereits drei Millionen Gulden schuldete, für die dem Bayern jetzt Oberösterreich als Pfand zufiel. Und bald gewann er auch noch die pfälzische Kurwürde samt der Oberpfalz als Pfandbesitz. Schätzte man doch des Habsburgers Schulden bei Maximilian schon im Frühjahr 1623 auf sechzehn bis achtzehn Millionen Gulden.[17]

Das Blutgericht oder: «Sonst ist der ganze Tag schön gewesen ...»

Kaiser Ferdinand war trotz allem der Hauptkriegsprofiteur. In Wien stattete er denn auch gleich barhauptig der Heiligen Jungfrau sein Dankgebet ab, dazu zehntausend Gulden für eine Krone aus purem Silber. Und sandte er ihr auch einen zweiten, noch teuereren Hauptschmuck in die römische Kirche Santa Maria della Scala – die Mutter des Herrn kam ihn allemal billiger als Maximilian! Im übrigen hallte Wien von Geschützdonnerjubel, von Dankpsalmen wider, und von den Racherufen der Priester. «Du sollst sie mit einem eisernen Scepter zerschlagen, wie Töpfe sollst du sie zerschmeißen», predigte einer nach einem Bibelvers bei der Nachricht vom Fall Prags. In Kürze waren dort die Jesuiten wieder zurück, ebenso die vertriebenen katholischen Beamten; das Volk wurde entwaffnet, die Zensur eingeführt, das Wahlkönigtum abgeschafft, die böhmische Krone im Hause Habsburg erblich. Ferdinand erstrebte die unbeschränkte Gewaltherrschaft, und natürlich nicht nur in Böhmen.[18]

In Rom hatte am 1. Dezember 1620 ein Sonderkurier des Bayernfürsten dessen demutsvollen Triumph übermittelt: «Ich selbst zwar kam und sah, Gott aber siegte». Und unverzüglich dankte der Papst in seiner Lieblingskirche S. Maria Maggiore vor dem «Gnadenbild» eine geschlagene Stunde «für einen so markanten und der katholischen Religion in Deutschland so viele gute Folgen bringenden Sieg» (et di tante buone consequenze per la religione cattolica). Dankte auch durch eine öffentliche Feier, durch Dankgebete, eine Dankprozession, an der er, trotz schlechten Wetters, selber teilnahm, durch eine Dankmesse, die er, in Gegenwart aller Kardinäle, auch alter und kränkelnder, sowie der Gesandten halb Europas, persönlich zelebrierte. Dankte selbstverständlich auch durch Kanonendonner, diesmal von der Engelsburg. Und natürlich konnte der Heilige Vater dem Kaiser seine Freude mit Worten gar nicht ausdrücken, wohl aber ihn auffordern, «den errungenen Sieg soviel als möglich zugunsten der katholischen Religion auszunutzen.»

Schließlich war die Schlacht am Weißen Berg «das wichtigste und folgenreichste Ereignis des Pontifikats» – und wurde es auch auf dem bereits fertiggestellten Grabmal leider «nicht mehr verherrlicht», rühmen doch dessen Reliefs und Inschriften «dagegen mit Recht die Friedenstätigkeit Pauls V. ...» (von Pastor).[19]

Die Niederlage der Böhmen, diese «hohe Strafe» Gottes, «tausendfältig verschuldet», wie Graf Thurn jetzt klagt, durch «unsere Soldaten, so teutsch als ungarisch, mit ihrem unchristlichen und vor niemals erhörten gottlosen Leben, so sie sich mit Plündern, Rauben, Brennen und Morden verübt», die Niederlage war vernichtend, die Rache des Regenten rigoros.

Nicht nur wurden die Beteiligten verbannt und um ihre Güter gebracht, sondern alle gefangenen Rädelsführer wurden hingerichtet, die meisten geköpft, einige gehängt, gevierteilt, verstümmelt, gelegentlich hat man auch einem, etwa dem Doctor Jan Jessenius, Rektor der Prager Akademie, erst «die Zunge mit einem Zänglein herausgezogen, dieselbe abgeschnitten und darauf ihn enthauptet», wie es in einer Flugschrift, der «Prägerischen Execution», heißt, die auch meldet, daß «solche Execution von männiglichen mit höchstem Erbarmen und christlichem Mitleiden angesehen worden» sei. Wie ja, auf der anderen Seite, nicht selten auch die Opfer, zum Beispiel Doctor Jessenius wieder, die Hinrichtung «mit gar großer Geduld und Beständigkeit mit vorhergehender» – als er die Zunge noch hatte – «herzlicher Anrufung Gottes erlitten und ausgestanden.» Insofern verlief da, scheint es, manchmal selbst bei Massenexekutionen alles harmonisch und schön (vgl. S. 322).[20]

Auch der Kaiser, unter dem solches geschah, war ja ein herzensguter Mensch, «wohlwollend gegen jedermann», zumal gegen Jesuiten, seine Beichtväter, und Kapuziner, die in seiner Umgebung eine beträchtliche Rolle spielten, nicht zuletzt zu seiner Gewissensberuhigung. Als zum Beispiel Ende Mai 1621 die Urteile des Sondergerichts aus Prag eintrafen, gegen die es keine Berufung gab, die Ferdinand aber zu unterfertigen hatte, soll er, Angstschweiß auf der Stirn, vom Ratstisch weg in seine Gemächer geflüchtet sein. Doch am nächsten Morgen unterschrieb er, «nach Befragung seines Beichtvaters», ruhig, kaltblütig einige Dutzend Todesurteile und befahl ihre unverzügliche Vollstreckung.

Schließlich wußte der Beichtvater besser als jeder andere mit Gewissensfragen umzugehen. Schließlich zählte neben dem Töten des sogenannten Wildes, zumal neben der Hetzjagd – Ferdinand hatte außer einer Vielzahl von Jägermeistern, Jägern, Jagdhunden noch 150 Jäger und Büchsenspanner für seinen nächsten Bedarf, ging drei-, viermal wöchentlich zur Jagd und setzte diese, so ein hoher geistlicher Diplomat, «weder über Arbeit noch über wichtigen Geschäften bei Seite» – ja, neben dem edlen Weidwerk zählte die edle Kirche zu seiner «Hauptleidenschaft»: Wedgwood; war der Kampf für die Catholica seine «wichtigste Herrschaftspflicht»: Press; nahm sie in seiner Politik den «ersten Rang» ein: Albrecht. (Wie ja auch Kaiserin Eleonore, in puncto Religion und Gottesfurcht «ihrem Gemahl ganz gleich», eine «große Zuneigung zu den Jesuiten», ihren Beichtvätern, hegte, freilich, nicht minder zu Kapuzinern und unbeschuhten Carmeliten.)

«Von seiner Frömmigkeit und seinem religiösen Eifer läßt sich nicht genug sprechen», preist 1623 der päpstliche Nuntius in Wien, Carlo Carafa, den Monarchen, dessen Anverwandte Leopold und Karl bekanntlich beide Bischöfe waren, Leopold in Passau und Straßburg, Karl in Breslau. An allen Festtagen, berichtet der Nuntius, beichte und kommuniziere der Herrscher. Täglich höre er («wovon er niemals abgeht») in seiner Kapelle zwei Messen. An manchen Tagen scheint er die Kirche überhaupt nicht zu verlassen, lauscht er nach den beiden Frühmessen noch der deutschen Predigt eines Jesuiten, gewöhnlich eine Stunde lang, wohnt dann eineinhalb Stunden noch einem Hochamt bei und hört nachmittags zudem die italienische Predigt eines Minoriten, worauf die Vesper folgt. «Über diesem allem geht der Tag, bisweilen noch ein Teil der Nacht hin.»[21]

Doch nicht genug. Während der vierzigtägigen Fastenzeit hört Kaiser Ferdinand täglich gleich dreimal die Predigt. An anderen Tagen begleitet er, heroisch wie gelegentlich der Papst, die Prozessionen «zu Fuß und unbedeckten Hauptes ohne alle Rücksicht auf die Witterung». Und bei moralischen Bedenken «geht S. M. den Beichtvater an, mit voller Zuversicht, daß er bei dessen Scharfblick, großer Kenntnis und reicher Erfahrung nicht werde irre geleitet werden». Dabei habe ihn «der Pater Viller sel. Andenkens» – gut jesuitisch – daran gewöhnt, «um aller Gewissensskrupel sich zu entschlagen, in jeglicher Sache auf seine Räte sich zu beziehen.» So zeigt er aller Welt, führt Nuntius Carafa aus, «wie den Vorschriften der heiligen Kirche genüge zu tun sei», werden «viele Barone und Ritter, bloß durch das Beispiel bewogen, den Irrglauben verlassen». Fazit: «In Wahrheit darf er ein heiliger Fürst genannt werden ...»[22]

Höchstes Erbarmen und christliches Mitleid ermöglichte auch die «Strafpflege» des heiligen Fürsten. Wurde doch der noch mehrfach zerlegte Doctor Jessenius «vierteilweise» auf den Straßen zur Schau gestellt (wobei man mit ihm genauso verfuhr wie mit einem Selbstmörder, etwa dem Procurator Frühwein, einem böhmischen Mitdirektor, der sich aus dem Kerker im Prager Weißen Turm zu Tode gestürzt). Der Scharfrichter schlug Jessenius die rechte Hand, den Kopf ab, vierteilte ihn, und dann wurden «an vier Orten die Viertel aufgesteckt und die Hand und Kopf an die alte Justiz in der Neustadt auf dem Roßmarkt aufgenagelt».

Klingt vielleicht etwas indezent; doch wohl nur für unsere aufklärerisch verseuchten Ohren. Der Zeitgenosse Franz Christoph Graf von Khevenhüller dagegen schloß seinen ausführlichen Bericht über das Prager Blutgericht, über all die «an Eisenstänglein» und sonstwoundwie aufgehefteten und aufgesteckten «Köpf und Händ» (zwölf Köpfe und die rechte Hand des Grafen Schlick schmückten die Karlsbrücke immerhin ein Jahrzehnt) doch recht wohlgemut harmonisch, im besten Sinne adelig: «Eine halbe Stunde vor dem Anfang der Execution ist ein schöner Regenbogen auf dem Lorenzberg bei einer Stunde lang gestanden, hat ein wenig, ehe er vergangen, geregnet, sonst ist der ganze Tag schön gewesen.»

Wie die ganze Heilsgeschichte.

Außer Köpf und Händ hagelte es viele und besonders perfid vollstreckte Güterkonfiskationen sowie Geldstrafen, die zu gewaltigen Besitzumverteilungen führten, nicht am wenigsten zugunsten des Kaisers, der selbst die bereits verstorbenen Tumultuanten noch bestrafte, sie aus dem «Gedächtnis insgesamt und eines jeden insonderheit zu ewigen Zeiten zu condemnieren und zu verdammen» befahl, dazu selbstverständlich auch «ihre Güter, fahrende und liegende, Ihro Kaiserlichen Majestät Fisco zu gutem alsbald zu confiscieren und einzuziehen ...»

Alles in allem hat man etwa die Hälfte des adligen Grundbesitzes enteignet und allein in Böhmen 680 Personen verurteilt, wobei «die geringfügigsten Anlässe genügten» (Schormann). In Mähren verloren mehr als dreihundert Gutsherren ihren Besitz zum Teil oder ganz. In den Ländern der böhmischen Krone griffen Angst und Armut um sich. Der Handel schrumpfte horrend, der Außenhandel hörte völlig auf, die Währung verfiel, die Lebensmittelpreise schnellten auf das Zwölffache. Während die Bevölkerung hungerte, profitierten wenige immer mehr. Karl von Liechtenstein, Beauftragter des Kaisers und Statthalter von Prag, wurde jetzt einer der reichsten Männer Europas. Aber einer der entwickeltsten Handelsstaaten fiel «in kaum mehr als zwei Jahren um zwei Jahrhunderte zurück ... und dem Despotismus stand die Bahn frei» (Wedgwood).

Nicht zuletzt dem Despotismus des Glaubens.

Denn mit der Zerschlagung des böhmischen, des mährischen Adels, mit der Vernichtung der ständischen Strukturen begann auch die Rekatholisierung.

Kaiser Ferdinand hatte deshalb schon bald nach der Schlacht am Weißen Berg Kleriker befragt, «besonders Jesuiten». Und der Papst hatte ihm am 12. April 1621 genauere Instruktionen übermittelt, ihn wissen lassen, daß nun im Königreich Böhmen die alte Religion wieder eingerichtet, der Irrglauben mit Gewalt ausgetrieben werden müßte, daß Lutheraner, Pikarden, Wiedertäufer, Calvinisten zu verjagen seien; und die Mittel zur Erzielung solchen Fortschritts, der Wiederherstellung nämlich, so heißt es, der katholischen Religion in ihrer vollen Reinheit: «Gründung einer katholischen Universität in Prag, Wiedereinsetzung der katholischen Pfarrer und Schullehrer,

Verbot häretischer und Verbreitung guter Bücher, besonders des katholischen Katechismus, Förderung katholischer Buchhändler und Buchdruckereien, dagegen Verbot der häretischen, Förderung der Missionen der Jesuiten und anderer Orden, Visitationen durch die Bischöfe ...» usw.

Der Kaiser reagierte am 3. Juni 1621 – «auf meine Bitten», wie Carafa, «Repräsentant eines Prinzips, das keine Rücksicht kennt» (Ranke), bescheiden stolz bemerkt – durch einen Erlaß, der zwar ebenso «Ketzer», Sektierer, die Verbreiter von «Calvins Irrtümern» bekämpft wie politische Auflehnung, etwa «Hochverrat auf den Lehrstühlen» oder die Nichtanerkennung des Kaisers in Böhmen, dabei jedoch, die übliche Heuchelei, den Eindruck zu erwecken sucht, nicht das Religionsbekenntnis werde bestraft, sondern der Hochverrat.

Aber dann wurden den Neugläubigen die Kirchen weggenommen, sogar Grabsteine daraus entfernt, wurden die lutherischen Prädikanten, die lutherischen Lehrer ausgewiesen und katholische Pfarrer eingesetzt oder, mangels solcher, Franziskaner, Kapuziner, Augustiner, Karmeliten herbeigeholt. Den Jesuiten hat man die Landschulen ebenso eingeräumt wie die Prager Universität und neue Kollegien errichtet, überhaupt das komplette Erziehungswesen der Kirche unterstellt. Gegen Bürger und Bauern aber, die den Laienkelch behalten wollten, ging man mit Truppenaufgeboten vor.

Die Religionsverfolgung verursachte eine Massenemigration. 150000 Protestanten wanderten aus, besonders nach Sachsen, nach Schlesien. Und der Sieg der Kaiserlich-Päpstlichen im Kampf um die böhmische Krone bei Prag begründete für ein Jahrzehnt die katholische Dominanz auch im Reich, bis 1631, bis zur Schlacht bei Breitenfeld; ja, die Niederlage des tschechischen Nationalismus bis 1918. Und bis ins 18. Jahrhundert hinein wurde ein nichtkatholisches Bekenntnis mit dem Tod bestraft.[23]

Der Krieg springt auf das Reich über

Das Desaster am Weißen Berg, die erste große, wenn auch verhältnismäßig kurze Feldschlacht des Jahrhunderts, beendete nun zwar die böhmische Revolution, aber nicht den böhmischen Krieg.

Hatte nämlich König Friedrich im Januar 1621 auch die Acht getroffen und die Union sich im folgenden Mai aufgelöst, so verlor der Geschlagene doch nicht den Glauben an seine Sache. Vielmehr verband er sich im Frühjahr 1621 zwecks Rückgewinnung seiner Territorien am Rhein mit den Niederländern. Und auch einige Söldnerführer setzten die Verteidigung der Pfalz fort, die zwischen 1556 und 1685 neunmal die Konfession gewechselt hat: Ernst von Mansfeld, einer der skrupellosesten Militärs seiner Zeit, auf dessen Kopf ein Preis von dreihunderttausend Talern stand; Markgraf Georg Friedrich von Baden-Durlach, ein frommer Calvinist, der in seinem Leben 58 mal die Bibel durchgelesen haben will; sowie Herzog Christian von Braunschweig, der achtzehnjährig Bischof (Administrator) des einstigen Bistums Halberstadt geworden war.

Damit aber griff der böhmische Krieg auf das Reich über, marschierten auch fremdländische Truppen, künftig hier ein besonderer Unruhefaktor, in Deutschland ein. Und beendeten die Heere der Liga unter Tilly und der Spanier unter Gonzalo Fernandez de Córdoba auch vorerst den Kampf, indem sie den Markgrafen von Baden samt dem Halberstädter schlugen und links wie rechts des Rheins in die Unterpfalz vorrückten, der Krieg dauerte an.

Ja, aus der einst innerhabsburgischen Auseinandersetzung wurde nicht nur eine Reichsangelegenheit, sondern ein europäischer Konflikt. Denn indem die Verbündeten des gestürzten Winterkönigs, Ernst von Mansfeld und Christian von Halberstadt, 1622 nach Norddeutschland auswichen, verlagerten sich auch die Schlachtfelder in den Norden, wurde auch der König von Dänemark, zugleich Herzog von Holstein, Christian IV. (1588–1648) involviert, ein selbstbewußter und entschieden lutherischer Mann, der fließend deutsch sprach und schrieb. Als Inhaber des Bistums Verden auf weitere säkularisierte Bischofssprengel scharf, verband er sich im Dezember 1625 mit etlichen norddeutschen Reichsständen, mit der

Republik der Vereinigten Niederlande und England gegen den Kaiser. Und mit England und den Generalstaaten kooperierte auch der leitende Minister Frankreichs, der Bischof und nachmalige Kardinal Richelieu, gegen Habsburg.[24]

Damit aber bekam der Krieg ganz andere Dimensionen. Zunächst siegte am 27. April 1622 Mansfeld über Tilly bei dem Dörfchen Mingolsheim. Dann siegte am 6. Mai Tilly über den aus allen Rohren feuernden bibelfesten Georg Friedrich bei Wimpfen. (Der nicht mehr junge Markgraf hatte erst im Monat zuvor sein Ländchen seinem Sohn abgetreten, um sich ganz ausschließlich dem Krieg zu widmen und natürlich «der protestantischen Sache».) Diese erhielt freilich durch Tilly einen neuen Schlag am 20. Juni beim Kampf um den Brückenkopf von Höchst. Christian von Braunschweig, den «Pfaffenfresser» und Bischof von Halberstadt, kostete damals der Übergang über den Main zweitausend Mann, nach anderer Darstellung sogar die Hälfte seiner Truppen sowie einen großen Teil des Trosses.

Am 19. September, ein weiterer Triumph der Katholiken, eroberten sie das deutsche Reformierten-Zentrum, nachdem, so berichtet ein Zeitgenosse, «Herr General Tilly aus allen Batterien ohn Aufhören den ganzen Tag das Schießen auf die Stadt Heidelberg und ihre Außenwerke continuiert und darauf gegen Abend einen Generalsturm an allen Kanten und Schanzen mit viel 100 Leitern und stetiger Erfrisch- und Secundierung der Stürmenden in 2 Stund lang (hat) tun lassen»; bis man schließlich die erschöpften Belagerten «teils erlegt, teils verjagt», die Vorstadt an verschiedenen Stellen angezündet, darauf die alte Stadt dem Soldatenmob überlassen hat, «darin es dann ein jämmerlich Zetergeschrei durch Massacrieren, Plündern und Geldherausmartern mit Däumeln, Knebeln, Prügeln, Peinigen, Nägelbohren, Sengen an heimlichen Orten, Aufhenken, Brennen an Fußsohlen, mit Schänd- und Wegführung der Frauen und Jungfrauen gegangen, da zugleich die Brunst in der Vorstadt schrecklich überhand genommen und das reiche Hospital, das Prediger Kloster, genannt, auch ergriffen, und ist dies Plündern bis in den dritten Tag continuiert worden.»[25]

Im nächsten Jahr, am 6. August 1623, an einem Sonntag, dem Fest der Verklärung Christi, verlor Christian von Braunschweig gegen Tilly bei Stadtlohn im Münsterischen, schon nahe der schutzverheißenden holländischen Grenze, zwischen Wald, Sumpf und Wasser eingezwängt, zehntausend Soldaten, viertausend durch Gefangenschaft, sechstausend durch den Tod, durch «ein jämmerlich Massakrieren und Metzeln», wie ein bayerischer Augenzeuge überliefert. Tilly aber hoffte «wegen dieser von Gott gegebenen Victory», daß sich «der katholischen Kirche Feinde ... mit ihren Forzen so bald nit mehr erholen und widersetzen können ...»

«Freue dich, Jungfrau Maria, du allein hast alle Ketzer überwunden!» frohlockte der als Prediger und Diplomat in Italien und Deutschland tätige Kapuziner Giacinto da Casale nach dem Sieg, der Hinschlachtung so vieler Tausende. «O mein Gott, wie bist Du groß und wunderbar». Der Pater, ein gebürtiger Graf Federigo Natta, drängte auf Fortsetzung des Krieges, seine Ausdehnung auf Norddeutschland, doch ohne, meinte der bayrische Rat Jocher, sich um die menschlichen Mittel zu kümmern, «so neben den miraculis erfordert werden». Warnte ja selbst Bayernherzog Maximilian den sehr für ihn eintretenden Pater vor dem «endlosen Krieg» – wobei den edlen Ritter weniger das Blutverspritzen stören mochte, für das seinesgleichen doch erzogen wurde, zumal für das Blutverspritzen um des Glaubens, der Frohen Botschaft willen, als die horrenden Geldausgaben. Für das Reichsheer nahm man pro Monat 128 000 Gulden Kosten an, wonach diese Gelder, sonst kaum verständlich, «Römische Monate» hießen.

Doch gerade vor dem Krieg schreckte man in maßgebenden geistlichen Kreisen am wenigsten zurück; schon gar nicht in Rom, wo unter dem neuen Papst die Zusammenarbeit der Kurie mit Maximilian, ungeachtet mancher konfessionspolitischer Differenzen, ihren «Höhepunkt» erreichte (Handbuch der bayerischen Geschichte).[26]

Papst Gregor XV. (1621–1623) – «Furcht und Liebe Gottes» und stete Kriegstreiberei

Gregor XV., der Sohn des Grafen Pompeo Ludovisi und der erste von Jesuiten im Collegium Romanum ausgebildete Papst, war schon alt und kränklich. So machte er alsbald seinen fünfundzwanzigjährigen Neffen Ludovico Ludovisi zum Leiter der Geschäfte, wie der Onkel übrigens ein Zögling der Jesuiten aus dem Collegium Romanum und nun ihr Gönner. «Furcht und Liebe Gottes», riet Gregor dem Neffen, «sei deine politische Weisheit!» und begünstigte wie üblich seine Verwandten im Übermaß.

Der Bruder des Papstes, Orazio Ludovisi, wurde sofort General der Kirche, als welcher er noch im Mai an der Spitze päpstlicher Truppen ins Veltlin einrückte, eine unruhige Region, voller «Mordgeheul» und «arge[r] Grausamkeiten», wo es im Sommer 1620 unter Führung eines Kapuziners zum Massaker von Tirano gekommen war, einer Art «Bartholomäusmacht im kleinen» (Kretschmayr), der Abstechung sämtlicher protestantischen Bewohner des Ortes und des ganzen Tales – mit der segensreichen Wallfahrtskirche Maria di Tirano.

Orazios noch sehr junger Sohn Niccoló wurde mit dem Titel eines Kastellans der Engelsburg bedacht sowie dem eines Gouverneurs des Borgo, während Gregor den ältesten Sprößling des Bruders bereits einen Tag nach seiner eigenen Krönung zum Kardinal erhob und zum Staatssekretär machte. Er überhäufte den Neffen nur so mit Ämtern, Würden, lukrativen Benefizien, darunter gleich das Erzbistum Bologna sowie sehr reiche Abteien, ein ungeheures, stetig noch wachsendes Einkommen, wofür sich der Kardinal das Herzogtum Zagarolo kaufte – eines von zwei Herzogtümern, die der Nachfolger des armen Jesus den Seinen für über eine Million Gold-Scudi zukommen ließ, nebst vier weiteren Fürstentümern durch geschickte Verheiratungen, durch «politische Weisheit» ...

Jedenfalls hatten beide Herren Geld genug, um nicht nur die vom päpstlichen Vorgänger dem Kaiser bewilligten Subsidien weiter zu zahlen, sondern diese sogar zu verdoppeln plus einer einmaligen zusätzlichen hohen Beisteuer. Auch die Liga bekam «riesige Summen» (Kelly). Selbst vom spanischen Klerus, von «dem reichsten der Welt», suchte Gregor Geld für den Krieg in Deutschland herauszuschlagen. Das Handbuch der Kirchengeschichte spricht von rund 1239000 Gulden guter und 700000 Gulden schlechter (durch Inflation entwerteter) Münze in knapp 2 ½ Jahren, um dem Kaiser und der Liga «die Ausnützung des Sieges zu ermöglichen».

«Du dienst dem Herrn der Heerscharen, der gewaltig ist in der Schlacht», ermunterte der Heilige Vater beziehungsvoll den Bayernherzog. «Du sollst nicht vergeblich die Hilfe des Papstes angerufen haben.» Gregor wünschte sogar, für einen Teil seiner finanziellen Zuwendungen eigene Soldaten anzuwerben und unter dem Kommando eines Kardinals in die Armee des Kaisers zu stecken. Ja, er legte «großes Gewicht darauf, daß in dem Kampfe für die katholische Sache auch die päpstliche Fahne entfaltet werde». Und mit Jubel, mit Begeisterung verfolgte der Heilige Stuhl die Ausrottung des Protestantismus in Böhmen, die Niederwerfung der «kalvinischen Monarchie», begrüßte er die Okkupation der zwei Pfalzen, der Oberpfalz und der Rheinpfalz oder Unteren Pfalz, beide Erbländer Friedrichs.[27]

Alles auch tat der Papst für die Übertragung der Kur an Maximilian. Denn dies wehrte die Gefahr eines protestantischen Kaisertums ab, bedeutete für das Wahlkollegium des Reiches die katholische Stimmenmehrheit. Ganze Ketten von Kurieren, Rapporten, Audienzen, Empfehlungen, Lobbreven, Handschreiben, Denkschriften setzte der Papst in Bewegung, weltliche Botschafter und Fürstenbeichtväter wurden bemüht, unablässig war Gregor dafür tätig, mobilisierte er besonders Carafa, aber auch einen Sondergesandten, den Kapuziner Giacinto da Casale. Und natürlich schätzte dies niemand mehr als der ehrgeizige Bayer selbst, der nach Erfüllung seines sehnlichsten Verlangens dem Papst schrieb, er habe die Übertragung der Kurwürde nicht bloß befördert, sondern sie erwirkt.

Dafür aber ließ der Heilige Vater sich jetzt auch ein äußerst wertvolles Beutestück des Krieges dedizieren, die in Rom hochbegehrte, Maximilian mit der Eroberung Heidelbergs zugefallene Bibliotheca Palatina, um deren Herausgabe der Papst ausdrücklich ersuchte.

Bisher zum Kampf gegen die Katholiken gebraucht, sollte sie nun dem Kampf gegen die Protestanten dienen.

Dem so kostbaren Raubstück wurden weitere Entwendungen hinzugefügt. Der «berühmte» Leone Allacci, Doktor der Theologie und Skriptor an der Vaticana, vollführte diese Aufgabe, wie von Pastor es ausdrückt, «mit ebensoviel Eifer wie Umsicht». Nahm er doch «auch sonst noch an sich, was er an Handschriften auftreiben konnte», und zwar sowohl aus der im Schloß befindlichen Privatbibliothek des Pfälzer Fürsten als aus der Heidelberger Universitätsbibliothek und dem Sapienzkolleg, und schaffte alles, Bücher und 3542 Handschriften, in 196 Kisten auf 50 von bayerischen Musketieren wohl bewachten Wagen (es hätten ja Räuber kommen können!) zu seinem Herrn nach Rom. Der – es war inzwischen Urban VIII. – sorgte dort nicht nur «für eine würdige Aufstellung der Handschriften», sondern auch, eine seiner ersten Anweisungen, für ein Edikt zum Schutz all der Schätze und ließ überdies den Kustoden einschärfen, «die Besucher der Bibliothek scharf im Auge zu behalten.»

In einem überschwenglichen Schreiben vom 15. Oktober 1622 dankte Gregor dem Bayernherzog nach Eroberung der Pfälzer Hauptstadt für die in Aussicht gestellte Bereicherung des Vatikans, für das «der heiligen römischen Kirche so willkommene und dem bayrischen Namen so ruhmvolle Geschenk» und pries Maximilian, weil er «den ruchlosen Händen der Ketzer die zweischneidigen Schwerter» entwunden, «welche jene, die Väter der Lüge und Bekenner verwerflicher Glaubenssatzungen, ohne Unterlaß zur Vernichtung der Heilswahrheiten zücken», die bisher in Heidelberg «der Gottlosigkeit der Ketzer zum Angriff dienten», jetzt aber in Rom «zur Verteidigung des heiligen katholischen Glaubens benützt werden ...»[28]

Herrschte doch bei Papst Gregor überhaupt, um hier einmal daran zu erinnern – wie in der ganzen Kirche durch alle Jahrhunderte seit Anbeginn –, die übelste, die Völker kontinuierlich verdummende Schwarzweißmalerei: auf der einen Seite nur «Irrglaube», «teuflische Lüge», «die Lüge und das Verbrechen», «der Fürst der Finsternis», die «Gottlosigkeit der Ketzer»; «ruchlos» sind sie, «treulos», «Rebellen», «die Räuber des römischen Reiches», Verüber der «gräßlichsten Sakrilegien» etc. etc. Auf der anderen Seite, ungeachtet manch interner Kritik, die «Niederwerfung des Ketzertums», die «siegreichen Legionen», «die Siege des Herzogs von Bayern und seine Tugenden», «ein so leuchtendes Strafgericht», der «Triumph Christi», «die Waffen des Lichtes», «himmlisches Manna», die katholische Religion «in ihrer vollen Reinheit» etc. etc.

Der Pfalzgraf figuriert beim Papst als «Räuberhauptmann», der bloß «Ruin und Verderben» bringe, der keine Restitution verdiene, sondern den Kerker und das Schafott. «Aber unser Helfer und Kriegsherr ist Gott, der in Schlachten Mächtige, dessen Zorn niemand zu widerstehen vermag, dem das ganze himmlische Kriegsheer dient.»[29]

Niemand drängte in diesen frühen Jahren des Dreißigjährigen Krieges so zum Angriff, niemand so zur völligen Beseitigung aller Feinde wie der Heilige Vater in Rom; – niemand warnte so vor dem Stillstand der Waffen!

Gregor, dessen Heiligenverehrung und überhaupt «frommen Sinn» von Pastor hervorhebt, war erst wenige Wochen Papst, da rief er bereits weltliche und geistliche Fürsten in Deutschland zum Kampf. Auch den Kaiser trieb er durch Carafa zur Fortsetzung seiner Siege an, zum schnellen Handeln, ihn warnend, nicht durch Zögern alles zu gefährden. Seine ganze Tätigkeit, schrieb er Carafa, müsse «auf das eine Ziel gerichtet sein, aus dem glücklichen Umschwung, aus der siegreichen Lage der Dinge so großen Vorteil zu ziehen als nur möglich.» Das heißt: neue Siege, neue Waffengänge, neues Verderben.

Zur Unterstützung des Nuntius sandte Gregor noch im Frühsommer den Kapuziner Giacinto da Casale samt drei Sekretären, gleichfalls Kapuziner, an den Wiener Hof. Gemeinsam sollten sie die päpstlichen Offensivwünsche fördern, sollten sie den Kaiser zur totalen Niederwerfung des Pfalzgrafen anspornen, angeblich der größte aller Kirchenfeinde. Auch die Nuntien in Madrid und Brüssel mußten seinerzeit auf die gänzliche Vernichtung des Pfälzers hinwirken. Ja, dem spanischen König Philipp IV. schrieb Gregor eigenhändig, ob man nicht fürchten müsse, Gott den Herrn zu erzürnen, nütze man die so barmherzig dem Kaiser geschenkten Siege nicht aus, solange Zeit dazu sei; was der spanische Nuntius noch durch eindringliche Darlegungen zu unterbauen hatte.[30]

Den Kaiser wieder erinnerte der Hohepriester ausgerechnet am Fest des Friedens, am 25. Dezember 1621, in zwei beschwörenden Breven an all das viele Geld, an so viel um des allgemeinen Wohles willen (!) geopfertes Blut, «katholisches Blut». Und da sollte man mit einem flüchtigen «Räuberhauptmann» Frieden schließen? Es wäre für die Kirche «das Bitterste aller Bitternisse.» Dagegen rät Heiligkeit nicht zu ruhen, bis der Pfälzer, «jener Räuberhauptmann» und seine Leute, «vollkommen unschädlich gemacht seien.» Und als im nächsten Sommer innerhalb weniger Wochen drei stattliche Heere seiner Widersacher, annähernd 50000 Mann, vernichtet worden waren, da erschien es dem gebrechlichen Alten, dem, so Ranke einmal, «hinsterbenden Greis», nicht etwa an der Zeit aufzuhören mit dem Morden. Nein, im Gegenteil! Er erblickt in dem siegreichen Blutvergießen geradezu «einen deutlichen Wink der Vorsehung, daß die Entscheidung nicht durch Verhandlungen, sondern mit den Waffen gesucht werden müsse.»

Und eiferte auch Maximilian von Bayern sowohl bei dessen Feldzug in der Oberpfalz wie in der Rheinpfalz an, nicht zu ruhen bis zur völligen Besiegung des «Winterkönigs»; mahnte, ja nicht im Siegeslauf sich hemmen zu lassen durch Verhandlungen. «Fahre mutig fort, geliebter Sohn, den der allmächtige Gott der Rache zum Vollstrecker des Zornes gegen seine Feinde ausersehen hat». So am 3. Dezember 1621. Und warnte, sinnigerweise auch am hochheiligen Weihnachtsfest, Maximilian wie den Kaiser und die geistlichen Kurfürsten vor Friedensdebatten. Weiterführung des Krieges hieß seine Parole, wie vorher, so auch jetzt und noch ein Jahr darauf, bis zu seinem Tod.

Sah Gregor doch die Zeit nahe für eine große katholische Restauration, die Welt reif zum Angriff und Ausgriff. So schuf er 1622 die römische Kongregation zur Verbreitung des Glaubens, die Sacra Congregatio de Propaganda Fide, die dem Papst die Ausbreitung des Bekenntnisses zur Hauptaufgabe seines «Hirtenamtes» machte (und die Missionare, nachdem man kurzerhand die Erde in zwölf Provinzen, provinciae ecclesiasticae, aufgeteilt, oft mehr zu Händlern als zu Glaubensboten mit häufig vehementem Konkurrenzgerangel der Orden unter sich; wobei zu deren «Missionsgebieten» nicht nur die bösen Heidenländer ferner Kontinente zählten, sondern auch das sozusagen protestantisch verpestete Europa).

Fortschrittlich erwies sich der Papst endlich auch durch die Heiligsprechung der beiden Jesuitenbegründer, des Ignatius von Loyola, des Franz Xaver, und durch seinen Hexenerlaß vom 20. März 1623. Und hatte einst Innozenz' VIII. Schrift «Summis desiderantes affectibus» seligen Angedenkens, die sogenannte Hexenbulle, das teuflische Phänomen so verdienstvoll ins Blickfeld der gebildeten Welt gerückt (VIII 9. Kapitel!) und die Pogrome mit großem Aufwand legalisiert, so gab nun Gregor XV. der Hexenverfolgung «einen neuen erschreckenden Auftrieb» (Katholik Kühner).[31]

Von der «Lust zum Kriege» oder: «Sie schonen niemand, wer er auch sei ...»

Der Krieg ging unterdessen weiter.

In den wohlbemittelten Bistümern Münster und Paderborn wütete Christian von Halberstadt durch Raub, erpreßte er mit dubiosesten Tricks Unmengen bares Geld von der Bevölkerung und holte auch systematisch aus Kirchen wie Klöstern Gold- und Silberwerke samt sonstigen Spitzenleistungen; zögerte auch nicht, aus dem Silberschrein des hl. Liborius, des Paderborner Schutzpatrons, Münzen zu prägen mit der provokanten Losung «Gottes Freund, der Pfaffen Feind.» Immerhin war Bischof Christian dezent genug, soweit möglich nur die Reliquienschreine der Heiligen einzuschmelzen, deren Gebeine aber unversehrt zu retournieren. Schließlich ging es ihm nicht um Knochen, auch um die heiligsten nicht, sondern um einträgliche Angriffe, Handstreiche, Überfälle, überhaupt um den Krieg, von dem er einmal an die «Hochgeborne Fürstin, gnädige herzallerliebste Frau Mutter» schrieb, «das ich lust zum kriege habe, muß ich bekennen ... auch wol haben werde, biß an mein ende.»[32]

An Abenteuererlust und zumal an Prinzipienlosigkeit noch übertroffen wurde Herzog Christian durch einen weiteren evangelischen Söldnerführer, einen besonders rücksichtslosen Haudegen, den Grafen Ernst II. von Mansfeld.

Aus Italien kommend und dort «rechtgläubig» erzogen, glaubte er an die katholische Sache so wenig wie an die protestantische, war so mitfortreißend wie wendig durchtrieben, überhaupt ganz und gar unbeständig. Er kämpfte früh, noch im Kindesalter, mit den Kaiserlichen gegen die Türken, mit den Protestanten gegen die Kaiserlichen. Er focht gegen die Spanier und versuchte wiederholt, in ihre Dienste zu treten. Nicht anders verfuhr er gegenüber dem Kaiser. Er separierte sich von König Friedrich, dem geschlagenen, und schloß mit ihm, als es ihm wieder besser zu gehen schien, eine neue Vereinbarung. Er handelte mehrere Verträge auch mit Frankreich aus und bot seine Soldateska Savoyen, Venedig, den Vereinigten Niederlanden an. Erpressungen, Bestechungen waren nicht selten; fast üblich Feilschereien um Summen, die bei seinen Rückzügen von bisherigen Dienstgebern oder von Kriegsschauplätzen fällig wurden.

Die Katholiken freilich, moralisch wie sie sind, fanden so wenig Gefallen an ihm, daß Kapuziner Giacinto eines schönen Tages in München «zwei Soldaten von Ruf und Entschluß» avisierte, die bereit seien, Mansfeld zu ermorden, falls Herzog Maximilian dafür 10000 Scudi der Ligakasse entnehme, wie der kurmainzische Kanzler angeregt.[33]

Mansfeld schlug Tilly und wurde von Wallenstein geschlagen. Er verlor Leute und mußte, legal oder nicht, neue Leute rekrutieren. Er ließ nicht nur seinen Kriegseintritt erkaufen, sondern auch sein «Stilliegen» und sein Ausscheiden; wobei seine Feldzüge meist nur Raubzüge waren, wie ja so viele Feldzüge, wenn nicht fast alle, zumindest indirekt, bis heute!

Auch gehörten nicht nur die Krieger zu seiner, zu jeder Streitmacht damals, sondern ebenfalls Frauen, Troßjungen, Diener, und sie waren bei weitem in der Überzahl. Auf einen Soldaten schätzte man mindestens eine Frau und einen Troßbuben. In Tillys Schlachthaufen hatte ein Leutnant etwa fünf, ein Obrist bis zu achtzehn Diener. Im Heer des kaiserlichen Generals Bucquoys, und ähnlich in dem Mansfelds, wurde fast jeden Tag ein Kind geboren. Dazu kamen Haufen von Kurpfuschern, Quacksalbern, Gesundbetern, Scharlatanen, Schwindlern, wobei die größten Ganoven, die offiziellen, die edelsten, gewöhnlich an der Spitze standen oder richtiger vielleicht: dahinter.[34]

All dies mußte nun mehr oder weniger ernährt, ausgehalten, irgendwie über die Runden gebracht oder umgebracht werden, indes die eigenen oder verbündete Volksgruppen oft genauso ausgesaugt wurden wie feindliche, ganz Mansfelds Grundsatz gemäß: «Der Krieg ernährt den Krieg». Die Methode war allgemein in Gebrauch, aber Mansfelds Heerbann dafür besonders berüchtigt. Wo er auftauchte, hinterließ er ein ausgeplündertes Land, in der Oberpfalz ebenso wie in Hessen-Darmstadt oder in Böhmen.

Das Elsaß, wo Dutzende von Dörfern in Flammen standen, in Asche sanken, war so verödet, daß die gräflichen Horden sich nicht mehr ernähren konnten und weiter nach Lothringen mußten. Sie verschleppten Hunger und Seuchen, brachten Epidemien nach Franken, in die Bistümer Metz und Verdun, ließen im Elsaß den Typhus zurück und allein in Straßburg Tausende von Toten. Auch im Bistum Speyer «hielt der von Mansfeld», so eine alte Quelle, «mit Plündern, Rauben und Brennen über die Maaßen übel Haus.» Ebenso in Ostfriesland, dem schönen, reichen, und ebenso in «den angrenzenden Landen»; alles «jämmerlich verderbt», wo immer diese Haufen hingelangten, so restlos verheert und niedergebrannt, daß man den Schaden auf etwa zehn Millionen Taler schätzte – und fast vier Fünftel der Menschen waren in alle Winde geflohen.

Weder seine Soldaten noch seine Pferde könnten von der Luft leben, schrieb der Graf. Auch Waffen oder Kleidung veralteten und gingen zugrunde. Und wenn man nachschaffen sollte, müßte man Geld haben, «und wenn es ihnen niemand gibt, werden sie es nehmen, wo sie es finden, nicht als ihnen gebührenden Teil, sondern ohne es abzuwägen oder zu zählen ... Sie schonen niemand, wer er auch sei, respektieren keinen Ort, sei er noch so heilig, weder Kirchen, Altäre, Gräber und Grüfte noch die Leichname darin.»[35]

11. KAPITEL

WORUM KÄMPFTE MAN IM DREISSIGJÄHRIGEN KRIEG?

«Die Sachsen hatten die Kämpfe bei Breitenfeld mit einem Verlust von fast einer Million Menschen bezahlt, die durch Seuchen und Hunger gestorben waren ... Die Schweden hatten die Pest in Stettin und Spandau, in Durlach und Würzburg und im ganzen Land Württemberg eingeschleppt ... tollwütige Hunde fielen ihre Herren an, und die Behörden stellten Schützen auf, um die angesteckten Opfer niederzuschießen, bevor sie ihre Mitmenschen anstecken konnten ... Die Zucht der schwedischen Truppen war mit dem Anwachsen des Heeres zusammengebrochen ... aber abgesehen von der schlechten Zucht, plünderte der König, wie niemand in diesem Krieg vorher geplündert hatte, da er es planmäßig tat, um die Hilfsquelle seiner Feinde zu vernichten.»

C.V. Wedgwood[1]

«Zwischen Mainz und Frankfurt war das Land menschenleer. Man kam durch ein Dorf, das binnen zwei Jahren angeblich achtzehnmal geplündert worden war, und man lagerte in Trümmerfeldern, weil weit und breit kein Mensch lebte ... Die kaiserliche Armee, die 1635 durch das Gebiet des verbündeten Landgrafen von Hessen-Darmstadt zog, sorgte dort für einen Verlust von 30000 Pferden, 100000 Kühen und 600000 Schafen ...

Das zwischen 1634 und 1638 von kaiserlichen Truppen heimgesuchte Württemberg verlor in dieser Zeit mehr als drei Viertel seiner Bevölkerung (von Hippel). Die Verwüstung weiter Teile Deutschlands begann erst 1635, als der Krieg alle geregelten Bahnen verließ.»

Georg Schmidt[2]

«Dabei ist jedoch gleich anzumerken, daß die *Konfessionsverschiedenheit* nicht das eigentliche Agens dieses sogenannten ‹Zeitalters der Glaubenskriege› darstellte, sondern daß vielmehr umgekehrt die machtpolitisch begründeten Interessen die Unterschiedlichkeiten zwischen den Konfessionen erst hervortrieben oder die Staaten die Konfessionsverschiedenheit als Notanker benützten, um einen Anspruch auf Unterstützung durch Konfessionsverwandte zu begründen und sich zu erschleichen.»

Handbuch der europäischen Geschichte[3]

«Bethlen Gabor sagt: er suche nicht Gerechtigkeit, sondern Herrschaft. Anhalt sagt: er suche Geld, ebenso die anderen Obersten und Hauptleute. Darin liegt eine gewisse Ehrlichkeit. Aber auch das Gewissen will befriedigt werden und deshalb schiebt man die Religion vor.»

Ein lutherischer Adliger aus Böhmen[4]

Der Dänisch-Niedersächsische Krieg (1625–1629) und das Restitutionsedikt (1629)

Dem Böhmisch-Pfälzischen Krieg folgte in der zweiten Hälfte der 1620er Jahre der Dänisch-Niedersächsische Krieg.

In der Haager Allianz hatten sich im Dezember 1625 Dänemark, England, die Niederlande sowie einige Reichsstände verbunden (S. 325 f.). Überall wurde gerüstet, rekrutiert, auch «das Kriegswesen auf päpstischer Seite mit aller Macht fortgesetzt», und unter Tilly, unter Wallenstein stießen die ligistisch-kaiserlichen Heere, bei wachsendem gegenseitigem Argwohn ihrer Führer, bis an die Küsten der Nord-, der Ostsee vor. Man besetzte Brandenburg, Preußen, Mecklenburg, Holstein, Schleswig, Jütland, nicht vergessend, so ein Zeitgenosse, «hin und wieder ... das Te Deum laudamus zu singen ...» Nur der Schlüsselhafen der Ostsee, das strategisch bedeutende Stralsund, dessen Kirchen man sogar beschoß, blieb trotz ständiger Sturmangriffe unbesiegt, da Dänen und Schweden die Eingeschlossenen von der See aus «mit Volk und viel Kriegsmunition» versorgten, die Belagerer aber ohne Schiffe waren.

Am 25. April 1626 hatte Wallenstein den Grafen Mansfeld an der Elbbrücke bei Dessau schwer geschlagen. Mansfeld verlor mehrere tausend Mann, ein Drittel seiner Streitmacht, meist Opfer einer mörderischen Artillerie, und fand, lungenkrank und bis Ungarn verfolgt, drei Monate später irgendwo auf dem Weg nach Süden, nach Venedig vielleicht oder an die dalmatinische Küste, selber den Tod. Die Wallensteinischen aber hausten in Schlesien «ärger als der Feind». Ist «nicht genug», klagt ein Zeitzeuge, «daß man ihnen

Essen, Trinken und Geld gibt, sondern plündern noch dazu, was sie antreffen ...»; kurz, es tun, wird weiter überliefert, «die Freund mehr Schaden als der Feind», der doch etwa von Mährisch-Weißkirchen meldet, «wir marschierten ein und töteten Männer, Frauen und Kinder ...»[5]

Am 27. August 1626 besiegte Tilly den dänischen König Christian IV. entscheidend bei Lutter am Barenberg (nahe dem heutigen Salzgitter). Die Zahl der gefallenen Dänen wurde, wohl mit der üblichen Übertreibung, auf 6000 geschätzt, und im Frieden von Lübeck, 1629, mußte der König, gegen Beibehaltung seines ursprünglichen Besitzes, sein Bündnis mit norddeutschen Fürsten ebenso preisgeben wie seine niedersächsischen Bistümer, mußte überhaupt auf jede Einmischung in deutsche Belange verzichten, womit er als Kriegsgegner ausgeschaltet war.

Kaiser Ferdinand aber, von katholischer Seite «zu immer radikaleren Schritten» getrieben (Press), verfügt im selben Jahr, am 6. März 1629, ein Restitutionsedikt, gedrängt vor allem von Rom und seinem Beichtvater Guglielmo Lamormaini SJ, dem eigentlichen Urheber.

Dieses Edikt, das den Calvinisten jedes gesetzliche Daseinsrecht von vornherein absprach, befahl schlicht und einfach, die deutschen Verhältnisse auf den Besitzstand von 1552 zu reduzieren; drang also auf Rückgabe der Erzbistümer Bremen und Magdeburg, auf Rückgabe weiterer zwölf Bistümer sowie der von über 500 Klöstern und Stifter, besonders in Schwaben, Franken, Niedersachsen.

Die Umsetzung des Erlasses, die kaiserliche Kommissare mit militärischer Gewalt erzwingen sollten, wäre freilich einer Revolution gleichgekommen, waren die Kirchengüter, dieser ungeheure säkularisierte Besitz, dessen Rückgabe der Kaiser immer gewünscht und nun auf dem Gipfel seiner Geltung geboten hatte, doch auf beiden Seiten das Allerheiligste. Das Herzogtum Württemberg zum Beispiel hätte 14 Mönchs- und 36 Nonnenklöster restituieren müssen. Dabei war es einfach zu schön, war nur zu landesherrlich, sich auf diese Weise zu bereichern, auszubreiten und die Nachkommen schicklich zu versorgen.

Da und dort kam es aber zur Exekution der Verordnung, hat man, laut einer alten Quelle, «mit Gewalt und Kriegsmacht occupiert, die evangelischen Prediger abgeschafft und an deren statt päpstliche Priester und Geistliche eingesetzt und die Leute zum Abfall oder Auszug und an etlichen Orten mit Hinterlassung all des Ihrigen gezwungen ... Dabei haben die starken Einquartierungen des Kriegsvolkes, der Mutwille der Soldaten, Durchzüg, Musterplätz, Contributionen und dergleichen die Beschwernisse der Evangelischen nit wenig vermehrt.» So etwa im schwäbischen und fränkischen Kreis, im Bistum Halberstadt, in Magdeburg, Straßburg oder Augsburg, wo man die Praktizierung des protestantischen Glaubens völlig verbot, mehrere evangelische Kirchen niederriß und achttausend Menschen in die Verbannung schickte, darunter der alte Elias Holl, der berühmte Baumeister des Zeughauses, Rathauses, Perlachturmes.

Das Restitutionsedikt freilich vermehrte auch den Zwist zwischen dem Kaiser und Maximilian, weil jeder mittels dieser «Rechtsgrundlage» seinen Einfluß noch steigern wollte. Es führte zum erbitterten Streit der Mönche, der Benediktiner, Zisterzienser, Jesuiten etc. um die begehrte Beute und zwar: «Ehe die Kirchengüter nur noch zurückgegeben waren ...» (Ranke). Überhaupt verschärfte das Edikt die Gegensätze, begünstigte geradezu die Einigung der Protestanten, verfehlte somit völlig seinen Zweck, wurde 1635 suspendiert und 1648 formell für ungültig erklärt.[6]

Wallenstein betritt die Arena

Um 1629 kulminierte Ferdinands Herrschaft im Reich, ja in Norddeutschland war er jetzt mächtiger als jeder andere Kaiser seit Jahrhunderten. Dies verdankte er niemandem mehr als seinem wohl hervorragendsten Feldherrn und einem der umstrittensten Akteure deutscher Geschichte.

Albrecht von Wallenstein (oder Waldstein), 1583 im böhmischen Hermanitz als Sohn eines protestantischen Gutsbesitzers geboren, konvertierte 1606, zwei Jahre nach seinem Eintritt in kaiserliche Dienste, zum Katholizismus. 1609 erwarb er durch eine erste Heirat großen Reichtum in Mähren und vervielfachte diesen nach Niederwerfung des böhmischen Aufstands noch durch sogenannten Rebellenbesitz, durch mehr als ein halbes Hundert weiterer Güter. Mit der Zeit gebot er über ein Viertel von Böhmen und einige hundert Vasallen.

Auch persönlich lebte Wallenstein schließlich wie ein großer Reichsfürst. An seinem Hof in Halberstadt zum Beispiel, so überliefert der sächsische Rat Lebzelter im September 1629, unterhielt er viele Hunderte von Pferden. Auch seine hohen und niederen Beamten hielten solche haufenweise. So gab es einen Kapitän der Leibgarde mit 110 Pferden, gab junge Vornehme mit ebensovielen Pferden. Es gab Kammerherren, Edelknaben, Mundschenk, Vorschneider, Hofdiener mit Fähnrichsrang und Diener aller Art, auch Apotheker, Kammerheizer, Kammerfurier, fünfzehn Köche und Silbermeister, zwölf Musikanten usw., nicht zuletzt «vier Patres Jesuitae».

Wallenstein, zunehmend melancholisch verschlossen, selbstbewußt überheblich, war habgierig und machthungrig wie die meisten seines Schlages, war unbeliebt, skrupellos, Wutanfällen ausgesetzt, dabei Frauen gegenüber auffallend enthaltsam. 1617, anläßlich einer zweiten Heirat mit der Tochter eines der engsten Kaiserberater, wird er in den Grafenstand, 1623 in den Pfalzgrafen- und Fürstenstand erhoben, 1625 avanciert er zum Oberbefehlshaber der kaiserlichen Armee und zum Herzog von Friedland. 1627 kauft er sich das Herzogtum Sagan, und 1629, nach dem Frieden von Lübeck mit Dänemark, bekommt er, der Böhme nichtfürstlichen Geblüts, zur großen Entrüstung vieler, ein deutsches Reichsfürstentum, die Territorien der ziemlich willkürlich abgesetzten und geächteten mecklenburgischen Herzöge nebst sämtlichen damit verbundenen Titeln und Rechten als kaiserliche Lehen. «Der Herzog ist so mächtig», schreibt ein spanischer Diplomat seinem König, «daß man ihm fast dankbar sein muß, wenn er sich mit einem Land wie Mecklenburg begnügt ... Der Kaiser hat in seiner Güte, allen Warnungen zum Trotz, dem Herzog solche Gewalt gegeben, daß es einen mit Sorge erfüllen muß.» «Er ist der alleinige Herr», meldet der Gesandte lapidar, «und läßt dem Kaiser kaum etwas anderes als den Titel.»[7]

Die rapid wachsende Gewaltenfülle, der Aufstieg eines niederadeligen Böhmen zum regierenden Fürsten, erregte die Furcht, Mißgunst, den Neid der übrigen deutschen Potentaten, besonders Maximilians von Bayern.

Wohl schon frühe persönliche Animositäten beiseite, gab es zwischen beiden Männern Spannungen spätestens seit Wallensteins Bestellung zum kaiserlichen Feldherrn, Spannungen rein machtpolitischer Art. Und je rasanter die Karriere des Aufsteigers, je größer sein Gewaltpotential (und das des Kaisers), desto größer die Abneigung Maximilians und seiner Kombattanten. Sie fürchteten Wallenstein als Gegner, als Fürstenfeind, hieß es doch weithin, ein nahezu geflügeltes Wort, «er wolle den Kurfürsten mores lehren, sie müßten von dem Kaiser, der Kaiser nit von ihnen abhängen, es gebühre des Kaisers Sohn die Nachfolge im Reich und bedürfe der Wahl nit».

Man argwöhnte ein betont absolutistisches Staatsverständnis gekoppelt mit rigoroser Katholizität, fürchtete die Brechung der Fürstenmacht, die Unterjochung des Reiches unter Ferdinand, den sein Generalissimus wenn schon nicht unabhängig, so doch stets unabhängiger machte, was weder im Sinn des Bayern noch seiner Mitstreiter war. Gerüchte, Verdächtigungen schürten die Vorstellungen, erweckten Ängste. Stark wirkte ein Geheimbericht des Kapuziners Valeriano Magni, einer Kreatur aus Wallensteins nächster Umgebung und einer seiner gefährlichsten Feinde; wie er es sich überhaupt allmählich auch mit dem Klerus verdarb.

Wallenstein hatte dem Kaiser die Aufstellung von Truppen auf eigene Kosten offeriert, fünfzigtausend Mann; und erlaubte der vorsichtige Monarch einstweilen auch nur ein Aufgebot von zwanzigtausend und überließ Maximilian den militärischen Oberbefehl, er nahm doch immer mehr den Beistand Wallensteins an, dehnte auch bald dessen militärische Befugnisse von den habsburgischen Ländern auf das gesamte Reich aus, geriet freilich so in steigende Bedrängnis, zumal in finanzielle Abhängigkeit. Schon 1627, als dem Feldherrn fast 140000 Krieger unterstanden, schuldete ihm der Herrscher eine halbe Million Gulden für Heeresausgaben.[8]

Ferdinand war begreiflicherweise angetan von seiner steten Machterweiterung, erweiterte jedoch derart, was ihm weniger gefiel, stets auch Wallensteins Macht, und beides mißfiel wieder den um ihre Vorrechte bangenden katholischen Herren.

Schon Anfang 1627 stemmten sich die drei geistlichen Kurfürsten gegen die Vergrößerung der kaiserlich-wallensteinischen Armee und den wachsenden Kontributionsdruck auf ihre Länder, die Nötigung zu Zwangsabgaben verschiedener Art, das im Dreißigjährigen Krieg eine zunehmende Rolle spielende System der Besteuerung, das es den Kriegsgewaltigen erlaubte, Krieg auch bei kleiner Kriegskasse über Jahre hin zu führen, zumal es die Möglichkeit bot, nicht nur die Kontributionen zu erweitern, sondern auch die Kontributionsgebiete. So konnte Wallenstein dem Kaiser 1627, als der wieder mal nach Mariazell in der Steiermark, einer seiner Lieblingswallfahrtsstätten, gepilgert war, erklären, mit den Mitteln der besiegten Länder noch sechs Jahre kämpfen zu können, ohne von der Regierung einen Kreuzer zu nehmen.

Im Frühjahr 1628 unterstellte man Ferdinand, eine Erbmonarchie zu erstreben und die sogenannte reichsständische Libertät, die Macht der Fürsten, vernichten zu wollen. Maximilian, der eifersüchtiger auf die wachsende imperiale Suprematie als jeder andere war, zu dessen Politik auch zeitweilige Frontwechsel gehörten, hielt bereits den Einsatz der Ligatruppen gegen die Armee des Habsburgers nicht mehr für ausgeschlossen. Unter dem Einfluß der Kapuziner, besonders des Valeriano Magni, der ein Bündnis Bayerns mit Frankreich seit langem betrieb als «Gegengewicht», wie er ganz unverblümt am 28. Januar 1623 dem Bayernherzog bekannte, «gegen die Macht des Hauses Habsburg, hochwillkommen allen, auf denen diese ungeheure und übermäßige Macht lastet», unter solchem Einfluß leitete der Bayer geheime, auch von dem habsburgerfeindlichen und frankreichfreundlichen, doch Neutralität vortäuschenden Papst Urban VIII. geförderte Verhandlungen mit Frankreich ein. Am 30. Mai 1631 führten sie im Vertrag von Fontainebleau auch zu einem Bündnis mit Frankreich, das im letzten, von Richelieu nur ungern zugestandenen Artikel aber auch alle Verträge Bayerns mit Kaiser und Reich zu respektieren versprach – konnte Maximilian ja gelegentlich sogar erklären, «für das Haus Österreich leben und sterben» zu wollen.[9]

Man diskutierte auch einen Ostseeplan.

Das Projekt ging auf die spanische Regierung zurück. Wallenstein übernahm es, schloß freilich die Urheber von der Ausführung aus, die ihrerseits umgekehrt am liebsten der Wallensteinschen Armee sich bedient hätten, ohne Wallenstein. Ähnlich wäre wohl auch der Kaiser verfahren, hätte er die Armee bezahlen können. So aber sollte für ihn Wallenstein im Norden vordringen, nicht nur Gewalt über die dortigen Bistümer gewinnen, sondern auch jenseits der holsteinischen Grenzen über Jütland und den Ostseeraum. Man ventilierte eine maritime Politik, erwog Flottenbau, Kriegs- und Handelsmarine, sah sich nach einem Seehafen, kaiserlichen Kriegshafen um, dachte an Handelskompagnien, Handelskriege großen Stils, und Wallenstein, der immer mehr in jenen Himmelsstrichen Fuß faßte, trug bald den hochtönenden Titel «General des ozeanischen und baltischen Meeres». Sollte er da nicht spätestens jetzt gewünscht haben, hier nicht nur kommandierender General, sondern auch Herr und Beherrscher dessen zu sein, was er erobert hatte?

Solange Wallenstein dem Kaiser nützte, war dieser natürlich mit jeder Machtausdehnung einverstanden. Und solange er das Feld behauptete, war auch der Papst voll des Lobes für ihn. «Dieser Sieg, der Erstling des neuen Krieges», bejubelte Urban VIII. den Militär nach seiner Eroberung Prags im Mai 1632, «ist ein Vorzeichen vollendeten Triumphes. Wir segnen dich, erlauchter Mann, und Wir wünschen, daß unter deiner Führung Deutschland von Unheil und Schaden befreit werde. Du wirst unter dem Segen der Kirche triumphieren, und Europa wird bekennen, daß die Kraft eines so großen Feldherrn der Speer des blitzenden Himmels sei.» (Fast liest es sich schon wie gewisse Glückwunschschreiben des hohen Klerus an Hitler – solange der siegte! Vgl. etwa Opus Diaboli 162 ff. Die Politik der Päpste im 20. Jahrhundert II, 54 ff., 83 ff., 130 ff.)

Doch Wallenstein hatte viele Feinde, in der Regierung, im Kriegsrat, in den Feldlagern. Und die Klagen vor allem der Kurfürsten häuften sich. Er geriet ins Zwielicht vielleicht nicht nur der Furcht, dem Neid entsprungener Verdächtigungen. Immerhin bezog er in seinen letzten Lebensjahren aus Gütern, Bergbau, Handel, Münzprägung, Bierbrauereien jährlich 700 000 Gulden, wobei ihm seinerzeit der Kaiser allein an nichtausgezahltem Truppensold mindestens eine Million Gulden schuldete, die übrigens beim Sturz des Feldherrn sofort verfielen. Man warnte vor Wallensteins Ehrgeiz, beargwöhnte seine umfangreichen militärischen Vollmachten, seine maßvolle, mit den Feinden Verständigung suchende Politik, kurz, mühte sich immer mehr, immer perfider, ihn zu stürzen. Zwar äußerte auch der Kaiser schon 1627 sein Mißfallen über das «Vorgehen des Herzogs von Friedland ... Da er aber zum Nutzen der Christenheit so wertvolle Dienste geleistet hat, muß man über kleine Mängel hinwegsehen.» Nur «mehr Bescheidenheit und Diskretion» sollte er zeigen.

Die Fürsten drängten aber auf Beschneidung auch der Macht des Herrschers, auf Reduzierung seiner Armee, deren Vereinigung mit dem Ligaheer, auf jede Reichshilfeverweigerung für Spanien. Und wie die Fürsten dies nicht aus den edelsten Motiven, vielmehr aus Sorge um Geld- und Privilegien-, um Prestigeverluste taten, so bedachte auch Ferdinand nicht nur die Probleme des Reichs, sondern mindestens ebenso die seines Hauses, dessen dynastische Ziele, etwa in Oberitalien, in den Niederlanden, nicht zuletzt die Wahl seines Sohnes zu seinem Nachfolger, die er seit 1628 betrieb.

Besonders Maximilian stand zeitweise immer wieder gegen den Monarchen, dessen rabiaten Religionsedikten er gleichwohl nicht weniger rabiat Geltung verschaffte. Doch auch der Mainzer Kurfürst, wohl von dem Bayern inspiriert, erklärte im Namen all seiner Kollegen in einer Beschwerde an Ferdinand, die Wahl von dessen Sohn zum Nachfolger nicht gewährleisten zu können, solange Wallenstein Oberbefehlshaber der kaiserlichen Heere sei.

Gab es aber die umstrittene Tendenz zu einem mehr oder minder beschränkten despotischen System – als hätte man dies nicht schon gehabt (gewiß nicht für die Fürsten, doch für die weitaus meisten Menschen sonst) –, gab es also die Tendenz zu einer Gewaltherrschaft, einem «Reichsabsolutismus» oder nicht: der Kaiser beugte sich den meisten Forderungen der Kurfürsten, die von Anfang Juli bis gegen Mitte November 1630 in Regensburg tagten. Er pflichtete einer starken Reduzierung seines Heeres ebenso bei wie der Vereinigung des Restes mit den Ligatruppen unter Tilly. Und am 13. August 1630 entläßt er, bedrängt von Lamormaini, den Jesuiten, dem Papst, von Maximilian zumal, Wallenstein – und bekommt für all dies so gut wie nichts, vor allem auch nicht die Zustimmung zur Wahl seines ältesten Sohnes zum Römischen König. Dafür sorgte der Bayernherzog ebenso wie der Leitende Minister Frankreichs, Kardinal Richelieu, vertreten in Regensburg durch seine Graue Eminenz, seinen Beichtvater, den Kapuzinerpater Joseph (François le Clerc du Tremblay), einen wahren Virtuosen in allen Sparten politischer Verlogenheit – wenngleich nicht unterschlagen sei, daß der ausgefuchste Mönch, der Richelieu im Falle seines Todes als Präsident des Staatsrats folgen, auch den Kardinalshut bekommen sollte, Einsichten hatte, deren Äußerung als solche zumindest (mehr als ihr Inhalt) überrascht. So wenn der Pater, freilich erst in seiner letzten Lebenszeit, an eine Äbtissin des Kalvarienordens schreibt: «Wenn ich so denke und dann um mich blicke und sehe, wie ich und die meisten Geschöpfe unser Leben leben, da komme ich zu dem Glauben, daß die Welt nur eine Fabel ist und wir alle den Verstand verloren haben – denn abgesehen von einigen wenigen Äusserlichkeiten, gewahre ich keinen Unterschied zwischen uns selbst, den Heiden und den Türken.»[10]

Eben in jenem Sommer, da die Kurfürsten in Regensburg tagten, erschien Gustav Adolf, der König von Schweden, auf der deutschen Bildfläche, wodurch ein völliger Umschwung nicht nur der militärischen Verhältnisse erfolgte, vielmehr die Situation im Reich sich gänzlich veränderte.

«Des Schweden Volk ist im Marschieren ...»
Magdeburg und Breitenfeld

Gustav II. Adolf (1611–1632) plante offenbar die Beherrschung der Ostseeküsten und des Ostseehandels, intendierte ein schwedisches Großreich im Ostseeraum, dem er die deutschen Herzogtümer Mecklenburg und Pommern zur Sicherung seiner Gegenküste einzugliedern gedachte.

Seit seinem Regierungsantritt sollen eineinhalb Millionen Schweden und Finnen die reibungslosesten, die bestverwalteten Verhältnisse Europas genossen haben. Aber es herrschte seitdem auch fast kontinuierlich Krieg. Dabei hatte der König, der bereits sechsjährig mit dem Heer im «Feld» gewesen sein soll, Rußland schon früh Karelien und Ingermanland abgenommen, später im Konflikt mit Polen Riga, ja, ganz Livland, sowie einen Teil Preußens erobert, dann 1629 mit Polen den Waffenstillstand von Altmark geschlossen. Und noch im selben Jahr bekam er von den schwedischen Ständen die Mittel für einen dreijährigen Krieg in Deutschland bewilligt und auch, am 3. November, die einhellige Zustimmung des Reichsrates zur Invasion.

Im Hochsommer 1630 fielen die Schweden, 10 000 Fußsoldaten, 3000 Reiter, in Pommern ein, von Napoleon als strategische Meisterleistung gerühmt. Über Rügen, Usedom, Wollin rückten sie nach Stettin, der pommerschen Herzogsstadt, vor. Neben der Schaffung einer ausgedehnten Operationsbasis erstrebte der König politischen Anschluß, suchte er deutsche Bundesgenossen zu gewinnen, hatte indes weniger Glück als erwartet. Mehr durch Zwang zog er Pommern und Brandenburg an sich, mehr oder weniger freiwillig verband sich ihm der sächsische Kurfürst Johann Georg I., ein Lutheraner, unmäßiger Jäger, Fresser, Säufer auch («Bierjörge»), der nicht nur einmal die Seite wechselte, aber immerhin Heinrich Schütz als Hofkapellmeister bestallte.»[11]

Während der Aggressor stockend fast vorstieß, war Tilly an die mittlere Elbe gerückt, um das weitere Eindringen der Protestanten zu stoppen. Dabei hatte er Ende Dezember 1630 ein sogenanntes Abmahnungsschreiben an die Stadt Magdeburg erlassen und die Bewohner aufgefordert, «die unnötigerweise ergriffenen Waffen niederzulegen, zumal sie nicht die geringste Ursache zu einiger Widersetzlichkeit haben. Sollte sie diese Erinnerung nicht fruchten lassen, so werde sie ihren gänzlichen Ruin und Untergang unfehlbar zu gewärtigen haben wie alle diejenigen, die sich dem Kaiser als ihrer von dem Allmächtigen vorgesetzten Obrigkeit widersetzt, aus Gottes gerechtem Verhängnis jederzeit hart gestraft worden, wie solches durch lebendige Exempel, daran man sich billig spiegeln sollte, genugsam zutage gebracht werde.» Noch während der Belagerung richtete Tilly weitere ähnliche Drohungen an die Stadt, die er am 20. Mai 1631 mit ihrer kleinen schwedischen Besatzung von 2000 Mann eroberte, bevor Gustav Adolf sie entsetzen konnte.

Magdeburg, die Schlüsselfestung an der Elbe, war ein wichtiger Militärstützpunkt, von strategischer Bedeutung, darüber hinaus eine der reichsten Städte Deutschlands; und die zu den Invasoren stehenden Einheimischen oder, wie es in der ersten darüber in Wien veröffentlichten Nachricht hieß, «die allhier wohnenden Unkatholischen», hatten sich «halsstarrig und verwegen ... jung und alt, Mann und Weib, ja auch die Kinder von 7 und 8 Jahren mit Steinwerfen und heißem Wasser gießen aufs äußerste gewehrt» und zuletzt, so behauptet diese Wiener Meldung, «die Stadt selbst an unterschiedlichen Orten angezündet ...» Deshalb seien «die Unsrigen», also die Gegner der «Unkatholischen», so erbittert gewesen, daß sie «nit allein die darin gelegenen Soldaten, sondern auch die meisten Bürger und gemeinen Pöbel niedergehaut und die Stadt Gottlob erobert». Gottlob!

Immer wieder frappierend, was in Gottes Namen verkraftet, wofür dieser Gott gelobt und gepriesen werden kann. Zum Beispiel eben für das, was Otto von Guericke (Erfinder beiläufig der Luftpumpe), einer der späteren vier Bürgermeister der Stadt und ihr Vertreter auf dem Friedenskongreß in Osnabrück, so aufgezeichnet hat: «Da ist nichts als Morden, Brennen, Plündern, Peinigen, Prügeln gewesen. Insonderheit hat ein jeder von den Feinden nach vieler und großer Beute gefragt. Unter welcher währenden Wüterei, dann und da diese so herrliche Stadt, die gleichsam eine Fürstin im ganzen Lande war, in voller brennender Glut und in solchem Jammer und unaussprechlicher Not und Herzeleid gestanden, sind mit gräulichem ängstlichen Mord- und Zetergeschrei viel tausend unschuldige Menschen, Weiber und Kinder kläglich ermordet und auf vielerhand Weise erbärmlich hingerichtet worden, also daß es mit Worten nicht genugsam kann beschrieben und mit Tränen beweint werden.» Und dann, berichtet der Augenzeuge, sei «um 10 Uhr vormittags alles im Feuer gestanden und um 10 Uhr gegen die Nacht die ganze Stadt, zusamt dem schönen Rathause und allen Kirchen und Klöstern, völlig in der Aschen und Steinhaufen gelegen» – mehr als 20000 Tote und Verwundete. «Also hat man diese weitberühmte, vornehme Stadt und Zierde des ganzen Landes in einem Tage in Feuer und Rauch aufgehen und ihre übrig gebliebenen Einwohner mit Weib und Kindern gefangen vor dem Feinde hintreiben gesehen ...»

Tilly ließ alsbald inmitten der Trümmerstätte, des gewaltigen Brand- und Leichenhaufens, ein feierliches Te Deum singen, Salutschüsse abfeuern und die Überreste des einstigen Magdeburg nun nach seiner Schutzpatronin Marienburg nennen.»[12]

Der Fall der Stadt erregte ungewöhnliches Aufsehen im Reich, ja in Europa, auch wenn die Einäscherung eines ganzen Ortes damals nicht so ungewöhnlich war. So hatten bereits beim Anmarsch der Schweden auf Garz «die Kaiserischen», wie ein Stettiner schildert, «all ihr Bestes zu Wagen bringen und voran schaffen lassen, Geschütz, Kugeln, Lunten und andere Sachen ins Wasser versenkt, die Stadt angezündet, daß alles Kraut, Getränk, Mehl neben anderer Provision alles in Rauch aufgangen, daß nicht mehr dann die Kirche und 5 Häuser in der Stadt stehend geblieben ...»

Mittlerweile hatten die Katholischen aus Italien Truppen angefordert, die Invasoren ihr kleines Kontingent, dreizehntausend Krieger, meist Schweden, Schotten, Deutsche, um 20000 Mann sächsischer Streiter verstärkt; wie überhaupt die Schweden im Lauf der Kämpfe ihre ausblutenden Heere (zwischen 1631 und 1633 bis zu 65 Prozent ihres nationalen Bestands) hauptsächlich mit deutschen Soldaten, darunter auch viele böhmische Exilanten, «auffrischten» (um einen recht anschaulichen, während des Zweiten Weltkriegs äußerst geläufigen Ausdruck zu gebrauchen). Und am 17. September 1631 prallte man bei Breitenfeld, einem Dorf wenige Kilometer nördlich von Leipzig, aufeinander.

Die Schlacht, in der Gustav Adolf mit den vereinigten schwedisch-sächsischen Armeen die Liga unter Tilly fast ausradierte, wobei dieser, selbst mehrfach verwundet, Tausende seiner Soldaten auf dem Kampfplatz verlor, viele aber auch durch Bauern, die sie auf der Flucht erschlugen, zählt zweifellos zu den großen Gemetzeln des Dreißigjährigen Krieges. Sie kostete Tilly zwölftausend Tote und siebentausend Gefangene, die schon am nächsten Tag Soldaten

Schwedens wurden. Die Vormacht der Katholischen, Kaiserlichen im Norden brach so mit einem Schlag zusammen, und Gustav Adolf öffnete sich der Weg nach Süddeutschland, an den Main, den Rhein, zu den großen geistlichen Fürstbistümern, durch die «Pfaffengasse», bis nach Bayern, mit allen Greueln mehr oder weniger systematischer Verwüstung.

Trotzdem liegt die Bedeutung der Schlacht nicht nur in den evidenten materiellen Ergebnissen, ihren massiven militärischen und politischen Folgen, sondern wohl ebenso in der Bedeutung, die sie in den Köpfen der Menschen bekam, in deren Bewußtsein, in der moralischen Wirkung.

Es war der erste große Sieg der Protestanten in dem Völkermord auf deutschem Boden, ein Ereignis, das den Verlauf des Krieges plötzlich wendete, den fremden König jäh mit dem Nimbus des Wunderbaren umgab, der schieren Unbesiegbarkeit. Die Invasion der Schweden war scheinbar unaufhaltsam. Zugleich verloren Österreich und das Papsttum, verloren die Katholischen viel von ihrem Schrecken für die Protestanten, wenngleich die schlimmsten Zeiten in den nächsten Jahren gerade erst begannen.[13]

Wir können den äußeren Gang, die direkten militärischen, die diplomatischen Aktionen, nicht weiter verfolgen, so lehrreich dies wäre: vom Einzug in München Mitte Mai 1632 in Begleitung des «Winterkönigs» und von dem Tod vieler Hauptfiguren innerhalb kürzester Frist – von dem Hingang Tillys durch die Schlacht bei Rain am Lech, Gustav Adolfs bei Lützen unweit Breitenfeld an der Spitze eines Regiments kugeldurchlöchert, Wallensteins in der Mordnacht von Eger –, über die schwere Niederlage der Schweden mit 12000 Toten bei Nördlingen (1634), den Frieden zu Prag zwischen Sachsen und dem Kaiser (1635), die Kriegserklärung Frankreichs an Spanien, und die letzte, längste, verheerendste Phase mit zahlreichen Metzeleien, diversen vergeblichen Friedensbestrebungen auch, bis hin zum Westfälischen Frieden.[14]

Statt dessen empfiehlt sich für unsere Darstellung eher die Beantwortung der Kapitelfrage, also: Warum schlug man sich hier dreißig Jahre so über die Maßen blutig? Weshalb stürzte man so wahnsinnig viele Menschen in Elend und Tod?

Religion nur Vorwand für Krieg

Der Dreißigjährige Krieg, so erstmals in einem Buchtitel 1645, dann auch bei den Friedensverhandlungen 1648 benannt, galt lange und gilt heute noch weithin als Religionskrieg, zumal in seinen Anfängen. Und in der Tat ist er bereits durch einen viel längeren, einen hundertjährigen publizistischen Krieg, eine religiöse Schmutzschlacht ohnegleichen auf allen Seiten vorbereitet, geradezu herbeigerufen worden (9. Kap.). Dieser geifernde Glaubensdisput, der im Grunde die mittelalterliche «Ketzer»bekämpfung nur fortsetzt, die Verteufelung aller Andersdenkenden, koste es, was es wolle, nimmt mit der Zeit immer groteskere, wildere, unflätigere Formen an, erfaßt in seiner ungeheuren Gehässigkeit alle Schichten und Bereiche des gesellschaftlichen Lebens und mündet schließlich in ein Völkersterben, dessen gottbezogenen, dessen konfessionellen Charakter gerade die führenden, sich gern in glaubensstarken Bekundungen gefallenden Häupter oft betonen.

Betrachten wir gleich den Mann an der Spitze des Reiches.

Ferdinand II. stand ganz in der religiösen Tradition der Häuser Habsburg und Wittelsbach. Sein Vater, Erzherzog Karl von Innerösterreich, war so durch und durch katholisch wie seine Mutter Maria, die Schwester Herzog Wilhelms V. von Bayern des Frommen, dessen Hof als Kloster, dessen Residenzstadt als das deutsche Rom bezeichnet worden ist (S. 204). Der künftige Kaiser, einst Zögling der Ingolstädter Jesuiten, hatte schließlich auch jesuitische Beichtväter, Guglielmo Lamormaini, Balthasar Villery, Martin Beccanus, und war in allen «Gewissensfragen», die freilich nicht selten Politisches betrafen, den Kontrolleuren seines Seelenlebens ausgeliefert. Doch auch Bischöfe, Georg Stobäus von Lavant, Martin Brenner von Seckau, zählten zu den engsten Beratern des Monarchen, der gläubig bis zur Bigotterie war, ein homo religiosus, der wallfahrtete, die Heiligen verehrte, besonders Maria, der oft halbe Tage und mehr betend in der Kirche weilte, der wiederholt beteuerte, «er wolle lieber Land und Leute verlieren, als wissentlich die Gelegenheit verabsäumen, die Lehre der katholischen Kirche zu verbreiten, lieber den Bettelstab in der einen und Weib und Kind an der andern

Hand ins Elend wandern, sein Brot von Tür zu Tür betteln, ja lieber den schmählichsten Tod erleiden, als die Gott und der Kirche in seinen Landen zugefügte Schmach länger mit ansehen».

Viele Tausende und Abertausende von Messen wurden des Krieges wegen gelesen, gewaltige Scharen von Geistlichen und Mönchen erflehten den Beistand des Himmels beim Blutvergießen, besonders Jesuiten und Kapuziner feuerten die Kämpfenden an, die Soldateska sang das «Salve Regina» vor der Schlacht, schrie «Sancta Maria» während des Mordens. Der Herrscher selbst hatte die hl. Jungfrau zur eigentlichen Oberkommandierenden seiner Armeen erklärt, jeder Sieg bestätigte ihm, wie sehr der Allerhöchste auf seiner Seite stand, und so wollte er denn auf dem Höhepunkt so vieler blutigen Triumphe die «ganze Frucht der von Gott Uns bishero verliehenen Victorien» einbringen.[15]

Denn einerseits hatte ihn das entschlossene Engagement für die Catholica, sein Religionsprinzip, seine Glaubensstrenge, zwar um manchen politischen Vorteil gebracht, hatte er im Interesse konfessioneller Zielsetzungen folgenschwere Mißgriffe begangen, wie das Restitutionsedikt, das er schließlich bitter beklagte: «Erst habe ihn der römische Hof zum Restitutionsedikt vermocht und verlasse ihn nun in dem Kriege, der daher entspringe; die Wahl seines Sohnes zum römischen König habe der Papst hintertrieben; er ermuntere den Kurfürsten von Baiern mit Rat und Tat, eine abgesonderte Politik zu befolgen, sich mit Frankreich zu verbinden; es sei vergebens, Urban um Hilfe zu ersuchen, wie sie frühere Päpste mit Geld oder Mannschaften sooft geleistet ...» Andererseits freilich förderte die altgläubige Gleichschaltung die politische, stützte die katholische Reform die monarchische Regierung, festigte die resolute Rückführung zur römischen Kirche in Böhmen, Mähren, Niederösterreich die geschlossene Katholisierung etwa des Beamtenapparats sowie den landesfürstlichen Absolutismus, hat überhaupt das System der Gegenreformation die frühabsolutistischen Strömungen ohne Zweifel begünstigt.

Der Kaiser brach nach der Schlacht bei Prag die Macht der Stände in Böhmen und darüber hinaus, er nahm ihnen sogar das Königswahlrecht und dekretierte die Erblichkeit der Königswürde im

Haus Österreich. Und natürlich ging es ihm auch im Reich nicht bloß um christliche, kirchliche Interessen, um Konfessionalisierung, Rekatholisierung vormals geistlicher Gebiete, sondern ebenso um den Ausbau seiner eigenen Stellung.

Wie nützlich dabei die Religion dem Habsburger war, zeigt zum Beispiel die Zuwendung säkularisierter Fürstentümer. So erhielt Erzherzog Leopold Wilhelm, Ferdinands zweiter, noch minderjähriger Sohn, obwohl bereits Deutschmeister und Abt von Murbach, auch die Abtei Hersfeld; ja, er bekam, obwohl erst elfjährig schon Bischof von Straßburg und Bischof von Passau, noch das Bistum Halberstadt, das Erzbistum Bremen und das besonders reiche Erzbistum Magdeburg, alles im Zusammenwirken mit Papst Urban VIII., als der vom Kaiser noch die Niederschlagung seiner Gegner «mit allen Kräften» erhoffte, eine «unermeßliche Schwächung der protestantischen Macht in Deutschland» (S. 315).

Indes, es gab immer wieder Spannungen mit Rom, gerade auch während Urbans langer Regierung, ob das nun die Teilung des Patriarchats von Aquileja betraf, die Rechtsstellung der Trierer Benediktinerabtei St. Maximin, die Verweigerung neuer Bistümer in Böhmen, die Ablehnung irgendwelcher Kardinalsernennungen oder anderer papaler Gnaden oder was immer. Ferdinand scheute sich auch nicht, den Wiener Bischof Kardinal Melchior Klesl wegen kirchenpolitischer Differenzen, seines Vermittlungsversuchs beim Böhmischen Aufstand 1618, verhaften und fünf Jahre einsperren zu lassen.[16]

Noch gespannter war das Verhältnis zwischen dem Habsburger, ja den beiden kooperierenden, gesamtdynastische Ziele in Oberitalien verfolgenden Zweigen der Habsburger, und der habsburgfeindlichen Kurie im Mantuaner Erbfolgekrieg.

Urban VIII. heuchelte während des ganzen, sich Jahre hinziehenden, die meisten Länder Europas verstrickenden Konflikts Neutralität. Bei jeder Gelegenheit trat er, der Vater der Christenheit, als moralische Autorität, als unparteiischer Friedensvermittler auf, obwohl er deutlich Frankreichs aggressive Politik gegen die spanischen Habsburger begünstigte, auch Frankreichs Annäherung an den latenten Opponenten und zeitweiligen Rivalen des Kaisers, den Bayernherzog, den Urban besonders liebte, immer mehr förderte, sich auch selbst stets enger Maximilian anschloß, der Ferdinand nicht nur jeden Ligabeistand für Mantua verweigerte, sondern ihm überhaupt das Recht bestritt, ohne Zustimmung der Kurfürsten auswärtige Kriege zu führen, ja, der im Frühjahr 1628 allen Ernstes mit einem Zusammenstoß der kaiserlichen Armee und der Ligatruppen rechnete. Vergaß sich doch selbst der Papst gegenüber dem französischen Botschafter in Rom, Philippe de Béthune, anläßlich einer Audienz am 6. Oktober 1628 so weit, daß er erklärte, wenn Ludwig XIII. zum Schutz der «Freiheit Italiens» in Lyon erscheine, werde er, der Papst, «gegen 12000 Mann ins Feld ziehen lassen, die in Verbindung mit der französischen Armee den Spaniern erfolgreich entgegentreten könnten.» Und äußerte im folgenden Januar, Gott werde das Haus Österreich züchtigen.

Zur Bestürzung Urbans jedoch griff der Kaiser, der Oberlehensherr von Mantua, zugunsten seiner Dynastie ein. Im Mai 1629 besetzte eine Streitmacht von 20000 Haudegen Graubünden und das Veltlin. Sie schlug das venezianische Landheer bei Villabella (Villabuona), beiderseits des Mincio, und nahm im Juli 1630 das durch Hunger und Pest heimgesuchte Mantua, worauf es zu tagelangen gräßlichen Plünderungen kam, auch zur Schändung von Kirchen und Klöstern durch protestantische Offiziere des Kaisers, und im Herzogspalast zu einer auf etwa 18 Millionen Scudi berechneten Beute der Generale. Für Ferdinand freilich zahlte sich der Krieg nicht aus, wohl aber durch den Frieden von Ch[i]erasco in Piemont im April 1631 für Frankreich.

Selbst der so fromme kirchengläubige Kaiser gewichtete also eigene dynastische Belange oft stärker als religiöse oder gar einschlägige Erwartungen bzw. Handlungen der Heiligen Väter, schienen diese seine Reichs-, seine Hausmachtpolitik ernsthaft zu gefahrden.[17]

Grundsätzlich ähnlich verhielt es sich bei dem einflußreichen Herzog und (seit 1623) Kurfürsten Maximilian I. von Bayern, war auch die religiöse Komponente in dessen Politik kaum so vertieft wie in der Ferdinands, seines Vetters übrigens, zugleich sein Schwiegervater und Schwager. Doch auch Maximilian, obwohl seit früher Kindheit nicht von Theologen, sondern von Juristen erzogen, dazu seelisch ganz anders strukturiert, bürokratisch-steif, sehr selbstbewußt, ein Zucht-und-Ordnungs-Fanatiker, auch Maximilian also war ein frommer Fürst, von Eifer und Kampf gegen die «Ketzerei» geprägt, um nicht zu sagen besessen. Er wirkte eng mit dem Papsttum, mit sogenannten Reformorden zusammen, hatte auch entsprechend ausgewählte Beichtväter, die Patres Johann Vervaux, Johann Buslidius, Gregor von Valencia, sämtlich Jesuiten wieder. Und nicht zufällig führte er die Liga an, die sich dem Schutz des Katholizismus besonders verschrieben, wobei ihm freilich seine Kriegsbeute, jede territorialstaatliche, jede dynastische Errungenschaft, sicher so wichtig, wenn nicht wichtiger war als seine Konfession.

Überhaupt tat Maximilian so gut wie alles, was er für die Religion tat, auch für sich. Und sosehr er für jene eintrat, sein Einsatz für die eigene Macht war noch größer. Denn überall, wo er «im Namen Gottes» siegte (oder er, so einmal scheindemütig, «zwar kam und sah, Gott aber siegte»), da siegte er auch für sich und da kassierte er auch: große Geldgewinne, gewaltige Territorien, die pfälzische Kurwürde, und diese gar wider Wunsch und Willen fast aller Fürsten, auch entgegen der Reichsverfassung, von ihm jedoch seit langem (von den Münchner Wittelsbachern seit Jahrhunderten) begehrt, und zwar für «das Haus Bayern», das heißt erblich!

So war die Wiederherstellung des Katholizismus in den von Maximilian eroberten Gebieten, war das «Bekehrungswerk», entweder mit Mönchen, häufig Jesuiten, Kapuzinern, Franziskanern, oder mit Kriegsvolk oder mit beiden, immer auch sein Vorteil, die Vergrößerung seiner Fürstenmacht: ob er 1608/1609 im Schwäbischen die überwiegend evangelische Reichsstadt Donauwörth fast überfallartig katholisch machte und hielt (S. 308), ob er 1619 im Münchner Vertrag den Kaiser schamlos erpreßte (S. 316) oder ob er die Rekatholisierung der Oberpfalz 1625 mit Rücksicht auf Sachsen erst langsam anlaufen, 1627 strenger werden ließ und nach der Erbhuldigung durch Zwangsmittel und Gewaltmaßnahmen abermals verschärfte.

Vor allem eigener Machtsucht wegen war Maximilian auch bald gegen jede Machtvermehrung Wallensteins und schließlich selbst des Kaisers. War es ja wieder Maximilian, der im Herbst 1627 nach einer allgemeinen Restitution der Kirchengüter rief, der Reichsstifte, der landsässigen Stifte, der Klöster. Mußten doch jetzt nach all den christkatholischen Schlachtfesten und Triumphen, nach seinen Siegen, nach dem Sieg Tillys am Barenberg und Wallensteins Sieg an der Dessauer Brücke, «die Früchte für die katholische Restauration gepflückt», mußte vor allem der kolossale Gebietsraub der Protestanten endlich rückgängig gemacht werden, zumal gerade, klagt von Pastor, den besten Katholiken der «Raub so vieler Bistümer, Abteien und Klöster ... wie ein stechender Dorn im Herzen» saß.[18]

Auf der anderen Seite freilich quälte seit Jahren den protestantischen König Gustav Adolf der Gedanke an die Tyrannei des katholischen Kaisers gegenüber seinen, Gustav Adolfs, evangelischen Glaubensgenossen, die er schon 1623 «durch extreme Versklavung unterdrückt» sah, denen er schon 1627 eine Freistatt in Schweden angeboten und die er dann bald zu schützen, zu erretten kam.

Zu den stereotypen, von seiner Propaganda kolportierten Interventionsmotiven gehörten denn auch sowohl die Befreiung des deutschen Protestantismus wie die Wiederherstellung der deutschen Libertät. Und natürlich verkündete er auch selbst bei seinem Vorrükken, gekommen zu sein, um in Deutschland das «allgemeine evangelische Wesen» und die «politische Freyheit» wieder aufzurichten. Gegenüber Katholiken aber, in Paris, in Venedig, erklärte er es als eine österreichische Lüge, «daß er einen Religionskrieg führe».

Auch der Schwedenkönig war persönlich fromm. Auch zu seiner Gewohnheit gehörte es, vor einer Schlacht Gott anzurufen und angesichts des ganzen Heeres seinen Segen auf die gute protestantische Sache herabzuflehen, wie noch 1632 bei Lützen, wo die «Victoria» zwar «überaus groß» gewesen, der König aber gefallen ist oder, so ein schwedischer Bericht, «Leib und Leben» gab «für Gottes heiligen Namens Ehr und zur Erhaltung der Teutschen Libertät und Freiheit ...» Während Kardinalstaatsekretär Barberini, der Neffe des Papstes, sofort auf die Todesnachricht dem Pariser Nuntius Alessandro Bichi schrieb: «Wie Sie leicht denken können, hat der Papst die Kunde mit Jubel vernommen, denn nun ist die Schlange tot, die mit ihrem Gift die ganze Welt zu vergiften trachtete.» Urban selbst hatte den Tod des Feindes – den zu lieben doch seine Pflicht gewesen wäre – «seit langem vorzüglich gewünscht und ... ohne Unterlaß in den brünstigsten Gebeten von Gott erfleht», ja diesem «mit überschwenglicher Freude ein Opfer dargebracht ...», hatte eine Dankmesse gelesen, das Te Deum singen und von der Engelsburg Freudenschüsse donnern lassen.[19]

Nun kämpfte und starb auch der Schwedenfürst freilich für seine höchst eigenen Interessen, die fraglos angestrebte Großmachtstellung. Noch bevor er deutschen Boden betrat, hatte der Christ in vielen Feldzügen gefochten (man spricht von achtzehn) und im Stockholmer Reichsrat geäußert: «Für mich ist keine Ruhe zu erwarten, als die ewige.» Seine strategischen Ideen reichten dabei von zunächst noch ziemlich begrenzten Zielen an der pommerschen Küste, die er von Feinden gesäubert sehen wollte, über die «Befreiung der Nord- und Ostsee» bis zu wahrhaft imperialen Dimensionen, einem Vorstoß auch oderaufwärts nach Schlesien, Böhmen, vielleicht gar bis Österreich. Doch öffentlich trat er gern als konfessioneller Beglücker, als Verteidiger seiner deutschen Glaubensverwandten auf und betonte – für sie doch mehr landgieriger Aggressor, ein Eindringling, ein Eroberer –, «aus reinem Edelmut» zu kämpfen. In Wahrheit führte er keinen Religionskrieg, sondern einen politischen Krieg, keinen Krieg gegen die deutschen Katholiken, sondern einen Krieg gegen Deutschland. Erwiesenermaßen sagte er zum Herzog von Mecklenburg: «Sollte ich Kaiser werden ...» Und nach der Schlacht bei Leipzig soll er auch vom Kurfürsten von Sachsen gefordert haben, ihm seine Stimme zum römischen Kaiser zu geben.[20]

Dieses Fernziel hatte freilich nicht nur der Schwede.

Auch der calvinistische Kurfürst Friedrich V. von der Pfalz, ein weitläufiger Vetter seines Gegners Maximilian von Bayern, wollte, in arger Überschätzung der eigenen Kräfte, den Habsburgern die Kaiserkrone nehmen, die sie seit 1438 trugen, und ein protestantisches Kaisertum begründen, wobei ihm gewiß mehr am Kaisertum als am Glauben lag, den er, gleich allen Machthungrigen, natürlich vorschob. Folgte Friedrich doch auch bereits einem «Ruf von Gott», als er die böhmische Königskrone annahm, als er erklärte, «mein einziges Ziel ist, Gott und seiner Kirche zu dienen». In allen evangelischen Gotteshäusern läuteten dabei die Glocken, erklang das Te Deum. Auch die mit der Pfalz eng verbundene Union, das protestantische Gegenbündnis zur katholischen Liga, hatte man ja, laut Böhmischer Konföderationsakte von 1619, «allein zur Beförderung von Gottes Ehren» geschaffen.[21]

Im kaiserlichen Lager wieder hielt der Konvertit Wallenstein äußerlich streng am Katholizismus fest. Unter jesuitischem Einfluß aus der Brüdergemeine übergetreten, gründete er in seiner Hauptstadt Gitschin eine Jesuitenschule, wie er überhaupt die Jesuiten begünstigte, um dem Kaiser zu gefallen. Aus ähnlichen Beweggründen mochte er nach Loreto gepilgert sein und Wallfahrtskirchen und Klöster gefördert haben bis Tschenstochau! Geld, von dem Martin Opitz damals klagte, «kein tiefere See» verschlinge es «so hauffenweise» wie der Krieg, hatte der Militär aus reichlich dubiosen Quellen, unter anderem aus einer Münzgesellschaft (mit höchsten Persönlichkeiten des Hofes!) zur Herstellung «verlängerten» Geldes. Auch arbeitete er zur Deckung seines Kapitalbedarfs eng mit dem calvinistischen Finanzier de Witte zusammen, der nach Wallensteins erster Entlassung Selbstmord beging. Der Herzog war skrupellos, religiös indifferent und der Astrologie ergeben. Als Feldherr beförderte er Katholiken wie Protestanten in gleicher Weise, ja Erzherzog Leopold schrieb 1629 seinem Bruder, dem Kaiser, die Mehrheit von Wallensteins Heer bestehe aus Lutheranern und Calvinisten.

Seine Mörder wurden vom Wiener Hof, der einen Prozeß gegen ihn vermieden hatte, hoch bezahlt, am höchsten der kaiserliche General Matthias Gallas, ein besonderer Vertrauter Wallensteins, der ihn noch ein Jahr vor seiner Ermordung zum Generalleutnant befördern ließ. Gallas, berüchtigt wegen seines Truppenverschleißes, bekam vom Kaiser fast 900000 Gulden und die wallensteinische Herrschaft Friedland. Andere an der Mordplanung beteiligte Militärs erhielten jeweils mehrere hunderttausend Gulden. Die eigentliche Blutarbeit besorgten im Auftrag des irischen Obristen Butler Offiziere seines Regiments. Butler wurde zum Dank dafür in den Grafenstand erhoben, erhielt 225000 Gulden und die wallensteinische Herrschaft Friedberg. «Die Habgier der Herren Generäle war wahrlich skandalös, und der kaiserlichen Kasse blieb nichts von den ungeheuren Konfiskationen übrig. Die Erben der Generäle besaßen die konfiszierten Güter bis zur Mitte des zwanzigsten Jahrhunderts» (Polišenský).[22]

Wie wenig die Religion im Brennpunkt der Zwecke und Ziele stand, zeigt drastisch das Beispiel einer der einflußreichsten Persönlichkeiten im Zeitalter des Dreißigjährigen Krieges.

Armand Jean du Plessis, Herzog von Richelieu (1585–1642), Frankreichs bekanntester und bedeutendster Kardinal und seit 1624 der Erste Minister (principal ministre) seines Allerchristlichsten Königs Ludwig XIII., der berühmte katholische Kirchenfürst war es, der das immer noch mächtige Habsburg, das katholische Wien wie das katholische Madrid bekämpfte, der immer mehr den Krieg in Deutschland bewußt in die Länge zog, um Wien wie Madrid zu schwächen, ja ihren Gegner, seinen eigenen Verbündeten, den Schweden dazu; um dann, selbst inzwischen immer schlagkräftiger, anstelle der erschöpften habsburgischen Vormacht in Europa die erstarkte bourbonische zu setzen. Womit der Ehrgeizige auch den eigenen Ruhm zu mehren suchte und mehrte. Schließlich war er so hochmütig, daß er mit dem Herzog von Savoyen, dem Enkel Karls V., darum stritt, als erster durch eine Tür zu gehn (und diesen Anspruch durchsetzte). Auch finanziell vergaß er nicht den persönlichen Bedarf, verbrauchte jährlich mehr für sich selbst, als Frankreichs jährliche Subventionen an seinen schwedischen Verbündeten betrugen, und konnte noch seinen Neffen und Nichten ein auf Dutzende von Millionen Livres geschätztes Vermögen vermachen; ja konnte zu einer Zeit, als die Kaufkraft eines Livre sieben oder acht Goldfranken entsprach, öffentlich erklären, Zölibatäre, die nichts besäßen, was sie überlebe als ihre Seele, sammelten «keine irdischen Schätze». (Mehr Skrupel hatte Richelieu gegenüber Frauen. Er nannte sie «Tiere», unfähig, «irgend etwas Gutes zu tun» und beteuerte «bei meinem Gewissen, daß nichts so sehr imstande ist, einen Staat zu ruinieren, wie sie.»

Der große Kardinal war es, der in Frankreich zwar den Bevorrechteten, tasteten sie nur seine Autorität nicht an, durchaus und prinzipiell entgegenkam, das einfache Volk aber, die Millionen Handwerker, Händler, Bauern, desto härter bedrückte. So stieg die «taille», eine nur den «Gemeinen» aufgezwungene Steuer von jährlich etwa zehn Millionen Livres, vom Ende der Regierung Heinrichs IV. (ermordet 1610) bis zum Ende der Amtszeit Richelieus (1642) auf das Viereinhalbfache. Ergo erfolgte ein Aufstand nach dem andern, 1630 in Burgund, 1631 in der Provence, 1632 in Lyon, ebenfalls in Paris, 1635 in Bordeaux, 1636 im gesamten Südwesten, 1639 in der Normandie. Der Kardinal ließ die armen Opfer seiner Ausbeutung jeweils durch Truppen zusammenschlagen, brachte nicht wenige an den Galgen, aufs Rad, ans Brandeisen, in die Galeeren – und verfügte «regelmäßig neue Steuererhöhungen» (Huxley).

Der große Kardinal war es auch, der in Frankreich zwar brutal die Protestanten jagen, die Hugenotten unschädlich machen ließ, doch außerhalb seines Landes mit Lutheranern, mit Calvinisten sich verband; der Bündnisse mit den «Generalstaaten» schloß, in denen jeder katholische Kult seit 1574 verboten war. Kardinal Richelieu war es auch, der nicht nur in Deutschland die «Ketzer» unterstützte, sondern dorthin noch den schwedischen König gegen den katholischen Kaiser auf den Kriegsschauplatz rief, wie er überhaupt alles tat, um das Inferno anzuheizen, sogar mit den Türken, dem «Erbfeind der Christenheit», verhandelte. Ja, seit den frühen vierziger Jahren operierten schwedische und französische Heere gemeinsam, und im Mai 1641 wurde ihr Vorstoß auf Wien nur durch den Tod des schwedischen Feldherrn Johan Banér gestoppt. Bei allem aber mühte sich der große Kardinal enorm, all seine politischen wie militärischen Operationen gegenüber dem Ausland ins schönste religiöse Licht, den Anschein makellosen Rechts zu rücken, stets als der Angegriffene, nie als der Angreifer zu erscheinen. Und als er Ende 1642 starb, bald danach auch Ludwig XIII., setzte unter der Regentin Anna von Österreich (1601–1666), Schwester und Schwägerin der Habsburger Philipp IV. und Ferdinand III., ihr Erster Minister, vielleicht auch, es ist zweifelhaft, ihr Liebhaber, Kardinal Jules Mazarin (1602–1661), Richelieus rigorose Einmischungspolitik fort, die Frankreich zur führenden Macht Europas erhob.[23]

DIE PÄPSTE UND DER KRIEG

Nun herrschte in jenen Jahrzehnten, vom Ende des 16. bis zur Mitte des 17. Jahrhunderts, im christlichen Europa ein kolossales Staatenchaos, ein anarchisches Durcheinander von Kriegen, die man bevorzugt als Glaubenskriege ausgab. Alles schien sich dabei um Gott zu drehen, um das «richtige» Bekenntnis, die allein «wahre» Kirche. Dabei standen seinerzeit ja nicht einfach Katholiken gegen Protestanten. Nur zu Beginn gab es relativ konfessionell homogene Schlachthaufen, die sich aber immer mehr zu gemischtkonfessionellen Heeren wandelten. Doch entzündet hatte sich der große Krieg von Anfang an nicht nur an Fragen der Religion, an klerikalen Belangen, sondern auch an nationalen, an gesellschaftlichen, ökonomischen, an fürstlicher und geistlicher Habgier, kurz an Fragen sehr profaner Macht, was die Fronten erheblich durcheinanderbrachte.

So war Landgraf Ludwig V. von Hessen-Darmstadt zwar Lutheraner, doch unbedingt kaisertreu. Auch das evangelische Kursachsen trat 1620 gegen Verpfändung der Lausitz ganz auf die Seite des Kaisers, bereit selbst zu seiner militärischen Unterstützung. 1631 freilich schloß es sich, ebenso wie das zunächst neutral gebliebene evangelische Brandenburg, dem – trotz aller gegenteiligen Beteuerungen – antikaiserlichen «Leipziger Bund» an und kurz darauf auch den Schweden. Das katholische Frankreich erklärte 1635 den katholischen Habsburgern den Krieg, erst Spanien, dann dem Kaiser, und bekämpfte darauf diese, verbunden mit dem protestantischen Schweden, fast dreizehn Jahre, die schlimmsten des Krieges, ohne daß es eine eigentliche Entscheidung gab. (Das bischöfliche Bamberg wurde bis 1643 dreizehnmal erobert.)[24]

Es ist klar, es ging da nicht mehr primär um Religion, um einen Glaubenskrieg, wo der politische Leiter einer katholischen Großmacht, ein Kardinal der römischen Kirche, den protestantischen König des protestantischen Schweden mit hohen Geldbeträgen, schließlich mit großen Truppenverbänden unterstützt hat, um den katholischen Kaiser zu ruinieren. Nur scheinbar focht man noch um konfessionelle Unterschiedlichkeiten, die zwar da und dort auch eine Rolle, im Verlauf des Krieges mitunter sogar wieder eine stärkere Rolle spielten, doch längst keine maßgebliche mehr, wie man zumindest seinerzeit der Welt oft vorzumachen suchte, als ja schon viele Zeitgenossen in der Religion bloß einen Deckmantel für andere Motive sahen, für politische Selbstbehauptung, Machtzugewinne, neue Gewaltpotentiale. Wobei man dann allerdings, wann immer dies im Spiel der Mächte um die Macht möglich war, die Konfessionsverschiedenheit bzw. -gleichheit ausspielte, die eigentlich treibenden, die diversen machtpolitischen Kräfte und Beweggründe gern noch konfessionell zuspitzte und nicht selten gerade die scheußlichsten Kriegsverbrechen, wahre Blutrauschepidemien, mit dem angeblichen Schutz des «wahren Glaubens» begründet hat.[25]

An der Verteidigung dieses «wahren Glaubens» lag natürlich in besonderem, wenngleich unterschiedlichem Maße, den vier am Krieg beteiligten Heiligen Vätern.

So ließ man noch in dessen ersten Jahren auch eigene Truppen kämpfen, ein päpstliches Infanterieregiment von 2000 Mann sowie eine päpstliche Reiterabteilung von 500 Mann, was den Charakter des Krieges als Glaubenskrieg noch unterstreichen konnte. Für seine Fortführung jedenfalls waren sie selbstverständlich alle, sind Päpste doch immer dann für den Krieg, versprechen sie sich einen Vorteil davon. Alle auch dankten, wie Paul V. (1605–1621), für Siege durch öffentliche Feiern, durch Prozessionen und Gebete, Freudenschüsse. (Beten und Schießen, man kann es nicht oft genug betonen, das gehört hier zusammen.) Alle auch wollten, wie Paul, den Irrglauben mit Gewalt ausgemerzt, die «Ketzer» vertrieben sehen und erwarteten derart eine «unermeßliche Schwächung der protestantischen Macht in Deutschland».

Dafür ließ Papst Paul natürlich auch Gelder springen.

Schon unmittelbar nach dem Prager Fenstersturz vom 23. Mai 1618 verlangte der Pontifex maximus von Kaiser Matthias und König Ferdinand einen Feldzug unter Einsatz aller verfügbaren eigenen Mittel, wobei er 60 000 Gulden Zuschuß versprach und auch zahlte. Dann schrieb er für den italienischen Klerus einen dreijährigen Zehnt zur Unterstützung des neuen Kaisers Ferdinand II. aus, was 200 000 Scudi einbringen sollte, doch ging dieser Zehnt ausschließlich der Liga zu. Auch bewilligte Paul einen einmaligen Zehnt aus den deutschen Kirchengütern durch die Bulle vom 31. 7. 1620, wobei man einen Ertrag von rund eineinhalb Millionen Gulden errechnete. Ferner sagte der Papst eine Beihilfe von 100 000 Scudi zu (tatsächlich waren es dann genau 98 670) aus einem Zehnt, den er den zwölf italienischen Mönchskongregationen auferlegt hatte. Weitere 100 000 Scudi dagegen, die er aus eigener Kasse zu geben versprach, zahlte er offenbar nie.

Sein Nachfolger, Gregor XV. (1621–1623), griff beherzter in die Taschen (von wem immer). Vor allem kaufte er den lieben Verwandten für mehr als eine Million Gold-Scudi zwei Herzogtümer, dem lieben Bruder Orazio Ludovisi für 200 000 Scudi das Herzogtum Fiano, und zwar noch 1621, und dem lieben Neffen Kardinal Ludovico Ludovisi, einem Jesuitenzögling, für 860 000 Scudi das Herzogtum Zagarolo bereits im nächsten Jahr – als habe der Hohe Priester sein kurzes Wirken im Weinberg des Herrn geahnt. Solche Eingebungen des Heiligen Geistes gab es freilich nicht so selten. Alexander VIII., zum Beispiel, der unter Gregors Nachfolger Urban VIII. seine kirchliche Laufbahn begonnen, hatte den Nepotismus beinah zum Programm seines nur sechzehnmonatigen Pontifikats gemacht (1689–1691). «Beeilen wir uns nach Möglichkeit», rief der neu ernannte, fast achtzigjährige Stellvertreter, «denn schon hat die dreiundzwanzigste Stunde geschlagen». Worauf er denn sogleich seine aus Venedig herbeizitierte Verwandtschaft mit Reichtümern überhäufte, die Nepoten Marco und Pietro Ottoboni (dieser immerhin ein Freund Händels, der ihm viele Werke widmete) zu Kardinälen ernannte, Herzogtümer kaufte und einträgliche Ehen schloß. Wie denn auch Papst Gregor durch eine versierte Ehepolitik den Seinen vier weitere Fürstentümer sicherte – und er förderte gleichwohl, noch mehr als Vorgänger Paul, den deutschen Herrscher und seinen Krieg, die «Säule der Kirche», wie er ihn wiederholt pries, ließ ihm samt Liga hohe Subsidien zukommen, ja, erhöhte die monatlichen Raten-Kriegszahlungen des Vorgängers um mehr als das Doppelte.

Und von Beginn seines Pontifikats an warnte Gregor eindringlich vor Friedensdebatten, drang vielmehr, nicht minder eindringlich und mit der schönsten Schwarzweißmalerei, zum Krieg, zur Niederwerfung der «Ketzerei», betrieb auch die Restitution der Kirchengüter, feuerte mächtig die Hexenverfolgung an, begrüßte begeistert die Besetzung Böhmens, der Oberpfalz, der Rheinpfalz, überhaupt die Ausrottung der Protestanten und wünschte durch eigene, von einem Kardinal kommandierte päpstliche Truppen die des Kaisers noch zu verstärken.

Sogar von der Heiligenehrung zweigte Papst Gregor unerschrokken beträchtliche Kapitalien ab. Befahl er doch im Februar 1622 die anstehenden Kanonisationen des Ignatius von Loyola, Philipp Neri, Isidor, Franz Xaver und der Theresia von Ávila nicht, wie sonst, einzeln, sondern simultan vorzunehmen, um die so ersparten Summen dem Krieg der Liga zuzuschießen. Insgesamt zahlte Papst Gregor XV. zur Finanzierung der katholischen Truppen innerhalb von knapp zweieinhalb Jahren 495 000 Scudi oder 1 239 000 Gulden guter Münze und rund 700 000 Gulden schlechter Münze.[26]

Unter Gregors Nachfolger Papst Urban VIII. (1623–1644) aus dem Hause Barberini flossen die Gelder für die kriegführende katholische Seite in Deutschland allerdings bescheiden, wenn überhaupt. Die Kurialen wie die Römer sollen darüber gleichermaßen erstaunt gewesen sein. «Mitten in der Feuersbrunst katholischer Kirchen und Klöster», so sagte man, «stehe der Papst kalt und starr wie Eis. Der König von Schweden habe mehr Eifer für sein Luthertum als der Heilige Vater für den allein seligmachenden katholischen Glauben.»

Urban entschuldigte, rechtfertigte sich, bedauerte oft, die Kämpfenden nicht besser unterstützen zu können, knauserte jedoch derart, daß man sich von Wien bis Madrid darüber erregte. Der sparsame Papst wies auf die Menge der Ausgaben («höchst bedeutend»), die Höhe der Schulden hin und betonte «namentlich die für den Krieg in Italien aufgewendeten Kosten».

Während er aber um 1630 infolge des mantuanischen Konflikts die päpstlichen Kassen für gänzlich leer erklärte, kaufte er gerade in jenem Jahr seinem Neffen Taddeo Barberini das Fürstentum Palestrina für 725 000 Scudi. Zwei Jahre später schätzte man Taddeos Güterbesitz bereits auf vier Millionen Scudi. Und wieder bald darauf bekommt er für 427 500 Scudi noch Valmontone und Umgebung. Insgesamt soll während Urbans 21jähriger Amtszeit Neffe

Taddeo 42 Millionen Scudi erhalten haben und dessen Bruder, der Kardinalnepote Francesco Barberini, sogar 63 Millionen Scudi, so verrückt hohe Summen, daß Ranke an einen Schreibfehler dachte. Doch selbst von Pastor notiert (in einer Fußnote) zu dieser in einer allgemeinen Verlautbarung über Innozenz' X. Konklave stehenden Angabe: «Sie wird aber durch die Berichte der toskanischen Gesandten bestätigt». Wie auch Jesuit Grisar anmerkt, daß «die gleiche Zahl», 105 Millionen Scudi, «sich in mehreren Handschriften findet.»

Der Heilige Vater aber weiß, der Kirchenstaat, den er am weitesten ausdehnte, denn sein Lieblingsobjekt war der Krieg, sei «sehr klein», besitze auch nicht «Berge von Gold», und den in der Engelsburg gehorteten Schatz brauche der Heilige Stuhl «zur eigenen Verteidigung». Gern ordnete der Papst indes öffentliche Gebete für die Bedrängnisse der Kirche in Deutschland an und verhieß den Gläubigen Ablässe.

Dem Kaiser gegenüber ging der achte Urban also etwas auf Distanz. Lieber verpulverte er die vatikanischen Finanzen im Dienste seiner Nächsten, der Familie Barberini, von denen er einige zu Oberbefehlshabern seiner Truppen zu Wasser und zu Land machte, sowie seinen Bruder, den Kapuziner Antonio d. Ä., samt mehreren Neffen zu Kardinälen, einer gerade erst zwanzig Jahre alt. Und da die Habgierigen auch nach dem Herzogtum Castro gelüstete, ließ er sich noch in einen rein militärisch sechs Millionen, insgesamt angeblich zwölf Millionen Scudi kostenden, große Gebiete des Kirchenstaats verheerenden «Kleinkrieg» verwickeln. Und da er dabei gegen das «vereinte Italien» stand, schickte er 30000 Krieger zu Fuß und 6000 zu Pferd in den Kampf, mußte gleichwohl 1644, noch kurz vor seinem Tod, einen wenig vorteilhaften Frieden schließen, wobei er, überliefert sein Arzt, vor Schmerz in Ohnmacht fiel – und bat später noch, ehe er starb, den Himmel um Rache.

Schließlich hatte sich Urban kaum zufällig nach dem berüchtigten ersten Kreuzzugspapst Urban II. benannt (vgl. VI Kap. 6!), hatte er seit Beginn seines Pontifikats dem Militär sein besonderes Interesse gewidmet, auch mit der Größe seines Heeres geprotzt und im Sommer 1625 zur Eroberung des Veltlin 6000 Mann Fußvolk nebst

600 Reiter bereitgestellt. 1626, nach Besiegung der Dänen bei Lutter am Barenberg, erhoffte der Heilige Vater die völlige Vernichtung ihres Heeres.

Ja, er faßte damals einen Angriff auf England ins Auge, wofür er Frankreich und Spanien zu gewinnen hoffte. Zunächst verhandelte er selbst mit dem französischen und spanischen Gesandten, dann übertrug er die Konferenzen dem Nuntius Spada in Paris. Die Spanier sollten 1627 in England landen, die Franzosen im folgenden Frühjahr, und an den Papst sollte dann Irland fallen, vielleicht von einem Vizekönig regiert.

Urban war es auch, der 1627 zur Fortsetzung des Krieges gegen La Rochelle trieb, Friedensverhandlungen verwarf, und im nächsten Jahr feierte er den Fall der erbärmlich ausgehungerten Feste, die als uneinnehmbar gegolten, mit Te Deum, Freudenfeuer und Kanonendonner. Überhaupt wurde gerüstet und gerüstet, Rom teilweise in Wehranlagen, die Engelsburg in eine moderne Festung verwandelt; schon 1628 gab man dafür 800000 Scudi aus. Insgesamt soll der waffenselige Stellvertreter für seine militärischen Konzepte 4000000 Scudi verbraucht haben – für die Kirchenverwaltung waren vier Jahre vor seinem Tod noch 300000 Scudi verfügbar. Als man Urban eines Tages an alte päpstliche Verordnungen erinnerte, antwortete er sehr bezeichnend: der Ausspruch eines lebenden Papstes sei mehr wert als die Satzungen von hundert verstorbenen!

Auch Kasernen wurden angelegt, Waffenfabriken und Waffenlager, Kanonen fabriziert unter Verwendung antiker Bronzebalken von der Vorhalle des Pantheons oder einer antiken Pforte S. Adrianos, schon von Zeitgenossen in dem berühmten Epigramm verhöhnt: «Quod non fecerunt barbari, fecerunt Barberini» (Was die Barbaren nicht getan, taten die Barberini). Der Papst kaufte auch Kriegsgerät für beträchtliche Summen, ja er installierte unter der Vatikanischen Bibliothek ein Zeughaus mit Handwaffen für ein Heer von 28000 Mann. Auch andere Städte des Kirchenstaates hat man durch Verteidigungsanlagen geschützt, Loreto, Ancona, Pesaro oder Castelfranco, das jetzt den Namen «Forte Urbano» bekam. Man hat Civitavecchia zu einem Kriegshafen ausgebaut, die Flotte modernisiert, die Küste mit zahlreichen Wachtürmen versehen zur

Abwehr nicht nur von Feinden, sondern auch von Notleidenden, Kranken. So stieß 1630 der päpstliche Oberbefehlshaber Battista Naro Pestkranke bei ihren Landungsversuchen wieder ins Meer.[27]

Auf katholischer Seite rühmt man immer wieder die Friedensbestrebungen Urbans VIII., die freilich nur der katholischen Welt galten. Auch Fritz Dickmann schreibt in seinem «Standardwerk» zum Westfälischen Frieden von Urban: «Dem Frieden unter den katholischen Staaten gehörte sein Herz, ihn hat er vom ersten Tage seines Pontifikates an unablässig gefördert ... Immer wieder bot er seine Vermittlung an, nicht einen Augenblick hat die päpstliche Diplomatie geruht, die katholischen Mächte zu Friedensverhandlungen, zur Sammlung ihrer Kräfte gegen die Ungläubigen und Häretiker zu mahnen ... Nur ihre Bekehrung kann ... Gegenstand katholischer Bemühungen sein, ist diese nicht zu erreichen, so bleibt nur ihre Vernichtung – der Papst spricht in der Tat von destruttione und estirpatione – übrig.»

Eine bezeichnende Rolle spielte denn auch das Papsttum gerade beim Westfälischen Frieden selbst.

Die Kurie hatte ihren Abgesandten verboten, mit protestantischen Diplomaten zu sprechen, ja in ihrer Gegenwart auch nur zu verhandeln. Und der Papst ignorierte gleichfalls die Abtrünnigen. Sprach er von einem Universalfrieden, meinte er nicht wirklich einen solchen, sondern, wie schon sein Vorgänger, nur Frieden unter den Katholiken. Protestanten, ihren Fürsten, ihren Republiken, schenkte er keine Beachtung.

Nach dreißigjährigem Blutvergießen war es Innozenz X. (1644–1655), der fast als einziger öffentlich, und zwar «in toto», wider den Westfälischen Frieden protestierte, da ihm die Zugeständnisse an die protestantischen Staaten zu groß erschienen. Nachdem schon der Legat Fabio Chigi – dann als Alexander VII. sein Nachfolger – die Konzessionspolitik der Kaiserlichen bekämpft, wiederholt streng getadelt und schließlich dreimal öffentlich Protest gegen den Friedensabschluß eingelegt hatte, verdammte Innozenz X. diesen Frieden aus dem Vatikan als «null und nichtig, ungültig, unbillig, ungerecht, verdammenswert, verwerflich, nichts sagend, inhalts- und wirkungslos für alle Zeiten».

Kaiser Ferdinand III. untersagte die Verbreitung des papalen Einspruchs, den als einziger deutscher Prälat der Trierer Erzbischof veröffentlichte. Doch hatte die päpstliche Haltung praktisch keine Folgen, der Protest blieb ohne Wirkung; bis heute aber rückten die römischen Hierarchen nicht davon ab.[28]

12. KAPITEL

PAX CHRISTIANA ODER «CHRISTLICHE LEBENSFÜHRUNG» NACH DEM JAHRHUNDERTKRIEG

«Stehet alle Zeit in guter Postur, damit ihr Nachdruck habet.»
Friedrich Wilhelm I., der «Große Kurfürst»[1]

«In besonderer Beachtung steht bei den Türken der Papst. Ihn halten sie für fähig, die christlichen Potentaten zu einem Bunde wider sie zu vereinigen, dem einzigen Bollwerk wider ihre Macht, das sie fürchten.»
Der venezianische Botschafter an der Hohen Pforte, Civrano, 1682[2]

«Jedenfalls war man darüber einig, daß die Versorgung der Armeen mit Lebensmitteln und Munition ohne die päpstliche Hilfe nicht hätte bewerkstelligt werden können. Als der Papst in der höchsten Not im August 1683 dem Kaiser auf dem schnellsten Wege 500000 Gulden überwies, antwortete Nuntius Buonvisi nach Rom, er habe noch in der Nacht nach Ankunft der Summe dem Kaiser die freudige Nachricht überbracht; der Kaiser sei so gerührt gewesen, daß ihm die Tränen aus den Augen strömten.»
Ludwig von Pastor[3]

«Unter Ludwig XIV. (1661–1715) entwickelte das Königtum einen immer größeren bürokratischen Apparat und verschuldete sich durch ausgedehnte Kriege ... Unter Ludwig XIV. waren zwischen 1685 und 1715 die Staatseinnahmen infolge der ständigen Kriege um 37% geringer und die Staatsschulden um 418% größer geworden. Trotz immer weiterer Steuern, die der dritte Stand bezahlen mußte, wie Wegesteuern, Salzsteuern, Kopfsteuern oder Fenstersteuern wurde im 18. Jahrhundert das Staatsdefizit immer größer. Das ist der große sozialhistorische Hintergrund, auf dem man die Entwicklung zur Revolution verstehen muß, wenn er auch spezifisch französische Züge trägt und nicht überall in gleichem Maße vorhanden war.»
Informationen zur politischen Bildung[4]

Von der Sehnsucht nach Frieden und stets neuen Kriegsprojekten

Der lange Krieg hatte die Länder, insbesondere die deutschen, erschöpft, bevölkerungsmäßig, wirtschaftlich, moralisch, in jeder Hinsicht. Doch noch während der Friedensbesprechungen – 1644 in Osnabrück mit Schweden, in Münster mit Frankreich eröffnet – warfen die Parteien einander gegenseitig vor, gar keinen Frieden anzustreben, nur trick- und intrigenreich den Krieg verschleppen, nur Zeit gewinnen zu wollen. Der spanische Gesandte Graf Guzmán de Peñaranda verfluchte jeden Tag, der ihn in Münster festhielt, und schimpfte das größte Hindernis für den Frieden den Friedenskongreß selbst, diene er doch bloß dazu, «ständig neue Komplotte und Kriegspläne auszubrüten». So sah es gewiß nicht jeder. Doch auch als Ferdinand III., in Religionsfragen weniger fanatisch als der Vater, dem er 1637 als Kaiser gefolgt war, sich um Beendigung des Krieges mühte und Anfang 1645 von seinen engsten Beratern, Mitgliedern des Geheimen Rates, entsprechende Expertisen einholte, noch da hegte niemand Hoffnung auf Verhandlungen. Vielmehr erklärten alle Gutachten, daß der Friede allein durch weitere Rüstungen und militärische Erfolge erreichbar sei. Der Kaiser aber geriet immer mehr unter Druck, verlor immer mehr an Boden. 1646/1647 überschritten seine Gegner die Donau, im Sommer 1648 rückten die Schweden gegen Prag vor.[5]

So gut wie alles wünschte zuletzt Frieden. Die achtzehnjährige Christine von Schweden, die 1644 die faktische Herrschaft antrat, wollte Frieden sogar ohne Gebietsgewinne. Jeder Frieden, sagte sie, sei ihr willkommen. Mauserten sich doch nun selbst die größten konfessionellen Scharfmacher, Maximilian von Bayern etwa, zu Friedenspolitikern. Ja, er, der erst wenige Jahre zuvor «lieber noch hundert Jahre Krieg» geführt hätte als wesentlich Katholisches preiszugeben, schloß 1647 mit Frankreich einen Waffenstillstand und verband jetzt, von Rom bitter beklagt, mit seinen Friedensappellen offene Drohungen gegen widerstrebende katholische Kreise. Schließlich war nicht nur 1645 ein bayrisches Heer bei Allerheim (Nähe Ulm) ausgelöscht worden, sondern in den darauf folgenden Jahren hatten Zangenangriffe schwedischer und französischer Verbände auch zur Vernichtung der letzten kaiserlichen und bayrischen Armeen geführt.[6]

Die Sehnsucht nach Frieden war übermächtig, wie das Elend ringsum, zumal auf deutschem Boden. Vor dem Krieg, gar oft bezeugt, wohlangebautes, blühendes Land, nachher weithin Wüste. Gewiß, die Schrecknisse des «Krieges der Kriege» sind auch übertrieben, manchmal maßlos übertrieben worden. So stellte eine Schadenersatzliste der schwedischen Regierung in einigen Bezirken mehr zerstörte Orte in Rechnung, als es dort Orte überhaupt gegeben. Insgesamt sollte Schweden allein beinah zweitausend Schlösser ruiniert haben, fünfzehnhundert Städte und achtzehntausend Dörfer.

Daß die deutsche Bevölkerung von sechzehn auf vier Millionen geschrumpft sei, ist ein Märchen. Daß aber ein Land, das jahrzehntelang sengende und brennende Mordhaufen nicht nur einmal, sondern immer wieder überrollten, in oft grauenhafter Verheerung darniederlag, versteht sich von selbst. Wohl gab es vom Krieg auch kaum, ja gar nicht heimgesuchte Gegenden, doch andere traf es desto mehr. Weite Teile Brandenburgs, Mecklenburgs, Thüringens, Hessens, auch des Oberrheingebiets, Württembergs, der Pfalz lagen allmählich verwüstet, abgebrannt, fast menschenleer, besonders das sogenannte flache Land. Nach Franz ging in Mecklenburg der Bauernstand auf die Hälfte, in Württemberg die Einwohnerzahl in den ersten zwei Kriegsjahrzehnten von 450000 auf 100000 zurück. Auch in Bayern blieb vieles unbebaut, waren, nach Bosl, von knapp 5000 Städten und Dörfern 900 gänzlich zerstört, sank die Einwohnerzahl, nach Schremmer, durch Kämpfe, Seuchen, Hungersnot auf 50 Prozent, die Münchens von 24000 auf 9000, die Landshuts von

12000 gar auf 2500. Und noch gegen Mitte des 18. Jahrhunderts lagen hier 10000, an dessen Ende immer noch 5000 Bauernhöfe öde. Insgesamt schrumpfte die deutsche Bevölkerung als Folge der Feindseligkeiten in städtischen Gebieten um bis zu 30, in ländlichen um bis zu 50 Prozent.[7]

Natürlich stößt man auch auf die Tendenz, die Verluste möglichst herunterzusetzen. Gibt es doch Historiker, die aus der Beendigung des Dauermordens den christlichen Mächten gar noch einen Ruhmeskranz flechten wollen; sei der Frieden ja «nicht durch eine Abkehr von den religiösen Grundlagen der Politik bewerkstelligt worden, sondern im Gegenteil Ausdruck einer in den besonderen religionssoziologischen Grundlagen Europas verwurzelten prinzipiellen, politischen Friedensfähigkeit» (Schilling). Wobei diese «Friedensfähigkeit» noch ausgespielt wird gegen den islamischen Dschihad, der «streng genommen nur den Sieg und keinen Frieden kenne». Da freilich auch die andere, die «böse» Seite, Frieden schließt, rügt man jetzt, daß sie «bei realpolitisch unumgänglichen Vertragsabschlüssen (!) mit andersgläubigen Vertragspartnern diese nicht als prinzipiell Gleiche akzeptiere». Als ob das umgekehrt so sehr viel anders wäre![8]

Doch wollte man denn nach 1648 in der christlichen Welt überhaupt noch Kriege? Nun, in der zweiten Hälfte des 17. Jahrhunderts gab es kaum weniger als in der ersten. Krieg auf Krieg führte die Christenheit wieder, Krieg, bald nachdem sie Frieden geschlossen, noch während sie ihn schloß, und demonstrierte Friedensbereitschaft, tat wenigstens so als ob. Der schöne Schein.

Entgegen der bisherigen Forschungsannahme rüstete man ab, wurden die meisten Truppen des großen Orlogs entlassen, gab es kaum ein «stehengebliebenes Heer». Vielmehr befreite man sich vom personellen Ballast der Schlachthaufen, von überflüssigen Kosten, erreichte durch solcherlei «Reduktion» und «Reformation», wie die «Zauberformeln» hießen, mit viel weniger Leuten eine weit höhere Leistungs- und Ertragsfähigkeit («Wachstum») – und täuschte der Welt zugleich propagandistisch effektvoll Demobilisierung vor.

Das erinnert, mutatis mutandis, nicht weniger an derzeitige Methoden unserer Militär- und Wirtschaftsstrategen als das Urteil

Bernhard Kroeners über den absoluten Fürstenstaat nach dem Dreißigjährigen Krieg. Hatte dieser Staat doch «ein Interesse an einem möglichst düsteren Hintergrund, vor dem er die Notwendigkeit einer stehenden, ständig besoldeten und damit disziplinierten Armee seinen in der Regel zahlungsunwilligen Untertanen besonders nachdrücklich vor Augen führen konnte».

Überhaupt trugen die Kriege des 17. Jahrhunderts – noch ein Glück – zur Staatenbildung bei! Wurde angesichts ihrer doch geradezu der Begriff «Staatenbildungskriege» geprägt (Burkhardt), der Krieg als «Schwungrad der Staatsbildung» (Hintze) bezeichnet – wobei der Akzent nicht auf Bildung liegt. Gerade der Dreißigjährige Krieg hatte auch den «miles perpetuus», den «ständigen Soldaten», das «Berufsheer auf breiter Front» durchgesetzt, hatte die Länder bewogen, «das Heerwesen zu perpetuieren, einen Gutteil der gewerblichen Produktion auf den Heeresbedarf umzulenken und Verwaltungsgremien zu schaffen, die dafür sorgten, daß sich die Heere nicht verselbständigten und zu einer Gefahr für die zivile Gesellschaft wurden» (Duchhardt).

Vorteil über Vorteil! Besonders für die Steuerzahler: betrugen die Militärausgaben im Frieden um 30 Prozent des Etats, kletterten sie im Krieg auf 70 bis 85 Prozent.[9]

Krieg auf Krieg

Der Westfälische Friede sollte in Europa die konfessionelle Neutralität zwischen Katholiken, Lutheranern, Calvinisten und (in Gestalt des Moskauer Großfürsten) Orthodoxen herstellen und eine «pax christiana» begründen. Doch die eineinhalb Jahrhunderte nach dem Dreißigjährigen Krieg, die Zeit zwischen 1650 und 1800, wurde nicht zu einer besonders friedlichen Epoche.

Im Gegenteil! Das ganze 17. Jahrhundert war durch und durch kriegerisch, die zweite Hälfte wie die erste. Es gab in diesem gottgesegneten Säkulum nur ein gänzlich kriegsfreies Jahr! Und beinah war es noch so im 18. Jahrhundert. Viele Menschen kannten nichts als Krieg. Er war für sie normal, für einige wenige eine Art «Sport der Könige». Sie hatten sich die Außenpolitik sozusagen höchsteigen reserviert. Und Außenpolitik bedeutet (noch mehr als Innenpolitik): Diplomatie und Krieg. Und wenn Diplomatie nicht weiter führte oder nicht weiter führen sollte, dann kämpfte man. Man kämpfte zwecks territorialer Abrundung, kämpfte aus wirtschaftlichen, aus dynastischen Gründen, aus Gründen der Souveränität, der Reputation, um Ruhmes und der Ehre willen (gloire). Im Grunde stand, wie stets, hinter allem der Kampf um die Macht, um den Aufstieg zur Macht, den Erhalt der Macht, die Mehrung der Macht, und das ging zuletzt, immer und ewig, nur mit den Mitteln der Gewalt.[10]

Bereits in den Monaten nach Unterzeichnung des Friedensschlusses Ende Oktober 1648 kam es «immer wieder zu kleineren Kampfhandlungen» (Kroener). Lief ja überhaupt, ungeachtet der Friedenskonferenzen in Westfalen, der von Richelieu 1635 Spanien erklärte Krieg, der «Restkrieg», noch lange weiter.

Selbst die Schweizer Eidgenossenschaft genoß nicht durchaus Frieden. Zwar galt sie seit 1499 als exemt vom Reich; zwar war sie, trotz zahlreicher Querelen zwischen katholischen und evangelischen Kantonen, nicht in das große dreißigjährige Gemetzel verwikkelt und bekam im Westfälischen Frieden die faktische Unabhängigkeit vom Deutschen Reich garantiert. Im Innern aber kehrte auch in der Schweiz keine wirkliche Beruhigung ein. 1653 wurde sie von einem ziemlich ausgebreiteten Bauernkrieg erfaßt, eine «schwere Herrschaftskrise», durch die diversen Obrigkeiten nur «mit harter Hand» (Press) zu überwinden. Und hatten die arg geschundenen Bauern erst «Obrigkeiten» getötet, töteten diese dann die Bauernführer: 35 Todesurteile.

Drei Jahre später aber, 1656, brachte der Erste Villmerger Krieg den katholischen Kantonen für ein halbes Jahrhundert ein gewisses Übergewicht über die Evangelischen, die 1712 den Zweiten Villmerger Krieg – u. a. gegen den Abt von St. Gallen und das Geld des Papstes – für sich entschieden. Und durch das ganze 18. Jahrhundert dauerten in der Schweiz die Unruhen, Bedrückungen, Aufstände fort. Noch 1765, 1766, 1770, 1781, 1794 kam es zu Erhebungen.

«Die schweizerischen Regierungen hatten im ungestörten Besitz der Herrschaft nie an die Bedürfnisse des Volkes und an zeitgemäße Veränderungen und Verbesserungen gedacht, vielmehr waren stets die Bitten und Beschwerden des Volkes mit Härte zurückgewiesen worden; als daher in Frankreich der Sturm der Revolution losbrach, zeigten die Schweizer keine Anhänglichkeit an ihre Obrigkeiten, sondern ließen große Neigung blicken, Frankreich nachzuahmen» (Pierer).[11]

England hatte an den Friedenskonferenzen in Münster und Osnabrück nicht teilgenommen. Man steckte noch in den Nachwirkungen des Bürgerkriegs sowie in anderen analogen «Säuberungsaktionen».

Der maßgebliche Mann, der eigentliche Herr des Inselreiches, wurde Oliver Cromwell (1599–1658), ein kleiner puritanischer Landadliger, der zum Reitergeneral der Parlamentstruppen, ja zum Lord Protector aufstieg, doch nicht König werden wollte – dabei hatte man für ihn gelegentlich sogar den Titel eines «Kaisers der britischen Inseln» erdacht. Cromwell, der sich und das englische Volk – ein auch hier lang weiterwirkender Wahn – für Gottes Auserwählte hielt und als gläubiger Bibelchrist selbstverständlich die Todesstrafe vertrat, stritt gegen König Karl I. zunächst im Parlament, dann in einem vierjährigen Bürgerkrieg (1642–1645). Und wie den König bekämpfte Cromwell, der Führer der «Independenten», der Puritaner, auch den Anglikanismus der High Church Karls und den Katholizismus. Nach Art seiner Sektierer führte er, zumal im Krieg, und der war üblich, häufig fromme Bibelsprüche im Mund und verband gern Greueltaten mit ihnen. Ganz dem Glauben an die göttliche Vorsehung ergeben, empfand er sich, wie etwa im Herbst 1645 bei Erstürmung des festen Schlosses Basing House, als Streiter des Allerhöchsten wider die Mächte der Finsternis, zitierte aus den Psalmen und ließ nahezu ein Dutzend Priester erschlagen oder aufhängen und hundert Verteidiger des Schlosses hinmorden. «You must remember what they were: they were most of them Papists; therefore our muskets and our swords did show but little compassion.»

Cromwell maß dem päpstlichen Protest gegen den Westfälischen Frieden «enorme Bedeutung» bei. Sahen die tonangebenden Männer des revolutionären Regimes den Katholizismus doch gar nicht so falsch als prinzipiell friedensunfähig an, glaubte man in England ja überhaupt an eine von der Kurie gesteuerte Anti-Protestanten-Bewegung und hielt das päpstliche Veto als ein Zeichen dafür, «daß die Katholiken den Plan einer völligen Vernichtung des Protestantismus noch nicht aufgegeben hätten» (Asch).

Entsprechend ging man gegen sie vor.

Nachdem man den Bürgerkrieg beendet und König Karl I. (1625–1649), den Gatten der Prinzessin Henriette Maria, der katholischen Tochter Heinrichs IV. von Frankreich, durch das «Rumpfparlament» als «Tyrann, Verräter, Mörder und Feind des Gemeinwesens» verurteilt und im Januar 1649 geköpft hatte, machte man England unter der Bezeichnung Commonwealth und unter Cromwells diktatorischer Regie de facto zur Republik (1649–1660). Regiert wurde zum Teil mit dem Raub aus beschlagnahmtem katholischem Besitz; anno 1650 über 62000 Pfund, wobei die Einnahmen aus 13 Bezirken noch fehlen. Im gleichen Jahr bestimmte ein Gesetz für das Denunzieren von Jesuiten oder Priestern und ihren Gastgebern dieselbe Belohnung wie für das Ergreifen von Räubern.

Seinerzeit eroberte man Schottland, seit 1603 durch Personalunion mit England verbunden, besonders aber das in sich zerrissene Irland in einem «brutalen Ausrottungskrieg» (Handbuch der Kirchengeschichte).

Die dortigen Katholiken, von verschiedenen europäischen Potentaten mit Geld unterstützt, von Papst Innozenz X. auch mit Waffen, hatten protestantische Ansiedler in Massen vertrieben oder erschlagen. Und nachdem Cromwell Mitte August 1649 in Dublin gelandet war, veranstaltete er in mehreren Städten wahre Blutbäder. In Drogheda, wo er allen sich Ergebenden Pardon versprochen, dann aber das Geschehen als Gottesgericht erklärte und alles niederzumetzeln befahl, kamen an die tausend Menschen bei der Peterskirche um, andere verbrannten im angezündeten Kirchturm oder endeten auf dem Dach ihr Leben. Ähnliche Greuel wiederholten sich bald in der Hafenstadt Wexford, wobei auch mehrere hundert zu Wasser

Fliehende mit den überfüllten Booten untergingen, für Cromwell wieder ein Akt göttlicher Gerechtigkeit.

Im Frühsommer 1650 verließ er den Krieg in Irland. Und kaum hatte er im September 1651 Karl II., den Sohn des geköpften Königs, bei Worcester besiegt, begann die Republik im nächsten Jahr den Krieg gegen die Niederlande, den Ersten Englisch-Niederländischen Seekrieg (1652–1654), im Kern ein Handelskonflikt, dem 1664 bis 1667 der Zweite Englisch-Niederländische Seekrieg, begleitet in London von der Beulenpest und dem «großen Feuer», und 1672 bis 1674 noch der Dritte Englisch-Niederländische Seekrieg folgte und Englands Vorherrschaft zur See.

Englands außenpolitisches Ziel in den 1650er Jahren war nicht eine Stabilisierung des Friedens, sondern seine Verhinderung. Und kaum hatte es den Krieg mit den Niederlanden im April 1654 beendet, trat es schon im Jahr darauf an der Seite Frankreichs in den französisch-spanischen Krieg ein. Auch der 1657 von dem Lordprotektor geschlossene Freundschaftspakt mit Frankreich sollte ja den französisch-spanischen Krieg verlängern. Er hatte bereits 1635 begonnen und, wie schon bemerkt, über das Jahr 1648 fortgedauert. Und da Spanien nicht nur Englands alter Gegner, sondern auch eine Hochburg des härtesten Katholizismus war, konnte Cromwell als Vollstrecker der «göttlichen Vorsehung», als «Werkzeug Gottes» agieren und Spanien «als Instrument des Antichristen im eschatologischen Endkampf» erscheinen lassen, Teil eines Kampfes zwischen «Licht und Finsternis». Dieser Haß- und Hetzsprache bediente sich sowohl der Politiker als auch der Befehlshaber seiner Truppen zu Land und zur See. So schrieb er im Juli 1655 an den Kommandanten des auf Jamaika stationierten Karibik-Geschwaders, «the Lord himself has a controversy with your enemies; even with that Roman Babylon of which the Spaniard is the great underpropper».

Als Cromwell 1658 stirbt, weinen ihm nicht viele nach: ein fanatischer Puritaner für die einen, der im Lande Shakespeares das Theater unterdrückt, ein militärischer Diktator für die andern, was sich ja nicht ausschließen muß. «In Wirklichkeit ist Cromwell ein patriotischer Engländer, der seine Landsleute als auserwähltes Volk und Gottes Augapfel betrachtet und sich bemüht, die Ordnung zu erhalten und für die christliche Lebensführung zu sorgen» (Sierszyn).

Nach seinem Tod kommt es zu einem Restaurationsversuch der Stuarts (1660–1688), die ja auch die «christliche Lebensführung» propagieren. Der Sohn des liquidierten Königs, Karl II., kehrt von seiner Flucht aus Südholland zurück, stellt die Monarchie, die Anglikanische Kirche wieder her, verspricht allgemeine Amnestie und freie Religionsausübung. Doch tatsächlich werden nun wieder die Independenten, die Gegner der Anglikaner verfolgt, die Kerker füllen sich, viele Köpfe rollen, und noch Cromwells Knochen, ausgegraben und verhört, gelangen an den Galgen.[12]

Für wenig Frieden sorgte auch der Markgraf von Brandenburg Friedrich Wilhelm I., der «Große Kurfürst» (1640–1688), was ja schon der Beiname verrät.

Mit seinem christlichen Herrscherbewußtsein reformierter Provenienz weiß er ebenso soldatischen wie merkantilen Sinn zu verbinden, ausgesprochen expansives Handeln mit markanter innerstaatlicher Präsenz, entsprechendem Auftreten gegenüber seinen Untertanen, deren Abgaben er militärisch einzieht, wobei er die Bauern wieder zu Leibeigenen herabdrückt, gelegentlich auch vor rabiaten Einzelaktionen nicht zurückschreckt, wie der spektakulären Entführung des ostpreußischen Oberst Christian Ludwig von Kalckstein aus Warschau, den er 1672 hinrichten läßt. Seine sprunghafte, stets opportunistisch Partner preisgebende, mitunter die Fronten schroff wechselnde Politik, der er vor allem seine «Größe» verdankt, ließ schließlich vom «brandenburgischen Wechselfieber» sprechen.

Schon in früher Jugend im Feldlager Friedrich Heinrichs, des Prinzen von Oranien, für den Krieg herangedrillt, für den er sozusagen eine natürliche Begabung mitbringt, beginnt er noch in den letzten Jahren des dreißigjährigen Schlachtens mit dem Aufbau eines strikt auf ihn eingeschworenen stehenden Heeres, eines «miles perpetuus», unentbehrlich jetzt für jeden ambitionierten Regenten, der nicht schutzlos den Machtgelüsten Stärkerer ausgeliefert sein, der selber einen eigenen «Handlungsspielraum» haben will, übrigens auch mittels «großzügiger Bestechung» (Baumgart).

Die Beteiligung des Fürsten, der seine General-Kriegs-Kasse persönlich kontrolliert, am Ersten Nordischen Krieg, zunächst auf schwedischer, dann auf polnisch-österreichischer Seite, erbringt ihm 1660 im Frieden von Oliva die definitive Souveränität über sein Herzogtum (Ost-)Preußen, was den Weg Brandenburg-Preußens, der späteren Großmacht, ebenso einleitet wie den politischen Niedergang von Polen und Schweden, seinen Hauptgegnern im Ostseeraum. 1674 unterstützt Friedrich Wilhelm I. den Reichskrieg im Elsaß gegen Ludwig XIV., schlägt 1675 die mit diesem verbündeten, doppelt so starken Schweden bei Fehrbellin (nahe Potsdam), worauf er erstmals den Beinamen «Großer Kurfürst» erhält und «Preußens Gloria» von ferne winkt. Er erobert Vorpommern, verliert jedoch, vom Kaiser im Stich gelassen, praktisch alles Gewonnene im Frieden von St. Germain 1679 wieder an Schweden, geht deshalb zu Frankreich über und tritt zuletzt noch einmal bei den Kaiserlichen an, denen er, der Calvinist, 1686 gegen Zahlung von 150000 Reichstalern 7000 Mann zustellt. Zwischenzeitlich betreibt er die Schaffung einer Flotte, tätigt Ausgriffe nach Übersee, gründet Groß-Friedrichsburg im heutigen Ghana, die erste deutsche Niederlassung in Afrika, und erwirbt 1685 auch das damals dänische St. Thomas in der Karibik, einen Umschlagplatz für Sklavenhandel, seinerzeit schon fast eineinhalb Jahrhunderte in Schwang, auch von papalen Bullen sanktioniert (S. 14ff.). Und gewiß nicht nur vom Geist der Toleranz geprägt: Friedrich Wilhelms Aufnahme der 1685 durch Ludwig XIV. verjagten Hugenotten sowie der 1670 vom Kaiser aus Wien getriebenen Juden; sie alle sollten sich in Brandenburg-Preußen mit privilegiertem Status niederlassen, ihr bisheriges Gewerbe ausüben, steuerfrei bleiben und die kurfürstliche Wirtschaft ankurbeln.

Im politischen Testament des «Großen» ermuntert er seinen Nachfolger: «Stehet alle Zeit in guter Postur, damit Ihr Nachdruck habet». Und nicht ohne Grund sieht Friedrich «der Große» mit dem «Großen Kurfürsten» Preußens Aufstieg beginnen. Schon der Thronfolger Friedrich III. von Brandenburg krönt sich 1701 in Königsberg als Friedrich I. zum König in Preußen.[13]

Zu den Siegerstaaten des großen Krieges gehörte Schweden. Durch den Friedensschluß erhielt es Vorpommern samt Stettin, Rügen und, jenseits der Elbe, die Bistümer Bremen und Verden, wodurch sich Dänemark freilich eingeklammert fühlte. Weder außenpolitisch noch im Innern brachte der berühmte Friede den Dänen Frieden. Innenpolitisch bestand die Leibeigenschaft der Bauern durch das ganze Jahrhundert fort, herrschten strenge Gesetze gegen den «Papismus», dessen Priestern, besonders den Jesuiten, der Aufenthalt bei Todesstrafe verboten war. Und außenpolitisch folgte dem Frieden von 1648 für Dänemark eine Reihe von Kriegen, vor allem mit Schweden. Der erste dieser Kriege begann 1657, wobei Dänemark so reiche und bedeutende Gebiete wie Scania, Halland und Blekinge verlor. Schon im nachsten Jahr folgte der nächste Krieg, 1675 bis 1679 ein weiterer Krieg, ebenfalls 1700 einer und 1709 bis 1720.

Schweden brach zum Ausbau seines Imperiums, seiner Stellung an der baltischen Küste, 1655 bis 1660 den Ersten Nordischen Krieg vom Zaun, einen Eroberungskrieg gegen Polen. Kaum hatte Königin Christine, Gustav Adolfs Tochter, 1654 abgedankt, fiel ihr Vetter und Nachfolger Karl X. Gustav Wasa, der Pfalzgraf von Zweibrücken aus dem Hause Wittelsbach, im folgenden Jahr in Polen ein, siegte bei Warschau, nahm Krakau, Thorn, Elbing, wurde aber 1659 auf der dänischen Insel Fünen von Polens Alliierten (Rußland, Österreich, den Generalstaaten und Dänemark) geschlagen und nur durch Frankreichs Vermittlung 1660 beim Frieden von Oliva gerettet, freilich ohne seine überdies nur kurze Großmachtstellung wahren zu können. Und als Schweden 1675, gedrängt von Frankreich, den Krieg in Norddeutschland fortsetzt, verdankt es sein leidliches Abschneiden 1679 im Frieden von Saint-Germain wieder den Franzosen. 1700 bis 1721 kommt es zum Zweiten oder Großen, dem eigentlichen Nordischen Krieg, der mit dem Überfall sächsischer Truppen auf Riga beginnt, mit dem Zusammenbruch Schwedens als Großmacht endet und die Kräfteverhältnisse im Ostseeraum völlig verändert.[14]

Polen, das durch die laufende Schwächung seines Königtums allmählich zur Adelsrepublik, das politisch immer mehr zerrissen, ja um die Mitte des Jahrhunderts bereits Objekt von Teilungsplänen geworden war, taumelte in anarchische Zustände. Während des Dreißigjährigen Krieges von den Schweden, seinen gefährlichsten Feinden, von den Russen, den Türken bekämpft, dauerte dort nach dem Westfälischen Frieden das Morden in den zwanzigjährigen «Kriegen der blutigen Sintflut» nicht nur ungeschwächt, sondern verstärkt fort, operierten in und um Polen wieder schwedische, russische, kosakische Streitkräfte, ebenso die Soldateska Siebenbürgens und Brandenburgs. Es kam zu jahrelangen Invasionen, Okkupationen, Aufständen, zu beinah beispiellosen Verheerungen. Ja, die Polen, die mit ihrer «grande armée en miniature», wiewohl numerisch erschreckend unterlegen, durchaus manche Schlacht gewannen und dann sagenhaft verklärten, erlitten in den «Kriegen der blutigen Sintflut» das größte Fiasko ihrer Geschichte überhaupt, «eine Katastrophe, die noch furchtbarer war als der Dreißigjährige Krieg im Heiligen Römischen Reich.» Hatten doch die polnischen Kernländer Großpolen, Kujawien, Masowien, Podlachien und Kleinpolen «mit Sicherheit mehr als die Hälfte aller Einwohner verloren». Hatte doch eine kaum dreijährige Kriegführung der Schweden, Brandenburger und Siebenbürger zwischen 1655 und 1657 «mehr Schaden angerichtet als dreißig Jahre Krieg in den meisten Ländern des Heiligen Römischen Reiches» (Roos).

Masowiens Einwohnerzahl war zwischen 1654 und 1661 von rund 578000 auf ca. 212000, die Einwohnerzahl Podlachiens von etwa 232000 auf 61000 gesunken. In dem wolhynischen Kreis Krzemieniec, in dem es 1629 noch 204000 Menschen gab, lebten 1661 höchstens noch 8000. Wolhynien war fast ganz entvölkert, ebenso Podolien, ebenso Polnisch-Livland, ehemalige Hauptkriegsschauplätze.

Freilich sind nicht die zweifellos enormen militärischen Verluste die Hauptursache der Entvölkerung gewesen. Vielmehr ging diese zu Lasten der Pest, der Hungersnöte inmitten der «Kornkammer Europas», der ungezählten durch die Tataren in die Sklaverei Verkauften, zu Lasten auch des Geburtenausfalls, der verfrühten Sterblichkeit, Folgeerscheinungen des Krieges; zu Lasten auch der religiösen Greuel, der Massenschlächtereien, die Kosaken und russische

Verbände an den römisch-katholischen Bewohnern Ostpolens, auch an Geistlichen, an Bischöfen begingen, Opfer des Religionshasses, auf mindestens mehr als 400 000 geschätzt. Dazu kommen allein zwischen 1648 und 1655 etwa 180 000 ermordete oder geflohene Juden, kommen ganze jüdische Gemeinden, die man ausgerottet hat, wie 1656 die der Stadt Łęczyca. Ist es doch bemerkenswert, daß man die Einfälle, die Exzesse der Kosaken, der Russen als «orthodoxen Krieg», die der Schweden, Siebenbürger, Brandenburger (die einst in Posen siebzehn Kirchen auf einmal in Flammen gelegt) als «evangelischen Glaubenskrieg» erklärt hat. Doch richteten gelegentlich auch Polen unter der eigenen Bevölkerung Blutbäder an, vor allem um Dissidenten abzustrafen, mutmaßliche Kollaborateure.

Polen hatte seinerzeit riesige Gebiete verloren, mehrere zehntausend Dörfer samt ihren Schlössern, Schulen, Kirchen waren zerstört, Städte oft noch verhängnisvoller getroffen, die überlebenden Menschen meist völlig verarmt.[15]

Lange Kriege führte man damals auch im Süden, im Donauraum, mit den «Ungläubigen».

Konstantinopel (Byzanz), seit 1453 Mittelpunkt des Osmanischen Reiches, war zuletzt bis 1639 durch den Persischen Krieg gebunden und kämpfte bis Mitte der vierziger Jahre gegen keine europäische Macht. Deshalb waren die Türken auch bei den Friedensgesprächen in Osnabrück wie in Münster nicht vertreten.

1645 aber brach der Krieg zwischen ihnen und Venedig um den Besitz von Kreta aus, ein ein Vierteljahrhundert währendes, zeitweise aufs höchste angespanntes Ringen, von Byron die «Ilias Venedigs» genannt. Eine unablässige Folge von See- und Landschlachten, Verwüstungen, Waffengängen um Forts, Festungen, bewehrte Plätze, wobei von Anfang an besonders das Papsttum den Konflikt gefördert hat. Immer wieder schickte Innozenz X. (1644–1655) Geld, nicht vergessend, darauf hinzuweisen, auch andere unterstützen zu müssen, die Iren beispielsweise, den Polenkönig, ja, daß er Monat um Monat 40 000 Scudi für Soldaten zahle. Der Heilige Vater lieferte den Venezianern Munition, Hilfstruppen, erlaubte ihnen deren Aushebung auch auf kirchlichem Gebiet, hetzte sowohl die Kosaken wie den Schah von Persien wider den verhaßten Feind und begrüßte noch das dann doch wieder fallengelassene Projekt, «aus sämtlichen Franziskanerklöstern (!) Kreuzfahrer für Venedigs Krieg aufzubringen.»

Natürlich engagierten sich dafür auch die folgenden Päpste. Selbst der todkranke Alexander VII. (1655–1667) appellierte an die europäischen Mächte um Beistand gegen die Türken, rief dazu den Kaiser ebenso wie Ludwig XIV. auf, alarmierte Polen, Savoyen, Bayern, die geistlichen Kurfürsten. Alexander bewilligte päpstliche Galeeren zum Einsatz und päpstliches Geld. Beides schickte auch Klemens IX. (1667–1669), erhöhte letzteres noch, erlaubte den Venezianern zudem die Aushebung von Truppen im Kirchenstaat, auch das Erheben eines Zehnten von allen Kirchengütern im Venezianischen, ja gestattete deren Verkauf für den Krieg.

Sogar die einander doch selbst so attackierenden abendländischen Christusfreunde vergaßen den Kampf der Lagunenstadt nicht ganz. Hilfe und Helfer kamen nach Kreta, Ritter, Soldaten, Hunderttausende von Dukaten aus Frankreich, Deutschland, Italien, kaiserliche Söldner kamen, päpstliche Kriegsschiffe, französische Adelsfähnlein, Freiwillige aus Schweden, deutsche Malteser, ein Regiment des Großherzogs von Toskana. Die Herzöge von Braunschweig und Lüneburg, vom Papst durch «Gnadenerweise» angereizt, schickten 3300 ihrer besten Haudegen, die Franzosen gar 6000 Mann, 42 Segelschiffe und 18 Galeeren, wofür man in Rom allerdings einen anrüchigen Herzog zum Kardinal machen mußte. Die Bischöfe von Salzburg, Köln, von Paderborn und Trier lieferten Pulver, und das Kloster Fulda wollte gleichfalls nicht zurückstehn.

Schließlich endete die Tragödie freilich mit dem Fall von Kandia, Kretas Hauptstadt (heute Iraklion), in einem Labyrinth von Festungswerken liegend und in den letzten Jahren besonders umkämpft, besonders ruiniert, kein Gebäude mehr ganz, kein Gotteshaus, alles von Geschützfeuer zerrissen, von Minen unterwühlt, mit Leichen übersät, Verwundeten und Krüppeln. Am 6. September 1669 kapitulierte Kandia unter erstaunlich großzügigen Bedingungen der osmanischen Sieger, deren Ordnung und Stille im Lager die

Geschlagenen tief beeindruckt hat. Alles bekam freien Abzug, etwa sechstausend Soldaten (nebst sämtlichem Kriegszubehör) und viertausend Bewohner, alles ging, «bis auf zwei Griechenmönche, ein Weib und drei Juden».

Und zurück blieben Einbußen gewaltigen Ausmaßes. «Man hat die militärischen Handlungen während der Belagerung mit mehr als sechzig Stürmen und achtzig Ausfällen und an die anderthalbtausend Minensprengungen und die militärischen Verluste mit dreißigtausend abendländischen und viermal soviel türkischen Toten berechnet. Als Gesamtkriegskosten haben im Jahre 1683 die Venezianer dem Papste die ungeheure Summe von hundertfünfzig Millionen Dukaten angegeben» (Kretschmayr).

Seit dem Erstarken der Osmanen Mitte des 17. Jahrhunderts setzten 1663 auch die Türkenkriege gegen Habsburg wieder ein, die letzten großen Vorstöße des Halbmonds auf Europa.

Die Wiener Hofburg hatte nach Beendigung des «Langen Türkenkrieges» im November 1606 immer wieder über die Weitergeltung des Friedens verhandelt, bis 1649, und diesen auch jetzt wieder verlängert. Offensichtlich wollte Wien so kurz nach dem Dreißigjährigen Krieg weder die Schweden, die «eretici», aus Deutschland vertreiben, wie der Papst wünschte, noch einen neuen Krieg gegen die Türken beginnen, zumal der vermutlich ebenfalls lang und schwer geworden wäre. Man war nicht nur finanziell, war überhaupt erschöpft und fürchtete überdies den Druck Frankreichs, die stete Zunahme seines Einflusses.

Trotzdem gab es politische Gruppierungen, die noch in den letzten Jahren des Dreißigjährigen Krieges zu einem Krieg gegen die Osmanen drängten, ihn schon vorzubereiten suchten, im königlichen Ungarn ebenso wie im Fürstentum Siebenbürgen (die beide zum Jahrhundertende im Frieden von Karlowitz mit dem größten Teil Slawoniens und Kroatiens an Österreich fallen, das damit Großmacht wird). Auch Kurfürst Maximilian von Bayern schaltete sich 1646 demgemäß ein und schrieb an den Kaiser, «dieser Krieg würde zur Befreiung ganz Ungarns führen und Ferdinand III. dementsprechend viel gewinnen.»

Doch der Sieg am 1. August 1664 bei St. Gotthard an der Raab mit Hilfe des Reiches und der Rheinbundstaaten trägt Österreich einen weiteren Waffenstillstand ein, danach freilich, im Sommer 1683, mit 200000 Mann auch die zweite Türkenbelagerung Wiens. Sie führt zur Schlacht am Kahlenberg, in ihrer «Tragweite» nicht selten verglichen mit dem Triumph Karl Martells 732 über die Araber bei Tours und Poitiers (IV 304), womit der Angriffskrieg gegen die Hohe Pforte eröffnet war, eine immer mehr ausufernde Expansionspolitik Österreichs, bei der es 1684 zur Heiligen Liga zwischen Kaiser Leopold I., Polen, Venedig und dem elften Innozenz kommt.[16]

Vor allem dieser Papst (1676–1689) war es, der unentwegt zur Bekämpfung der Türken trieb.

Seit seiner Jugend ersehnte er eine militärische Karriere und den Krieg gegen den «Erbfeind», wobei er mitstreiten, notfalls auch fallen wollte. Schon als Kardinal soll er den enormen Betrag von 90000 Goldgulden (aurei) für den guten Zweck gespendet haben. Und vom Beginn seines Pontifikates an schmiedete er Kreuzzugspläne, suchte er die christlichen Fürsten zu einer umfassenden Offensive gegen das Osmanenreich, einer Eroberung Konstantinopels zu bringen. Perser, Russen, Polen und der Kaiser sollten zu Land, Malta, Florenz, Genua, Frankreich und der Heilige Stuhl zu Wasser angreifen. Über nichts schien der Stellvertreter Christi länger und lieber zu sprechen, begeisterter, alles schien sich bei ihm um den Kampf wider die «Ungläubigen» zu drehn. Und in der Tat, es war sein eigentliches Lebens-, sein Regierungsprogramm. «Weitere politische Ziele kannte der Papst nicht» (von Pastor). Friede unter den Christen, Ausbreitung des Glaubens und den Türkenkrieg propagierte er 1678 geradezu als «das Heilmittel für Europa». (Und heute – hinter den Fassaden?)

Seit 1677 arbeitete die kuriale Diplomatie pausenlos an einer großen Offensivallianz von Persien bis zu den Pyrenäen gegen den «Erbfeind der Christenheit». Jahr für Jahr predigte der Papst Frieden, um seinen Krieg zu bekommen. Er beschwor deshalb die katholischen Großmächte, er offerierte kirchliche Gnaden, er betete, weinte, nahm 1678 in der Pfingstwoche an einer dreimaligen «Friedensprozession» teil und unterstützte vor allem in Polen und am Wiener Hof die Scharfmacher. Am 25. Februar 1679 entschied sich der Reichstag zu Grodno für den Türkenkrieg, darunter die Bischöfe zustimmend ohne Ausnahme, ja, einige Oberhirten boten gleich die Hälfte ihrer Einnahmen als Kriegsbeisteuer an. Der Heilige Vater aber schloß im März 1679 eine Rede im Konsistorium mit der Erwartung, «daß jetzt der Türkenkrieg beginnen werde», für den er übrigens in all diesen und den folgenden Jahren immer wieder großzügig Gelder springen, gelegentlich auch Kardinäle für die gute Sache tiefer in die Tasche greifen ließ, den Klerus, die Gläubigen überhaupt.

Nachdem Innozenz, trotz seiner Kriegstreiberei zeitweise «Tag und Nacht», mit einer Offensivliga gescheitert war, erstrebte er mit demselben Fanatismus wenigstens eine «Defensivliga», einen konzentrischen Angriff aller Christen, warb dafür bei den Fürsten, glaubte in weniger als drei Feldzügen bis Konstantinopel zu gelangen und konnte sich dort bereits Ludwig XIV. als gekrönten Kaiser vorstellen.[17]

ZUR ZEIT DES «SONNENKÖNIGS»

Nun neigte freilich gerade der Allerchristlichste König den «Ungläubigen», den «Erbfeinden», kaum weniger zu als den rechtgläubigen Heiligen Vätern. Wollte Ludwig XIV. (1638–1715) doch nicht nur jede Allianz wider die Türken hintertreiben oder zumindest erschweren, sondern deren Angriffswut gegen Österreich gar noch steigern, wenn ihm auch die Rücksicht auf die türkenfeindliche Christenheit eine mehr oder weniger verschleierte protürkische Politik aufzwang. Doch soll selbst für Papst Innozenz noch 1685 der französische König, trotz all seiner Täuschungen, Tücken, Hinhaltetaktiken, der einzige christliche Fürst gewesen sein, vor dem er Achtung hegte, und natürlich nur, weil er ihn allein für fähig hielt, den «Erbfeind» zu Boden zu werfen.

Schließlich führte der in ganz Europa bewunderte «Sonnenkönig», der seit Mazarins Tod 1661, dreiundzwanzigjährig, die Regierung selber leitete, der Spaniens Unterwerfung, Frankreichs Ausdehnung bis zum Rhein und das Kaisertum erstrebte, einen brutalen Krieg nach dem andern. Zunächst vor allem gegen kleine Nachbarn, gegen Genua, die Niederlande, die zudem keine Monarchien waren. 1667 zettelt er kraft fragwürdiger Erbansprüche den Devolutionskrieg, einen Blitzkrieg an, bei dem er in Flandern einfällt, um die Spanischen Niederlande zu annektieren; gestoppt durch eine Koalition, muß er sich jedoch mit dem Gewinn einiger Städte und Grenzfestungen im Süden bescheiden. 1670 marschiert er in Lothringen ein, das er fast drei Jahrzehnte lang besetzt. 1672 attackiert er mit 120000 Mann die nördlichen Niederlande, ein reiner Eroberungskrieg, den der Aggressor aber – nicht seine einzige derartige Heuchelei – als heiligen Krieg zur Wiederherstellung des Katholizismus ausgibt, so daß der getäuschte Pontifex in Rom mit Lobbreven und Dankgottesdiensten reagiert; nur durch das Öffnen der Deiche behauptet sich das heimgesuchte Land, jedenfalls dessen Kernstück um Amsterdam, gegen die französische Übermacht.

1676 kämpft Frankreichs Flotte für die antispanische Erhebung in Sizilien, 1684 beschießt sie Genua. Seit 1679 raubt der König im Elsaß, in Lothringen rund 600 Städte und Dörfer, darunter 1681 Straßburg, von französischen Sondergerichtshöfen («Reunionskammern») aufgrund unsicherer Vindikationen Frankreich zuerkannt. 1684 okkupiert Ludwig Luxemburg und Trier. Von 1688 bis 1697 führt er den Pfälzischen Erbfolgekrieg unter Berufung auf rechtlich unbegründete Besitzforderungen. Dabei wird die Pfalz verheert, die Taktik der verbrannten Erde praktiziert, ein Ort nach dem anderen niedergebrannt, u.a. Worms in Trümmer gelegt, auch sein Dom, ebenso Speyer samt dessen Dom (und erst im späteren 18. Jahrhundert wieder errichtet, doch noch im selben abermals demoliert und zu einem Heumagazin gemacht); auch Heidelberg wird gleich zweimal, 1689 und 1693, zerstört. Endlich kommt es noch zum Spanischen Erbfolgekrieg (1701–1714), den man auch in Übersee austrägt, wobei Ludwig XIV. nach dem Tod des letzten spanischen Habsburgers das spanische Erbe gegen Kaiser Leopold I. für seinen Enkel Philipp von Anjou beansprucht – einer «der blutigsten Staatenkonflikte im frühneuzeitlichen Europa» (Kampmann).

Der König hatte den Militärapparat enorm ausgebaut, hatte eine ganze Militärindustrie geschaffen, auf entsprechende Verwaltungseinrichtungen und Kriegsschulen ebenso bedacht wie auf Nachschub, Heeresdisziplin oder kriegslüsterne Marschälle, und all dies und mehr wird beispielhaft für das staunende Europa.[18]

Auch innenpolitisch wurde Frankreich seinerzeit von Unruhen erschüttert. So kam es noch während Ludwigs Minderjährigkeit zur Fronde (1648–1653), einer politischen, vom Hochadel ausgehenden Bewegung gegen den Absolutismus Kardinal Mazarins, zu einer Erhebung des Parlaments, der Prinzen, einem Volksaufstand in Paris, zu Mazarins Flucht und vorübergehendem Exil in Kurköln, schließlich zum sogenannten Condé-Krieg (1651–1653) mit beträchtlichen Verwüstungen sowie katastrophalen Preissteigerungen, Hungersnöten, Seuchen im Gefolge.

Auch die Religion sorgte wieder für Vermehrung des Elends, da der König eine Kirche unter seiner Führung mit möglichst großer Selbständigkeit gegenüber Rom begehrte (Gallikanismus) und überhaupt auf religiöse Einheit des Landes drang, das heißt alles scharf verfolgte, was diese zu gefährden schien, wie Jansenisten, Quietisten, besonders aber Protestanten, mit deren Glaubensbrüdern im Ausland er doch Bündnisse unterhielt.

In Frankreich, wo die Reformation, die «lutherische Seuche», zunächst und zumal auf dem Land, nicht sehr erfolgreich war, besteht immerhin seit Mitte des 16. Jahrhunderts im ganzen Königreich ein Netz organisierter Gemeinden, beinah ein Staat im Staat, und fast selbstverständlich geht jetzt der auf Einheit insistierende Potentat («un roi, une loi, une foi») gegen sie vor, beginnt er mit der rigorosen Unterdrückung der Minorität. Er verbietet den Evangelischen an allen Orten, für die sie keine ausdrückliche Erlaubnis haben, die Predigt, verbietet ihnen den Vorsitz bei Ständeversammlungen, bei Magistraten, verbietet ihnen Ehen mit Katholiken sowie jedwede Schmähung gegen den Katholizismus. Und natürlich untersagt man jedem Katholiken bei Strafe der Verbannung den Übertritt zur «angeblich reformierten Religion».

Allein zwischen 1665 und 1685 erscheinen 22 Erlasse des Königs und 28 des Staatsrats gegen die Protestanten. In einigen Provinzen sterben diese gänzlich aus, in anderen kommt es zu blutigen Empörungen, 1683 in der Dauphiné, 1685 in Nîmes. Damals dekretierte der Monarch: «So sehen Wir nun mit dem gerechten Dank, den Wir Gott schulden, daß Unsere Sorgen das vorgesteckte Ziel erreicht haben, da der bessere und größere Teil Unserer Untertanen von der angeblich reformierten Religion wieder die katholische angenommen hat. Und infolgedessen wollen Wir und gefällt es Uns, daß alle Tempel derer von der besagten angeblich reformierten Religion unverzüglich zerstört werden.» Hunderte von hugenottischen Kirchen wurden niedergerissen.

Seit dem Edikt von Nantes (1598) besaßen die Neugläubigen zwar eine freilich schon wiederholt mehr oder weniger begrenzte Religionsfreiheit. Doch mit dem Edikt von Fontainebleau (1685) wird das Edikt von Nantes aufgehoben, ebenso jede frühere Begünstigung. Hugenotten wandern in alle Himmelsrichtungen; sie fliehen nach Holland, nach Brandenburg, ja bis Südafrika, auch ökonomisch ein schwerer Verlust. «Die Aufhebung des Edikts von Nantes», schreibt Saint-Simon, «beraubte Frankreich eines Viertels seiner Bevölkerung, ruinierte seinen Handel und schwächte es in jeder Beziehung, indem man das Land der Plünderung durch die Soldateska auslieferte und Folterungen und Hinrichtungen billigte, denen zahllose Unschuldige beiderlei Geschlechts zum Opfer fielen. Viele Familienbande wurden zerrissen, Verwandte kämpften gegen Verwandte und rotteten einander aus. Die Folge war, daß viele unsrer Fabriken ins Ausland verlegt wurden, daß fremde Staaten auf unsere Kosten aufblühten und reich wurden, daß man dort neue Städte gründete, und dies alles, weil ein Teil des französischen Volkes, geächtet, nackt und heimatlos, ohne Schuld in die Fremde floh ...»

Noch zwischen 1699 und 1704 werden 466 ihrer Dörfer öffentlich eingeäschert und Protestanten erst hundert Jahre später, unmittelbar vor der Französischen Revolution, wieder in Frankreich förmlich zugelassen. Erst ein Gesetz Ludwigs XVI., des 1793 in Paris Enthaupteten, erklärt im November 1787 die Gleichberechtigung von Katholiken und Protestanten.[19]

Mehr eingeprägt als das Elend hat sich der Glanz, der mit Ludwigs XIV. Namen und Epoche verbunden, der ungeheure Reichtum, der durch ihn und seine Trabanten so aufreizend augenfällig zur Schau gestellt und verschleudert worden ist; repräsentativ dafür der neue Regierungssitz in Versailles anstelle des kleinen väterlichen Jagdschlosses in jahrzehntelanger Bauwut aus dem Boden gestampft – wobei Madame de Sevigné 1678 von «der übermäßigen Sterblichkeit der Arbeiter» berichtet, «deren man jede Nacht Karrenladungen voll Toter fortführt». Sie fügt hinzu, man halte «diesen traurigen Zug geheim, um die Bauhütten nicht zu erschrecken».

Viele Tausende von Menschen bewohnten das Schloß, viele Tausende bedienten, viele Tausende bewachten sie. Das Zeremoniell, die Etikette triumphieren, Gepränge und Genuß, der schöne Schein. Für Kardinal Maldacchini «ein Schlaraffenland», für den Herzog von Palestrina «ein wahres Bordell», während nun Egon Friedell von Theater, einer «aufgebauschten Talmigröße» spricht, «hinter der sich nichts als blinde Gier und Selbstsucht verbirgt».

Immerhin strömte jetzt der Adel aus ganz Europa hierher wie vordem nach Italien, nach Rom, nach Florenz, um Anteil zu nehmen an der Höhe der Zeit und wenigstens einen Abglanz, einen vergleichweise armseligen Schatten davon in die heimatlichen Gefilde zu tragen; alle Pracht, alle Großtuerei des grandiosen Franzosen suchte man nachzuahmen, suchte selber, wie reduziert auch immer, das «l'etat c'est moi» zu figurieren.

Versailles machte Schule, und wer in seine Schule ging, machte Schulden, wie jenes selbst. Doch zurückgekehrt auf ihre «Territorien», so nannte man sie wirklich, spielten die Bezauberten den Sonnenkönig nach, den frivolen Hofton, die galanten Sitten, die Allüren, spielten sie sich auf, erließen Verfügungen wie «Wir, Freiherr von etc. ..., urkunden und bekennen hiermit, daß nachdem uns gnädigst vorgetragen worden ...» etc. Sie fühlten sich, sie wollten anderen dies zeigen, und waren ihre «Staaten», so nannte man sie ganz im Ernst, auch noch so klein, so winzig, höhnt Eduard Vehse in seiner vielbändigen «Geschichte der kleinen deutschen Höfe», daß oft ein Hirsch (man glaubt an Büchners «Leonce und Lena» sich erinnert), mit ein paar kräftigen Sätzen darüber wegsprang. Beim fränkischen Gelnhausen soll man so innerhalb von sechs Stunden das Gebiet zweier Fürsten, mehrerer Grafen, eines Erzbischofs, eines Abts sowie einer Reichsstadt und freien Reichsritterschaft kennengelernt haben.[20]

Selbst kleine «Souveräne» hielten sich oft einen Hof, mit Hofstaat, mit den Titeln, Ambitionen großer Höfe, den Manieren, den so aberwitzig ungezählten Rang-, den Würdeunterscheidungen und dem jahrhundertelangen gravitätisch hitzigen Gezänk darum. Sie hatten ihre Hofmarschälle, Hofräte, Hofkavaliere, Hofdamen, ihre Mätressen en titre, ihre Marställe und Hundemeuten, ihre französischen Köche, ihre Wachtparaden; sie verhängten Strafen «allergnädigst» und Steuern «allerhuldreichst». Als Friedrich «der Große» einmal bei dem Reichsfreiherrn von Grote im Harz vorbeikam, begrüßte dieser den König: «Ich freue mich, Ew. Majestät auf meinem Territorio zu sehen», worauf Friedrich sarkastisch lächelte: «Voilà deux souverains, qui se rencontrent.»

Es gab statusmäßig keinen Unterschied zwischen katholischen und protestantischen, zwischen staatlichen und kirchlichen Höfen, sieht man davon ab, daß diese oft aufwendiger, üppiger waren als jene und daß die Geistlichen mehr, noch mehr tranken, was, wenn nicht standes-, so doch traditionsbedingt scheint.

Gewiß waren nicht alle so pokalfroh, so Bacchus beziehungsweise dem Abendmahlswein zugeneigt und liebten es auch noch, wie seinerzeit der Bischof Lüttichs aus dem Hause Bayern, «bis zum lichten Morgen zu banquetiren.» Um aber, wie stets, der Wahrheit die Ehre zu geben, sei an den Kurfürsten Johann Philipp von Schönborn erinnert (1647–1673), Erzbischof von Mainz und Bischof von Würzburg und «der Weise» zubenannt, der «regelmäßig», wie Marschall von Grammont bezeugt, von zwölf Uhr mittags bis sechs Uhr abends (vermutlich lauter Arbeitsessen) sich zur langen Tafel mit 30 Gedecken setzte. Doch trinkt dann der Kirchenfürst, wie der Marschall betont, «aus seinem Glase nie mehr als ein Schlückchen von drei Finger Breite. Aber er trinkt vorerst auf die Gesundheit aller Gäste, sodann nimmt er die Abwesenden vor, was eine Vermehrung der Schlückchen von anderweiten vierzig in sich begreift. Wenn der Herr aufsteht, hat er solchergestalt nie weniger als sechs Kannen getrunken, aber ohne aus seiner gelassenen Fassung nur im Geringsten zu kommen und ohne dem Schein seiner angenommenen und dem

Charakter der erzbischöflichen Würde zukommenden Ehrbarkeit irgend etwas zu vergeben.» (Vgl. bes. IV 269 f.!)[21]

Wie gesagt, so mäßig tranken nicht alle hohen Hirten dieser kriegsverseuchten Zeit. Doch arm, wie sie nach ihrem Jesus ja wohl alle sein sollten, der größte Teil ihres Anhangs auch war, arm waren sie alle nicht.

Blicken wir pars pro toto nach Salzburg.

Der dortige Erzbischof Graf Paris von Lodron (1619–1653) hatte nicht nur die Festungen der Stadt errichtet, sondern auch einen prächtigen Palast, wo er glänzend Hof hielt, hatte auch schöne Lusthäuser zu Mirabell, zu Hellbronn, wo er gern jagte, fischte, den «köstlichen Garten» genoß, «künstliche feine Wasserspiele», vor allem aber «ein wunderkünstliches, aus Steinen gehauenes Theatrum» (doch Kultur, nicht unser Thema, wurde im Barockzeitalter zwar hochgeschätzt, war indes, wie immer, nur der eindrucksvolle Schein über Barbarei und Not). Seiner Familie schenkte der Prälat einen Besitz nach dem andern, und während er durch den gesamten großen Krieg satt und sicher in seinen Bergen saß, starben «in den Ebenen Deutschlands die Menschen zu Tausenden vor Hunger» (Vehse).[22]

Auch der Nachfolger Lodrons, Erzbischof Graf Guidobald von Thun (1654–1668), war nicht von armen Eltern. So spendierte er bei einem Besuch Kaiser Leopolds 1665 in Tirol jedem aus dessen 2000 Personen starkem Gefolge eine Gedenkmünze von einem Doppeldukaten, den Höhergestellten schwere goldne Ketten, der Monarch selbst erhielt Pretiosen im Wert von 50000 Talern. Und für einen geplanten zweiten Besuch im folgenden Jahr, um den sich von Thun 1666 persönlich, doch vergebens in Wien bemühte, traf er Anstalten von ganz ähnlich generösem Umfang.

Es war übrigens dieser Salzburger Kardinal, unter dem die grausame Verfolgung der Protestanten begann. Und es war sein Nachfolger, Max Gandolph Reichsgraf Khüenburg (1668–1687), der 1671 nicht weniger als 97 Hexen verbrennen ließ. (Rom zeichnete auch ihn mit dem Kardinalshut aus.) Sein Nachfolger wiederum, Johann Ernst Graf Thun (1687–1709), bot anläßlich einer erneuten allerhöchsten Durchreise alles auf, was man zu bieten hatte,

Triumphpforten, sechsspännige Kutschen, Wein sprudelte aus dem Boden, und von oben regnete es goldene und silberne Münzen. Und dies, wie die «Frankfurter Relationen» überliefern, «folgenden Tags continuiret», tausend Kanonenschüsse, nach und nach gelöst, «auch anderes Geschütz ... vielmalen losgebrennet», natürlich Hochamt dazu samt Te Deum und zwischenrein, «wegen Kürze der Zeit», schnell allerlei «unterschiedliche Thier» zu Tod gehetzt, Bären, wilde Schweine, Dachse, Füchse, Hasen, Hirsche, Gemsen, «ein wilder Ochs» etc. – «alles, was sich regt und lebt, sei eure Speise»! Und dann wieder, zurück im fackelglitzernden Schloß und animiert durch hundert Musikanten, «die Gesundheiten getrunken» ...

Der Nachfolger dieses Kirchenfürsten, Franz Anton Graf von Harrach (1709–1727), stattete den von Lodron erbauten erzbischöflichen Palast zu Salzburg «mit wahrhaft königlichem Glanze aus ... Die 73 Zimmer, die er außer den Sälen und Gallerien enthielt, wurden sämmtlich mit den reichsten Möbeln nach Versailler Vorbild versehen, man sah hier die herrlichsten Plafondgemälde, altes Porzellain von der seltensten Schönheit, Lustres und Girandolen von massivem Silber und Bergcristall, Marmortische mit Gold ausgelegt und andere Geräthschaften von unermeßlichem Werthe. Die Ställe bei dem erzbischöflichen Schlosse übertrafen noch an Pracht die von Versailles. Ganz besonders prächtig aber war *die große Reitbahn Harrach's*, wo Caroussels und wilde Thierkämpfe gegeben wurden: sie enthielt drei Logenreihen für die Zuschauer. Die Sommerresidenz Mirabell ward ganz neu gebaut und in gleicher Pracht und Herrlichkeit wie die Winterresidenz in der Stadt ausgestattet» (Vehse).[23]

Natürlich wahrten die geistlichen Herren auch ihr Jus armorum, hielten sie sich ihr Kriegsvolk.

Der Würzburger Bischof Johann Philipp Freiherr von Greiffenklau zu Volraths (1699–1719) hatte so nicht nur einen Oberhofmarschall und Oberkammerherrn, eine Menge weiterer Kammerherrn – es gab Höfe mit Hunderten, mit «Wolken» von Kammerherren –, hatte nicht nur einen Oberstallmeister und Oberjägermeister, acht Edelknaben aus Frankens «besten Häusern», sondern der gute Hirte hielt sich auch eine Streitschar von 10000 Mann, darunter zwei Kürassier- und zwei Dragonerregimenter.

Der Münsteraner Bischof Bernhard von Galen (1650–1678) leistete sich gar eine Armee von 60000fachem potentiellem Kanonenfutter, 42000 Fußtruppen, 18000 Reiter, dazu einen Artilleriepark von 200 Kanonen und Mörsern, die Lieblingswaffe des Seelenhirten, auch «Kanonenbischof» genannt, der zweimal in den Niederlanden einfiel, 1672 im Bund mit Ludwig XIV. «ganz Holland in Schrekken» setzte, noch an seiner Seite blieb, als ihm das deutsche Reich den Krieg erklärte, übrigens auch bei seinen Diözesanen so populär war, daß sie «wollten lieber des Türken, ja lieber des Teufels sein, als ihres Bischofs».[24]

Von der «Freiheit des Glaubens» oder «sterben wie Mücken ...»

Nun waren Entzweiungen der Diözesanen mit ihren geistlichen Häuptern nicht so ungewöhnlich, überhaupt Zusammenstöße der Untertanen mit der Oberschicht gang und gäbe. Ist Geschichte doch, um einen Hauptzug gerade zur Zeit des Sonnenkönigs, doch gewiß nicht nur zu dieser, herauszustreichen, immer und vor allem ein Kampf zwischen Oben und Unten, Habenden und Habenichtsen, Ausbeutern und Ausgebeuteten. Genießen wenige fast alle nur denkbaren Privilegien, vegetieren die vielen mehr oder weniger unfrei, fortgesetzt kujoniert jedenfalls und drangsaliert, mit einer «Rechtsnatur wie Vieh» (VIII 67ff. bes. 70ff.!). Domizilieren die wenigen in prunkvollen Villen, Palästen, in kaum vorstellbarem Luxus, hausen die vielen in wahren Jammerhütten oder gar, so in Holstein noch im 19. Jahrhundert, mit Kranken, mit Säuglingen in Ställen, ohne Dach über 'm Kopf. Während Kardinäle seiner Heiligkeit Gastmähler mit 75 Gängen geben, wozu sie Fische lebend aus Byzanz beordern und Zungen von Papageien speisen, essen Ungezählte oft nicht viel mehr als Kleie, Kräuter, Baumrinden und gehen im Joch von Despoten kaputt.

Man denke doch: eine riesige Unterschicht, auf deren krumm geschundenen, schief geschlagnen Rücken der ganze Feudalismus ruht; eine winzige Minorität, von Habsucht besessen, Herrschsucht, Raubgier, Dünkel, Leben meist in Saus und Braus, und diese kläglich machtlose Mehrheit daneben, darunter, die Masse, deklassiert, abhängig bis zum Grabesrand, von Generation zu Generation gedemütigt, verachtet, kaum anders denn fast unbesehen in den Dreck getreten – wie nie gewesen.

Schon seit dem 9. Jahrhundert gibt es in Europa Sozialaufstände, kommt es zumal zu Bauernrevolten. Sie mehren sich im Hochmittelalter, sie suchen den Kontinent von England bis Ungarn heim, von Spanien bis Norwegen, sie übergreifen nicht selten Schichten und Stände und werden gewöhnlich zusammengehauen, die Kirche stets auf der Seite der Unterdrücker.

Paulus, Augustinus, Thomas von Aquin und tausend weitere «Heilige», sie alle verteidigen die Unfreiheit. Noch in der Neuzeit vertritt die katholische Theologie ganz allgemein das Recht auf Sklaverei. Noch um die Wende zum 16. Jahrhundert sind Sklavenhandel und -haltung weithin üblich, sind darin unterschiedlichste Instanzen und Kreise verstrickt, selbst Großmeister des stolzen Ritterordens. Und weder der Bischof der Kapverdischen Inseln noch der Erzbischof von Lissabon hegen irgendwelche Bedenken gegen das grausame, das oft so blutige Geschäft und sprechen seine Betreiber in der Beichte los. Hat doch der Klerus selbst jahrhundertelang Heere von Unfreien befehligt, jahrhundertelang mit den schäbigsten Mitteln für den Nachwuchs neuer Unfreier gesorgt. Und nicht zufällig hielt unter allen Hauptstädten Europas das päpstliche Rom am längsten an der Sklaverei fest. Sklaven gehörten zum Kirchengut, Kirchengut aber war unveräußerlich, war heilig, gottgeweiht, es hatte, hieß es, eiserne Zähne; nichts wurde synodal häufiger thematisiert.

Überhaupt: wer schröpfte die Bürger, die Bauern mehr, wer bestand verbissener auf Frondienst, auf Leibeigenrecht als klerikale Feudalherren! Bischof und Abt, sie waren hartherziger häufig als der weltliche Adel, wie ja auch Luther brutaler mit den Bauern umsprang als selbst einige Fürsten; Ausnahmen immer und überall. Die

Sentenz aber, unterm Krummstab ist gut leben: Propaganda, eine faustdicke, die Realität auf den Kopf stellende Lüge.

Nicht ohne Grund rief einst Theophrastus Bombastus von Hohenheim, genannt Paracelsus, einer der berühmtesten Gelehrten der deutschen Renaissance: «Was ist unbarmherziger armen Leuten als die Geistlichkeit?» Nicht ohne Grund galt es schon im Mittelalter als übles Omen, einem Pfaffen zu begegnen. Laienhaß gegen den Klerus, zwar aus Furcht oft kaschiert, war sehr verbreitet, wie ungezählte Dokumente, wie Pfaffenkriege und Pfaffenjagden, die häufigen Prälatenmorde bezeugen. «Also stunt es mit der Pfaffhait, wo man poses horte oder krig, wer und man fragte, wer tut das, so hies es, der bischof, der pfaff.»

So wurde bereits 913 Bischof Otbert von Straßburg ermordet, 1112 Bischof Gualdricus (Gaudry) von Laon ermordet, wobei der Dom und ein großer Teil der Stadt in Flammen aufgingen, in Volterra der Bischof Galganus ermordet, ein Gegner von Papst Alexander III. (1159–1181), der denn auch prompt den Mördern «Dispens aus besonderer Gnade» verlieh. Florenz, wo gelegentlich Hunde mit Priesterfleisch gefüttert wurden, war beim Kampf gegen Bischof Gottfried mehrfach in Brand gesteckt, dieser selbst 1136 vertrieben worden. In Arezzo hatten die Bürger das Kastell ihres geistlichen Herrn erobert und zerstört, ein deutsches Heer mußte ihm zu Hilfe eilen, die Gemeinde seit 1111 seine Zwingburg wieder errichten. In Rom, wo Despotie und Revolten oft kaum enden, heißt es 1585, im ersten Pontifikatsjahr Sixtus' V., es seien mehr Köpfe gerollt als Melonen auf den Markt gekommen. In Gevelsberg wurde 1225 der Kölner Erzbischof Engelbert von den eigenen Verwandten erschlagen, mit Beihilfe allerdings der übrigen Christgläubigen, denen auch viele Priester zum Opfer fielen. Und natürlich gab es in zahlreichen weiteren deutschen Prälatenresidenzen Tumulte wider den Klerus, in Münster, Trier, Speyer, Mainz, Würzburg, Bamberg, Eichstätt u.a. War doch überhaupt der innerstädtische Konflikt allmählich «nicht mehr die Ausnahme, sondern viel eher die Regel» (Blickle).[25]

Man hat die Menschen im Christentum unsäglich erniedrigt, entwürdigt, mit staatlicher, mit kirchlicher Gewalt, mit List, Betrug, mit Urkundenfälschung. Man hat sie auf alle mögliche Weise um ihren Besitz gebracht und dann den Mittellosen, noch im 16. Jahrhundert nicht selten, das Betteln untersagt, hat zuweilen lieber selber für sie gesammelt, um ihrem Anblick zu entgehen, ihren Klagen, um, so erklärt die Tübinger Bettlerordnung, «unüberlaufen und ungeschrait» zu bleiben; hat aber auch Hundemeuten auf sie gehetzt oder, kraft ähnlicher Feinfühligkeit, Blinde aus der Stadt getrieben, wie in Florenz, und Pestkranke wieder ins Meer, wie im Kirchenstaat.

Man hat die Armen, die auch Naturgewalten besonders trafen, Klimaverschlechterungen, schwere Mißernten, Hungersnöte, Pestepidemien, auch wirtschaftliche Niedergänge, Teuerungen, skandalöse Preissteigerungen, alle Arten des Wuchers, man hat diese Menschen erpreßt und ausgesaugt bis zum Äußersten, man zwang ihnen immer wieder horrende Dienste, Abgaben, Steuern auf (ausführlich: VIII 3. Kapitel!), man erhöhte diese häufig, erfand laufend andre, allein Papst Urban VIII. immerhin zehn. Doch schob man auch in Laienkreisen Steuern unter stets neuen «Titeln» vor, «zu besserem Auskommen, nachgebornen Herren, zu Standeserhöhungen, zu Reisen, zu Brunnenkuren, zu Vermählungen» etc. Als ein Reichsgraf sich eines Tages ein Bein brach, hob er viele Jahre eine «Beinbruchsteuer» ein.

Nicht nur im Erzbistum Mainz aber regelte die pünktliche Ausführung all der Dienste, die pünktliche Abführung all der Geld- und Naturalleistungen, der Zinsen, Gülten, Gefälle sowie die genauen Modalitäten eine «peinliche Halsgerichtsordnung». Hat man die Menschen doch auf alle mögliche Weise, auch auf die gräßlichste gestraft, hat ihnen jedes Leid angetan und jede Schande. Aber: «Laßt's Euch nicht so arg bekümmern», reizte Luther den Adel auf und verriet, wie das Papsttum und die Papstkirche, die Sache der leibeigenen Bauern. «Der Esel will Schläge haben und der Pöbel mit Gewalt regiert sein».

Zumal die Lage der abhängigen Bauern verschlechterte sich in der Neuzeit wieder, die Leibeigenschaft nahm zu, vor allem in Nord-, in Ostdeutschland, als man nach dem Dreißigjährigen Krieg die Notlage vieler nach Strich und Faden ausnützte, als man entlassene Soldaten, Knechte, Besitzlose unbarmherzig in ein Netz blutsaugerischer Leistungen, rücksichtslos wieder in die Unfreiheit zwang, die Leibeigenschaft geradezu als «Stand» anerkannte, in dem man «die Freiheit des Glaubens ungestört leben konnte» (was ja schon Paulus, der erste Christ, den christlichen Sklaven anpries ...).

Die «Freiheit des Glaubens». Aber außerhalb dieses Glaubens war die Freiheit doch arg begrenzt, in der Antike wie in der Neuzeit. 1580 spielten in Kiel zwei Adlige um das Leben ihres Knechts. Der Verlierer tötete den seinen. Ein anderer vertauschte seinen Knecht gegen einen Hund. Seinerzeit gehörten in Deutschland zwei Drittel und mehr der ländlichen Bevölkerung zu den Armen. Doch sah es in den angrenzenden Territorien damals und später besser aus? 1648 sagte der Generaladvokat Talon in einer Ansprache an die französische Königin von den Bauern des Landes: «Außer ihren Seelen haben sie nichts mehr, und die nur, weil man sie nicht versteigern kann. Um den Luxus von Paris zu ermöglichen, müssen Millionen Unschuldige von Kleie und Haferbrot leben. Gedenken Sie, gnädige Frau, an das allgemeine Elend in der Einsamkeit Ihrer Gebete!»

Aber Gebete waren wohl nicht das rechte Mittel, weder gegen den Luxus von Paris noch gegen die allgemeine Not. Und am 2. März 1709 schrieb Lieselotte von der Pfalz, die Herzogin von Orléans, durch ihre Briefe berühmt geworden: «Mein Leben habe ich keine so traurige Zeit gesehen als jetzt. Die Leute aus dem Volke sterben wie Mücken vor Kälte und Armut. [...] Die Mühlen sind stillgelegt, und viele Leute sind Hungers gestorben deswegen. Gestern erzählte man mir eine erbärmliche Geschichte von einer armen Frau, die ein Brot in einem Bäckerladen stahl. Der Bäcker lief dem Weib nach, sie fing an zu weinen und sagt: ‹Wenn man mein Elend wüßte, man nähme mir das Brot nicht. Ich habe drei kleine Kinder, ganz nackt, ohne Feuer noch Brot.›» [...]

Der Kommissar, vor den man sie geführt hatte, sagte: «‹Seht zu, was ihr sagt, denn ich gehe mit euch in euer Haus›, und ging auch mit. Wie er in die Kammer trat, sah er drei kleine nackte Kinder, in Lumpen gewickelt, in einer Ecke sitzen; die zitterten vor Kälte, als ob sie Fieber hätten. Er fragte das älteste: ‹Wo ist euer Vater?› – ‹Hinter der Tür›, sagte das Kind. Der Kommissar wollte sehen, was der Vater hinter der Türe täte; der war verzweifelt und hatte sich erhängt hinter der Tür. Der Kommissar erschrak, daß er schier erstarrte. Dergleichen Sachen hört man täglich.»

Und noch Georg Büchner, ein Jahrhundert später geboren, sieht «die große Masse der Staatsbürger zum fronenden Vieh» gemacht.[26]

ANHANG

ANMERKUNGEN ZUM NEUNTEN BAND

Die vollständigen Titel der angeführten Sekundärliteratur stehen auf S. 428 ff., die vollständigen Titel der wichtigsten Quellenschriften und Abkürzungen im Abkürzungsverzeichnis auf S. 441. Autoren, von denen nur ein Werk benutzt wurde, werden in den Anmerkungen meist nur mit ihren Namen zitiert, die übrigen Werke mit Stichworten.

1. Kapitel
Amerikanischer Holocaust oder «Missionsfrühling zu Beginn der Neuzeit» (HKG)

1 Schuchert/Schütte 425

2 Zit. bei Zinn 7

3 Stannard X 151

4 Höffner, Christentum und Menschenwürde 11. Zit. bei Beutin, Neuzeit 416

5 LMA I 529. IV 174 ff. bes. 176, 182. V 1292 f. dtv-Atlas I 137, 187. dtv-Lexikon 12, 267. v. Wilpert III 928. Geiss I 172, 180 ff. Matz 58 f. Der Große Ploetz 665 ff. 669. Beutin, Neuzeit 417. Schuchert/Schütte 367. Jennings 34. Winzer 9 f. Reinhard, Kolonialismus 6, 8 f. 29 (hier G. Winius zitiert). Völker-Rasor 69 ff. Vogler, Europas Aufbruch, 31, 40, 71, 279 f. 286 ff. Lutz, Reformation 58

6 LMA I 529, II 1644 f. IV 180 f. LThK V^{3} 198. dtv-Atlas I 221. Münkler/Münkler 81. Geiss I 170 ff. II 198 f. III 449, 456. Der Große Ploetz 666 f. Beutin, Neuzeit 416 (hier auch Höffner zitiert mit Quellenangabe). Winzer 12. Reinhard, Kolonialismus 12, 14. Vogler, Europas Aufbruch 38

7 Kühner, Lexikon 140. Münkler/Münkler 82. Geiss I 175 f. Reinhard, Kolonialismus 15. Bitterli 66

8 LMA II 2102 ff. IV 181 f. LThK X^{1} 1009 ff. II^{3} 1204 f. dtv-Atlas I 221. Matz 58 f. Geiss I 176 ff. 181 f. 184, II 213 f. 216 f. III 464. Hoensbroech I 141. Pastor III 623. Beutin, Neuzeit 418. Winzer 12 f. 102 f. 118 f. 192 f. Reinhard, Kolonialismus 17 ff. 25 f. 33. Vogler, Europas Aufbruch 287

9 LMA I 531. IV 181 f. Münkler/Münkler 411 ff. Geiss I 184, II 219, III 421. Der Große Ploetz 667 f. Winzer 19. Reinhard, Kolonialismus 10, 16. Wilson 31, 34. Jenkins 1. Völker-Rasor 69, 72. Vogler, Europas Aufbruch 68, 281. Vgl. auch die vorherg. Anm.

10 LMA I 530 f. Münkler/Münkler 85 f. 413 f. Matz 59 f. Geiss I 181, II 219, 233 f. IV 441 f. Der Große

Ploetz 668. HKG IV 606ff. Pastor III 618ff. bes. 620f. Beutin, Neuzeit 417. Winzer 174f. Deschner, Opus Diaboli 215. Stannard X. Reinhard, Kolonialismus 18f. 72. v. Paczensky 493f. Völker-Rasor 70, 74ff. Bitterli 66, 79. Vogler, Europas Aufbruch 281. Lutz, Reformation 58

11 Pastor III 618ff.

12 Der Kleine Ploetz 113. Vogler, Europas Aufbruch 288

13 LMA IV 175. Der Große Ploetz 666. Höffner, Christentum und Menschenwürde 131 (nach Beutin, Neuzeit 417). Lutz, Reformation 58

14 LMA I 529f. Münkler/Münkler 84. Jennings 34. Reinhard, Kolonialismus 10, 17f. Vogler, Europas Aufbruch 69, 72f. Bitterli 45ff. 50ff. Vgl. auch die folg. Anm.

15 Pierer IV 269f. dtv-Lexikon 4, 166; 13, 227. LMA I 527ff. III 2025f. V 1273ff. LThK II^3 1269 VI^1 99f. VIII^3 102. Geiss I 181f. II 212f. Münkler/Münkler 84ff. Heinsohn 76, 199f. HKG VI 609f. Beutin, Neuzeit 417f. Jennings 58. Stannard 62, 66, 195ff. 200ff. Winzer 72f. 92. Reinhard, Kolonialismus 18, 72. Wilson 34. Völker-Rasor 69. Zinn 1ff. 4f. Vogler, Europas Aufbruch 277 (hier Herodot zitiert). Vgl. auch 280ff. 288. Lutz, Reformation 59. Bitterli 47ff. 50ff. 56ff. 60ff. 70ff. S. auch die folg. Anm.

16 Pierer IV 270. LMA I 530, V 1275. LThK VI^1 99f. II^3 1269. dtv-Lexikon 11, 32. Matz 59, 64. Geiss I 181, 184, II 213. Münkler/Münkler 85f. Der Große Ploetz 666, 668f. HKG IV 606, 609. Winzer 72f. 123f. Stannard 67. Reinhard, Kolonialismus 10, 18, 20f. Völker-Rasor 69. Zinn 3f. Vogler, Europas Aufbruch 280. Bitterli, 55f. 67ff. 72, 74f. 78ff. 83ff.

17 Pierer IV 270. LMA I 529f. V 1275. LThK VI^1 99. Zinn 7

18 LThK II^3 1298. IX^3 20. Geiss I 182. Winzer 19f. Bitterli 71

19 Pierer X 135. Kelly, Reclams Lexikon 276f. LThK II^3 1204f. VI^3 653f. Geiss I 190. Münkler/Münkler 106. HKG IV 610. Deschner, Opus Diaboli 213. Völker-Rasor 77. v. Paczensky 208f. (hier das Zitat von Thomas, G., Die portugiesische Indianerpolitik in Brasilien 1500–1640, 1968, 17). Lutz, Reformation 194. Vgl. auch 59. Kohler, Karl V., 229ff. 236ff.

20 HKG IV 605. Deschner, Opus Diaboli 210ff. Stannard, 69ff. 74. Reinhard, Kolonisation 71. v. Paczensky 23, 205

21 Deschner, Opus Diaboli 211f. Vgl. auch Stannard, 67ff. Zinn 4ff.

22 HKG IV 610. Deschner, Opus Diaboli 217. Winzer 105f. Wilson 34f. Zinn 7

23 Deschner, Opus Diaboli 210ff. Reinhard, Kolonialismus 67

24 LMA III 292f. LThK II^3 1298, 1327. dtv-Lexikon 19, 141. Geiss II 226. Brandi, Kaiser Karl V. 142ff. Reinhard, Kolonialismus 72. Winzer 20f. 69, 123. Bitterli 212ff. 222

25 LMA III 293. LThK II^3 1327. dtv-Lexikon 14, 260. Geiss II 226. HKG IV 611. Deschner, Opus Diaboli 220ff. Winzer 88, 135f. Brandi, Kaiser Karl V. 143ff. Stannard 3ff. Reinhard, Kolonialismus 59ff. Bitterli 218ff. v. Paczensky 164ff. Zinn 11f.

26 Bitterli 216, 219f. 223. Vgl. zur

Goldgier des Cortes auch Reinhard, Kolonialismus 69

27 LMA III 293. LThK I^3 508. Geiss III 497. Brandi, Kaiser Karl V. 144 f. Jennings 58. Deschner, Opus Diaboli 220, 224. Wilson 35. Bitterli 217 f. 224. v. Paczensky 149. Stannard 3 ff. 8, 76 ff. Vogler, Europas Aufbruch 283 nimmt nur «mehr als 100 000 Einwohner» der aztekischen Hauptstadt an

28 LMA III 293 f. LThK II^3 1327. Deschner, Opus Diaboli 222 ff. Stannard 78 f. Bitterli 226

29 Deschner, Opus Diaboli 223. Stannard 76 f.

30 LMA III 293 f. LThK II^3 1327. Geiss II 226. HKG IV 611 f. Brandi, Kaiser Karl V. 379 f. Winzer 136, 144. Jennings 21. Deschner, Opus Diaboli 223 f.

31 Winzer 108. Reinhard, Kolonialismus 63. Bitterli 232 f. Lutz, Reformation 58

32 LMA III 292. Geiss II 233 f. Der Große Ploetz 1266, 1294 f. Heinsohn 182. HKG IV 613 ff. Brandi, Kaiser Karl V. 282 ff. Winzer 22, 154 f. Stannard 87 f. Bitterli 240 ff. 248 ff.

33 Winzer 54 f. Stannard 87 ff. Bitterli 241

34 Bitterli 245 ff. 250 ff. 256, 258 f. 261, 263 ff. 271, 275, 339, dem ich hier besonders verpflichtet bin.

35 LThK II^3 1298 f. HKG IV 614. Reinhard, Kolonialismus 70. Wilson 35

36 Friederici, G., Der Charakter der Entdeckung und Eroberung Amerikas durch die Europäer 1925/1936 II 546. Zit. nach Beutin, Neuzeit 443 f. Vogler, Europas Aufbruch 288 f. Lutz, Reformation 61

37 Geiss I 199, II 245, 251. Stein, Kulturfahrplan 758. Beutin, Neuzeit 444. Winzer 32. Deschner, Der Moloch 20

38 Winzer 32 f. 75 f. 114, 196 f. 215, 217

39 Geiss II 240, 244 f. 253 f. Beutin, Neuzeit 444. Winzer 33 f. 166 f. Deschner, Der Moloch 24, 29 f. 32 Bitterli 383 f.

40 LThK III^3 269, VIII^3 745 f. dtv-Lexikon 10, 61. Geiss I 201 ff. II 268 ff. Winzer 33 f. Deschner, Der Moloch 29 ff. Wilson 77 ff. Bitterli 384, 391 f.

41 Winzer 34, 134 f. Deschner, Der Moloch 30 ff. Bitterli 383 f.

42 Geiss I 206. Jennings 177 ff. Winzer 34. Deschner, Der Moloch 34 f. 56. Zinn 13 f.

43 Deschner, Der Moloch 36

44 Pierer X 154. LThK V^3 1235. VI^3 679 f. Geiss I 206 ff. Jennings 51. Deschner, Der Moloch 30, 34 ff. 37 ff. Reinhard, Kolonialismus 109

45 Deschner, Der Moloch 23 ff. 50. Bitterli 398 ff. Vgl. Wilson 64 ff.

46 Geiss II 281 f. Winzer 137. Deschner, Der Moloch 14, 28, 37 f. 40 ff.

47 Friederici, Der Charakter der Entdeckung III 366 (s. Anm. 36), zitiert nach Beutin, Neuzeit 444, ebenso F. Blanke. – Jennings 50, 182 ff. 221 ff. Deschner, Der Moloch 41 f. 47 ff. 57. Wilson 87 ff. bes. 90 ff. Zinn 14 f.

48 Beutin, Neuzeit 444. Deschner, Der Moloch 26 ff. 50 ff. 56 ff. Reinhard, Kolonialismus 119. Bitterli 397. Zinn 12

49 Pierer III 618. Geiss I 202, 219, 226, 229, III 524 ff. Stein, Kulturfahrplan 854. Beutin, Neuzeit 443.

Winzer 36f. 44f. 126f. 142f. 178f. Reinhard, Kolonialismus 105f. 112. Bitterli 387, 389, 391ff. 404ff. 412ff.

50 Beutin, Neuzeit 444f. Deschner, Der Moloch 47, 61. Zinn 16

2. Kapitel
Die Reformation erfasst die Schweiz – Zwingli und Calvin

1 Zit. bei Plöse/Vogler 203f. Vgl. auch LThK VII³ 568f.

2 Zit. bei Neuss 142

3 Zweig 36ff.

4 HEG III 513

5 Geiss II 223ff. Der Große Ploetz 673ff. 676. Brandi, Kaiser Karl V. 201. Schorn-Schütte 30f. Kohler, Karl V. 21f. 66, 74ff. 98ff. 120f. 140, 142ff. 149, 196, 274, 288f. Lutz, Reformation 21f. 29ff.

6 Geiss II 224f. 237. Der Große Ploetz 674, 676f. Erdmann, Die Wiedereröffnung 282f. Brandi, Kaiser Karl V. 469ff. bes. 472. Schorn-Schütte 35f. 39ff. 65. Kohler, Quellen 100ff. bes. 102. Kohler, Karl V. 23 ff. 26ff. 76ff. 80f. 185ff. 188, 204, 353. Lutz, Reformation 32, 49, 52, 56, 66

7 Geiss II 237. Der Große Ploetz 675f. Taddey 194, 409. Kretschmayr III 23ff. bes. 28ff. Brandi, Kaiser Karl V. 296ff. Schorn-Schütte 33, 76. Lutz, Reformation 21f. 55f. vgl. auch 146ff.

8 Geiss IV 459. Brandi, Kaiser Karl V. 77f. 117f. 120ff. 165, 197, 355ff. Kohler, Karl V. 62ff. 92, 215, 275f. 297. Schorn-Schütte 7, 19ff. 29, 45, 47. Lutz, Reformation 21f. 68f.

9 Pierer XIII 255. Der Kleine Ploetz 118, 121, 128f. Der Große Ploetz 804, 808, 1082. Buckreis 91

10 Sautter 432. LThK X³ 1524f. HEG III 124, 696. HKG IV 161ff. 164ff. 169ff. Vgl. Zwinglis 67 Artikel 1523 bei Köpf, Deutsche Geschichte III 236ff. Aland, Repetit. III 85. Menzel II 326f. Hergenröther III 62f. Knöpfler, Lehrbuch 583ff. Neuss 75f. 78. v. Loewenich 240ff. Pastor IV 2. Schuchert/Schütte 386. Schilling, Aufbruch und Krise 109f. Kossok 59f. Rabe 171ff. 174ff. Bekker/Christ u.a. 232ff. Moeller 86f. Junghans 262. Völker-Rasor 19. Lutz, Reformation 27f. Burkhardt, Das Reformationsjahrhundert 118f. Ranke-Heinemann 260

11 HEG III 695f. HKG IV 163, 170ff. Neuss 76f. v. Loewenich 240f. 243. Junghans 266f. Schuchert/Schütte 386. Rabe 172f. Völker-Rasor 17, 23. Lutz, Reformation 27f.

12 LThK IX³ 1299, X³ 1524f. Vgl. auch IV 995. HKG IV 164ff. 170, 185. HEG III 95, 124f. 521, 696. Menzel II 326f. Hergenröther III 65. Knöpfler, Lehrbuch 585. Neuss 78f. Kamen 46. Junghans 273ff. Vogler, Europas Aufbruch 107. Plöse/Vogler 203. Kossok 60. Schilling, Aufbruch und Krise 107, 110. Rabe 173f. 176f. Staeck/Welsch 257f. Moeller 87. Zippelius 89. Köpf, Reformationszeit 236ff. bes. 241 Art. 40

13 HKG IV 169f. 174ff. 178ff. Menzel II 326f. Hergenröther III 64ff. Knöpfler, Lehrbuch 582, 586. Junghans 268f.

14 Sautter 432. LThK II³ 51, V³ 1220, X³ 1525. HEG III 125, 137, 696ff.

Menzel II 328. Hergenröther III 68. Knöpfler, Lehrbuch 587. Neuss 75 f. 79 ff. v. Loewenich 241. Junghans 416 ff. Beutin, Neuzeit 399. Schuchert/Schütte 386. Plöse/Vogler 203 ff. Vogler, Europas Aufbruch 108 f. Becker, Christ u.a. 235 f. Lutz, Reformation 27. Kossok 60

15 LThK X^3 1527 f.

16 LThK X^3 1525 ff. HEG III 695 f. Hergenröther III 68 f. Knöpfler, Lehrbuch 587 f. Neuss 79. v. Loewenich 242 f. Rabe 176. Burkhardt, Das Reformationsjahrhundert 119

17 Sautter 432. LThK I^3 38 f. VI^3 1296 f. X^3 1527. Der Große Ploetz 808. HEG III 526. Hergenröther III 69 ff. Knöpfler, Lehrbuch 588 ff. Nestle 86, 223, 235. Buckreis 94 f. 118, 120. v. Loewenich 243 ff. Deschner, Abermals 79 ff. mit vielen Quellen- und Literaturhinweisen. Schilling, Aufbruch und Krise 113. Plöse/Vogler 434 ff. Becker, Christ u.a. 236. Köpf, Reformationszeit 370 f. Burkhardt, Das Reformationsjahrhundert 119 f.

18 LThK II^1 707 ff. II^3 895 ff. Geiss II 235. Der Große Ploetz 661. Hergenröther III 113 ff. Neuss 139 f. 145. Schuchert/Schütte 387 f. Kossok 60. Zweig 38 f. Becker, Christ u.a. 237 f. Burkhardt, Das Reformationsjahrhundert 118 ff. Lutz, Reformation 62 f. Vogler, Europas Aufbruch 111.

19 LThK II^1 710. Neuss 142 f. Raab 42. Zweig 30, 45, 53 f. 57 ff. Becker, Christ u.a. 237 f. Vgl. auch die folg. Anm.

20 Grisar 412, 449, 460 ff. Häring III 535. Deschner, Abermals 30 f.

21 Zweig 48 ff.

22 Ebd.

23 LThK II^1 708, II^3 895. Hergenröther III 114 ff. Bates 235. Neuss 143 ff. Kossok 61. Zweig 57 ff. 60 ff. 64 ff. 74 ff. bes. 90. Burkhardt, Das Reformationsjahrhundert 121 f.

24 LThK II^1 1 707 ff. bes. 709 ff. I^3 718. II^3 897 f. 902. HEG III 126. Der Große Ploetz 661, 810. Engels, Einleitung [zur englischen Ausgabe (1892), Die Entwicklung des Sozialismus von der Utopie zur Wissenschaft], S. 534. Zitiert nach Kossok 61. – Iserloh zitiert nach Becker, Christ u.a. 239. Hergenröther III 114, 119. Schuchert/Schütte 387. Plöse/Vogler 483 ff. bes. 485. Burkhardt, Das Reformationsjahrhundert 120 f.

25 LThK II^1 1 709 ff. Hergenröther III 114 Anm. 2, 116 ff. Knöpfler, Lehrbuch 602. Beutin, Neuzeit 405. Monter 286 f. Kossok 61 f. Zweig 64. Lutz, Reformation 63. Burkhardt, Das Reformationsjahrhundert 121 f. Becker, Christ u.a. 238 f.

26 LThK IX^3 492 f. Aland, Repetit. III 93. Hergenröther III 117. Lortz II 108. Kamen 75. Zweig 93 ff. 96 ff. 101 ff. Paffenholz 153 ff. 157 ff.

27 Zweig 110, 114 ff. 129 ff.

28 LThK II^1 712 f. I^3 318 f. II^3 900 ff. 904 f. IV^3 608 f. V^3 301 f. VI^3 160 f. VIII^3 953 ff. Geiss IV 475 f. 490 f. Der Kleine Ploetz 127. Neuss 145. Becker, Christ u.a. 239 f. Lutz, Reformation 63. Burkhardt, Das Reformationsjahrhundert 116, 122 f. Hartmann, Geschichte Frankreichs 21

29 Kossok 61 f.; dort auch das Morton-Zitat. Becker, Christ u.a. 239 f.

3. Kapitel
Die Gegenreformation beginnt
Das Konzil von Trient
«Sacrosancta Tridentina Synodus»
(1545–1563)

1 v. Hoensbroech I 637

2 Seppelt/Schwaiger 301 f.

3 Der Kleine Ploetz 121 f. Pastor VII 285, 287, 331 ff. Ritter, Die Neugestaltung 213. Po-chia Hsia. 10 f.

4 Kühner, Lexikon 194 f. Kelly, Reclams Lexikon 194. Bihlmeyer, Kirchengeschichte 94. Durant, Das Zeitalter der Reformation 936. Kühner, Das Imperium 288 f. Seppelt, Das Papsttum im Kampf 58 ff. Pastor VI 19 f. 39, 47 ff. 51 ff. 56 f. 115 ff. Gontard 398 f.

5 v. Pastor VI 59, 77

6 Kelly, Reclams Lexikon 280. Buckreis 125. Grisar III 355 ff. Pastor V 516 f. VI 59, 77

7 Der Große Ploetz 676. Seppelt/Schwaiger 287 f.

8 LThK X^{1} 275 f. III^{3} 1054 f. V^{3} 1358 ff. VII^{3} 479 f. VIII^{3} 374 f. 950 ff. 959. X^{3} 225 f. Kelly, Reclams Lexikon 282 f. HEG III 179 f. Hergenröther III 245, 247. Buckreis 75 f. 89 ff. 96 ff. 118. Bihlmeyer, Kirchengeschichte 91 f. 94. Pastor V 29, 598 ff. 631, 677, VI 11 ff. Durant, Das Zeitalter der Reformation 941 f. Seppelt/Schwaiger 287 f. Po-chia Hsia 19

9 Kühner, Lexikon 195. LThK X^{1} 275 ff. IV^{3} 1383 f. X^{3} 225 ff. Geiss II 237 f. Pastor V 657, VI 72 ff. bes. 77. Hagenbach, Geschichte der Reformation 644. Schilling, Die neue Zeit 486. Vgl. auch die folg. Anm.

10 Pierer XVII 809. LThK X^{3} 226 ff. Der Große Ploetz 676 ff. HEG III 179 ff. Pfliegler 191 f. Ranke, Deutsche Geschichte V 80 ff. Hergenröther III 231 ff. 240 ff. Bihlmeyer, Kirchengeschichte 94 f. 100. Pastor V 533 ff. 543 f. 579, 600, VII 211 ff. 217, 256. Durant, Zeitalter der Reformation 942 ff. Seppelt, Das Papsttum im Kampf 61 f. Seppelt/Schwaiger 290 ff. Pzillas 53 f. Po-chia Hsia 9 ff. 20 ff. 25. Reinhard, Probleme 338

11 Pastor V 538 f. VII 256. Maslowski 136 f. Vgl. auch die vorherg. Anm.

12 Bihlmeyer, Kirchengeschichte III 92. Pastor V 513, 535, VII 340 f. Durant, Das Zeitalter der Reformation 942

13 LThK VI^{3} 608 f. VIII^{3} 1488. Ranke, Die römischen Päpste 130. Bernhart 268, 272, 275. Huonder 249 f. Pastor V 602, VII 231 f. 254 ff. Vgl. auch 352 f. Durant, Das Zeitalter der Reformation 943

14 LThK X^{3} 226. Der Große Ploetz 676. Knöpfler, Lehrbuch 644. Pastor V 540 f. 544 f.

15 LThK X^{3} 226 f. 230 f. HEG III 180. Po-chia Hsia 29

16 LThK V^{3} 764 f. X^{3} 227 ff. 230 f. (hier das Jedin-Zitat). Der Große Ploetz 676. Hergenröther III 233 f. 255. Grisar III 327 f. 893. Seppelt/Schwaiger 289. Pastor V 600 ff. VII 278, 281 f. 289. Kossok 101 f. Durant, Das Zeitalter der Reformation 943 f. 946. Lanzinner 99

17 HEG III 180 f. Bihlmeyer, Kirchengeschichte 92. Bernhart 272 ff. Pastor VII 279. Seppelt/Schwaiger 302 f. Durant, Das Zeitalter der Reformation 946 f. Hinrichs 155 f.

18 Taddey 789. LThK VI^{3} 1138. Buck-

reis 125. Bihlmeyer, Kirchengeschichte III 100. Seppelt/Schwaiger 302f. Pastor VII 231f. 278f. 292ff. 362

4. Kapitel
Ignatius von Loyola (1491–1556)
Ein tränenreicher Visionär macht Weltpolitik

1 Matt/Rahner 301
2 Huonder 3
3 Richter 29
4 Marcuse 46 u. 302
5 v. Hoensbroech, 14 Jahre Jesuit II 33
6 GGJ (Gründungstexte der Gesellschaft Jesu) 3f. Huonder XIV. Fülöp-Miller 49. Marcuse 33f. Matt/Rahner 15f. Tellechea 14, 32, 35, 38, 42f. Maron 87. Kiechle 11ff. Ignatius, Bericht des Pilgers 15f. 20. L. Müller, Ignatius von Loyola begegnen 23, 32f.
7 GGJ XXV, XXXI 2f. Huonder 3ff. Fülöp-Miller 49ff. 56f. Richter, Martin Luther 71. Matt/Rahner 7, 25, 35f. 45f. 85. Tellechea 25, 52f. 76. Maron 86f. Kiechle 26ff. 20f. Ignatius, Bericht des Pilgers 13ff., 1 dazu Anm. 25. L. Müller, Ignatius von Loyola begegnen 25. Dantscher 10. Vgl. auch die vorherg. Anm.
8 GGJ 6. LThK IV³ 47. Huonder 5f. 53. Fülöp-Miller 26, 54ff. 58ff. 61ff. Richter, Martin Luther 69ff. 181. Matt/Rahner 26, 53, 67f. 85, 99, 111, 290f. 303. Marcuse 27ff. 47. Ignatius, Exerzitien (H.U. v. Balthasar) 85/35 Tellechea 57ff. 61ff. 66ff. 71f. 75f. 78ff. 88, 93f. 119, 126. Maron 57ff. bes. 59. Kiechle 15ff. 21ff. 25ff. 30f. 67. Ignatius, Bericht des Pilgers 37f. Anm. 25 u. 1f. 4ff. 13ff. 23ff. L. Müller, Ignatius von Loyola begegnen 26f. 29f. 35f. 39ff. 106f.
9 GT n. 14, 27, 32, 33, 50, 51, 53, 57, 66, 71, 83, 94, 95, 101, 105ff. 114, 115, 121, 123, 169 u.o.
10 GT n. 29ff. 87
11 GT n. 8, 46
12 GT n. 88, 115
13 GT n. 50, 51, 55, 95, 99, 148
14 GT n. 8, 39, 40, 43, 44, 47, 54, 60, 76, 94, 97, 98, 145, 151
15 GT n. 185. Vgl. GT S. 345, S. 353 Anm. 2
16 Am 5. Mai ohne Benennung des Grundes; am 10. Juli: «Ich weiß nicht.»; am 10. August. «Ich erinnere mich nicht.»; vom 24.–28. August «war ich krank»; keine Tränen-Eintragungen erfolgen auch am 26. November, am 22., 23., 24. und 26. Dezember sowie vom 13.–19. Januar und vom 26.–31. Januar.
17 GT n. 36, 38, 39, 45ff. 51, 53, 81, 94, 101, 106, 109, 110, 128, 141, 169
18 GT 4, 11, 31, 40, 62, 72, 77, 85, 107, 162, 166, 308, 332ff. GGJ S. 35. LThK X³ 165. Huonder 20, 55, 58ff. 61, 104, 183ff. Erb, Zeugen 265. Richter, Martin Luther 168ff. Maron 57f.
19 GGJ 1, 32. GT n. 4, 6, 12, 14, 18, 25, 27, 29, 31, 32, 36, 55, 62, 63, 64, 67, 72, 73, 74, 76, 83, 85, 87, 88, 89, 92, 94, 99, 100, 101, 107, 111, 114, 121, 123, 124, 128, 136, 140, 142, 143, 144, 152, 156, 164, 172, 180, 183, 185 u.a. LMA VIII 1734ff. LThK X³ 810ff.
20 GGJ S. 32ff. GT n. 27, 54, 77, 185

21 GGJ S. 82f. n. 99

22 GGJ S. 32ff. 40, 42ff. S. 44 n. 48. S. 77 n. 95. S. 82ff. n. 99, 100, S. 381. Kempf 15. Fülöp-Miller 63ff. Huonder 20, 22f. 55f. 14, Marcuse 58f. 78f. Matt/Rahner 125. Tellechea 139ff. 142ff. Kiechle 27ff. 53f. Maron 52ff. Ignatius, Bericht des Pilgers 10, 19f. 29, 31, 41, 44, 47, 60ff. 95, 100. Müller, Ignatius von Loyola begegnen 93

23 GGJ S. 31f. n. 28, 29. S. 48 n. 54, S. 80 n. 98. GT 8, 32, 33, 71, 89, 105. GT 221, 222, 224, 225, 229, 231, 232, 233, 234, 237, 238, 240

24 Vgl. schon 2. Clem 17, 5ff. Apk. Petr. 6ff. 22, 27, 28. Tert. spect. 30, Tert. pat. 8; 10. Judasbrief 5ff. 2. Petr. 2, 1ff. Cypr. Demetr. 17 u. 24. Lact. div. inst. 7,26,7. Cyrill v. Jerusalem cat. 18, 19. Methodius, de resurr. 3,11,1ff. Der Satz des Thomas, Summa Theologica III. Suppl. q. 94 a, 1 wird von Nietzsche, Zur Genealogie der Moral 1,15 nicht im Wortlaut zitiert. Ignatius von Loyola, Die Geistlichen Übungen (Weishandl) 94ff. Vgl. auch Deschner, Abermals 109ff. v. Hoensbroech, 14 Jahre Jesuit II 33. Tondi, Die Jesuiten 190. Ignatius von Loyola, Geistliche Übungen (Knauer) 56ff.

25 GGJ S. 26 n. 19, 20. S. 34 n. 31. Vgl. auch die vorherg. u. nachfolg. Anm.

26 GGJ S. 370 n. 52, S. 372 n. 62. Pierer IV 242. LThK X³ 165. Kempf 11f. Fülöp-Miller 45, 84f. 109 ff. Huonder 20, 39, 55, 58ff. 61, 74, 104, 183ff. Erb, Zeugen 268. Richter, Martin Luther 56, 72f. 163, 168ff. Matt/Rahner 126. Canu 78. Tellechea 160, 163f. 178ff. 186. Kiechle 29f. 36f. 42, 64f. 69. Maron 14f. 17, 56ff. 61ff. Boehmer, H. zit. bei Maron 86f. Ignatius, Bericht des Pilgers 22f. 28, 33, 54, 58ff. 62, 64ff. L. Müller, Ignatius von Loyola begegnen 5, 56f. 66ff. Ignatius, Geistliche Übungen (Knauer) 10f.

27 Aber Ignatius weiß, wie man das macht, auftrumpfen, Ungeheures ahnen lassen, nichts preisgeben. So dankt er am 12. Februar 1544 für die empfangene «so große Wohltat und so große Klarheit ... wie man es nicht erklären kann» (559/21f.). Am 15. Februar spricht er von «so großen Einsichten, daß man es nicht schreiben könnte» (363/31). Am 16. Februar verspürt er «viele beträchtliche, wohlschmeckende und (geistliche) sehr geistliche Einsichten» (363/33). Am 19. Februar wird er «mit vielen (geistlichen) Einsichten oder geistlichen Erinnerungen von der Heiligsten Dreifaltigkeit» begnadet (369/51). Am 20. Februar gibt er sogar zu, daß er «mit einigen wenigen Einsichten ..., mit einigen Einsichten» auskommen mußte (371/58). Auch am 23. Februar gewinnt er nur «einige lichte Klarheit» (373/65). Am Sonntag, am 2. März, beendet er die Messe sogar «ohne irgendwelche Einsichten» (382/94). – Vgl. auch Huonder 56. Tellechea 20, 22. Maron 52ff. Ignatius, Bericht des Pilgers S. 26f.

28 Maron 64f. Ignatius, Bericht des Pilgers 11. L. Müller 53ff.

29 Maron 63f. 73f.

30 Huonder 200f. Vgl. auch GGJ S. 538f. Tondi, Die Jesuiten 157ff. Engel, HEG III 176

31 Huonder 203. Maron 183f.

32 Huonder 177, Fülöp-Miller 104. Ignat. Exerzitien (v. Balthasar) 77/258. Kiechle 57, 64f. 174. Ignatius, Bericht des Pilgers, Anm. 294 u. S. 177

5. Kapitel
Der Konfessionalismus beginnt

1 J. Janssen, Geschichte des deutschen Volkes seit dem Ausgang des Mittelalters, zitiert bei Lutz, Reformation 117
2 Zit. ebd. 118
3 LThK I³ 158. HEG III 131ff. 140f. Pastor VII 376. H.R. Schmidt, Konfessionalisierung 2ff. 11f. 31, 55f. (hier das Zitat von Ronnie Po-chia Hsia). S. 95 das Zitat von Zeeden. 110ff. Reinhard, Ausgewählte Abhandlungen 125, 129. Koch, Das konfessionelle Zeitalter 211ff. 229f. Lanzinner 97f. 106f. Körber 91, 101. Weiß, Katholische Reform 91f. Vogler, Europas Aufbruch 23, 30, 45f. Eberhard 89ff. bes. 101ff.
4 LThK I³ 760. HEG III 133. Pastor IX 473f. 487. Blickle 67f. 70f. (da auch die Zitate von Schilling und H.R. Schmidt). S. auch Blickle 75, 84, 97, 108. H.R. Schmidt, Konfessionalisierung 9, 35, 63f. (hier das Zitat von G. Strauss mit Literaturhinweis). Vgl. auch H.R. Schmidt, Pazifizierung des Dorfes 101f. 125ff. W. Schulze, Deutsche Geschichte im 16. Jahrhundert 285ff. 290. Jendorff, Reformatio Catholica 100, 108f. Körber 95. Vogler, Europas Aufbruch 29ff. 294, 296ff. 301f. 317f. 321ff. 325ff. 329ff. 405ff.
5 Blickle 70, hier Brady und Dickens zitiert. Reinhard, Ausgewählte Abhandlungen 145. H.R. Schmidt, Konfessionalisierung 9ff. 86ff. Schnabel-Schüle, Kirchenzucht als Verbrechensprävention 60. Körber 95. Vogler, Europas Aufbruch 55, 325ff.
6 LThK IV³ 801f. HEG III 134ff. 166ff. v. Pastor V 253f. Schulze, Deutsche Geschichte im 16. Jahrhundert 204ff. H.R. Schmidt, Konfessionalisierung 3f. 12ff. 57, 86ff. 91ff. Brecht, Protestantische Kirchenzucht 41ff. 44f. Reinhard, Ausgewählte Abhandlungen 124, 127, 140ff. Körber 95f. Vogler, Europas Aufbruch 55, 311ff. Lutz, Reformation 68
7 H.R. Schmidt, Konfessionalisierung 12ff. 19ff. 57, 60f. 66. Schilling, Kirchenzucht 18ff. 26ff. Brecht, Protestantische Kirchenzucht 45ff. Schnabel-Schüle, Kirchenzucht als Verbrechensprävention 49ff. Körber 96
8 Pastor XI 147ff. H.R. Schmidt, Konfessionalisierung 12ff. 19ff. 57f. 86ff. 90. Zimmermann u. Zeeden zit. ebd. Vgl. auch 110. Reinhard, Ausgewählte Abhandlungen 86. Vogler, Europas Aufbruch 329ff. 405
9 Geiss II 228. HEG III 973ff. 977ff. Pastor V 281, 692ff. VI 88
10 HEG III 139. Vehse, Geschichte der kleinen deutschen Höfe II 318. Pastor V 253f. VII 259ff. 541ff. IX 594ff. 602f. 608ff. 617ff. 631ff. 640f. Hanschmidt I 249f. Reinhard, Ausgewählte Abhandlungen 143f. Körber 104. Vogler, Europas Aufbruch 59. Lutz, Reformation 71

11 LThK IV^3 247. HKG IV 556. Menzel II 453f. Pastor IX 594ff. X 332ff. Hengst 186, 188. Schoppmeyer, Der Bischof von P. 106ff. Zitat 112. Schönemann I 696ff. Koch, Das konfessionelle Zeitalter 82, 95. H.R. Schmidt, Konfessionalisierung 2ff. 10, 18. Lanzinner 47ff. Lutz, Reformation 71f. Vogler, Europas Aufbruch 55. Weiß, Katholische Reform 104, 155

12 LThK II^3 900ff. IV^3 152, 1251f. VIII^3 159. X^3 484. HEG III 133, 144, 148ff. Janssen, Culturzustände 24. Pastor IX 507. Reinhard, Ausgewählte Abhandlungen 108. Friedeburg 154. Körber 101ff.

13 zur Mühlen II 126. Koch, Das konfessionelle Zeitalter. Lanzinner 50, 101. Weiß, Katholische Reform 91ff.

14 v. Pastor V 349, VI 143ff. 168, VII 283, VIII 181, 183, 189, 495, IX 522, 533, X 328, 333, 370, XI 257 und oft

15 Pastor VIII 176f. Die übrigen Abteien und Priorate, schreibt von Pastor, «waren entweder ganz verlassen oder von Mönchen anderer Orden, in einigen Fällen auch von wenigen Weltpriestern ... bewohnt.»

16 HEG III 143f. 151. Pastor VI 166 Anm. 1. VII 363. H.R. Schmidt, Konfessionalisierung 25f. 28, 30, 37f. 41, 67f. 70, 72ff. Brück ebd. 73. Schilling, Kirchenzucht 36ff. Lanzinner 101f. Vogler, Europas Aufbruch 59f. Lutz, Reformation 59f.

6. Kapitel
Weltweite Jesuitenagitation

1 von Hoensbroech,14 Jahre Jesuit II 257

2 Zit. ebd. 286

3 Zit. ebd. 310 (Thomas Lord Macaulay, The History of England II 55, 1849)

4 Heine, Reise von München nach Genua

5 Kelly, Reclams Lexikon 197. LThK V^3 410f. 796. Hoensbroech, 14 Jahre Jesuit II 29f. 165f. Schnürer 41ff. 171f. Canu 80f. Pastor VI 137ff. Winter I 221. Gestrich 408. zur Mühlen II 122ff. Koch, Das konfessionelle Zeitalter 55ff. Van Dülmen 122ff. Engel, HEG III 174ff. Rabe, Die iberischen Staaten 620

6 Canu 83. Gestrich 407. Weiß, Katholische Reform 77f. 151ff. 158ff. Van Dülmen 123

7 von Pastor V 391ff. 427ff. 439, 448, 718f. VI 137

8 LThK IV^3 1029f. VI^3 179. HKG IV 475. Schnürer 44ff.

9 Pastor V 428ff. 432f.

10 Ebd. V 433f.

11 v. Hoensbroech, 14 Jahre Jesuit II 167. von Pastor VI 139ff. 546ff. VIII 213, 216ff. Koch, Das konfessionelle Zeitalter 54, 58

12 HKG IV 474f. Schnürer 130f. Pastor V 438f.

13 LThK VIII^3 1331. Pastor VI 151ff. VII 432ff. VIII 390. X 135, XI 137. Weiß, Katholische Reform 69

14 LThK II^3 923f. III^3 1146. Schnürer 272ff. 276ff. Pastor VIII 496ff.

15 LThK VI^3 179. Pastor VII 355ff. VIII 496ff.

16 LThK II^3 1273. VIII^3 376. Schnü-

rer 348 f. Winter I 265. Pastor VII 387 ff. bes. 394 f.

17 Schnürer 348 ff.

18 LThK V^3 284 f. Der Große Ploetz 979. Schnürer 349 ff. 365. Pastor VII 387 ff. Vgl. auch VIII 504 ff. Winter I 227 f. 250 f. 274

19 Kühner, Lexikon 211. Kelly, Reclams Lexikon 287 f. Geiss II 255. Der Große Ploetz 1044. Schnürer 354 f. Winter I 220, 225, 227 ff. 248 ff. 262, 265, 274. Pastor IX 686 ff. 695 ff.

20 Winter I 222 ff. 229 ff. 236 f. 257

21 Schnürer 356 ff. Pastor IX 698 ff. bes. 704 ff.

22 LThK II^3 683 f. Pastor X 138. Winter I 253 ff. bes. 259 f. 262, 264, 266 ff.

23 Geiss II 253, 255 ff. Der Große Ploetz 979 f. Schnürer 360. Winter I 275 ff. 283. Vgl. auch Deschner, Die Politik der Päpste I 75 ff.

24 Kelly, Reclams Lexikon 296. Winter I 278 ff. Vgl. auch Deschner, Die Politik der Päpste I 75 ff.

25 Winter I 283 ff.

26 Ebd. I 287 ff.

27 LThK VII^3 888 f. Pastor VI 214 ff. IX 750 ff. Canu 82, 87

28 LThK VII^3 1369 f. VIII^3 924 f. WLG 306 f.

29 Kühner, Lexikon 229, 231. von Hoensbroech, 14 Jahre Jesuit II 223 f. 229. Pastor VI 226 ff. VIII 535 f. Canu 82. Weiss, Katholische Reform 161

30 Wetzer/Welte IV 134 ff. bes. 138. Pastor VI 231 ff. IX 179, 709 f. XI 483 f. Canu 82. Weiss, Katholische Reform 161

31 LThK II^3 1057 f. VIII^3 1165 f. Pastor XI 485 ff. Canu 94. Van Leeuwen 179. Weiss, Katholische Reform 161 f.

32 Kelly, Reclams Lexikon 315 f. LThK VI^3 1048, VIII^3 1202 f. Weiss, Katholische Reform 161 f.

33 Pastor V 439. IX 516

34 Brandi, Deutsche Geschichte 240 f. Pastor V 387, 429 f. 450, VI 165. IX 716 ff. Tondi, Die Jesuiten 159

35 von Hoensbroech, 14 Jahre Jesuit II 29 f. 67, 81. Schnürer 41 ff. Brandi, Deutsche Geschichte 315 f. Pastor V 419, 421, 423. Canu 80. Tondi, Die Jesuiten 95 ff. bes. 97 ff. 102 ff. 159 f. Jendorff 419 ff. Weiss, Katholische Reform 76 f.

36 LThK IV^3 47. Hoensbroech, 14 Jahre Jesuit II 172 f. 183, 234 ff. Schnürer 42 f. Brandi, Deutsche Geschichte 321. Pastor VI 134, 154, 168 ff. 351, VII 352. IX 171 f. 173 f. 175 ff. 437. XI 435. Jendorff 432 f.

37 LThK II^3 924 f. 961. HKG IV 474, 564 f. von Hoensbroech, 14 Jahre Jesuit II 179 ff. 184 ff. Schnürer 42. Pastor V 434 f.

38 Kühner, Lexikon 214. LThK IV^3 797 f. (hier H. Jedin zitiert). HKG IV 474. Schnürer 42, 171 f. Canu 83. Pastor VI 155, 497 f. 500 ff. bes. 504, X 113. 115 ff. 122. XI 436, 513 ff. 520 ff. 533

39 LThK III^3 313 ff. Pastor, VI 146, 165, IX 170 f. Vgl. Tondi, Die Jesuiten 117. Gestrich, 407, 440. Jendorff 419. Weiss, Katholische Reform 78, 134

40 Hoensbroech, 14 Jahre Jesuit I 73 ff. 135 f. Pastor IX 489. Lanzinner 116. Weiss, Katholische Reform 134 ff.

41 von Hoensbroech, 14 Jahre Jesuit II 33 ff. 36 ff. Deschner, Abermals 408 f. Jendorff 426 ff. 429 f.

42 von Hoensbroech, 14 Jahre Jesuit II 179. von Pastor VI 147, VIII 390, IX 402. Gestrich 407f. Jendorff 423, Lanzinner 117f. Weiss, Katholische Reform 78, 137ff. Vgl. auch Speck 70ff.

43 von Hoensbroech, 14 Jahre Jesuit II 256ff. Pastor XI 436. Weiss, Katholische Reform 78

44 von Hoensbroech, 14 Jahre Jesuit II 94 (bezieht sich hier und oft auf J. Friedrich, Beiträge zur Geschichte der Jesuiten, hier S. 49f.)

45 von Hoensbroech, 14 Jahre Jesuit II 256f. 259f. 287ff.

46 Ebd. 285ff.

47 Ebd., 260ff. 267ff. 270f. 278ff. 293f. Sehr instruktiv Dieter 14ff. 20ff.

48 von Hoensbroech, 14 Jahre Jesuit II 200, 234, 256ff. 267, 271ff. 278, 286ff. 293ff. 303ff.

49 Ebd. 273ff. 277, 285f. 296f. (hier das Steinberger-Zitat).

50 Ebd. 157, 208ff. 214ff. 218ff. 306f. Tondi, Die Jesuiten 94f. 307ff. Deschner, Abermals 431f. Ders. Das Kapital der Kirche 301

7. Kapitel
Wittelsbacher und Habsburger als Träger der Gegenreformation und der Kölner Krieg

1 Maurer, Kirche, Staat und Gesellschaft 1f.

2 von Loewenich 287f.

3 Haller 135

4 Brandi, Deutsche Geschichte 417

5 Kelly, Reclams Lexikon 288. Sautter 23, 421. LThK I³ 343, III³ 441f. Geiss II 243, 253. Janssen, Culturzustände 122. Hergenröther III 397. Menzel II 457. Brandi, Deutsche Geschichte 130, 196f. 351ff. Neuss 249 f. Haller 133. Pastor V 297f. VI 565, VII 347ff. 366ff. IX 437ff. 443, 513. H.R. Schmidt, Konfessionalisierung 25, 31f. Christ, Das konfessionelle Zeitalter 343ff. Reinhard, Ausgewählte Abhandlungen 120f. 124. Maurer, Kirche, Staat und Gesellschaft 4. Koch, Das konfessionelle Zeitalter 86f. Lanzinner 63f. 104. Körber 96f. Weiss, Katholische Reform 33ff. 93f. 145f. Schilling, Aufbruch und Krise 280. Rabe 139f.

6 LThK X³ 1175. Brandi, Deutsche Geschichte 411, 432ff. Ritter, Die Neugestaltung Europas 305f. Pastor IX 444f. Rabe 139f. Herzig 20ff. 67ff. 74ff. Weiss, Katholische Reform 94f. 146. Vgl. auch die vorherg. Anm.

7 Kühner, Lexikon 209. LThK I³ 343. III³ 818f. VI³ 193f. X³ 951. Geiss II 253. Brandi, Deutsche Geschichte 353f. 408f. Pastor IX 438, 596f. 658. Neuss 250. Rabe 340. Koch, Das konfessionelle Zeitalter 86ff. Lutz, Reformation 72f. Körber 98. Weiss, Katholische Reform 94ff. 107

8 LThK X³ 1145f. HKG IV 554. Janssen, Vorbereitung 6ff. Brandi, Deutsche Geschichte 408. Forsthoff, Rheinische Kirchengeschichte I 476ff. Pastor V 442, 446, 509f. VIII 490f. IX 645f. 650f. Rößner 75ff. Koch, Das konfessionelle Zeitalter 87f. Körber 98. Weiss, Katholische Reform 44, 95, 107.

9 dtv-Lexikon 19, 308. LThK I³ 1224, IX 912f. X³ 950. Pastor V 55, 276,

441 f. Zoepfl, Das Bistum Augsburg im Reformationsjahrhundert 55, 177 ff. 275 ff. 370

10 LThK X[3] 950 f. Kelly, Reclams Lexikon 278. Zoepfl, Das Bistum Augsburg im Reformationsjahrhundert 177 ff. 338 ff. bes. 345 ff. 354 f. 362. Vgl. auch 403, 429 f. 462 u.a.

11 Vehse IV 8 f. Zoepfl, Das Bistum Augsburg im Reformationsjahrhundert 177 ff. 189, 191 ff. 198 f. 206, 209 f. 213 ff. 219 ff. 241, 255 f. 273 ff. 324 ff. 362. Vgl. 399, 441 ff. 447, 567, 569, 575, 605 f. Vgl. auch Zorn, Augsburg 248, 257

12 Pastor IX 542 ff. Pölnitz 130. Meisner 66, 87, 186

13 Brandi, Deutsche Geschichte 401. Pastor IX 545 ff. 553. Pölnitz 113 f. (Echters Verhalten gegenüber der Abtei Banz 139 ff.) Meisner 13, 70, 74 ff. bes. 79 f. 101, 137 ff. Krenig 197 f. 208 f.

14 Brandi, Deutsche Geschichte 402. Pastor IX 553 ff. Pölnitz 146 ff. bes. 149 ff. Meisner 87 f. Krenig 194, 197 ff.

15 Pastor IX 555 ff. Meisner 87 ff. 95, 97, 200, 202, 207. Krenig 197 f. 206

16 Pierer IX 178. Pölnitz 167, 355, 358 ff. 364, 367, 369 ff. 377 ff. 382 ff. 387. Meisner 41, 84, 109 f. 149, 201, 209, 231. Krenig 201, 207 ff. 212. Vgl. das typische Vertuschen der «Sozialdisziplinierung» bei Willoweit 243 ff.

17 Pölnitz 388 f. Meisner 12, 35, 202, 209, 212, 232. Zum Ganzen: Herrmann, Passion der Grausamkeit passim. bes. 30 ff. u.o. Ders. Die Folter passim, bes. 7 ff. 12 ff.

18 Pierer IX 178. Pölnitz 345 f. Meisner 25 f. 46, 49, 60, 62, 68, 92, 107 f. 116, 122, 125, 183 f. 200, 204, 215 f. 219 f. 222 u.a. Krenig 199 f. 202

19 Pölnitz 107. Meisner 47, 68, 181 ff. Krenig 194 f. Vgl. Deschner, Das Kreuz 80 ff. Ders. Opus diaboli 86 f.

20 Meisner 172, 185. Weiss, Die Hexenprozesse 331 ff.

21 Soldan/Heppe I 431, 508. II 48 ff. Deschner, Abermals 490. König, Ausgeburten 295 f. Meisner 172 f. Behringer, Hexen und Hexenprozesse 161, 319, 321, 361 ff. Ders. Hexen. Glaube, Verfolgung, Vermarktung 77 f.

22 Meisner 184 ff. Weiss, Die Hexenprozesse 333 ff. 338 f. 341 ff. 350 f. Behringer, Hexen und Hexenprozesse 247

23 Meisner 173 ff. 198. Weiss, Die Hexenprozesse 332 f. 337 ff. 345. Gehm 89. Zum generellen «Forschungsstand» s. etwa Biesel 24 ff.

24 Merzbacher, Die Hexenprozesse 43. Meisner 172, 184 ff. 205. Weiss, Die Hexenprozesse 336 f. 343 ff.

25 LThK III[3] 1234. Geiss II 227. HEG III 548. Soldan/Heppe II 72 f. Brandi, Deutsche Geschichte 356 ff. Pastor V 254 ff. Rabe 318 f. Becker, Christ u.a. Die Kirchen in der deutschen Geschichte 346. Maurer, Kirche, Staat und Gesellschaft 5. Herzig 35 f. Weiss, Katholische Reform 97

26 Geiss III 452. HEG III 548 f. Pastor VI 148, 150. VIII 489. Rabe 318 f. H.R. Schmidt, Konfessionalisierung XI, 32 ff. Becker, Christ u.a., Die Kirchen in der deutschen Geschichte 346 ff. Evans 395 f. Strohmeyer 221. Heilingsetzer 183 f. Bahlcke, Außenpolitik 205. Koch, Das konfessionelle Zeitalter 92 ff. 207. Lanzinner

102 f. Lutz, Reformation 71, 73 f. Körber 106 ff. Weiss, Katholische Reform 99 ff.

27 LThK VII³ 5 f. HEG III 144, 548 f. Hergenröther III 396. Brandi, Deutsche Geschichte 356 ff. 359 ff. Rabe 319 ff. Koch, Das konfessionelle Zeitalter 92 ff. 208. Lanzinner 52 f. Hinrichs 160. Lutz, Reformation 70. Körber 106 ff. Weiss, Katholische Reform 93, 99 f.

28 HEG III 549. H.R. Schmidt, Konfessionalisierung 35 f. Winkelbauer 315 ff.

29 Pastor IX 447, 452, 456. Rabe 318 f. Becker, Christ u.a. Die Kirchen in der deutschen Geschichte 353. Weiss, Katholische Reform 100 f.

30 Kühner, Lexikon 213 f. Kelly, Reclams Lexikon 285 ff. 289 f. Menzel II 465 f. Brandi, Deutsche Geschichte 473. Pastor VII 386, VIII 459 ff. 464 f. 470 ff. 475 f. 483, X 341 ff. 358 f. H.R. Schmidt, Konfessionalisierung 34 f. Becker, Christ u.a. Die Kirchen in der deutschen Geschichte 348 f. 351. Christ, Das konfessionelle Zeitalter 252. Herzig 17 ff. 25 f. 36 ff. 39 ff. Körber 107 f. 110 f. Lanzinner 103. Weiss, Katholische Reform 97 f. 148

31 LThK III³ 1234 f. VI³ 1052. HKG IV 551. Menzel II 466 ff. Vehse II 137 f. Blickle 79 f. 89. Schilling, Aufbruch und Krise 282, 284 ff. Schnabel-Schüle, Überwachen und Strafen 131. Pastor IX 483, X 360 f. Christ, Das konfessionelle Zeitalter 350. Heilingsetzer 181 f. Evans 395 ff. Koch, Das konfessionelle Zeitalter 82 f. 96 ff. 209 f. Weiss, Katholische Reform 98 f. 147. Lanzinner 103

32 LThK X³ 951. Geiss II 253. Menzel II 446 f. Theiner III 268. Janssen, Vorbereitung 7 ff. (hier das v. Weinsberg-Zitat), 27 f. 31. Pastor V 510, IX 647 ff. Forsthoff, Rheinische Kirchengeschichte I 476 ff. Pölnitz 177 ff. 191. H.R. Schmidt, Konfessionalisierung 70, 72. zur Mühlen 126. Lanzinner 67. Lutz, Reformation 72 f. Weiss, Katholische Reform 95

33 Kelly, Reclams Lexikon 287 f. Geiss II 253. Janssen, Vorbereitung 27 ff. 35. Hergenröther III 394. Ritter, Die Neugestaltung Europas 221. Seppelt/Schwaiger 310. Pastor IX 602, 655, 658 Anm. 3. Körber 97 f. Weiss, Katholische Reform 65, 95

34 LThK VI³ 193. Geiss II 253. Janssen, Vorbereitung 36. Theiner, Die Einführung III 268. Brandi, Deutsche Geschichte 414 f. Pölnitz 179. Pastor IX 425, 652, 655 f. X 348. Schilling, Aufbruch und Krise 281 f. Koch, Das konfessionelle Zeitalter 88. Körber 98. Lanzinner 67 f. Weiss, Katholische Reform 95

35 LThK VI 193. Geiss II 246 f. 252. Janssen, Vorbereitung 37 ff. 42 ff. Brandi, Deutsche Geschichte 415. Pastor IX 651 ff. 656 ff. Pölnitz 177 ff. bes. 193 ff. Forsthoff, Rheinische Kirchengeschichte I 476 ff. Schilling, Aufbruch und Krise 280 f. Lutz, Reformation 73. Weiss, Katholische Reform 65 f. 95 f.

36 Menzel II 447 f. Janssen, Vorbereitung 31 f. 33 ff. 42, 44, 53 f. Forsthoff, Rheinische Kirchengeschichte 478 f. Brandi, Deutsche Geschichte 415 ff. Neuss 250 f. Pastor IX 600, 654. Koch, Das konfessionelle Zeitalter 88. Lanzinner 68

37 Janssen, Vorbereitung 34 u.o. Brandi, Deutsche Geschichte 417. Pastor IX 656f. zur Mühlen II 122ff.

8. Kapitel
Staatsterror im Westen
Die Niederlande, Frankreich, England und Schottland im späteren 16. Jahrhundert

1 Ranke, Die römischen Päpste 371, 377f.

2 HEG III 667

3 Mengin, in: Coudy, Die Hugenottenkriege in Augenzeugenberichten 373

4 Coudy ebd. 154

5 Panzer 82

6 R.B. Wernham, Before the Armada, 1966, 236. Zit. bei Panzer 14f.

7 HEG III 664f. Schiller, Geschichte des Abfalls 13, 55, 57. Brandi, Deutsche Geschichte 376. Durant 641f. Parker 42. van der Lem 30. Vogler, Europas Aufbruch 86, 89. Arndt 42ff. 49

8 HEG III 666. Bihlmeyer III 193. Brandi, Deutsche Geschichte 376. Durant 642f. van der Lem 30

9 Parker 57. Körber 73

10 HEG III 666. HKG IV 415f. Bihlmeyer III 193. Brandi, Deutsche Geschichte 375. Durant 643f. Parker 30f. van der Lem, 30. Arndt 255f.

11 HEG III 667. HKG IV 417. Durant 644. Beutin, Neuzeit 408. Parker 30f. van der Lem 45f. 51f. Arndt 256, bes. Anm. 50

12 LThK VII^{3} 820f. HEG III 319f. 664, 666, 668f. Geiss II 238. Schöppner 131f. Rachfahl I 201f. 576, II/1 26, 176f. Bihlmeyer III 193. Brandi, Deutsche Geschichte 374, 378. Beutin, Neuzeit 408. Parker 132f. 223. van der Lem 46

13 LThK VII^{3} 820. Geiss II 238. Der Große Ploetz 678f. HKG IV 418, 536. Schiller, Geschichte des Abfalls 70. Rachfahl I 234, II/1, 12ff. 20ff. 25, 34ff. 50, 53, 60, 63ff. 137ff. 176f. 288ff. Bihlmeyer III 193. Brandi, Deutsche Geschichte 374f. 380. Beutin, Neuzeit 408. Parker 42ff. Arndt 42ff. van der Lem 44, 47ff.

14 Rachfahl II/1 14, 51, 59ff. van der Lem 42

15 Der Große Ploetz 679. HEG III 665, 669. HKG IV 536. Rachfahl II/1, 6ff. 9f. 53f. 77f. 171. Schöppner 136. Bihlmeyer III 193. Brandi, Deutsche Geschichte 379, 381. Parker 101, 202, 204f. Deschner, Opus Diaboli 31. van der Lem 78. Arndt 191

16 HEG III 669f. Schiller, Geschichte des Abfalls 196ff. 214. Rachfahl II/2, 709ff. Schöppner 136f. Brandi, Deutsche Geschichte 379. Beutin, Neuzeit 408. Parker 77ff. 81ff. van der Lem 60ff. Körber 75. Vogler, Europas Aufbruch 92

17 Kelly, Reclams Lexikon 287. HEG III 669f. Rachfahl III 3ff. 36, 39, 89f. 117. Schöppner 137ff. Brandi, Deutsche Geschichte 378, 380. Beutin, Neuzeit 408. Parker 111ff. van der Lem 67f.

18 Pierer I 258. LThK I^{1} 198, I^{3} 318f. Geiss II 236. van der Lem 66ff. Vogler, Europas Aufbruch 92

19 Pierer I 258, XI 894f. LThK I^{1} 197, I^{3} 318f. HEG III 667, 670f. HKG IV 418. Hagenbach, Der evangelische Protestantismus 170ff. Rachfahl

III 47ff. 73ff. 98ff. 110ff. 132ff. 142ff. 149ff. 341. Schöppner 138ff. Brandi, Deutsche Geschichte 380f. 387. Beutin, Neuzeit 408. Parker 48, 121f. 124f. Arndt 44ff. Vogler, Europas Aufbruch 92. van der Lem 41, 67ff. 77f.

20 Parker 190. Arndt 213ff. bes. 289

21 Pierer XI 895. Schöppner 143f. Parker 166ff. 188, 192, 204. van der Lem 85f. 93. Vgl. dazu außer meinen älteren Arbeiten vor allem Die Politik der Päpste II Katholische Schlachtfeste in Kroatien oder «das Reich Gottes» II 210ff. Und neuerdings besonders V. Krestić, Edit. Viktor Novak, Magnum Crimen sowie V. Krestić, Through Genocide to a greater Croatia

22 Pierer 11, 895ff. Rachfahl I 166ff. 200ff. 203ff. Parker 125ff. 212

23 Pierer 11, 897. Ranke, Die römischen Päpste 378f.

24 LThK V^{3} 301. Geiss II 237. HEG III 761ff. Browning I 18ff. 29f. Bihlmeyer III 171f. Durant 517f. 532f. Beutin, Neuzeit 405. Coudy 46, 58ff. 62ff. 372. Vogler, Europas Aufbruch 134f. Sierszyn 275f. Gresch 26f.

25 Coudy 54, 59ff.

26 LThK V^{3} 301f. HEG 762f. 769, 772ff. HKG IV 410, 412. Browning I 99ff. Bihlmeyer III 171ff. Beutin, Neuzeit 405. Coudy 85, 89. Gresch 26ff. 31. Dölemeyer 18f.

27 Kühner, Lexikon 205. Kelly, Reclams Lexikon 285ff. LThK II^{1} 6f. II^{3} 46. Geiss II 241. HEG III 764ff. Browning I 215ff. 227ff. Pastor VIII 366ff. 370f. IX 352ff. Beutin, Neuzeit 406. Coudy 18, 74ff. 78f. 84, 158ff. 162

28 Schöppner 147. Brandi, Deutsche Geschichte 386. Coudy 182f. 194, 196, 202, 215. Dölemeyer 19

29 HEG III 764. HKG IV 413. Coudy 189, 191f. 194, 197, 199, 200ff. 208f. 212

30 Coudy 200f. 204f. 207, 214ff.

31 HEG III 782f. HKG IV 413. Beutin, Die Neuzeit 406. Coudy 216f. Pastor IX 356f. Deschner, Opus Diaboli 31. Gresch 32

32 Bihlmeyer III 174. Coudy 11f. 15ff. 102, 123

33 Coudy 78. Pastor IX 363ff. 384

34 Pastor IX 358, 366ff. 375f. Beutin, Neuzeit 406f. Deschner, Opus Diaboli 31

35 LThK IV^{3} 1385. Pastor VIII 356ff. IX 371f. X 202ff. 206, 208, 215ff.

36 HKG IV 414. Browning II 163ff. 196ff. Pastor IX 372f.

37 Pierer V 482, 728ff. LMA VI 2206. LThK IV^{3} 1383. Geiss II 212f. Der Große Ploetz 958. Krieger 15ff. 24ff. Vogler, Europas Aufbruch 149. Eßer 17ff. 25ff. Baumann 10

38 Pierer V 730f. Hagenbach, Der evangelische Protestantismus 193f. Bihlmeyer III 78ff. 81. Pastor IV/2 483ff. 488. Erbe, Heinrich VIII. 30ff. 36. Metz 62. Krieger 24f. Eßer 33f. Panzer 22ff. 25, 29, 34, 45, 47. Baumann 58ff. 109f. 113, 147

39 Pierer V 730f. LThK II^{3} 1337, IV^{3} 1383, VI^{3} 1344f. X^{3} 1283f. Der Große Ploetz 958. Bihlmeyer III 79f. Pastor IV/2, 483ff. 491ff. 498ff. 505ff. 512f. Erbe, Heinrich VIII. 34, 36ff. 43, 45f. Lottes 76. Vogler, Europas Aufbruch 152ff. Eßer 34ff. 43. Panzer 29, 34, 40ff. 48ff. 55ff. 60ff. 64

40 LThK III^3 664. IV^3 1383. Der Große Ploetz 958 f. Pastor IV/2, 484, 502, 512 f. Seppelt, Das Papsttum im Spätmittelalter 451. Erbe, Heinrich VIII. 39, 41. Vogler, Europas Aufbruch 152

41 LThK III^3 664, IV^3 1383, IX^3 1138 f. Der Große Ploetz 959. Hagenbach, Der evangelische Protestantismus 195. Bihlmeyer III 81. Pastor IV/2, 483 f. 510, 514, 516. Lottes 78. Vogler, Europas Aufbruch 153 f. Erbe, Heinrich VIII. 38. Weiss, Katholische Reform 123 f. Panzer 32, 35. Baumann 146

42 Wetzer/Welte III 536 f. LThK III^3 664. Erbe, Heinrich VIII. 40. Vogler, Europas Aufbruch 154. Panzer 44 f. Baumann 108 f. Vgl. auch die folg. Anm.

43 LThK II^3 1350. Bihlmeyer III 81 f. Erbe, Heinrich VIII. 39. Pastor IV/2 514, V 691. Vogler, Europas Aufbruch 154 f. Baumann 106, 117

44 Pierer V 731. LThK III^3 664. Bihlmeyer III 82 f. Pastor VI 175 ff. 180, 197 f. Brodt 52, 58 f. Metz 64. Vogler, Europas Aufbruch 156. Eßer 61 ff. 65 f. Panzer 66 ff. 70 f.

45 LThK VI^3 1344. Pastor VI 181. Vgl. 192 f. Metz 60 ff. 64. Panzer 68 f. 72 ff. 76 ff.

46 Pastor VI 181, 183 f. 201, 208. Metz 63, 66 f. Vogler, Europas Aufbruch 157. Eßer 67 ff. Panzer 71, 73 f. 78, 80, 82.

47 Wetzer/Welte VIII 571 f. LThK III^3 664. Pastor VI 192, 195 ff. 581, 586 ff. 590 f. Metz 66 ff. Eßer 70. Panzer 82, 84

48 Lottes, Elisabeth I. 82 f. 85. Klein, Elisabeth I. 7, 12 ff. Eßer 71 f. 82. Panzer 96, 100

49 Pastor VI 610 ff. VII 441, 443. Lottes 76, 78 f. Vogler, Europas Aufbruch 157. Klein, Elisabeth I. 18, 33, 39, 63 f. (hier das Zitat von G. Mattingly, The defeat of the Armada, 1961, 41). Eßer 72 ff. 75. Panzer 89, 91

50 Wetzer/Welte III 535 f. Pastor VI 616 f. VII 454 ff. 461, 466 ff. Lottes 79 ff. Eßer 75, 80, 86. Klein, Elisabeth I. 17, 31 ff. 38 f. 44 ff. 63, 97 f.

51 Wetzer/Welte III 538. Pastor VII 439, 447. VIII 421 f. 454. Lottes 83. Klein, Elisabeth I. 79, 83, 94 f. 99 f. Panzer 91 f.

52 HEG III 920 f. Bihlmeyer III 189. Pastor VII 469 f. 474 ff. Baumann 147. Klein, Elisabeth I. 76

53 Kühner, Lexikon 199. Kelly, Reclams Lexikon 282. HEG III 921. Ranke, Die römischen Päpste 188 f. Gontard 399. Pastor VII 477 ff. 488. VIII 405, 413.

54 Der Neue Brockhaus III 431. LThK VI^3 1346 f. HEG III 920 ff. Schiller, Maria Stuart VII 236 ff. Bihlmeyer III 189 f. Pastor VII 478, 495 ff. VIII 395 f. 402 ff. 407 ff. Asch, Jakob I., 97 f. Lottes 78. Eßer 89. Maurer, Kleine Geschichte Englands 134 f. Klein, Elisabeth I. 74 ff. 80, 86 ff. Panzer 92 f.

55 Kühner, Lexikon 94. Kelly, Reclams Lexikon 191 f. LThK IV^3 1135, V^3 593 f. HEG III 938 f. Knöpfler 618. Bihlmeyer III 190 f. Kühner, Das Imperium 164. Vogler, Europas Aufbruch 155

56 Kühner, Lexikon 211. LThK V^3 592 ff. HEG III 939 f. Knöpfler 588. Bihlmeyer III 191 f. Seppelt, Das Papsttum in der neueren Zeit 171 f.

Pastor IX 298 ff. XI 365 f. Vogler, Europas Aufbruch 155

9. Kapitel
Die Schlammschlacht vor dem grossen Krieg
Vom publizistischen Schlachtfeld zum militärischen

1 Janssen, Vorbereitung 306, 557
2 Bremer 18 f. 297
3 Wedgwood 20 f. 41 f.
4 Janssen, Vorbereitung 17 ff. 35 ff. 106 ff. 142 ff. Herzig 65 ff. Vgl. auch Arndt 104 ff. bes. 107 ff. 195 ff. 211
5 M. Pohlig, Rezension von Kai Bremer, Religionstreitigkeiten. Volkssprachliche Kontroversen zwischen altgläubigen und evangelischen Theologen im 16. Jahrhundert, 2005, in: sehepunkte 5 (2005), Nr. 9 (9. 9. 2005). – Press 31. Bremer 4 f. 37, 44 f. 199, 297. E. Wolgast, Konfessionalisierung und Religionskrieg, in: J. Assmann (Hg.), Kultur und Konflikt, 185. Zit. bei Bremer 20
6 Herzig 10 ff. 14 f. Bremer 56 ff. 187, 191, 193 ff. 198 ff. 221 (hier das Simmel-Zitat), 242, 290
7 Bremer 47 ff. 55, 159, 214 ff.
8 LThK II³ 189 f. Janssen, Vorbereitung 522 f. Bremer 151, 156 f.
9 Bremer 21, 46, 101 ff. 107, 111 ff. 117, bes. 123 f. 127
10 LThK I³ 336. Janssen, Vorbereitung 452 f. Herzig 22 f. Bremer 40, 168 f.
11 Bihlmeyer III 163 f. Bremer 38, 46 ff.
12 LThK V³ 1220 ff. 1225. Herzig 91 ff. Wedgwood 20. Bremer 32 f. 49, 55, 177
13 Janssen, Vorbereitung 102, 401, 506 f. Vgl. auch 71 ff. Herzig 27 f. Bremer 139, 171, 199
14 Janssen, Vorbereitung 448. Bihlmeyer/ III 156. Bremer 30 f. 47, 117. Vgl. auch Pohlig, Rezension von Kai Bremer s. Anm. 5
15 Janssen, Vorbereitung 322 f. 327, 447 f. 464
16 Ebd. 325 ff. 448
17 Ebd. 60 f. 132 Anm. 3, 133 ff. 498 ff. 505. Wedgwood 19 f.
18 Janssen, Vorbereitung 100 f. 132 f. Wedgwood 21, 41. Herzig 75 ff. 107 ff.
19 Menzel II 443 f. Janssen, Vorbereitung 91 ff. 137 ff.
20 Janssen, Vorbereitung 96 f. 213
21 Ebd. 61 ff. 91 ff. 98 ff. 102, 132 ff. 464 ff. 483, 494. Knöpfler 633 ff. 638 f. Bihlmeyer II 157 f. Wedgwood 20
22 Janssen, Vorbereitung 306 f. 464
23 Ebd. 252 f.
24 Ebd. 71 f. 147, 240, 300 ff. Press 11. Bremer 136 ff. 159, 168, 170 f.

10. Kapitel
Der dreissigjährige Krieg beginnt

1 Brandi, Deutsche Geschichte 449 f.
2 Heberle, zitiert bei Schilling, Aufbruch und Krise 421
3 Zitiert ebd.
4 Haller, Die Epochen 138 f.
5 Wedgwood 40
6 Sautter 293. HEG III 556 f. HbG II 416 ff. 421, 425. Vgl. auch 409. HKG IV 652 f. 657. Der Große Ploetz 680. Seppelt, Das Papsttum in der neueren Zeit 265 f. Bihlmeyer III 142. Bihlmeyer III 164. Brandi,

Deutsche Geschichte 468ff. Pastor XII 287ff. 521ff. Press 118, 163, 174ff. 181ff. 337, 352. Roeck 152ff. Lanzinner 187ff. 199. Schormann 214ff. Wedgwood 38, 47, 57ff. G. Schmidt, Der Dreißigjährige Krieg 23

7 Pierer XIII 859. dtv-Lexikon XV 70. Sautter 293. HbG II 415, 421. HKG IV 652. Pastor XII 287ff. 294 (hier der Ranke-Hinweis). Press 25, 165. Lanzinner 187f. 190f. 197, 201ff. Wedgwood 45

8 Sautter 124f. 292f. 353. HEG III 558ff. HKG IV 657. Bihlmeyer III 138f. Albrecht, Ferdinand II. 129f. Press 29f. 34, 43f. 59, 96f. 167ff. 173, 187f. 191f. Roeck 47ff. 191ff. Schormann 216. Wedgwood 10, 29ff. 33, 37 f. 48, 52ff. 62ff. 70

9 Bihlmeyer III 143. Jessen 23ff. Pastor XII 525ff. 567f. Schormann 216. Wedgwood 69ff. Fenske 48. G. Schmidt, Der Dreißigjährige Krieg 29f. Vogler, Europas Aufbruch 62

10 Der Große Ploetz 816. Jessen 25ff. Press 192

11 Sautter 401f. Der Große Ploetz 816. Bihlmeyer III 144. Bihlmeyer III 166. Pastor XII 569f. Jessen 50f. 66, 81. Albrecht, Ferdinand II. 126. Press 196. Schormann 217f. 223. Wedgwood 81ff. 85f. 92f. 119. Fenske 50

12 HEG III 560f. HbG II 424. Der Große Ploetz 816f. Pastor XII 568ff. Jessen 70f. 77. Press 196f. Roeck 198ff. Schormann 218. Wedgwood 72ff. 85ff. 98. Vogler, Europas Aufbruch 62ff.

13 dtv-Lexikon 20, 105. HbG II 424. Der Große Ploetz 817. Pastor XII 570ff. Jessen 55f. Albrecht, Ferdinand II. 128, 131. Press 197. Wedgwood 52ff. 82, 86f. Zur Geschichte der Kaiserkrönung vgl. Eichmann, Die Kaiserkrönung passim, bes. I, IXff.

14 HbG II 424f. 428ff. 432f. Pastor XII 562, 572ff. 579f. Jessen 77ff. Albrecht, Ferdinand II. 131. Press 200. Roeck 208ff. Schormann 220. Wedgwood 38, 89f. 107ff.

15 Jessen 43f. 83. Wedgwood 75, 82, 109f., 104f.

16 Geiss III 527. HEG III 561f. HbG II 428. Ranke, Die römischen Päpste 566. Brandi, Deutsche Geschichte 485. Jessen 88ff. 91ff. Pastor XII 578f. XIII/1, 183f. Press 198. Roeck 216ff. Schormann 222. Wedgwood 47, 51, 111ff. G. Schmidt, Der Dreißigjährige Krieg 32

17 Der Große Ploetz 817. Wedgwood 113ff. 144

18 Wedgwood 113ff. 123ff.

19 Pastor XII 579f. 583

20 HEG III 562. Jessen 90, 101ff. 107ff. Pastor XIII/1, 204. Albrecht, Ferdinand II. 132. Roeck 231ff. Schormann 223. Vgl. dazu auch Lächele 179ff. 182ff. 195ff.

21 LThK III[3] 1234f. Brandi, Deutsche Geschichte 473, 480. Jessen 61ff. 66, 137. Albrecht, Ferdinand II. 125. Press 204f. Wedgwood 124

22 Jessen 61ff. 66

23 Geiss III 527. HEG III 562. HbG II 429. HKG IV 658. Der Große Ploetz 817. Ranke, Die römischen Päpste 570ff. Pastor XIII/1 202ff. 209ff. 213f. Jessen 90, 101ff. 107ff. 116, 118ff. Roeck 217. Schormann 223. Wedgwood 123ff. 146ff. 152ff. Press 207f. Sierszyn 389 Anm. 60 Endres 567f.

24 Pierer V 309. Sautter 284. LThK IV³ 1250. HEG III 562 f. Der Große Ploetz 816. Brandi, Deutsche Geschichte 485, 492. Jessen 165 f. Press 198 ff. Schormann 223 ff. Wedgwood 116 ff. 121 f. 130 f. 134, 178.

25 Brandi, Deutsche Geschichte 493. Jessen 141 ff. Press 199. Wedgwood 132 ff.

26 Pierer V 310. Sautter 84. Taddey 200 f. 1155. LThK V¹ 216 f. V³ 349. HbG II 720 f. Brandi, Deutsche Geschichte 493 ff. Jessen 158 f. Wedgwood 35, 135, 161 f.

27 Pierer XV 645 f. XVII 613, XVIII 393. Kelly, Reclams Lexikon 296 f. HbG II 431 f. HKG IV 654, 658. Ranke, Die römischen Päpste 566 ff. Seppelt, Das Papsttum in der neueren Zeit 268 f. 271 f. Kretschmayr III 292. Pastor XIII/1 15, 36, 42 ff. 53 f. 165 ff. 174 ff. 179 ff. 183. Kühner, Das Imperium 309 f.

28 Kelly, Reclams Lexikon 297. HbG II 430. HKG IV 658. Seppelt, Das Papsttum in der neueren Zeit 271 ff. Kühner, Das Imperium 310. Pastor XIII/1 184 ff. 189 ff. 199 ff. XIII/2 901, 911

29 Pastor XIII/1 176 f. 181 f. 185 f. 193, 195, 197, 201 ff. u.a.

30 Ranke, Die römischen Päpste 568. Seppelt, Das Papsttum in der neueren Zeit 271. Pastor XIII/1 93, 174 ff. 181 f. 185, 188 ff. 195, 197

31 Kelly, Reclams Lexikon 297. HKG IV 645 f. Ranke, Die römischen Päpste 568 f. Seppelt, Das Papsttum in der neueren Zeit 278 ff. Kühner, Das Imperium 310. Pastor XIII/1 151

32 Jessen 166. Pastor XIII/1 182 f. Wedgwood 132 f.

33 Pierer V 309 ff. Sautter 284. Taddey 769. Brandi, Deutsche Geschichte 492 ff. Wedgwood 118, 132, 135 f.

34 Brandi, Deutsche Geschichte 485. Vgl. auch Jessen 157 ff.

35 Pierer V 310. X 839. Taddey 769. Jessen 132, 160. Wedgwood 118, 128, 136 f. 163

11. Kapitel
Worum kämpfte man im Dreissigjährigen Krieg?

1 Wedgwood 289

2 G. Schmidt, Der Dreißigjährige Krieg 64 f.

3 HEG III 317

4 Jessen 86. Schöppner 200

5 Taddey 238. HEG 341, 563. Der Kleine Ploetz 131. Hergenröther 404. Brandi, Deutsche Geschichte 507, 511 ff. Jessen 178 ff. 184 ff. 194 ff. Press 203. Wedgwood 183 f. 189, 205 f. Vogler, Europas Aufbruch 63 f. G. Schmidt, Der Dreißigjährige Krieg 40, 42

6 Geiss I 204. dtv-Lexikon 9, 39. Taddey 753. LThK VIII³ 1130 f. HEG III 563 ff. Vgl. auch 552. Hergenröther, Handbuch 404 f. Ranke, Die römischen Päpste 624. Hoensbroech, 14 Jahre Jesuit II 294. Brandi, Deutsche Geschichte 503, 510, 515. Kühner, Das Imperium 312 f. Jessen 184 f. 197, 204 ff. Wedgwood 145, 184 f. 208, 211 ff. Press 212. Vogler, Europas Aufbruch 64, 182. Roeck 267 ff. Zorn, Augsburg 276 ff. 285 f. Schormann, Der Dreißigjährige Krieg 228 f. 242, 249 f. Schmidt, Der Dreißigjährige Krieg 46 ff.

7 Sautter 412. Taddey 1257. Geiss I 204. Der Große Ploetz 817. Brandi, Deutsche Geschichte 507, 513. Jessen 170, 192, 200 ff. Wedgwood 149 ff. 197 ff. 214. Press 202 f. 211 f. Roeck 261 ff. 264 ff. Schormann, Der Dreißigjährige Krieg 228 f. G. Schmidt, Der Dreißigjährige Krieg 32 f. Vgl. auch Lämmert 568 ff.

8 HEG III 565. Brandi, Deutsche Geschichte 499. Jessen 200, 203 f. 210. Wedgwood 151, 173 ff. 191 f. Schormann, Der Dreißigjährige Krieg 231 f. G. Schmidt, Der Dreißigjährige Krieg 39.

9 Kelly, Reclams Lexikon 298. Brandi, Deutsche Geschichte 499, 508. Wedgwood 142, 170 f. 197, 212. Kühner, Das Imperium 312. Schormann, Der Dreißigjährige Krieg 232, 235 f. 239, 246 ff.

10 HEG III 565. Geiss I 204. Hoensbroech, 14 Jahre Jesuit II 295 ff. Polišenský, Documenta 155 ff. Brandi, Deutsche Geschichte 508 f. Seppelt, Das Papsttum in der neueren Zeit 295 ff. Wedgwood 125, 166, 186, 191 ff. 195 ff. bes. 198 f. 200 ff. 217, 219. Huxley 267, 275. Jessen 199. Press 215. Schormann, Der Dreißigjährige Krieg 230 f. 246 ff. Vogler, Europas Aufbruch 64.

11 Sautter 222. HEG III 565 ff. Der Große Ploetz 1045. Brandi, Deutsche Geschichte 501 f. 519, 522 f. Wedgwood 235 ff. 251. Jessen 230 ff. 237 ff. 245. Press 218 ff. Schormann, Der Dreißigjährige Krieg 250 f. G. Schmidt, Der Dreißigjährige Krieg 49 ff. Vogler, Europas Aufbruch 182 f. Langer 485. Schulin 990

12 Taddey 473. Schöppner 221 f. Brandi, Deutsche Geschichte 525 f. Wedgwood 241, 251 ff. Jessen 256, 261 ff., bes. 264. Vogler, Europas Aufbruch 183. Roeck 296 ff. Schormann, Der Dreißigjährige Krieg 252

13 Geiss III 530. HEG III 567, 570. HbG II 444, 446. Brandi, Deutsche Geschichte 523, 527, 531 f. Wedgwood 239, 254, 258 ff. 263, 266 f., der ich hier besonders folge. Jessen 247. Sicken, Wendepunkt 585 f. Ders. Politische Geschichte 299 ff. Hroch/Barteček 458. Schormann, Der Dreißigjährige Krieg 252 f. G. Schmidt, Der Dreißigjährige Krieg 51 f. Press 219 f.

14 HbG II 450 ff. Brandi, Deutsche Geschichte 543 ff. 549 ff. Press 228. Schormann, Der Dreißigjährige Krieg 254 ff. G. Schmidt, Der Dreißigjährige Krieg 53

15 Sautter 124 f. 263. Taddey 341, 710. LThK X³ 1175. Wedgwood 52 ff. 144. Pastor XIII/1 355. Albrecht, Ferdinand II. 125 ff. 134. Press 204 f. Fenske 56. G. Schmidt, Der Dreißigjährige Krieg 39, 43 f. 46. Sierszyn 387

16 Sautter 242, 263. HKG IV 658 Anm. 9. Ranke, Die römischen Päpste 620, 628. Pastor XIII/1 356 ff. 370, 388 f. Albrecht, Ferdinand II., 125 ff. Press 205 f. G. Schmidt, Der Dreißigjährige Krieg 46, 49.

17 HbG II 441 ff. Kretschmayr III 295 ff. bes. 298 f. Pastor XIII/1 366 ff. 370 ff. 396 ff. 406 f. 415. Schormann, Der Dreißigjährige Krieg 246 ff.

18 HbG II 406 ff. 409 u. 409 Anm. 9. 424 f. Vgl. 432 f. 705 Anm. 12. HEG III 554. Seppelt, Das Papsttum

in der neueren Zeit 265f. Pastor XIII/1 350ff. 356 Anm. 5. Albrecht, Bayern und die pfälzische Frage 461f. Schormann, Der Dreißigjährige Krieg 231f. 241, 246f. Schmidt, Der Dreißigjährige Krieg 35. Dieter 14ff. 20ff.

19 Brandi, Deutsche Geschichte 518f. Jessen 321f. Pastor XIII/1, 454f. 460f. Wedgwood 285. Dickmann 46ff. Hroch/Barteček 450f. G. Schmidt, Der Dreißigjährige Krieg 50, 52

20 HEG III 343f. Schöppner 212ff. 217f. Brandi, Deutsche Geschichte 520ff. Pastor XIII/1, 421ff. Dickmann 47ff. Hroch/Barteček 450ff. Wedgwood 273f. G. Schmidt, Der Dreißigjährige Krieg 49f.

21 Taddey 1226. Schöppner 201. Wedgwood 57f. Dickmann 216ff. Schormann, Der Dreißigjährige Krieg 226. Ders. D. Dr. K. V. R. 76f.

22 Taddey 182f. 413. Schöppner 209ff. Brandi, Deutsche Geschichte 486f. Wedgwood 151, 154. Polišenský, Dokumenta 155ff. Kroener/Pröve 57. Schilling, Der westfälische Friede und das neuzeitliche Profil Europas 13f. G. Schmidt, Der Dreißigjährige Krieg 39, 48. Vgl. auch Lämmert 568ff.

23 LThK VIII[3] 1176f. HEG III 286ff. 343ff. 348, 567. HKG IV 536. Ranke, Die römischen Päpste 595. Schöppner 235ff. Brandi, Deutsche Geschichte 519f. 545, 548. Huxley, Die graue Eminenz 161f. 178f. 214, 239. Pastor XIII/1, 275ff. 403ff. 462ff. 470, 490, 501ff. Kroener/Pröve 29f. Schormann, Der Dreißigjährige Krieg 251, 258f. G. Schmidt, Der Dreißigjährige Krieg 60f. 63ff. 67ff.

24 Wedgwood 405f. Pastor XIII/1, 499. Press 198, 216ff. Dickmann 51ff. Arndt 160, 175f. Schilling, Der Westfälische Friede und das neuzeitliche Profil Europas 13ff. Fenske 50ff. 56

25 HEG III 316ff. 351, 567. Lademacher 342

26 Vgl. außer Kap. X S. 328ff. und den dortigen Literaturhinweisen auch: Kühner, Lexikon 246f. Seppelt, Das Papsttum in der neueren Zeit 267. Ranke, Die römischen Päpste 568. Pastor XIII/1, 45ff. 174ff. 178ff. Kühner, Imperium 309f. Schnitzer, Zur Politik 163. Albrecht, Zur Finanzierung 535ff. 538f. 541f. 545, 563

27 Kühner, Lexikon 228ff. Kelly, Reclams Lexikon 297ff. Ranke, Die römischen Päpste 617, 628. Bernhart 263. Seppelt, Das Papsttum in der neueren Zeit 281ff. 287ff. Gontard 424f. Grisar, Päpstliche Finanzen 207f. 243. Pastor XIII/1, 253ff. bes. 261, 294ff. 301ff. 308ff. 429f. 443, 445, 450. Albrecht, Zur Finanzierung 552ff. 563. Press 213. Lutz, Italien 897

28 Kühner, Lexikon 236f. Pastor XIV/1, 73ff. 81ff. 95ff. 100f. Wedgwood 440, 457. Dickmann 84f. 336ff. Schilling, Der Westfälische Friede und das neuzeitliche Profil Europas 20. Fitschen 26f.

12. Kapitel Pax Christiana oder «Christliche Lebensführung» nach dem Jahrhundertkrieg

1 S. Anm. 13

2 Pastor XIV/2 775

3 Ebd. 785

4 Informationen zur politischen Bildung, Heft 164

5 Sautter 125. Taddey 341 f. Der Große Ploetz 683. Der Kleine Ploetz 132. Dickmann 198, 207. Wedgwood 415. Auer 152 f. Lundkvist 351

6 Der Große Ploetz 683. Pastor XIV/1, 89 f. Wedgwood 411 f. 415. Schilling, Der Westfälische Friede und das neuzeitliche Profil Europas 19

7 Taddey 282. Der Große Ploetz 819 f. Berthold 14 f. Bosl, Geschichte Bayerns II 29. Schremmer 210 f. Franz 174. Wedgwood 443 ff. 447

8 Der Westfälische Friede und das neuzeitliche Profil Europas 21

9 Kroener 606 ff. 609 ff. 630. Duchhardt, Europa am Vorabend der Moderne 68 f. 71; dort die Zitate von Johannes Burkhardt und Otto Hintze

10 Steiger 73. Duchhardt, Europa am Vorabend der Moderne 62 f. 67, 73

11 Pierer 15, 646 f. HEG III 834 ff. IV 11. Press 388. Kroener 607 f. Duchhardt, Europa am Vorabend der Moderne 177. Stadler 369 ff. Staehelin 660 ff. Greyerz 690 ff. 708 ff. Suter 55 ff. 63 ff.

12 LThK II³ 1349 f. VIII³ 745. Matz 73 f. Der Große Ploetz 684. Der Kleine Ploetz 150 f. HKG V 194 ff. 376 f. Bihlmeyer III 163 f. 168 f. 177 f. Pastor XIV/1, 108 ff. 113 ff. 119, 122, 126 ff. Asch, Die englische Republik 421 ff. 425 ff. 433 f. 441 ff. Duchhardt, Europa am Vorabend der Moderne 64. Sierszyn 289 ff. 405 ff. 410. Kluxen 311. Schulin, England und Schottland 948 ff. 955 ff.

13 Sautter 140 f. Taddey 14 f. 338 f. 384, 552 f. 863 f. Matz 74, 76, 78. Der Große Ploetz 683 ff. Der Kleine Ploetz 132, 134 ff. Hergenröther III 569. Pastor XIV/2, 825. Press 338 ff. 356 ff. 360 ff. 365 ff. Fenske 83, 86, 89 f. Duchhardt, Altes Reich 15 f. Breuer/Graetz 102. Baumgart 469 ff. 481. Oestreich 402 ff.

14 Matz 74, 78. Taddey 863 f. dtv-Lexikon 13, 155. HEG IV 15. Der Große Ploetz 684. Der Kleine Ploetz 133, 144. Hergenröther III 589 ff. Press 358 ff. Kroener 609 f. Bregnsbo 366 f. Duchhardt, Europa am Vorabend der Moderne 64 f. 288 ff. Ders. Absolutismus 17, 87. Ders. Altes Reich 15 f. Kunisch, Absolutismus 130 ff. 145 ff.

15 Ich bin hier durchgehend Hans Roos 692 ff. verpflichtet.

16 Matz 78. Kelly, Reclams Lexikon 303. Der Große Ploetz 822 f. Der kleine Ploetz 130, 137 f. HKG V 127. Bihlmeyer III 188. Kretschmayr III 320 ff. 323 ff. 336 ff. Pastor XIV/1, 92, 257 ff. 263 ff. 267, 384, 598 ff. 606 ff. Hiller, Feind im Frieden 393 f. 400 ff. Fenske 87 f. Jansky, Osmanenherrschaft 761 f. Rhode, Ungarn 1062. Roos 711 f.

17 Pastor XIV/2, 676, 695 f. 699, 725, 737, 742, 750 ff. 755 ff. 775 ff. 780 ff. 798, 803, 825

18 Pierer XVI 532. Matz 74 f. 77 f. LThK VI³ 1101. Der Große Ploetz

685, 923, 925. Der Kleine Ploetz 134 ff. 148. HKG V 130 ff. 144. Menzel III 48 f. 68 ff. Vehse III 235 f. 244, 256. Pastor XIV/2, 699 ff. 703, 742 ff. 750 ff. Hartmann, Geschichte Frankreichs 34 f. Lutz, Italien 898 f. Kunisch 140 ff. Fenske 83. Wagner, Einheit 19 ff. 31 ff. Duchhardt, Europa am Vorabend der Moderne 69 f. 178 ff. Mehler/Mrkos 157. Kampmann 361. Vgl. auch 350 f.

19 Pierer IV 347. dtv-Lexikon 7, 46. Matz 76. Der Kleine Ploetz 136. Hergenröther III 537, 596 f. Foerster, Die Welt des Barock 190 ff. Mehler/Mrkos 159 f. Hartmann, Geschichte Frankreichs 31. Duchhardt, Europa am Vorabend der Moderne 181. Ders. Absolutismus 16, 82. Weis, Frankreich 166 ff., bes. 169 ff. Schilling, Höfe 16 ff.

20 Vehse IV 242, 288 ff. 293. Foerster, Die Welt des Barock 161 ff. Friedell 94 ff. bes. 104 f.

21 Vehse I 145, III 211, IV 238 f. 249 ff. 290 ff.

22 Natürlich überlebten auch andere Bischöfe in analoger Weise das Inferno und sicher nicht so schlecht.
Bambergs Oberhirte Fuchs von Dornheim beispielsweise, der eifrige Verbrenner von 600 Hexen und Hexern nebst allen fünf Bürgermeistern der Stadt, hatte sich längst aus dem Staub gemacht, als die Schweden 1632 Bamberg einnahmen. Dafür aber schickte er, nach alter Generalsart, aus dem Hinterland, der Oberpfalz, seine Befehle; verfügte etwa am 13. Februar einerseits «2 Fuder Wein» aus dem bedrohten Forchheim in die Etappe zu bringen, ein Fuder direkt zu ihm selbst, und andererseits Hunderte von Zentnern Pulver und Lunten aus der Oberpfalz nach Forchheim, sozusagen in größere Nähe zur Front. Überschrift in Looshorns bändereicher Bistumsgeschichte: «Weisheit und Fürsorge des Bischofs aus der Ferne».
Erst im Schutz Tillys und seiner Haufen kehrte der hochwürdige Hexenjäger nach Bamberg zurück, gleichfalls seine Domherren sowie all jene, deren Leben so viel wertvoller war als das der «gemeinen» Untertanen. Als freilich die Schweden 1633 Bamberg wieder besetzten, waren Bischof und Domkapitel zumeist erneut weit vom Schuß. Und wieder – «Weisheit und Fürsorge des Bischofs aus der Ferne» – sandte der gute Hirte, während die lieben Schäflein noch mehr verkamen, durch Hunger starben, an der Pest, aus der Ferne Trost- und Durchhalteparolen, hoffte, mahnte er, «das arme Volk» werde «nicht völlig durch die Soldadesca ruinirt», werde (sehr ähnlich vielen Prälatenwünschen unter Hitler zur Zeit des Zweiten Weltkriegs) «geduldig und standhaft in der Treue» sein und kündigte – aus Kärnten – gar sein Vorhaben an, «näher an die Grenzen des Stiftes zu kommen».
Die meisten geistlichen Herren der gehobenen Klasse und viele Adelige waren damals nach Österreich geflohen, nach Konstanz oder nach Köln, wo man zeitweise die Bischöfe von Mainz, Worms, Würzburg, Osnabrück u. a. finden konnte, hatte man die Stadt doch überaus befestigt und niemand sie seit 1288 erobert und niemand auch sehr, sehr lang nach dem Dreißigjährigen Krieg.

Vgl. auch Vehse II 139 ff. Looshorn VI 216 f. 240, 244, 290 ff. 299. Waider in JKGV 57. Deschner, Opus Diaboli 34

23 Vehse II 142 ff. 147 f.

24 Ebd. 220 f. 253 f. 320 ff. Schöffer 637. Duchhardt, Altes Reich 16

25 Eppelsheimer 255. Dümmler III 592 f. Davidsohn I 365, 381 ff. 418 f. 427 f. 475 f. 512. Vgl. 570. Schnürer 448. Niemeyer, Die Miracula 135. Deschner, Opus Diaboli 18 f. 50 f. 56 ff. 61 f. Blickle 96 f.

26 Vehse IV 29, 291 f. Chambon, Der französische Protestantismus 114. Pattloch 34. Ziegler, Augenzeugenberichte 354 f. Deschner, Opus Diaboli 55, 58, 60. S. etwa auch Cerman 105 ff. Kostlán 113 ff. Rudert 351 ff. 377. Enders 399 ff. 410 ff.

BENUTZTE SEKUNDÄRLITERATUR

Aland, K. Repetitorium der Kirchengeschichte. 3. Reformation und Gegenreformation, 1967

Albrecht, D., Ferdinand II. 1619–1637, 1990, in: Schindling/Ziegler (Hg.), Die Kaiser der Neuzeit, 1990

Albrecht, D., Bayern und die pfälzische Frage auf dem Westfälischen Friedenskongreß, in: H. Duchhardt (Hg.), Der Westfälische Friede, 1998

Arndt, J., Das Heilige Römische Reich und die Niederlande 1566 bis 1648. Politisch-konfessionelle Verflechtung und Publizistik im Achtzigjährigen Krieg, 1998

Asch, R. G., Jakob 1. (1603–1625) in: P. Wende (Hg.), Englische Könige und Königinnen, 1998

Asch, R. G., Die englische Republik und die Friedensordnung von Münster und Osnabrück, in: H. Duchhardt (Hg.), Der Westfälische Friede, 1998

Auer, L., Die Ziele der kaiserlichen Politik bei den Westfälischen Friedensverhandlungen und ihre Umsetzung, in: H. Duchhardt (Hg.), Der Westfälische Friede, 1998

Bahlcke, J., Außenpolitik, Konfession und kollektive Identitätsbildung: Kroatien und Innerösterreich im historischen Vergleich, in: Bahlcke/Strohmeyer (Hg.), Konfessionalisierung in Ostmitteleuropa, 1999

Bahlcke, J./Strohmeyer, A. (Hg.), Konfessionalisierung in Ostmitteleuropa. Wirkungen des religiösen Wandels im 16. und 17. Jahrhundert in Staat, Gesellschaft und Kultur, 1999

Bates, M. S., Glaubensfreiheit. Eine Untersuchung, 1947

Baumann, U., Heinrich VIII. mit Selbstzeugnissen und Bilddokumenten, 5. A. 2006

Baumgart, P., Kurbrandenburgs Kongreßdiplomatie und ihre Ergebnisse, in: Duchhardt (Hg.), Der Westfälische Friede, 1998

Becker, W./Christ, G./Gestrich, A./Kolmer, L., Die Kirchen in der deutschen Geschichte. Von der Christianisierung der Germanen bis zur Gegenwart, 1996

Behringer, W., Hexen. Glaube. Verfolgung. Vermarktung, 4. A. 2005

Behringer, W. (Hg.), Hexen und Hexenprozesse in Deutschland, 5. A. 2001

Bernhart, J., Der Vatikan als Weltmacht. Geschichte und Gestalt des Papsttums, 6.–9. A. 1930

Berthold, R., Wachstumsprobleme der landwirtschaftlichen Nutzfläche im Spätfeudalismus, in: Jahrbuch für Wirtschaftsgeschichte II/III 1964

Beutin, W., Neuzeit. Religiöse Besessenheit Europas bis zu den Weltkriegen, in: Deschner, K. (Hg.), Kirche und Krieg. Der christliche Weg zum Ewigen Leben, 1970

Biesel, E., Hexenjustiz, Volksmagie und soziale Konflikte im lothringischen Raum, 1997

Bihlmeyer, K., Kirchengeschichte auf Grund des Lehrbuches von F. X. von Funk neubearbeitet. Dritter Teil: Die Neuzeit und die neueste Zeit, 10. A. 1938

Bitterli, U., Die Entdeckung Amerikas. Von Kolumbus bis Alexander von Humboldt, 1999

Blickle, P., Unruhen in der ständischen Gesellschaft, 1300–1800, 1988

Bosl, K., Geschichte Bayerns I u. II. Vorzeit und Mittelalter, 1952

Bourde, A., Frankreich vom Ende des Hundertjährigen Krieges bis zum Beginn der Selbstherrschaft Ludwigs XIV. (1453–1661), in: HEG III 4. A. 1994

Brandi, K., Deutsche Geschichte im Zeitalter der Reformation und Gegenreformation, 3. A. 1941

Brandi, K., Kaiser Karl V., Werden und Schicksal einer Persönlichkeit und eines Weltreiches, 1976

Brandt, A. von, Die nordischen Länder von 1448 bis 1654, in: HEG III 4. A. 1994

Brecht, M., Protestantische Kirchenzucht zwischen Kirche und Staat. Bemerkungen zur Forschungssituation, in: Schilling (Hg.), Kirchenzucht und Sozialdisziplinierung, 1994

Bregnsbo, M., Denmark and the Westphalian Peace, in: Duchhardt, H. (Hg.), Der Westfälische Friede, 1998

Bremer, K., Religionsstreitigkeiten. Volkssprachliche Kontroversen zwischen altgläubigen und evangelischen Theologen im 16. Jahrhundert, 2005

Breuer, M./Graetz, M., Deutsch-Jüdische Geschichte in der Neuzeit Bd. I Tradition und Aufklärung 1600–1780, 1996

Brockhaus, Der Neue, 1958 ff.

Brodt, B., Eduard VI. (1547–1553) in: P. Wende (Hg.), Englische Könige und Königinnen, 1998

Browning, W. S., Geschichte der Hugenotten des 16. Jahrhundert, 2 Bde., 1830 und 1831

Buckreis, A., Luther. Geschrieben für alle Christen, 1929

Burkhardt, J., Das Reformationsjahrhundert. Deutsche Geschichte zwischen Medienrevolution und Institutionenbildung, 1517–1617, 2002

Canu, J., Die religiösen Männerorden, 1960

Cerman, M., Gutsherrschaft vor dem «Weißen Berg», Zur Verschärfung der Erbuntertänigkeit in Nordböhmen 1380 bis 1620, in: Peters (Hg.), Gutsherrschaftsgesellschaften, 1997

Chambon, J., Der französische Protestantismus. Sein Weg bis zur französischen Revolution, 1938

Christ, G., Das konfessionelle Zeitalter, in: Becker u. a., Das konfessionelle Zeitalter, 1996

Coudy, J. (Hg.), Die Hugenottenkriege in Augenzeugenberichten, 1970

Dantscher, J., Auf Gottes Spur kommen. Ignatianische Exerzitien – auch für den Alltag, 2004

Davidsohn, R., Geschichte von Florenz, 4 Bde., 1896–1927

Deschner, K., Das Kapital der Kirche in der Bundesrepublik, in: G. Szczesny, Club Voltaire IV 1970

Deschner, K., Opus Diaboli. Fünfzehn unversöhnliche Essays über die Arbeit im Weinberg des Herrn, 1987

Deschner, K., Das Kreuz mit der Kirche. Eine Sexualgeschichte des Christentums. 12. erweiterte und aktualisierte Neuausgabe, 1989

Deschner, K., Die Politik der Päpste im 20. Jahrhundert. Erweiterte, aktualisierte Neuausgabe von «Ein Jahrhundert Heilsgeschichte», I und II, 1991

Deschner, K., Abermals krähte der Hahn. Eine kritische Kirchengeschichte, 1962, jüngste Neuauflage 1996

Deschner, K., Der Moloch. «Sprecht sanft und tragt immer einen Knüppel bei euch.» Zur Amerikanisierung der Welt, 1992. Überarbeitete Neuausgabe 12/2002, 2003

Deschner, K. (Hg.), Kirche und Krieg. Der christliche Weg zum Ewigen Leben, 1970

Dickmann, F., Der Westfälische Frieden, 7. A. 1998

Dieter, St., Bemerkungen zum Einfluß Adam Contzens SJ auf die bairische Religionspolitik zu Beginn des 17. Jahrhunderts, in: ZBK 65. Jahrgang 1996

Dirlmeier, U., Gestrich, A. u. a., Kleine deutsche Geschichte. Durchgesehene und erweiterte Ausgabe 2001

Dölemeyer, B., Die Hugenotten, 2006

Donin, L. (Hg.), Leben und Thaten der Heiligen Gottes oder: Der Triumph des wahren Glaubens in allen Jahrhunderten. Mit Angabe der vorzüglichsten Geschichtsquellen und praktischer Anwendung nach den bewährtesten Geistesmännern. Zweite verm. u. verb. A., 7 Bde., 1861/62

dtv-Lexikon. Ein Konversationslexikon in 20 Bänden, 1968

Duchhardt, H., Altes Reich und europäische Staatenwelt 1648–1806, 1990

Duchhardt, H., Das Zeitalter des Absolutismus, 3. Auflage, 1998

Duchhardt, H., Europa am Vorabend der Moderne 1650–1800, 2003

Duchhardt, H. (Hg.), Der Westfälische Friede. Diplomatie – politische Zäsur – kulturelles Umfeld – Rezeptionsgeschichte, 1998

Dümmler, E., Geschichte des Ostfränkischen Reiches III. Bd. Die letzten Karolinger. Konrad I. 2. A. 1888. Neudruck 1960

Durant, W., Das Zeitalter der Reformation. Eine Geschichte der europäischen Kultur von Wiclif bis Calvin (1300–1564), 1959

Eberhard, W., Voraussetzungen und strukturelle Grundlagen der Konfessionalisierung in Ostmitteleuropa, in: Bahlcke/Strohmeyer, Konfessionalisierung in Ostmitteleuropa. Wirkungen des religiösen Wandels im 16. und 17. Jahrhundert in Staat, Gesellschaft und Kultur, 1999

Eichmann, E., Die Kaiserkrönung im Abendland. Ein Beitrag zur Geistesgeschichte des Mittelalters mit besonderer Berücksichtigung des kirchlichen Rechts, der Liturgie und der Kirchenpolitik, I und II, 1942

Enders, L., Das bäuerliche Besitzrecht in der Mark Brandenburg, untersucht am Bespiel der Prignitz vom 13.–18. Jahrhundert, in: Peters (Hg.) Gutsherrschaftsgesellschaften, 1997

Endres, R., Die Friedensziele der Reichritterschaft, in: Duchhardt, H. (Hg.), Der Westfälische Friede, 1998

Engel, J. (Hg.), Die Entstehung des neuzeitlichen Europa, in: Th. Schieder (Hg.), Handbuch der europäischen Geschichte III, 4. A. 1994

Engel, J., Von er spätmittelalterlichen respublica christiana zum Mächte-Europa der Neuzeit, in: HEG III 4. A. 1994

Eppelsheimer, H.W., Handbuch der

Weltliteratur I. Band. Von den Anfängen bis zum Ende des achtzehnten Jahrhunderts 2. A. 1947. II. Band. Neunzehntes und Zwanzigstes Jahrhundert, 1950
Erb, A., Zeugen Gottes. Eine Folge von Heiligenleben, 1935
Erbe, M., Heinrich VIII. (1509–1547) in: P. Wende (Hg.), Englische Könige und Königinnen, 1998
Erdmann, K., Die Wiedereröffnung des Fünften Trienter Konzils durch Julius III., in: QFIAB 20, 1928/1929
Eßer, R., Die Tudors und die Stuarts, 1485–1714, 2004
Evans, R.J.W., Die Grenzen der Konfessionalisierung. Die Folgen der Gegenreformation für die Habsburgerländer (1650–1781), in: Bahlcke/Strohmeyer (Hg.), Konfessionalisierung in Ostmitteleuropa, 1999
Fenske, H., Deutsche Geschichte. Vom Ausgang des Mittelalters bis heute, 2002
Fitschen, K., Der Katholizismus von 1648 bis 1870, 1997
Foerster, R.H., Die Welt des Barock, 1977
Forsthoff, H., Rheinische Kirchengeschichte, I Die Reformation am Niederrhein, 1929
Franz, G., Geschichte des deutschen Bauernstandes vom frühen Mittelalter bis zum 19. Jahrhundert, 1970
Friedeburg, R. von, Widerstandsrecht und Konfessionskonflikt. Notwehr und Gemeiner Mann im deutsch-britischen Vergleich, 1530–1669, 1999
Friedell, E., Kulturgeschichte der Neuzeit. Die Krisis der europäischen Seele von der Schwarzen Pest bis zum Ersten Weltkrieg. Zweiter Band. Barock und Rokoko/Aufklärung und Revolution, 1948
Fülöp-Miller, R., Macht und Geheimnis der Jesuiten. Eine Kultur- und Geistesgeschichte, 1932
Gehm, B., Die Hexenverfolgung im Hochstift Bamberg und das Eingreifen des Reichshofrates zu ihrer Beendigung, 2000
Geiss, I., Unter Mitarbeit von G. Intemann und M. Sommer, Geschichte griffbereit, 6 Bde., 2002
Gerdes, H., Geschichte des deutschen Bauernstandes, 3. A. 1928
Gestrich, A., Vom Barock zur Aufklärung, in: Becker u.a., Die Kirchen in der deutschen Geschichte, 1996
Gestrich, A., Vom Westfälischen Frieden bis zum Wiener Kongreß (1648–1814), in: Dirlmeier, U./ Gestrich, A., u.a., Kleine deutsche Geschichte. Durchgesehene und erweiterte Ausgabe 2001
Gontard, F., Die Päpste. Regenten zwischen Himmel und Hölle, 1959
Gresch, E., Die Hugenotten. Geschichte, Glaube und Wirkung, 2. A. 2005
Greyerz, H. von, Die Schweiz von 1499 bis 1648, in: HEG III 4. A. 1994
Grisar, H., Luther, 3 Bde., 1911/1912
Grisar, J., Päpstliche Finanzen, Nepotismus und Kirchenrecht unter Urban VIII., 1943
Hagenbach, K.R., Der evangelische Protestantismus in seinem Verhältniß zum Katholicismus im 16. und 17. Jahrhundert, 1870
Hagenbach, K.R., Geschichte der Reformation vorzüglich in Deutschland und der Schweiz, 5. umgearbeitete Auflage 1887
Haller, J., Die Epochen der deutschen Geschichte, 1956

Hanschmidt, A., Zwischen bürgerlicher Stadtautonomie und fürstlicher Stadtherrschaft (1580–1661), in: Jakobi, F.-J., Geschichte der Stadt Münster I, 3. A. 1994

Häring, B., Das Gesetz Christi. Moraltheologie, 3 Bde., 6. A. 1961

Hartmann, P.C., Geschichte Frankreichs, 2. A. 2001

Heilingsetzer, G., «Bündnus-Uniones-Correspondenzen». Die Möglichkeiten ständischer Außenpolitik in Österreich ob der Enns (Ende 16./Anfang 17. Jahrhundert), in: Bahlkke/Strohmeyer (Hg.), Konfessionalisierung in Ostmitteleuropa, 1999

Heinsohn, G., Lexikon der Völkermorde, 1998

Hengst, K., Jesuiten an Universitäten und Jesuitenuniversitäten. Zur Geschichte der Universitäten in der Oberdeutschen und Rheinischen Provinz der Gesellschaft Jesu im Zeitalter der konfessionellen Auseinandersetzung, 1981

Hergenröther, J., Handbuch der allgemeinen Kirchengeschichte III, 1886

Herrmann, H., Passion der Grausamkeit. 2000 Jahre Folter im Namen Gottes, 1994

Herrmann, H., Die Folter. Eine Enzyklopädie des Grauens, 2004

Herzig, A., Der Zwang zum wahren Glauben. Rekatholisierung vom 16. bis zum 18. Jahrhundert, 2000

Hiller, I., Feind im Frieden. Die Rolle des Osmanischen Reiches in der europäischen Politik zur Zeit des Westfälischen Friedens, in: H. Duchhardt (Hg.), Der Westfälische Friede, 1998

Hinrichs, E., Von der Reformation bis zum Westfälischen Frieden (Ende 15. Jahrhundert bis 1648), in: Dirlmeier, U./Gestrich, A., u.a., Kleine deutsche Geschichte, 2001

Hoensbroech, Graf Paul von, Das Papsttum in seiner sozial-kulturellen Wirksamkeit. Erster Band: Inquisition, Aberglaube, Teufelsspuk und Hexenwahn, 5. A. 1905

Hoensbroech, Graf Paul von, 14 Jahre Jesuit. Persönliches und Grundsätzliches I. Teil. Das Vorleben: Die ultramontan-katholische Welt, in der ich aufwuchs, 1909. II. Teil. Das Ordensleben: Wesen, Einrichtung und Wirksamkeit des Jesuitenordens, 1910

Holl, A. (Hg.), Die Ketzer, 1994

Hroch, M./Barteček, I., Die böhmische Frage im Dreißigjährigen Krieg, in: Duchhardt, H. (Hg.), Der Westfälische Friede, 1998

Huonder, A., Ignatius von Loyola. Beiträge zu seinem Charakterbild. Hg. von B. Wilhelm S.J., 1932

Huxley, A., Die graue Eminenz. Ein Leben zwischen Religion und Politik, o.J.

Ignatius von Loyola, Die Geistlichen Übungen, ed. F. Weishandl, 1921

Ignatius von Loyola, Gründungstexte der Gesellschaft Jesu, übersetzt von Peter Knauer, 1998

Ignatius von Loyola, Die Exerzitien. Übertragen von Hans Urs von Balthasar. 12. A. 1999

Ignatius von Loyola, Bericht des Pilgers. Übersetzt und kommentiert von Peter Knauer, 2002

Ignatius von Loyola, Geistliche Übungen nach dem spanischen Autograph übersetzt von Peter Knauer S.J., 3. A. 2003

Iserloh, E./Glazik, J./Jedin, H., Refor-

mation. Katholische Reform und Gegenreformation (HKG IV) 1985
Jakobi, F.-J. (Hg.), Geschichte der Stadt Münster, III Bde., 3. A. 1994
Jansky, H., Das Osmanische Reich in Südosteuropa von 1453 bis 1648, in: HEG III 4. A. 1994
Jansky, H., Osmanenherrschaft in Südosteuropa von 1648 bis 1789, in: HEG IV 3. A. 1996
Janssen, J., Vorbereitung des dreißigjährigen Krieges, 1886
Janssen, J., Culturzustände des deutschen Volkes seit dem Ausgang des Mittelalters bis zum Beginn des dreißigjährigen Krieges. Erstes und zweites Buch 1888
Jedin, H. (Hg.), Handbuch der Kirchengeschichte, bes. Bd. IV Reformation. Katholische Reform und Gegenreformation. Bd. V, Die Kirche im Zeitalter des Absolutismus und der Aufklärung, 1985
Jendorff, A., Reformatio Catholica. Gesellschaftliche Handlungsspielräume kirchlichen Wandels im Erzstift Mainz 1514–1630, 2000
Jenkins, Ph., A History of the United States, 1997
Jennings, F., The Invasion of America. Indians, Colonialism, and the Cant of Conquest, 1976
Jessen, H. (Hg.), Der Dreißigjährige Krieg in Augenzeugenberichten, 1963
Junghans, H. (Hg.), Die Reformation in Augenzeugenberichten, 1973
Kamen, H., Intoleranz und Toleranz zwischen Reformation und Aufklärung, 1967
Kampmann, C., Die englische Krone als «Arbiter of Christendom»? Die «Balance of Europe» in der politischen Diskussion der späten Stuart-Ära (1660–1714) in: HJ II 1996
Kelly, J.N.D., Reclams Lexikon der Päpste, 1988
Kempf, K., Die Heiligkeit der Gesellschaft Jesu. Zum 300jährigen Gedenktag der Heiligsprechung von Ignatius von Loyola und Franz Xaver. 12. März 1922. Erster Band in Europa, 1922
Kiechle, St., Ignatius von Loyola. Meister der Spiritualität, 2. A. 2001
Klein, J., Elisabeth I. und ihre Zeit, 2004
Kluxen, K., Großbritannien von 1660 bis 1783, in: HEG IV 3. A. 1996
Knöpfler, A., Lehrbuch der Kirchengeschichte, sechste vermehrte und verbesserte Auflage, 1919
Koch, E., Das konfessionelle Zeitalter – Katholizismus, Luthertum, Calvinismus (1563–1675), 2000
Kohler, A., Das Reich im Kampf um die Hegemonie in Europa 1521–1648, 1990
Kohler, A., Karl V. 1500–1558. Eine Biographie, 1999
Kohler, A. (Hg.), Quellen zur Geschichte Karls V., 1990
Kolb, P./Krenig, E.-G. (Hg.), Unterfränkische Geschichte Bd. 3 Vom Beginn des konfessionellen Zeitalters bis zum Ende des Dreißigjährigen Krieges, 1995
König, E.B., Ausgeburten des Menschenwahns im Spiegel der Hexenprozesse und der Autodafes, 1936
Köpf, U. (Hg.), Reformationszeit 1495–1555, in: Deutsche Geschichte in Quellen und Darstellung Bd. 3, 2001
Körber, E.-B., Habsburgs europäische

Herrschaft. Von Karl V. bis zum Ende des 16. Jahrhunderts, 2002
Kossok, M. (Hg.), Allgemeine Geschichte der Neuzeit 1500–1917, 1986
Kostlán, A., Die Wandlungen sozialer Ordnungssysteme. Untertanen und Gutsherrschaft in Böhmen und Mähren vom 16.–18. Jahrhundert, in: Peters (Hg.), Gutsherrschaftsgesellschaften, 1997
Kraus, A. (Hg.), Handbuch der Bayerischen Geschichte, Bd. II. Das alte Bayern. Der Territorialstaat. Vom Ausgang des 12. Jahrhunderts bis zum Ausgang des 18. Jahrhunderts. Zweite, überarbeitete Auflage 1988
Krebs, R., Die iberischen Staaten von 1659 bis 1788, in: HEG IV 3. A. 1996
Krenig, E.-G., Das Hochstift Würzburg in den Jahrzehnten der Gegenreformation, in: Kolb/Krenig (Hg.), Unterfränkische Geschichte III, 1995
Krestić, V., History of the Serbs in Croatia and Slavonia, 1848–1914, 1997
Krestić, V. Dj., Through Genocide to a greater Croatia, 1998
Kretschmayr, H., Geschichte von Venedig, III Bde., 2. Neudruck der Ausgabe Stuttgart 1934, 1986
Krieger, K.-F., Heinrich VII. (1485 bis 1509) in: P. Wende (Hg.), Englische Könige und Königinnen, 1998
Kroener, B. R., «Der Krieg hat ein Loch ...». Überlegungen zum Schicksal demobilisierter Söldner nach dem Dreißigjährigen Krieg, in: Duchhardt, H. (Hg.), Der Westfälische Friede, 1998
Kroener, B. R./Pröve, R. (Hg.), Krieg und Frieden. Militär und Gesellschaft in der Frühen Neuzeit, 1996
Kühner, H., Lexikon der Päpste von Petrus bis Paul VI. o. J.
Kühner, H., Das Imperium der Päpste. Kirchengeschichte – Weltgeschichte – Zeitgeschichte. Von Petrus bis heute, 1977
Kunisch, J., Absolutismus. Europäische Geschichte vom Westfälischen Frieden bis zur Krise des Ancien Régime, 2. A. 1999
Lächele, R., «Maleficanten» und Pietisten auf dem Schafott. Historische Überlegungen zur Delinquentenseelsorge im 18. Jahrhundert, in: ZK 107 Bd. Heft 2, 1996
Lademacher, H., «Ein letzter Schritt zur Unabhängigkeit.» Die Niederländer in Münster 1648, in: Duchhardt, H. (Hg.), Der Westfälische Friede, 1998
Lämmert, E., Dreimal Wallenstein. Differenzen der Sinngebung zwischen Historiographie und Roman, in: Müller/Rüsen, Historische Sinnbildung, 1997
Langer, H., Die pommerschen Landstände und der Westfälische Friedenskongreß, in: Duchhardt (Hg.), Der Westfälische Friede, 1998
Lanzinner, M., Konfessionelles Zeitalter 1555–1618, in: Gebhardt, Handbuch der deutschen Geschichte, zehnte, völlig neu bearbeitete Auflage, 2001
Lem, A. van der, Opstand! Der Aufstand in den Niederlanden. Egmonts und Oraniens Opposition, die Gründung der Republik und der Weg zum Westfälischen Frieden, 1996
Lexikon des Mittelalters, 9 Bde., München, Zürich 1980/1998
Lichtenberg, G. C., Werke in einem Band. Mit einem Nachwort von

Carl Brinitzer. Hrsg. von Peter Plett. o. J.

Loewenich, W. von, Die Geschichte der Kirche, 6. A. 1962

Looshorn, J., Geschichte des Bisthums Bamberg, nach den Quellen bearbeitet, 7 Bde. 1886–1910

Lortz, J., Geschichte der Kirche in ideengeschichtlicher Betrachtung. Eine Sinndeutung der christlichen Vergangenheit in Grundzügen 4. A. 1936

Lottes, G., Elisabeth I. (1558–1603), in: P. Wende (Hg.), Englische Könige und Königinnen, 1998

Lundkvist, S., Die schwedischen Friedenskonzeptionen und ihre Umsetzung, in: Duchhardt, H. (Hg.), Der Westfälische Friede, 1998

Lutz, H., Italien vom Frieden von Lodi bis zum Spanischen Erbfolgekrieg (1454–1700), in: HEG 4. A. 1994

Lutz, H., Reformation und Gegenreformation, 5. A., durchgesehen und ergänzt von A. Kohler, 2002

Marcuse, L., Ignatius von Loyola. Ein Soldat der Kirche, 1973, Erstausgabe 1937

Maron, G., Ignatius von Loyola. Mystik – Theologie – Kirche, 2001

Maslowski, P., Die Papstkirche ohne Heiligenschein. Geschichte der Konzile von Konstanz bis zum Vatikanum II. Herausgegeben von Felix Weiland, 2006

Matt, L. v./Rahner, H., Ignatius von Loyola, 1955

Matz, K.-J., Die 1000 wichtigsten Daten der Weltgeschichte, 2. A. 2002

Maurer, M., Kleine Geschichte Englands, 1998

Maurer, M., Kirche, Staat und Gesellschaft im 17. und 18. Jahrhundert, 1999

Mehler, A./Mrkos, B. J., Spitzenleistungen der Regierungskunst. Auf der Suche nach politischen Erfolgsgeheimnissen, 1993

Meisner, M., Julius Echter von Mespelbrunn. Fürstbischof zwischen Triumph und Tragik, 1989

Menzel, W., Geschichte der Deutschen, 3 Bde., 1872

Merzbacher, F., Hexenprozesse in Franken, 1957

Metz, K. H., Maria die Katholische (1553–1558), in: P. Wende (Hg.), Englische Könige und Königinnen, 1998

Moeller, B., Deutschland im Zeitalter der Reformation, 4. A. 1999

Monter, E. W., Crime and Punishment in Calvin's Geneva, 1562, in: Archiv f. Reformation. Gesch. 1973

Mühlen, K.-H. zur, Reformation und Gegenreformation, Teil I und II, 1999

Müller, K. E./Rüsen J. (Hg.), Historische Sinnbildung. Problemstellungen, Zeitkonzepte, Wahrnehmungshorizonte, Darstellungsstrategien, 1997

Müller, L., Ignatius von Loyola begegnen, 2004

Münkler, H./Münkler, M., Lexikon der Renaissance, 2000

Nestle, W., Die Krisis des Christentums. Ihre Ursachen, ihr Werden und ihre Bedeutung, 1947

Neuss, W., Die Kirche der Neuzeit, 1954

Niemeyer, G., Die Miracula S. Mariae Laundunensis des Abtes Hermann von Tournai. Verfasser und Entstehungszeit, in: DAEM, 1971

Novak, V., Ecclesia militans at war with the Ideology of tyrch and libellus accusations. Two omitted chapters from the book MAGNUM CRIMEN by Viktor Novak. Edited by Vasilije Krestić, 2005

Oestreich, G., Das Reich – Habsburgische Monarchie – Brandenburg-Preußen von 1648 bis 1803, in: HEG IV 3. A. 1996

Paczensky, G. von, Verbrechen im Namen Christi. Mission und Kolonialismus, 2000

Paffenholz, A., Michael Servet in: A. Holl (Hg.), Die Ketzer, 1994

Panzer, M.A., Englands Königinnen. Von den Tudors zu den Windsors, 3. A. 2005

Parker, G., Der Aufstand der Niederlande. Von der Herrschaft der Spanier zur Gründung der Niederländischen Republik 1549–1609, 1979

Pastor, L. von, Geschichte der Päpste seit dem Ausgang des Mittelalters, 1955 ff.

Pattloch, B., Wirtschafts- und Fiskalpolitik im Kurfürstentum Mainz vom Beginn der Reformation bis zum Ausbruch des Dreißigjährigen Krieges, Diss. München/Augsburg 1969

Peters, J. (Hg.), Gutsherrschaftsgesellschaften im europäischen Vergleich, 1997

Pfliegler, M., Dokumente zur Geschichte der Kirche, 1938

Pierers Universal-Lexikon der Vergangenheit und Gegenwart oder Neuestes encyclopädisches Wörterbuch der Wissenschaften, Künste und Gewerbe. Vierte, umgearbeitete und stark vermehrte Auflage. 19 Bde., 1857 ff.

Der Große Ploetz. Die Daten-Enzyklopädie der Weltgeschichte. Daten, Fakten, Zusammenhänge, 33., neu bearbeitete Auflage, 1998

Der Kleine Ploetz. Hauptdaten der Weltgeschichte, 33. A. 1980

Plöse, D./Vogler, G. (Hg.), Buch der Reformation. Eine Auswahl zeitgenössischer Zeugnisse (1476–1555), 1989

Po-chia Hsia, R., Gegenreformation. Die Welt der katholischen Erneuerung 1540–1770, 1998

Polišenský, J., Der Krieg und die Gesellschaft in Europa 1618–1648. Documenta Bohemica B. T. i. I 1971

Pölnitz, G. v., Julius Echter von Mespelbrunn. Fürstbischof von Würzburg und Herzog von Franken (1573–1617). Neudruck der Ausgabe München 1934, 1973

Press, V., Kriege und Krisen. Deutschland 1600–1715, 1991

Pzillas, F., Die Lebenskräfte des Christentums, 1960

Raab, H. (Hg.), Kirche und Staat. Von der Mitte des 15. Jahrhunderts bis zur Gegenwart, 1966

Rabe, H., Reich und Glaubensspaltung. Deutschland 1500–1600, 1989

Rabe, H., Die iberischen Staaten im 16. und 17. Jahrhundert, in: HEG III 4. A. 1994

Rachfahl, F., Wilhelm von Oranien und der niederländische Aufstand, III Bde., 1906–1924

Ranke, L. von, Die römischen Päpste in den letzten vier Jahrhunderten, zweite Auflage, o. J.

Ranke, L. von, Deutsche Geschichte im Zeitalter der Reformation. Hrsg. von H. Michael, 6 Bde., o. J.

Ranke-Heinemann, U., Nein und

Amen. Anleitung zum Glaubenszweifel, 1992
Reinhard, W., Kleine Geschichte des Kolonialismus, 1996
Reinhard, W., Ausgewählte Abhandlungen, 1997
Reinhard, W. (Hg.), Probleme deutscher Geschichte 1495–1806. Reichsreform und Reformation 1495–1555, 10. völlig neu bearbeitete Auflage 2001
Rhode, G., Polen – Litauen vom Ende der Verbindung mit Ungarn bis zum Ende der Vasas (1444–1669), in: HEG III 4. A. 1994
Rhode, G., Ungarn vom Ende der Verbindung mit Polen bis zum Ende der Türkenherrschaft (1444–1699), in: HEG III 4. A. 1994
Richter, F., Martin Luther und Ignatius von Loyola. Repräsentanten zweier Geisteswelten, 1954
Riezler, S. von, Geschichte der Hexenprozesse in Bayern. Im Lichte der allgemeinen Entwicklung dargestellt. o. J.
Ritter, G., Die Neugestaltung Europas im 16. Jahrhundert. Die kirchlichen und staatlichen Wandlungen im Zeitalter der Reformation und der Glaubenskämpfe, 1950
Roeck, B. (Hg.), Gegenreformation und Dreißigjähriger Krieg 1555–1648, in: Deutsche Geschichte in Quellen und Darstellung, Bd. 4, 1996
Roos, H., Polen von 1668 bis 1795, in: HEG IV 3. A. 1996
Rößner, M.B., Zur Entstehungsgeschichte der «Gegenberichtung» in der Auseinandersetzung um den Reformationsversuch Hermanns von Wied, in: JKGV (Jahrbuch des Kölnischen Geschichtsvereins) 1993
Rudert, Th., Grenzüberschreitungen. Frühformen der Gutsherrschaft im mecklenburgisch-pommerschen Grenzgebiet im 16. Jahrhundert, in: Peters (Hg.), Gutsherrschaftsgesellschaften, 1997
Sautter, U., Biographisches Lexikon zur deutschen Geschichte, 2002
Schieder, Th. (Hg.), Handbuch der Europäischen Geschichte III, 4. A. 1994
Schiller, F., Maria Stuart, dtv Gesamtausgabe 7, 1966
Schiller, F., Geschichte des Abfalls der vereinigten Niederlande, dtv Gesamtausgabe 13, 1966
Schilling, H., Aufbruch und Krise. Deutschland 1517–1648, 4. A. 1988
Schilling, H., Kirchenzucht im frühneuzeitlichen Europa in interkonfessionell vergleichender und interdisziplinärer Perspektive – eine Zwischenbilanz, in: Schilling (Hg.), Kirchenzucht und Sozialdisziplinierung, 1994
Schilling, H., Höfe und Allianzen. Deutschland 1648–1793, 1998
Schilling, H., Der westfälische Friede und das neuzeitliche Profil Europas, in: Duchhardt, H. (Hg.), Der Westfälische Friede, 1998
Schilling, H., Die neue Zeit. Vom Christenheitseuropa zum Europa der Staaten. 1250 bis 1750, 1999
Schilling, H. (Hg.), Kirchenzucht und Sozialdisziplinierung im frühneuzeitlichen Europa (Mit einer Auswahlbibliographie) ZHF 1994
Schindling, A./Ziegler W. (Hg.), Die Kaiser der Neuzeit 1519–1918. Heiliges Römisches Reich, Österreich, Deutschland, 1990

Schmidt, G., Der Dreißigjährige Krieg, 6. A. 2003

Schmidt, H. R., Konfessionalisierung im 16. Jahrhundert, 1992

Schmidt, H. R., Pazifizierung des Dorfes – Struktur und Wandel von Nachbarschaftskonflikten vor Berner Sittengerichten 1570–1800, in: Schilling (Hg.), Kirchenzucht und Sozialdisziplinierung, 1994

Schnabel-Schüle, H., Kirchenzucht als Verbrechensprävention, in: Schilling (Hg.), Kirchenzucht und Sozialdisziplinierung, 1994

Schnabel-Schüle, H., Überwachen und Strafen im Territorialstaat. Bedingungen und Auswirkungen des Systems strafrechtlicher Sanktionen im frühneuzeitlichen Württemberg, 1997

Schnürer, G., Katholische Kirche und Kultur in der Barockzeit, 1937

Schöffer, I., Die Republik der Vereinigten Niederlande von 1648 bis 1795, in: HEG IV 3. A. 1996

Schönemann, B., Die Bildungsinstitutionen in der frühen Neuzeit, in: F.-J. Jakobi (Hg.), Geschichte der Stadt Münster, III Bde., 3. A. 1994

Schoppmeyer, H., Der Bischof von Paderborn und seine Städte. Zugleich ein Beitrag zum Problem Landesherr und Stadt, in: Studien und Quellen zur westfälischen Geschichte, Bd. 9

Schöppner, A., Charakterbilder aus der Geschichte der Apostasie der Völker. Nach Meisterwerken der Geschichtsschreibung. 4. Auflage 1910

Schormann, G., Der Dreißigjährige Krieg 1618–1648, Gebhardt, Handbuch der deutschen Geschichte, zehnte, völlig neu bearbeitete Auflage 2001

Schormann, G., Der Dreißigjährige Krieg, VR 3. A. 2004

Schorn-Schütte, L., Karl V., Kaiser zwischen Mittelalter und Neuzeit, 2. A. 2000

Schremmer, E., Die Wirtschaft Bayerns, 1970

Schuchert, A./Schütte, H., Die Kirche in Geschichte und Gegenwart, 1970

Schulin, E., England und Schottland vom Ende des Hundertjährigen Krieges bis zum Protektorat Cromwells (1455–1660), in: HEG III 4. A. 1994

Schulze, W., Deutsche Geschichte im 16. Jahrhundert. 1500–1618, 1987

Seppelt, F. X., Das Papsttum in der neueren Zeit. Geschichte der Päpste vom Regierungsantritt Pauls III. bis zur Französischen Revolution (1534–1789), 1936

Seppelt, F. X., Das Papsttum im Spätmittelalter und in der Renaissance von Bonifaz VIII. bis zu Klemens VII. Neu bearbeitet von Georg Schwaiger, 2. A. 1957

Seppelt, F. X., Das Papsttum im Kampf mit Staatsabsolutismus und Aufklärung. Von Paul III. bis zur Französischen Revolution. Neu bearbeitet von G. Schwaiger, 2. A. 1959

Seppelt, F. X./Schwaiger, G., Geschichte der Päpste. Von den Anfängen bis zur Gegenwart, 1964

Sicken, B., Politische Geschichte des Dreißigjährigen Krieges (1618/19 bis 1642), in: Kolb/Krenig (Hg.), Unterfränkische Geschichte III 1995

Sicken, B., Der Dreißigjährige Krieg als Wendepunkt: Kriegführung und Heeresstruktur im Übergang zum miles perpetuus, in: Duchhardt, H., Der Dreißigjährige Krieg, 1998

Sierszyn, A., 2000 Jahre Kirchengeschichte. Reformation und Gegenreformation Band 3, 2. A. 2004

Soldan, W. G./Heppe, H., Geschichte der Hexenprozesse I und II, 1880, Ndr. 1986

Speck, D., Eine Universität für Freiburg. «… zu erlöschung des verderblichen fewres menschlicher unvernunft und blintheit …», 2006

Stadler, P., Der Westfälische Friede und die Eidgenossenschaft, in: H. Duchhardt (Hg.), Der Westfälische Friede, 1998

Staeck, F./Welsch, C., Ketzer, Täufer, Utopisten, 1991

Staehelin, A., Die Schweiz von 1648 bis 1789, in: HEG IV 3. A. 1996

Stannard, D. E., American Holocaust. The Conquest of the New World, 1992

Steiger, H., Der Westfälische Friede – Grundgesetz für Europa? in: H. Duchhardt (Hg.), Der westfälische Friede, 1998

Stein, W., Kulturfahrplan. Die wichtigsten Daten der Kulturgeschichte von Anbeginn bis 1963, 1968

Stökl, G., Rußland von 1462 bis 1689, in: HEG III 4. A. 1994

Strohmeyer, A., Konfessionalisierung der Geschichte? Die ständische Historiographie in Innerösterreich an der Wende vom 16. zum 17. Jahrhundert, in: Bahlcke/Strohmeyer (Hg.), Konfessionalisierung in Ostmitteleuropa, 1999

Suter, A., Informations- und Kommunikationsweisen aufständischer Untertanen, in: Peters (Hg.), Gutsherrschaftsgesellschaften, 1997

Szczesny, G. (Hg.), Club Voltaire, Jahrbuch für kritische Aufklärung IV, 1970

Taddey, G. (Hg.), Lexikon der deutschen Geschichte. Personen, Ereignisse, Institutionen. Von der Zeitenwende bis zum Ausgang des 2. Weltkrieges, 1979

Tellechea, I., Ignatius von Loyola. «Allein und zu Fuß». Eine Biographie, 1998

Theiner, J. A. und Augustin Theiner, Die Einführung der erzwungenen Ehelosigkeit bei den christlichen Geistlichen und ihre Folgen. Ein Beitrag zur Kirchengeschichte. Bevorwortet von D. Fr. Nippold Bd. III o. J.

Tondi, A., Die Jesuiten, Bekenntnisse und Erinnerungen, 1961

Van Dülmen, R., Kultur und Alltag in der Frühen Neuzeit. Dritter Band Religion, Magie, Aufklärung 16.–18. Jahrhundert, 2. A. 1999

Van Leeuwen, A. Th., Christentum in der Weltgeschichte. Das Heil und die Säkularisation, 1966

Vehse, E., Geschichte der kleinen deutschen Höfe. Die geistlichen Höfe, 4 Bde., 1859

Vogler, G., Europas Aufbruch in die Neuzeit. 1500–1650, 2003

Vogt, P., Christliche Aszetik im Lichte der Ignatianischen Exerzitien. Ausführlich dargelegt in Aussprüchen der heiligen Kirchenväter, III. Band, 2. Teil: Christliche Kampfbetätigung, 1925

Völker-Rasor, A. (Hg.), Frühe Neuzeit, 2000

Wagner, F. (Hg.), Europa im Zeitalter des Absolutismus und der Aufklärung, HEG IV 3. A. 1996

Wagner, F., Europa im Zeitalter des Absolutismus und der Aufklärung. Die Einheit der Epoche, in: HEG IV 3. A. 1996

Waider, H., Der Kampf um die ‹Cautio criminalis› des Friedrich Spee von Langenfeld – Köln 1632/1633, in: JKGV 44,1973

Wedgwood, C. V., Der Dreißigjährige Krieg, Neuausgabe 2002

Weinfurter, St., Herzog, Adel und Reformation. Bayern im Übergang vom Mittelalter zur Neuzeit, in: ZHF 10, 1983

Weis, E., Frankreich von 1661 bis 1789, in: HEG IV 3. A. 1996

Weiß, D. J., Katholische Reform und Gegenreformation, 2004

Weiss, E., Die Hexenprozesse im Hochstift Würzburg, in: P. Kolb/E.-G. Kremig (Hg.), Unterfränkische Geschichte, Bd. 3, Vom Beginn des konfessionellen Zeitalters bis zum Ende des Dreißigjährigen Krieges, 1995

Wetzer, H. J./Welte, B. (Hg.), Kirchen-Lexikon oder Encyklopädie der katholischen Theologie und ihrer Hilfswissenschaften I.–XI. Bd., 1847 ff.

Willoweit, D., Gericht und Obrigkeit im Hochstift Würzburg, in: Kolb/Krenig (Hg.), Unterfränkische Geschichte III 1995

Wilpert, G. v. (Hg.), dtv-Lexikon der Weltliteratur, 4 Bde. 1971

Wilson, J., The Earth Shall Weep. A History of Native America, 1998

Winkelbauer, Th., Grundherrschaft, Sozialdisziplinierung und Konfessionalisierung in Böhmen, Mähren und Österreich unter der Ems im 16. und 17. Jahrhundert, in: Bahlcke/Strohmeier (Hg.), Konfessionalisierung in Ostmitteleuropa, 1999

Winter, E., Rußland und das Papsttum. Teil I Von der Christianisierung bis zu den Anfängen der Aufklärung, 1960. Teil II Von der Aufklärung bis zur Großen sozialistischen Oktoberrevolution, 1961

Winzer, F., Herren, Sklaven und Soldaten. Die Geschichte der Kolonialpolitik vom 15. bis zum 20. Jahrhundert, 1985

Wittram, R., Rußland von 1689 bis 1796, in: HEG IV 3. A. 1996

Woltjer, J. J., Der niederländische Bürgerkrieg und die Gründung der Republik der Vereinigten Niederlande (1555–1648), in: HEG III, 4. A. 1994

Zeeden, E. W., Deutschland von der Mitte des 15. Jahrhunderts bis zum Westfälischen Frieden (1648), in: HEG III 4. A. 1994

Zernack, K., Die skandinavischen Reiche von 1654 bis 1772, in: HEG IV 3. A. 1996

Ziegler, G. (Hg.), Der Hof Ludwigs XIV. in Augenzeugenberichten, 1981

Zinn, H., A people's history of the United States. 1492-Present, 1999

Zippelius, R., Staat und Kirche. Eine Geschichte von der Antike bis zur Gegenwart, 1997

Zoepfl, F., Das Bistum Augsburg und seine Bischöfe im Reformationsjahrhundert, 1969

Zorn, W., Augsburg. Geschichte einer europäischen Stadt. Von den Anfängen bis zur Gegenwart, 4. A. 2001

Zweig, St., Castellio gegen Calvin oder Ein Gewissen gegen die Gewalt, 1987

ABKÜRZUNGEN

von Quellen, wissenschaftlichen Zeitschriften und Nachschlagewerken

Apk. Petr.: Petrusapokalypse

Cypr. Demetr.: Cyprian von Karthago ad Demetrianum

Cyrill. Hieros. catech.: Cyrill von Jerusalem, 24 Katechesen

DAEM: Deutsches Archiv für Erforschung des Mittelalters

GGJ: Gründungstexte der Gesellschaft Jesu übersetzt von Peter Knauer, 1998

GT: Geistliches Tagebuch

HbG: Handbuch der bayerischen Geschichte. Zweiter Band. Das Alte Bayern. Der Territorialstaat. 2. überarb. Aufl. 1988

HEG: Handbuch der europäischen Geschichte, hg. v. Th. Schieder. Bd. 3 hg. v. J. Engel. 4. Aufl. 1994. Bd. 4 hg. v. F. Wagner, 3. Aufl. 1996

HJ: Historisches Jahrbuch der Görres-Gesellschaft, Münster, München, Freiburg 1880ff. 1950ff.

HKG: Handbuch der Kirchengeschichte, hg. v. H. Jedin. 6 Bde.

HZ: Historische Zeitschrift 1859ff.

JKGV: Jahrbuch des Kölnischen Geschichtsvereins

Jud.: Judasbrief

JWG: Jahrbuch für Wirtschaftsgeschichte

Lact. div. inst.: Lactanz, divinae institutiones

LMA: Lexikon des Mittelalters, 9 Bde, München, Zürich 1980/1998

Method. de resurr.: Methodius von Olympus, De resurrectione

2. Petr.: 2. Petrusbrief

QFIAB: Quellen und Forschungen aus italienischen Archiven und Bibliotheken, Rom 1897ff.

Tert. spect.: Tertullian, De spectaculis

Tert. pat.: Tertullian, De patientia

WLG: Westermann Lexikon der Geographie, 4 Bde., Braunschweig 1968/1970

ZBK: Zeitschrift für bayerische Kirchengeschichte, Gunzenhausen 1926ff.

ZHF: Zeitschrift für historische Forschung, Berlin 1974ff.

ZK: Zeitschrift für Kirchengeschichte, Stuttgart 1876ff.

REGISTER

ÜBER DEN AUTOR

Karl Heinrich Leopold Deschner wurde am 23. Mai 1924 in Bamberg geboren. Sein Vater Karl, Förster und Fischzüchter, katholisch, entstammte ärmsten Verhältnissen. Seine Mutter Margarete Karoline, geb. Reischböck, protestantisch, wuchs in den Schlössern ihres Vaters in Franken und Niederbayern auf. Sie konvertierte später zum Katholizismus.

Karlheinz Deschner, das älteste von drei Kindern, ging zur Grundschule in Trossenfurt (Steigerwald) von 1929 bis 1933, danach in das Franziskanerseminar Dettelbach am Main, wo er zunächst extern bei der Familie seines Tauf- und Firmpaten, des Geistlichen Rats Leopold Baumann, wohnte, dann im Franziskanerkloster. Von 1934 bis 1942 besuchte er in Bamberg das Alte, Neue und Deutsche Gymnasium als Internatsschüler bei Karmelitern und Englischen Fräulein. Im März 1942 bestand er die Reifeprüfung. Wie seine ganze Klasse meldete er sich sofort als Kriegsfreiwilliger und war – mehrmals verwundet – bis zur Kapitulation Soldat, zuletzt Fallschirmjäger.

Zunächst fernimmatrikuliert als Student der Forstwissenschaften an der Universität München, hörte Deschner 1946/47 an der Philosophisch-theologischen Hochschule in Bamberg juristische, theologische, philosophische und psychologische Vorlesungen. Von 1947 bis 1951 studierte er an der Universität Würzburg Neue deutsche Literaturwissenschaft, Philosophie und Geschichte und promovierte 1951 mit einer Arbeit über «Lenaus Lyrik als Ausdruck metaphysischer Verzweiflung» zum Dr. phil. Einer im selben Jahr geschlossenen Ehe mit Elfi Tuch entstammen drei Kinder, Katja (1951), Bärbel (1958) und Thomas (1959 bis 1984).

Von 1924 bis 1964 lebte Deschner auf einem früheren Jagdsitz der Würzburger Fürstbischöfe in Tretzendorf (Steigerwald), dann zwei Jahre im Landhaus eines Freundes in Fischbrunn (Hersbrucker Schweiz). Seitdem wohnt er in Haßfurt am Main.

Karlheinz Deschner hat Romane, Literaturkritik, Essays, Aphorismen, vor allem aber religions- und kirchenkritische Geschichtswerke veröffentlicht. Auf über zweitausend Vortragsveranstaltungen hat Deschner im Laufe der Jahre sein Publikum fasziniert und provoziert.

1971 stand er in Nürnberg «wegen Kirchenbeschimpfung» vor Gericht.

Seit 1970 arbeitet Deschner an seiner großangelegten «Kriminalgeschichte des Christentums». Da es für so unruhige und beunruhigende Geister wie ihn keine Posten, Beamtenstellen, Forschungsstipendien, Ehrensolde, Stiftungsgelder gibt, war ihm die ungeheure Forschungsarbeit und Darstellungsleistung nur möglich dank der selbstlosen Hilfe einiger Freunde und Leser, vor allem dank der Förderung durch seinen großherzigen Freund und Mäzen Alfred Schwarz, der das Erscheinen des ersten Bandes im September 1986 noch mitgefeiert, den zweiten Band aber nicht mehr miterlebt hat, seither des deutschen Unternehmers Herbert Steffen.

Im Sommersemester 1987 nahm Deschner an der Universität Münster einen Lehrauftrag wahr zum Thema «Kriminalgeschichte des Christentums».

Für sein aufklärerisches Engagement und für sein literarisches Werk wurde Karlheinz Deschner 1988 – nach Koeppen, Wollschläger, Rühmkorf – mit dem Arno-Schmidt-Preis ausgezeichnet, im Juni 1993 – nach Walter Jens, Dieter Hildebrandt, Gerhard Zwerenz, Robert Jungk – mit dem Alternativen Büchnerpreis und im Juli 1993 – nach Sacharow und Dubček – als erster Deutscher mit dem International Humanist Award. Im September 2001 erhielt Deschner den Erwin-Fischer-Preis des Internationalen Bundes der Konfessionslosen und Atheisten, im November 2001 den Ludwig-Feuerbach-Preis des Bundes für Geistesfreiheit, Augsburg, 2004 den Wolfram-von-Eschenbach-Preis des Bezirks Mittelfranken, 2006 den Premio letterario Giordano Bruno, Milano. Im selben Jahr wurde Deschner als auswärtiges Mitglied in die Serbische Akademie der Wissenschaften und Künste gewählt, 2007 der zu seinem 80. Geburtstag durch die Giordano Bruno Stiftung ins Leben gerufene «Deschner-Preis» erstmals in einem Festakt in der Aula der Universität Frankfurt dem britischen Evolutionstheoretiker und Religionskritiker Richard Dawkins verliehen.

Um die «Kriminalgeschichte des Christenums» geht es – pro und contra – in dem 70minütigen Videofilm von Ricarda Hinz und Jacques Tilly mit dem Titel «Die haßerfüllten Augen des Herrn Deschner». Zu beziehen über: Humanistischer Verband Deutschlands, Wallstraße 61–65, 10179 Berlin.

DAS LITERARISCHE WERK KARLHEINZ DESCHNERS

Die Buchveröffentlichungen in zeitlicher Reihenfolge:

1956 Die Nacht steht um mein Haus. Roman

1957 *Was halten Sie vom Christentum?* 18 Antworten auf eine Umfrage

1957 Kitsch, Konvention und Kunst. Eine literarische Streitschrift

1958 Florenz ohne Sonne. Roman

1962 Abermals krähte der Hahn. Eine kritische Kirchengeschichte von den Anfängen bis zu Pius XII.

1964 Talente, Dichter, Dilettanten. Überschätzte und unterschätzte Werke in der deutschen Literatur der Gegenwart

1965 Mit Gott und den Faschisten. Der Vatikan im Bunde mit Mussolini, Franco, Hitler und Pavelić

1966 *Jesusbilder in theologischer Sicht*

1966 *Das Jahrhundert der Barbarei*

1968 *Wer lehrt an deutschen Universitäten?*

1968 Kirche und Faschismus

1969 *Das Christentum im Urteil seiner Gegner, Band 1*

1970 *Warum ich aus der Kirche ausgetreten bin*

1970 *Kirche und Krieg. Der christliche Weg zum Ewigen Leben*

1971 Der manipulierte Glaube. Eine Kritik der christlichen Dogmen

1971 *Das Christentum im Urteil seiner Gegner, Band 2*

1974 Das Kreuz mit der Kirche. Eine Sexualgeschichte des Christentums

1974 Kirche des Un-Heils. Argumente um Konsequenzen zu ziehen

1977 *Warum ich Christ/Atheist/Agnostiker bin*

1981 Ein Papst reist zum Tatort. Flugschrift

1982 Ein Jahrhundert Heilsgeschichte. Die Politik der Päpste im Zeitalter der Weltkriege, Band 1

1983 Ein Jahrhundert Heilsgeschichte. Die Politik der Päpste im Zeitalter der Weltkriege, Band 2

1985 Nur Lebendiges schwimmt gegen den Strom. Aphorismen

1986 Die beleidigte Kirche oder Wer stört den öffentlichen Frieden? Gutachten im Bochumer § 166-Prozeß

1986 Kriminalgeschichte des Christentums, Band 1: Die Frühzeit – Von den Ursprüngen im Alten Testament bis zum Tod des heiligen Augustinus

1987 Opus Diaboli. Fünfzehn unversöhnliche Essays über die Arbeit im Weinberg des Herrn

1988 Kriminalgeschichte des Christentums, Band 2: Die Spätantike – Von den katholischen «Kinderkaisern» bis zur Ausrottung der arianischen Wandalen und Ostgoten unter Justinian I.

1989 Dornröschenträume und Stallgeruch. Über Franken, die Landschaft meines Lebens
1990 Woran ich glaube
1990 Kriminalgeschichte des Christentums, Band 3: Die Alte Kirche – Fälschung, Verdummung, Ausbeutung, Vernichtung
1991 Die Politik der Päpste im 20. Jahrhundert
1991 Der Anti-Katechismus. 200 Gründe gegen die Kirchen und für die Welt (mit Horst Herrmann)
1992 Der Moloch. Zur Amerikanisierung der Welt
1994 Die Vertreter Gottes. Eine Geschichte der Päpste im 20. Jahrhundert
1994 Ärgernisse. Aphorismen
1994 Kriminalgeschichte des Christentums, Band 4: Frühmittelalter – Von König Chlodwig I. (um 500) bis zum Tode Karls «des Großen» (814)
1994 Was ich denke
1995 Weltkrieg der Religionen. Der ewige Kreuzzug auf dem Balkan (mit Milan Petrović)
1997 Kriminalgeschichte des Christentums, Band 5: 9. und 10. Jahrhundert – Von Ludwig dem Frommen (814) bis zum Tode Ottos III. (1002)
1997 Oben ohne. Für einen götterlosen Himmel und eine priesterfreie Welt. Zweiundzwanzig Attacken, Repliken und andere starke Stücke
1998 Die Rhön. Heidnisches und Heiliges einer einsamen Landschaft
1998 Für einen Bissen Fleisch. Das schwärzeste aller Verbrechen
1999 Kriminalgeschichte des Christentums, Band 6: 11. und 12. Jahrhundert – Von Kaiser Heinrich II., dem «Heiligen» (1002) bis zum Ende des Dritten Kreuzzugs (1192)
1999 Zwischen Kniefall und Verdammung. Robert Mächler – Ein gläubiger Atheist
1999 Memento! Kleiner Denkzettel zum «Großen Bußakt» des Papstes im Heiligen Jahr 2000
2002 Kriminalgeschichte des Christentums, Band 7: Das 13. und 14. Jahrhundert – Von Kaiser Heinrich VI. (1190) zu Kaiser Ludwig IV. dem Bayern (†1347)
2003 Mörder machen Geschichte. Aphorismen
2003 Musik des Vergessens. Über Landschaft, Leben und Tod im Hauptwerk Hans Henny Jahnns
2004 Kriminalgeschichte des Christentums, Band 8: Das 15. und 16. Jahrhundert – Vom Exil der Päpste in Avignon bis zum Augsburger Religionsfrieden
2007 Poeten und Schaumschläger. Von Jean Paul bis Enzensberger. 24 Aufsätze zur Literatur und Literaturkritik. Mit einem Vorwort von Ludger Lütkehaus
2008 Kriminalgeschichte des Christentums, Band 9: Mitte des 16. bis Anfang des 18. Jahrhunderts

Bücher Karlheinz Deschners wurden und werden übersetzt ins Arabische, Englische, Französische, Griechische, Italienische, Niederländische, Norwegische, Polnische, Serbokroatische, Spanische.

Mein besonderer Dank gilt zwei Mitarbeitern der Wissenschaftlichen Stadtbibliothek der Stadt Mainz.